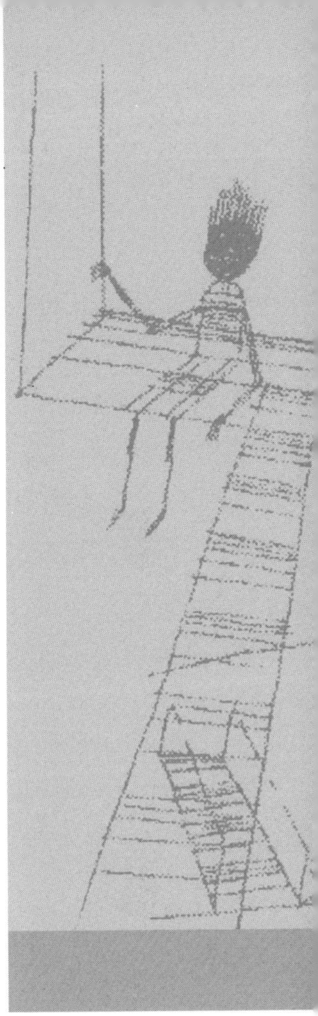

Art Therapy

마음을 나누는
미술치료

최외선 · 이근매 · 김갑숙 · 최선남 · 이미옥 공저

학지사

저자 서문

오늘날 한국미술치료학회가 미술치료 전문가 양성 및 미술치료 연구와 전파에 뜻을 두고 선도적인 역할을 한 이래 미술치료의 치료적 가치가 폭넓게 인정되고 있습니다. 이를 반영하듯 여러 대학과 대학원에서는 미술치료학과를 개설하고 미술치료 전문가들을 양성하고 있습니다. 아울러 주목을 끄는 것은 일반인들이 미술치료에 관해 큰 관심을 가지고 그것을 이해하고자 한다는 점입니다. 특히 일반 대학생, 직장인, 가정주부, 교사, 간호사, 사회복지사 그리고 심리상담사 중에는 미술치료 강좌에 직접 참여하여 미술치료에 관한 그들의 지적 갈증을 해소하고 있기도 합니다.

20년 넘게 미술치료 연구와 전문가 양성에 심혈을 기울여 오신, 최외선 교수님께서 일반 독자들의 미술치료에 관한 관심을 충족시킬 수 있는 책을 공동 집필하자는 제안을 하셨습니다. 그리하여 저자 일동은 기쁜 마음으로 교수님의 제안에 동의하여 독자들도 이해하고 흥미를 가질 수 있는 내용으로 구성된 적당한 분량의 책을 집필하기로 의견을 모았습니다.

이 책의 내용은 총 7장으로 구성되었으며, 1장에서 4장까지는 미술치료에 관한 일반적인 이해를 제공하였으며 그리고 5장부터 7장까지는 다양한 대상들에 관한 실제 사례를 제시하여 구체적인 이해를 돕도록 하였습니다. 1장(최외선)은 미술치료의 이해를 다룬 장으로, 미술치료의 개념, 장점, 기법, 미술치료의 적용, 조형심리, 색채심리 그리고 매체 특성 등에 관해 소개하였습니다. 이를 통해 일반 독자들의 미술치료에 관한 전반적인 이해를 높이고자 하였습니다. 2장(인간중심: 김갑숙, 행동주의: 이근매, 정신역동: 이미옥, 게슈탈트: 최선남)은 미술치료 이론에 관한 장으로 정신분석, 인간중심, 행동주의 그리고 게슈탈트 등과 같은 핵심 상담이론들을 소개하였습니다. 아울러 이러한 이론들의 미술치료 적용방법에 관해 설명하였으며, 이것을 통해 미술치료의 이론적 근거를 확립하는 데 도움을 주고자 하였습니다. 3장(최선남)은 미술치료 과정을 다룬 장으로, 개인, 집단, 가족과 같은 유형별 미술치료와 전화의뢰, 첫 면담, 초기과정, 중기과정, 말기과정, 종결과정 등 미술치료 과정을 소개하였습니다. 4장(김갑숙)은 미술치료 기법에 대한 장으로, 이 책에서는 일반적으로 널리 사용되고 있는 대표적인 미술치료 기법에 대해 소개하였습니다. 집-나무-사람 그림검사, 동적 집-나무-사람 그림검사, 풍경구성법, 동적가족화, 동그라미 중심 부모 자녀 그림, 학교 생활화, 가족(집단)체계 진단법, 난화기법, 콜라주기법, 만다라, 계란화 그리고 동굴화 등을 다루었습니다.

5장, 6장 그리고 7장에서는 미술치료의 영역을 아동, 청소년, 성인, 노인 등으로 나누었습니다. 5장(일반아동: 이미옥, 발달장애: 이근매)에서는 아동미술치료에 대한 내용으로 일반아동과 발달장애아동의 일반적인 특성을 설명하고 실제 사례를 제시하였으며 아울러 아동미술의 발달단계에 관해서도 소개하였습니다. 6장(김갑숙)에서는 청소년 미술치료에 관한 내용으로 청소년기의 특징과 대표적인 미술치료 사례를 제시하였습니다. 마지막으로 7장(최외선)에서는 성인 미술치료에 관한 내용으로 중년기와 노년기의 특성을 소개하고 우울증을 가진 중년여성과 치매노인을 대상으로 한 실제 사례를 제시하였습니다.

미술치료를 공부하는 분들에게 도움을 주고자 이 책을 준비하였지만, 막상 책을 출판하려고 하니 부족하고 아쉬운 점이 많습니다. 이 책이 더욱 좋은 책이 될 수 있도록 독자 여러분의 끊임없는 관심과 따끔한 질정이 있기를 바랍니다.

끝으로 이 책의 출판을 기꺼이 승낙해 주신 학지사 대표 김진환 사장님과 편집을 위해 수고해 주신 김경민 씨 외 편집부 여러분께 진심으로 감사드립니다.

2006년 3월

저자 일동

차 례

제1장 미술치료의 이해 11

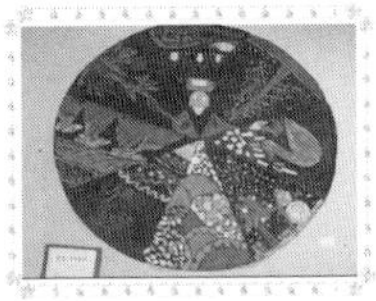

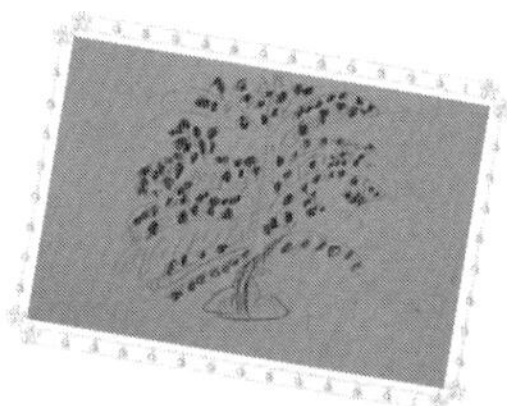

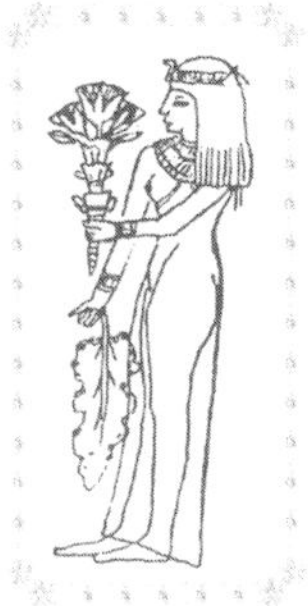

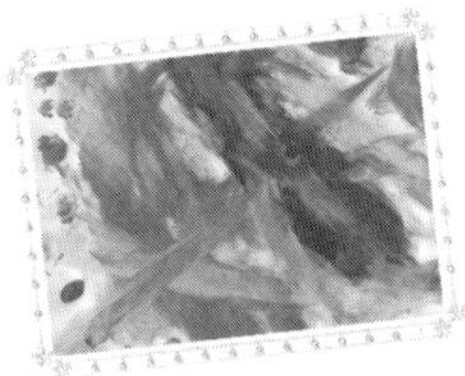

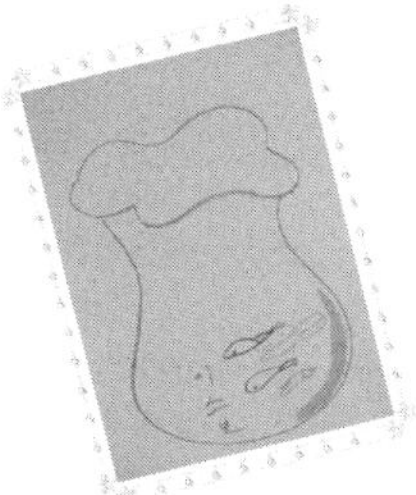

제1장

미술치료의 이해

이 장에서는 미술치료의 개념 및 특성을 중심으로 살펴보고, 조형심리, 색채심리 그리고 매체의 특성을 구체적으로 파악함으로써 미술치료에 대한 이해를 돕고자 한다.

1. 미술치료

1) 미술치료의 개념

미술치료의 궁극적인 목적은 심신의 어려움을 겪고 있는 사람들을 대상으로 하여 그들의 미술작업, 다시 말하면 그림이나 조소, 디자인기법 등과 같은 미술활동을 통해서 그들의 심리를 진단하고 치료하는 데 있다. 미술치료는 회화요법, 묘화요법, 그림요법이라고도 하며, 음악치료, 놀이치료, 무용치료, 레크리에이션치료, 사이코드라마, 문학치료와 같은 예술치료의 한 영역이다.

미술치료라는 용어는 1961년 『*Bulletin of Art theraphy*』의 창간호에서 편집자인 Ulman이 처음으로 사용하였다. 미술치료는 교육, 재활, 정신치료 등 다양한 분야에서 널리 사용될 수 있으며, 어떤 영역에서 활용되고 있든지 간에 공통된 의미는 시각 예술이라는 수단을 이용하여 인격의 통합 혹은 재통합을 위한 시도다. 그동안 미술치료를 연구해 온 Naumburg, Kramer, Ulman은 미술치료 이론에 대한 자신의 지지적인 견해를 가지고 있다. 그들의 견해를 살펴보면 다음과 같다.

첫째, 치료에 중점을 두는 입장(Naumburg: Art in therapy, 치료에서의 미술)이다. 치료자와 환자 사이의 치료적 관계 형성, 전이와 역전이의 해결, 자유연상, 자발적 그림 표현과 해석, 그림의 상징성 등을 중시한다. 따라서 학자들은 이 입장을 심리치료 과정에서 그림을 매체로서 이용하는 방법이라고 주장한다.

둘째, 미술을 중시하는 입장(Kramer: Art as therapy, 치료로서의 미술, 창조와 자아성장)이다. 그림의 치료적 속성은 그림에 대한 환자의 연상을 통하여 자기표현과 승화작용을 함으로써 자아가 성숙하는 데 있다. 즉, 미술작업을 통하여 환자 자신의 파괴적, 반사회적 에너지를 분출함으로써 그것을 감소시키거나 전환시킨다고 주장하고 있다. 또한 환자는 미술작업 과정에서 자신의 원시적 충동이나 환상에 접근하면서 갈등을 재경험하고, 자기훈련과 인내를 배우는 과정 속에서 그 갈등을 해결하고 통합한다는 것이다. 그래서 Kramer의 견해는 작품을 만드는 과정 자체를 치료라고 본다.

셋째, 통합적 입장(Ulman: Therapy and Creativity, 치료와 창조)이다. 미술과 치료의 두 가지 측면 모두를 중요시한다. 미술심리치료와 치료로서의 미술은 동일한 시점에 동일한 공간에 있는 두 측면이거나 또는 다른 시점에 동일한 치료자가 일을 하는 것과 같다고 하였다.

환자의 작품이 예술이냐 아니냐를 논하는 것보다는 대상에 따라서 상동적인 표현이나 강박적인 표현도 허용하여야 한다. 그러나 때로는 예술적 성취감을 중시해야 한다. 즉, 미술치료는 치료적 측면과 창조적 측면을 모두 내포하고 있다는 것이다.

어떤 입장을 취하든 간에 미술치료는 심리치료의 이론을 바탕으로 하여 인간의 조형 활동을 통해서 개인의 갈등을 조정하고, 동시에 자기표현과 승화작용을 통해서 자아성장을 촉진시킬 수 있다. 또한 자발적인 미술활동을 통해서 개인의 내적 세계와 외적 세계 간의 조화를 잘 이룰 수 있도록 도와주기도 한다. 즉, 학자에 따라서 여러 가지 의견이 있을 수 있고, 접근방법이나 적용대상에 따라 정신요법적 미술치료, 재활적 미술치료, 레크리에이션적 미술치료 등으로 나누기도 하지만, 미술치료는 결국 이미지 표출과정에 있어서 비언어적인 커뮤니케이션 기법으로서 우위를 차지하고 있다. 이 기법을 반복적으로 시행함에 따라 언어적 이미지와 시각적 이미지에서 지금까지 상실, 왜곡, 방어, 억압되어 있던 자기상, 자기 자신의 세계관을 재발견하여 자기동일화, 자기실현을 꾀하게 된다고 보는 것이다.

현대는 개인의 정신을 탐험하고 성장을 돕는 목적으로 미술작품을 활용하려는 노력을 하고 있으며, 개인과 대중예술 간의 전통적인 경계선을 재평가하는 추세다. 병원 장면은 미술치료의 발전에 중요한 역할을 하였다. 정신과 의사들은 재활을 시켜야 하는 환자, 약물의존 환자 그리고 암, 화상 및 AIDS 환자들을 치료하는 데 미술치료사들의 도움을 많이 받아 왔다(Malchiodi, 1999). 이들이 사용하는 미술치료 기법을 조사한 연구를 보면 미국에서 활약하는 미술치료사들의 21%는 치료사 스스로 '절충적(electic)' 인 치료방향을 갖고 있다고 하였다. 이것은 선호기법을 조사한 것 가운데 가장 높은 비율이었다(Elkins & Stovall, 2000). 그 다음으로, 정신 역동적 모델(10.1%), Jung 모델(5.4%), 대상관계 모델(4.6%), 치료로서 미술을 적용한 모델(4.5%) 그리고 정신분석 모델(3.0%)의 순으로 나타났다. 이상의 모델의 공통성은 개인 내부의 심리적 역동성을 탐색한다는 데 있다.

이상에서 현재 미국에서 행해지고 있는 미술치료의 추세와 치료사들이 견지하는 입장을 살펴보았다. 미술치료사는 자신이 습득한 학문적 체계, 성장배경 그리고 종교관에 따라서 선호하는 치료기법을 발전시키기 시작하였다. 그리고 이런 기법의 배경에는 심리학적 이론체계를 갖추는 소양이 필요하다. 미술치료사들은 인간이 표출하는 본능적인 미술표현과 그 과정 속에 스며 있는 심리학적 해석을 찾아내어 내담자가 감정적으로 또는 합리적으로 이해할 수 있도록 중재하는 것이다.

내담자의 자유로운 감정표현 및 합리적 이해는 모든 심리치료사들이 공유하는 것이지만, 미술치료사는 내담자 스스로 활동한 작품이 있고, 그 작품이 시간대별로 어떻게 변화되어 왔는지에 대해서 직면할 수 있기 때문에 자신의 감정변동을 더욱 잘 이해하게 된다. 또한 만일 장기 입원환자인 경우에는 미술작품을 만들면서 전문치료자에게 미술기법을 배우는 의미가 상당히 클 수도 있다. 기법에 대한 습득이 그림에 반영되고, 그림의 수준이 발전되는 것을 체감한 환자는 개인의지의 발현이 더욱 용이해지기 때문에 치료효과를 증진시킬 수 있다.

미술과 심리학의 접목인 미술치료가 확실한 자리매김을 하기 위해서는 미술 영역과 심리학 영역의 전문가들이 의식 및 무의식적 정신현상을 잘 반영시킬 수 있는 미술활동을 체계적으로 규명하여야 할 것이다. 또한 어떠한 미술매체가 내담자의 방어기제를 낮추고 표현을 훨씬 자유롭게 할 수 있을지에 대해서도 더 깊은 연구가 있어야 할 것이다. 이런 노력을 계속할 때, 내담자의 유형에 따라서 치료기법이나 미술매체의 활용이 좀 더 객관화되고 정형화될 수 있을 것이다.

2) 미술치료의 장점

미술치료를 왜 할 것이며 무엇을 제공해야 할 것인가에 대한 많은 논의와 제한점이 있긴 하지만 심리치료의 한 방법으로서 독특한 이점도 가지고 있다. 타 기법과 비교한 미술치료의 장점을 몇 가지 요약하면 다음과 같다.

첫째, 미술은 심상의 표현이다.

우리는 심상(image)으로 생각을 한다고 볼 수 있다. 말이란 형태를 취하기 전에 심상으로 사고한다. 즉, 엄마라는 말을 하기 전에 '어머니' 의 심상을 떠올릴 것이다. 삶의 초기 경험이 중요한 심상의 요소가 되며, 그 심상이 성격 형성에 중요한 역할을 하게 된다. 미술치료에서는 꿈이나 환상, 경험의 순수한 언어적 치료법에서처럼 말로 해석하기보다는 심상으로 그려진다. 예술매체는 종종 심상의 표출을 자극하는, 즉 일차적 과정의 매체를 자극하여 창조적 과정으로 나아가게 한다.

둘째, 비언어적 수단이므로 통제를 적게 받아 내담자의 방어를 감소시킬 수 있는 이점이 있다.

심상과 밀접한 관련이 있는 것이 방어다. 우리는 어떤 다른 의사소통 양식보다 언어화시키는 작업에 숙달되어 있다. 미술은 비언어적 수단이므로 통제를 적게 받는다. 예상치 않았던 작품이 그림이나 조소에서 제작될 수 있는데, 가끔 창작자의 의도와는 완전히 반대가 되기도 한다. 이러한 것은 미술치료의 가장 흥미 있는 잠재성 중의 하나다. 예상치 않았던 인식은 가끔 내담자의 통찰, 학습, 성장으로 유도되기도 한다.

셋째, 구체적인 유형의 자료를 즉시 얻을 수 있다.

즉, 눈으로 볼 수 있고 만져볼 수 있는 자료가 내담자에게서 생산되는 것이다. 미술의 바로 이러한 측면이 많은 의미를 가지는데, 예컨대 내담자가 만든 어떤 유형의 대상화를 통해서 치료자와 내담자 사이에 하나의 다리가 놓인다. 저항적인 내담자의 경우는 직접 다루는 것보다 그들의 그림을 통해 접근하는 것이 더 쉽다고 할 수 있다. 또한 내담자의 감정이나 사고 등이 그림이나 조소와 같은 하나의 사물로 구체화되기 때문에 언젠가는 자신도 모르게 자신이 만든 작품을 보고 개인의 실존을 깨닫게 된다. 어떤 사람은 단 하나의 작품에서 자신의 감정을 느끼기도 하지만 저항이 강한 사람은 더 오랜 시간이 걸린다.

넷째, 자료의 영속성을 들 수 있다.

미술작품은 보관이 가능하기 때문에 내담자가 만든 작품을 필요한 시기에 재검토하여 치료 효과를 높일 수 있다. 때로는 새로운 통찰이 일어나기도 하며, 내담자 자신도 이전에 만든 작품을 다시 보면서 당시 자신의 감정을 회상하기도 한다. 즉, 그림이나 조소가 주관적인 기억의 왜곡을 방지할 수 있다는 것이다. 또한 내담자의 작품 변화를 통해서 치료의 과정을 한눈으로 이해할 수 있으며, 치료팀의 회의에서도 작품을 통해 그 내담자의 생생한 목소리를 들을 수 있다.

다섯째, 미술은 공간성을 지닌다.

언어는 일차원적인 의사소통 방식으로, 대체로 시간성을 가진다. 한편, 미술표현은 문법, 통사론, 논법 등의 언어규칙을 따를 필요가 없다. 즉, 본질적으로 공간적인 것이며, 시간적인 제약이 없다. 미술에서는 공간 속에서의 연관성들이 발생한다. 예를 들면, 우리가 가족을 소개할 때는 먼저 아버지, 어머니를 소개하면서 두 분의 관계를 얘기하고, 그 다음 형제들과 그들의 관계, 그러고 나서 이 모든 식구들과 나와의 관계를 말할 것이다. 그러나 미술에서는 이 모든 것이 동시에 경험되고 있다. 미술의 공간성은 바로 경험을 복제한 것이기 때문이다. 우리는 자신의 가족을 말로 소개하고 그림으로는 그것을 동시에 나타낼 수 있다. 가깝고 먼 것이나 결합과 분리, 유사점과 차이점, 감정, 특정한 속성, 가족의 생활환경 등을 표현하게 되므로 개인과 집단의 성격을 이해하기가 쉽다.

여섯째, 미술은 창조성과 신체적 에너지를 유발시킨다.

미술작업을 시작하기 전 개인의 신체적 에너지는 다소 떨어져 있지만, 미술작업을 진행하고, 토론하며, 감상하고, 정리하는 시간을 거치면서 대체로 활기찬 모습을 띤다. 실제로 체내의 에너지 정도가 변화한다는 것을 느끼는 사람이 많다. 그것은 단순히 신체적인 운동이라기보다는 '창조적 에너지' 의 발산이라고 해석된다. 연극이나 영화에서 역할을 맡은 배우처럼, 미술치료는 하나의 작업이라기보다는 놀이와 레크리에이션과 음악과 열정이 있는 창조의 에너지를 발산하는 것이라 할 수 있다.

3) 미술치료의 역사

미술치료(art therapy)는 예술의 영역과 심리학을 혼합시킨 분야로서, 두 학문의 독자적인 정체성을 갖고 있다. 예술작품을 만드는 것은 인간의 본능으로 마치 언어를 만들어 내거나 도구를 만들어 내는 것과 같다. MacGregor(1989)는 『정신이상자에게서 예술의 발견(*The Discovery of the Art of the Insane*)』이라는 저서에서 예술과 심리학의 결합은 300여 년 전부터라고 언급하였다. 그 당시부터 천재에 대한 이론, 정신이상자에 대한 발견, 열광적인 예술가의 생활전기, 예술가들의 정신병적인 일화들이 언급되어 왔다. 이러한 예술작품을 이해하는 과정에서 정신을 치료하고 심리진단을 내리는 시도가 있어 왔다. 이런 흐름 가운데 독일 정신 치료사 Hans Prinzhorn (1922)은 독일의 정신병원에서 미술활동을 격려하고 작품에 대해 심리적인 중재를 하여 왔다.

오늘날의 미술치료는 상징화의 중요성을 부각시킨 Freud와 Jung의 역할이 큰 현대정신의학과 함께 성장하였다고 볼 수 있다(정현희, 2004). 미국의 정신분석학자 Naumburg는 미술치료에 대한 개척자 역할을 한 사람으로 1940년대부터 치료양식으로 미술표현을 도입하였다. Naumburg는 정신분석학 이론과 경험에 입각하여 환자들에게 자유연상을 하여 그림을 그리도록 촉구하였다.

1950년대에 접어들면서 Kramer(1971)가 Naumburg의 뒤를 이어 연구를 계속하면서 미술치료의 입장은 여러 방향으로 나뉘어져 왔다. 그리하여 오늘날은 여러 가지 미술치료 접근법이 시행되고 있다. 1960년대 미국미술치료학회(American Art Therapy Association)가 창립되고 미술치료전문지가 출간되면서 미술치료에 대한 관심이 확산되기 시작했다. 현재 미국은 이러한 학술단체와 전문연구지를 통하여 연구뿐만 아니라 전문인 양성에 박차를 가하고 있다.

이후 미국뿐만 아니라 일본, 한국 등에서도 정신병원의 입원환자를 대상으로 미술치료가 시도되어 왔으며, 1991년에 일본에서 일본묘화검사요법학회를 창립하여 그림진단검사 및 다양한 미술치료기법을 개발하는 등 적극적인 활동을 하고 있다.

한국의 경우에도 1992년 11월에 한국미술치료학회가 창립되어, 미술치료프로그램연구 및 학술연구뿐 아니라 60차례 이상의 임상전문가를 위한 연수 및 월례세미나, 연 1회의 국제학술대회를 통해 질적인 임상전문가 양성에 박차를 가하고 있다. 그 결과 현재 사회복지기관, 장애인복지관, 아동상담소, 재활센터, 병원 등에서 활동하고 있는 미술치료전문가만 하여도 200명 이상에 달하고 있다.

4) 미술치료의 적용

미술치료는 다양한 상황에서 여러 가지 목적을 위해 미술표현을 활용하는 것을 말한다. 미술작업을 통해서 내담자로 하여금 통찰을 할 수 있게 도와주는 것이 미술치료의 목적이다. 미술치료가 모든 사람에게 적합한 것은 아니지만 발달적 상담 입장이나 심리진단 부적응자를 상담하거나 치료할 필요가 있는 경우에 특히 유용하다. 선행연구나 연구자의 임상경험 등을 종합하여 적용대상의 예를 제시하면 다음과 같다.

정신질환자(정신분열증, 우울증), 심신장애인(시각장애, 청각장애, 지체부자유, 정신지체, 정서장애 및 행동장애, 자폐성장애, 학습장애, 중복장애, 언어장애 등), 비행청소년(폭력, 절도), 이혼(별거)부부, 가족관계 개선, 근친상간, 성폭행, 노인치매, 노인상담, 신체질병자 등의 심리안정 등으로 확대되어 있다.

그런데 그려진 그림의 액면 그대로만을 그린 사람의 심리와 환경으로 이해한다면 많은 오류를 범할 수 있다. 반드시 그려진 그림이 누구 혹은 무엇을 나타내는지 그림에 대한 느낌이 어떤지, 왜 그림을 그리거나 붙이게 되었는지, 활동을 하고 난 뒤의 느낌은 어떤지에 대해서 치료자와 서로 이야기를 나누어야 한다.

이러한 유의점을 명심하고 적절한 시기에 적절한 대상에게 알맞은 기법을 적용시킨다면, 우리는 더 나은 치료과정을 만들어 갈 수 있을 것이다. 다시 말하면, 어떤 환자에게 어떤 시기에 어떤 기법을 사용하여 심리치료를 할 것이냐 하는 것은 결국 치료사에게 달려 있다고 생각한다.

개인차를 고려하고 개인치료냐 집단치료냐 등을 잘 파악해서 응용해 나가면 될 것이다. 미술활동에 사용하는 매체도 큰 변수이므로 내담자의 흥미, 관심, 태도, 특성 등을 잘 파악하여 활용해야 한다. 다음에서 미술치료의 적용을 위하여 치료대상과 환경에 초점을 맞추어 살펴보고자 한다.

(1) 미술치료실 환경

미술치료에 있어서 중요한 두 가지 요소는 물리적 환경과 기본적인 재료다. 미술작업을 위한 치료실은 그 크기를 규정하는 데 어려움이 있으며, 적당히 넓은 공간, 충분한 채광, 미술도구 등을 갖추면 된다. 물론 조용하고 비밀을 유지할 수 있으면 더욱 바람직하겠지만, 많은 미술치료사들은 어떠한 환경도 내담자에 따라서는 유용하다고 지적한다. 예컨대, 움직임이 어려운 신체장애인의 경우는 내담자의 방을 방문해서 실시할 수 있고, 내담자가 편안하다고 느낀다면 골방에서도 가능하다.

미술치료실은 아동에게 특별한 공간이어야 한다. 그곳은 자유로운 치유적 공간으로서, 다른 장소와 환경에서는 행해지기 어려운 일들이 안전하게 이루어질 수 있는 편안한 공간이어야 한다. 만약 아동이 독립적으로 사용할 수 있는 공간이라면 지나친 간섭은 불필요할 것이다.

아동이 그림을 그릴 때는 적절한 조명과 적당한 온도, 쾌적한 환경이 갖춰져야 한다. 미술재료들은 정돈되어 지정된 선반 위에 놓여 있어야 하는데, 이것은 안정감을 갖게 하는 요소다.

미술치료에서 고려할 점은 미술작품의 제작자와 작품 사이의 물리적 연관성이다. 미술작품은 벽에 걸거나 이젤에 놓거나 땅바닥에 놓고 작품을 설명할 수 있다. 이때 가능하면 아동이 자기 작품에 가까이 접근하게 하여 그림과 아동 사이의 연결을 강조하고, 미술작품이 자아의 확장임을 더욱 생생하게 경험하도록 한다.

(2) 치료시간의 구성

미술치료의 구성은 치료목표나 대상, 방법에 따라서 다양하게 결정된다. 치료의 기간과 빈도, 사용될 매체, 특정의 활동, 치료 종료 등이 시간 계획에 포함된다. 대체로 주 1회 정도의 상담과 심리치료가 이루어지며, 첫 상담에서는 언어에 의한 접촉을 하며 치료비, 시간계획, 도구의 선택, 그림의 주제 선정 등 다양한 내용들이 다루어진다.

치료시간의 경우 제한 시간을 두어야 할 개인이나 집단이 있을 수 있고, 또한 반대의 입장도 있을 수 있다.

미술에 있어서 시간은 흥미를 유지하고 치료과정에 개입하는 데 충분할 정도의 긴 시간을 의미한다. 만약 동일한 기본적인 재료들이 대부분의 시간에 이용된다면 그들은 친숙해질 것이다. 단지 그때 아동이 재료들을 실습할 충분한 기회를 가진다면, 그들은 진실로 숙달되고 또한 능력을 향상시킬 수 있다. 아동은 얼마나 많은 시간을 이용할 수 있는지 알아야 할 필요가 있고, 끝내야 할 시점에서 경고를 해 줌으로써 도움을 줄 수 있다. 끝낸다는 것은 가끔 아동에게 어려울 수 있으므로, 우리는 그 같은 상황에서 아동이 적응할 수 있도록 도와주어야 한다.

(3) 미술매체

미술치료사들은 특히 아동미술치료에 있어서 다양한 미술활동 매체들을 사용할 수 있다. 다시 말해 그리고, 칠하고, 조립하고, 모형을 만드는 등 모든 매체가 활용될 수 있다.

그러나 아동의 상태, 증상, 연령을 고려하여 매체를 선택하고 사용하는 것이 중요하다. 예를 들어, 풀물감은 부드럽고 유연한 재료로 위축된 아동에게 해방감을 줄 수 있으나 산만한 아이의 경우 오히려 감정조절이 어려울 수도 있다. 또한 자폐아동은 접촉 자체를 꺼릴 수도 있다. 즉, 치료시간의 구성 및 목적에 부합되도록 매체를 선택한다. 미술과제는 자유연상이나 가족 혹은 집단 간의 의사소통 매개체이므로 파스텔이나 크레용, 붓 등의 비교적 간편한 매체가 적절할 것이다.

매체 선택에서 두 가지 중요하게 고려해야 할 점은 촉진과 통제다. 내담자의 자발성을 촉진하기 위해서는 충분한 작업공간과 아울러 다양한 색상과 충분한 크기의 종이와 점토 등이 제공되어야 한다. 너무 많은 양의 도구는 사람을 질리게 할 수 있으므로 치료사는 아동에 따른 차별성을 인식하여 개인의 욕구에 민감하게 반응할 줄 알아야 한다. 특히 쉽게 찢어지는 신문지나 잘 부서지는 분필과 같은 좌절을 유발시키는 재료들은 지양되어야 한다.

가장 낮게 통제 ← → 가장 높게 통제

젖은 점토	수채화 물감	부드러운 점토	오일파스텔	마커펜(굵은 것)	콜라주	단단한 점토	마커펜(가는 것)	색연필	연필
1	2	3	4	5	6	7	8	9	10

[그림 1-1] 미술매체의 특성(Landgarten, 1987)

낱낱으로 된 매체가 그렇지 않은 매체보다는 다루기가 용이하다. 연필은 조작하기가 쉬운 편이지만 물감이나 점토는 조작에 있어서 기술적인 문제가 있다. 물감을 마구 칠하는 것과 같은 행동은 심하게 억압되어 있는 아동에게 활기를 불어넣을 수도 있을 것이고, 아니면 아주 겁에 질리게 할 수도 있다. 때때로 미술매체를 바꿔 주는 것이 타성에 빠져 있는 아동을 촉진시켜 줄 수 있다. 따라서 미술매체의 특성에 따라 어떤 효과를 낼 수 있느냐를 고려하여 선택해야 한다.

다시 말하면, 미술작업의 본질적인 요소는 자료의 사용이다. 창조적 기능과는 별개로 미술자료는 부가적인 목적을 제공한다. 예컨대, 그것은 내담자의 애정적인 상태를 강화시키거나 소멸시킬 수도 있고 자기표현의 자유에 영향을 줄 수 있으며, 또한 왜곡된 방어에 영향을 미칠 수도 있다. 이러한 까닭으로 미술재료의 크기와 특성 등을 고려해야만 한다.

재료를 효과적으로 사용하기 위해서는 먼저 다양한 재료가 준비되어 있어야 하고 잘 보관되어 있어야 한다. 치료사의 재료보관과 작품의 보관 상태가 아동의 자아존중감에 영향을 주기도 한다.

치료사나 교사의 역할은 다양한 개인의 성장을 촉진시켜 주는 것이다. 그러므로 미술치료에 있어서 아동의 의사를 존중하고 매체에 대한 흥미를 유발시켜 작품을 구성하는 과정에 즐거움을 줄 수 있도록 적극적으로 지지해 나가는 것이 무엇보다 중요하다.

미술매체에 대한 구체적인 내용은 매체의 특성(4절)에서 다루고자 한다.

5) 미술치료 기법

미술치료는 심리진단과 치료가 동시에 이루어진다. 따라서 이 둘을 엄격하게 구분하기는 어려우므로 융통성 있게 활용해야 한다. 진단과 치료에 활용되는 미술치료의 대표적인 기법들을 소개하면 다음과 같다.

(1) 진단을 위한 미술치료 기법

그림이나 조소, 콜라주, 핑거페인팅 등의 미술작업을 통하여 내담자의 심리상태를 진단하려는 노력이나, 이른바 투사법이라는 이름하에 인물화에 의한 지능검사나 성격검사, 집-나무-사람 검사(HTP), 나무 그림 검사, 가족화에 의한 성격진단 등에 대한 연구가 계속되어 왔다. 여기서는 몇 가지만 살펴보고자 한다.

① 인물화(Draw A Person; DAP) 검사

인물화에 의한 성격진단 검사는 다른 여러 가지 투사검사 중 좀 더 깊이 있는 무의식적 심리현상을 표현할 수 있어 내담자가 자신과 타인에 대해서 어떻게 지각하고 있는가를 알아보는 데 도움을 준다. 아동은 물론 성인에 이르기까지 사용 가능하며 그려진 그림에서 직접 해석할 수 있다. 인물화 분석은 HTP나 가족화의 기초가 되므로 깊이 이해해야 한다.

② 집-나무-사람(House-Tree-Person; HTP) 검사

이 기법은 내담자가 그들 자신을 어떻게 느끼며 과거를 어떻게 느끼는가 등을 알게 하는 자아발견의 원천으로 삼기 위한 것이며, 유아에서 노인에 이르기까지 모든 연령층에 포괄적으로 활용될 수 있다. 4장의 종이에 집(House), 나무(Tree), 사람(Person)의 남녀를 각각 그리게 한다. HTP는 저항이 적으며 동일 내담자의 그림을 배열했을 때 질병의 경과를 잘 파악할 수 있다.

③ 동적 집-나무-사람(Kinetic House-Tree-Person; KHTP) 검사

이 기법은 HTP에서도 어느 정도 정보를 얻을 수 있지만 HTP를 전체적으로 봄으로써 더 많은 정보를 얻을 수 있기 때문에 HTP보다도 더 유용하게 활용되고 있다.

④ 가족화(Draw A Family; DAF)

가족그림을 통해서 아동의 심리적 상태와 가족의 역동성을 진단하는 데 도움을 주는 기법으로 가족화(DAF)와 동적가족화(KFD), 동그라미 중심가족화, 9분할 통합가족화 등이 있다. 가족체계진단법은 가족 전체나 부부, 부모와 자녀들이 협동하여 그리게 함으로써 그들의 가족관계를 파악한다. 또한 동물가족화를 그려 내담자의 가족관계나 심리도 파악할 수 있다.

⑤ 풍경구성법(Landscape Montage Technique; LMT)

풍경구성법은 내담자가 지각하고 있는 심리상태를 알아보는 검사로서, 1969년에 일본인 中井久夫(나카이) 교수에 의해 창안되었다. 원래는 정신분열증 환자를 주 대상으로 하는 모래상자요법의 적용 가능성을 결정하는 예비검사로 고안되었는데, 독자적인 가치가 인정되어 이론적으로 분석된 후 치료기법으로 많이 활용되고 있다.

도화지에 '강, 산, 밭, 길, 집, 나무, 사람, 꽃, 동물, 돌 그리고 추가로 표현하고 싶은 것' 을 차례로 그려 넣게 하여 하나의 풍경이 되도록 채색하게 한 다음, 그것에 대해서 계절, 시각, 기후, 강의 흐르는 방향, 사람과 집, 밭 등의 관계에 대해서 이야기한다. 이 방법은 치료 가능성의 평가와 문제점의 추측 및 관찰에 유용하고 진단과 치료에 모두 사용할 수 있으며, 모래상자 놀이 치료 전문가들이 즐겨 쓰고 있다.

⑥ 난화이야기법

아무렇게나 선을 자유롭게 그린 후 이미지화하여 그림의 형체를 만든다. 그리고 '그림연극' 처럼 상호 이야기를 꾸며 나가는 것이다. 이미지화된 그림과 이야기 속에서 내담자의 무의식을 표출하게 해 주어 심리상태를 파악할 수 있다.

⑦ 학교생활화(Kinetic School Drawing; KSD)

학교생활화(KSD)는 학교 친구와 선생님, 그리고 자신을 그리게 한 후 내담자의 학교생활을 분석한다. 이것은 동적가족화(KFD)와 함께 받아 보면 좋다(이것을 합쳐서 동적 그림체계, KDS라 한다). 그리고 친구화는 학급집단 내의 사회적 위치나 역할, 적응상태를 파악하는 데 유용하다.

⑧ 자유화법

주제나 방법을 내담자 스스로 결정하여 그리게 한다. 색채, 선, 공간, 내용(부모, 형제, 자신, 산, 태양, 기차 등)을 분석한다. 이 같은 분석방법은 아직 신뢰도나 타당도에서 동의를 얻지 못한 부분이 있으므로 제한성에 유의해야 한다.

⑨ 과제화법

인물, 가족, 친구, 집, 나무, 산, 동물, 길 등의 과제를 미리 주고 내담자가 상상화를 그리게 한다. 이상행동에 대한 내면의 욕구와 그 욕구를 저지하는 압력을 잘 알 수 있다. 인물화, 묘화완성법, 나무 그림 검사, 집 그림 검사, 산과 해의 묘화법, 풍경구성법 등이 여기에 속하며, 산 · 길 · 집과 같은 특정의 과제를 부여할 수도 있다.

⑩ 상상화 그리기

한 장의 종이에 전혀 주제를 주지 않고 상상화를 그리게 하고, 다른 또 한 장에는 사람, 태양, 집 등 세 가지 내용을 담은 상상화를 그리게 한다. 즉, 후자는 과제를 제시한 것이다. 이때 형태, 색채, 구도, 동적 요소, 내용 등이 분석기준이 된다.

⑪ 협동화법

가족이나 내담자가 소집단을 이루어 한 장의 종이에 협동해서 그림을 그리게 하는 방법이다. 집단치료에 유용하며 자발성의 정도, 경험의 표출, 협동성, 그리는 위치와 내용, 그림순서, 주의력 등을 관찰하여 분석한다. 정해진 주제를 주는 경우와 주지 않는 경우로 나누어 실시할 수 있다. 집단치료의 장점을 함께 활용하면 효과적이다.

⑫ 난화게임법

유아의 심리평가에 사용하고 있으나 심리치료나 언어치료에 응용되고 있다. 난화를 제시하고 그림을 완성하게 한 뒤에 질문을 하고 이야기를 꾸며 나가게 한다.

(2) 치료를 위한 미술치료 기법

미술작업을 통해서 심리상담이나 심리치료를 하는 것을 미술치료적 행위라고 할 수 있다. 대상에 따라 다양한 기법이 적용될 수 있으며 여기서는 아동에게 자주 활용되는 몇 가지만 소개하고자 한다.

① 테두리법

내담자에게 도화지를 제시하면서 내담자가 보고 있을 때 용지에 테두리를 그어서 건네주는 방법이다. 묘화를 자극하고 공포를 줄일 수 있어, 자아가 허약한 내담자들에게 많이 사용되고 있다. 테두리를 그릴 때에는 자를 사용하지 않는다. 또 원을 그려 주고 원 안에 그림을 그리거나 채색하게 하여 과잉행동, 주의산만 등을 통제할 수 있다.

② 동기부여법(Starter sheet)

그림 그리는 데 저항이 있을 경우 공포, 수줍음 등을 줄여서 그림 그리기를 자극하고 촉진하는 데 사용한다. 장애아동이나 정신질환자에게 모두 사용할 수 있다. 종이에 치료사가 직접 잡지에 있는 얼굴사진을 오려 붙여 주거나 그려 준다.

③ 난화이야기법

난화법과 이야기법을 종합하여 응용한 것이다. 심상의 형성이 중요하며 이야기를 만들어 나가게 한다. 최근에는 표현이 부족한 내담자들에게 난화와 콜라주를 합친 기법도 사용되고 있다.

④ 콜라주기법

최근에 가장 많이 사용되는 미술치료 기법이다. 잡지 속에서 마음에 드는 사진을 오려 붙이게 함으로써 거부의 감소, 분노의 노출, 희망에 대한 상징 등 다양하게 활용할 수 있다. 표현이 쉽고 그리는 것보다 정확한 감정전달 측면에서 우수하나 선택할 수 있는 사진 매체가 많아야 한다. 자기감정 나타내기, 가족이나 친구에게 말하고 싶은 것, 주고받고 싶은 선물, 타인에 대한 느낌 표현, 문제 예방 및 대처 방법 등을 쉽게 표현할 수 있다.

⑤ 역할교환법

채색이나 콜라주, 난화, 그림그리기 등에서 내담자와 치료자가 서로 번갈아 가며 작품을 제작한다. 한 장의 종이에 적당한 선을 그어 나누고 교대로 색칠하는 화면분할법과 같이 사용하기도 한다. 라포 형성이나 거부감 감소, 흥미유발, 촉진 등에 효과적이다.

⑥ 색채선택법

내담자가 좋아하는 색을 선택하여 그것을 사용하여 그림을 그리도록 하는 방법이다. 가족체계 진단법에서도 좋아하는 크레용을 골라 사용하도록 한다.

⑦ 갈겨그리기법

환자에게 사인펜을 주어 손으로 직접 갈겨 그려서 선을 따라 가게 한 후 '어떻게 보이는가. 어디가 어떻게 되어 있는가.' 에 대해 얘기한 후 채색시킨다. 내담자와 치료자가 함께 갈겨그리기를 하면 내담자와의 관계가 더욱 친밀하게 된다.

⑧ 그림완성법

소정의 용지에 기호가 그려져 있는 8개의 정방형을 제시하고 그 기호를 사용해서 그림을 완성하게 하는 방법이다. 유아나 성인, 정상적인 사람, 정신질환자 등에게 모두 적용할 수 있다. 그린 순서를 적고, 무엇을 그렸는가를 해석하게 한다. 이것은 미술치료 과정이나 초기에 사용할 수 있으며, 환자의 거부감이나 저항, 공포를 제거할 수 있다. Silverman은 동그라미를 그리고 그 안에 임의의 점을 찍어 환자에게 제시함으로써 환자를 지지해 주었다.

⑨ 자아감각 발달법

장애인은 신체영상이나 자아개념이 부정적이다. 이를 높이기 위해서 동기부여법이나 묘화완성법, 손도장과 발도장 찍기, 조소활동, 동그라미 기법, 씨앗으로 얼굴 만들기, 가면 만들기, 석고 본뜨기, 신체 본뜨기(실물 크기), 인체 퍼즐게임, 거울 보고 자기 그리기, 손 본뜨기 등을 할 수 있다. 특히 섭식장애 환자나 신체장애인에게 효과적이다.

⑩ 감정차트 만들기

도화지에 몇 개의 칸을 구분하고 최근의 감정을 그리거나 색종이로 나타내게 한다. 감정을 표현한 후에 모든 인간은 불편한 감정을 가지고 있음을 확인시킨다. 또한 칸 없이 한 장의 종이에도 표현할 수 있고 스펙트럼 형태의 띠로도 나타낼 수 있다.

⑪ 집단만다라 벽화그리기법

집단 속의 자기이해, 집단이해, 협동심 등을 기른다. 특히 벽화는 소집단이 책상 위에서 그리는 공동화(협동화)보다 거부감이 적고, 편안하며, 역동성을 더 잘 나타내 준다.

⑫ 만다라 그리기

개별적인 작업 또는 생활 만다라를 그리게 한다. 크레용, 크레파스 등을 이용하거나 색종이도 사용 가능하며, 자유연상을 그려도 좋다. 그림을 그리고 나서 심상을 시로 써서 나타내기도 하며, 색채를 사용하면 더욱 좋다. 이것은 환자의 기억과 감정을 통합하는 데 유용하다.

⑬ 핑거페인팅(Finger painting)

핑거페인팅은 미술치료 초기나 말기에 사용한다. 정서의 안정과 거부, 저항의 감소, 이완 등의 효과를 가진다. 또한 작업의 촉진, 스트레스 해소에도 큰 도움이 된다. 이것은 나중에 작품으로 게시해도 좋고 크리스마스 카드로 제작해서 사용할 수도 있다.

⑭ 조소활동법

점토로 인물상을 만들거나 자기의 느낌을 표현하도록 하여 해석하게 한다. 묽은 점토는 수채물감과 같이 액체도구로서 언어화가 결핍된 내담자에게 유용하며, 과도한 언어화를 나타내는 사람들에게는 감각적 요소를 강조할 때 사용한다. 특히 대상관계가 부족한 내담자의 치료에도 유용하다는 연구보고가 있으므로 현장에서 활용하면 좋을 것이다.

이상에서 몇 가지 미술치료의 기초적인 기법을 요약해 보았다. 어떤 내담자에게, 어떤 시기에, 어떤 기법을 사용하여 심리치료를 할 것이냐 하는 것은 결국 치료사에게 달려 있다. 개인차를 고려하고 개인치료냐, 집단치료냐 등을 잘 파악해서 응용해 나가면 될 것이다. 미술활동에 사용하는 매체도 큰 변수이므로 내담자의 흥미, 관심, 태도, 특성 등을 잘 파악하여 활용해야 한다.

미술치료 기법에 대한 구체적인 내용은 제4장에서 다루고자 한다.

2. 조형심리

사람은 다른 사람들과 의사를 전달하고 자신의 마음을 보여 주기 위해서 '언어' 가 아닌 다른 '상징' 을 필요로 한다. 조형심리는 자신의 마음속에 있는 생각이나 감정을 드러내는 데 필요한 독특한 방편의 하나다.

인간의 내면에 마음을 기울이고 예술의 내재성과 내면화 작업에 관심을 갖고 이론을 정립한 Freud, Arnheim, Read, Kandinsky의 이론은 오늘날 미술치료에서 조형예술에 대한 심리적 영역의 이론적 배경을 구축하고 있다. 또한 미술치료사가 내담자를 치료하는 과정에서는 작품을 이해할 수 있어야 하고 이러한 조형의 의미를 배워야 하는 사람은 미술치료사이지 내담자가 아님을 인식해야 한다.

미술활동은 본질적으로 치료적이며 미술치료사들은 다른 전문가들이 주기 어려운 것을 제공한다. 이는 미술치료에 대한 지속적인 연구가 이루어져야 함을 의미한다.

다음의 내용은 유수진(2004)의 「노인미술치료에서 치매, 뇌졸중 환자 작품의 조형심리학적 고찰」에서 인용한 것이다.

1) Freud의 예술론

(1) 예술의 의미

예술이란 욕구충족 과정에서 나타나는 것으로서 현실에서 이룰 수 없었던 다양한 욕구들이 여러 가지 방법으로 표출되어 공상적인 측면과 대리만족의 모습을 보이는 것이다.

예술작품은 심리적인 억압과 저항에 대한 무의식적인 원망과 타협의 과정이며 무의식적인 부분을 자극해서 환상에 의한 대리만족을 하게 한다. 즉, 예술이 무의식의 감정을 표현한다고 보았다.

예술가의 창조 내지 작품은 꿈과도 비슷하다. 꿈 역시 의식되지 않은 욕구가 꿈으로 표현되기 때문이다. 그러나 꿈은 비사회적이고 나르시스적임에 비해 예술작품은 타인을 배려하며 형태미를 지각의 쾌감으로 사용한다.

대부분의 사람들은 유아기의 욕구를 억압하면 대리형성물을 나타내는데, 억압이 심하고 욕구가 왜곡되어 비정상적인 대리형성물이 구성되면 그것은 바로 노이로제 증세다. 그렇지만 억압이 심할지라도 왜곡되지 않고 순화되어 나타나면 그것은 예술작품이 된다. 즉, 참다운 예술표현은 억압된 욕구의 승화다.

예술작품의 주요한 심리적 재료들은 유년기의 성욕과 복합적인 감정, 환상, 불안 등을 해소하려는 회귀의 욕망이라고 보았으며 초현실주의 예술작품의 재료는 구강기의 부분 대상들과 오이디푸스기의 거세공포, 분리불안, 양가감정, 갈등 등이 형상화되었음을 볼 수 있다. 예를 들면, 뭉크의 '불안'과 '절규'에서 표현되는 멸절공포, 유기불안, 분리불안과 클림트의 '포옹'과 '입맞춤'에서 표현되는 전-오이디푸스적 회귀욕구를 비롯해 레오나르도 다빈치의 '모나리자'에서 표출되는 구강기적 회귀(퇴행)욕구가 대표적인 사례다.

Freud의 예술론은 작품을 하나의 내적 분석 대상으로 보고 작품에 투사된 작가의 개인적 역사를 동기로 모든 상징적 상호작용의 형태 내에서 나타난 욕망의 효과를 의미적 표층으로 유인시키는 과정이라고 할 수 있다. 예술작품이 인간의 원초적 성욕에서 인간의 욕구를 간접적으로 충족시키기 위해 창조된 것임을 주장하는 Freud의 정신분석학은 수많은 논제와 더불어 직, 간접적으로 큰 영향을 주었다.

(2) 성적 충동

Freud는 아름다움의 개념은 성적 흥분에 그 기원을 두고 있다고 하였으며, 예술을 성욕으로 단순히 환원시키는 데 만족하지 않고 성욕에 대한 개념을 확대시키면서 아름다움이 성적 감정에 유래한다는 생각에 또 하나의 단서를 붙여 "아름다움을 사랑하는 것은 어떤 충동이 그 목표의 지향을 저지당할 때 비롯되는 전형적인 예다."라고 언급하였다. 이것이 바로 승화의 개념이다. 다시 말해, 표현에 이르기 위해서는 억압된 성적 동기는 승화되어 표출되며, 실제적인 만족 대신 그 본능적인 에너지를 언어, 예술, 제식 등으로 승화시켜야 한다는 것이다.

요컨대 승화이론은 성적 에너지를 좀 더 고도의 예술과 문화 에너지로 전환하는 것으로 가정한 것이라고 할 수 있으며, Freud는 자신의 승화이론을 보완하고자 많은 노력을 기울였다.

2) Read의 조형론

Read는 예술을 즐겁게 하는 형식을 만들고자 하는 하나의 시도라고 정의하였으며, 이러한 형식은 우리의 미감을 만족시키고, 미감은 여러 감각적 지각 속에서 형식상의 여러 관계의 통일 또는 조화를 느낄 수 있을 때 만족된다고 하였다.

사람은 감각에 주어진 여러 물체의 면과 매체에 반응하고 이것이 어떠한 비율로 배열되었을 때 쾌감을 얻게 되지만, 이러한 배열이 결핍되면 무관심이나 불쾌감 또는 반발까지도 일으키게 된다. 쾌적한 여러 관계에 대한 감각이 미감이며, 그 반대의 감각이 불쾌감이다.

또한 Read는 미(美)란 우리의 감각적 지각의 형식상의 여러 관계의 통일이라고 정의하였다. 미감에는 다음과 같이 3단계가 있다.

1단계는 물질의 성질, 즉 색, 소리, 몸짓 등 기타 물리적 반응을 순전히 지각하는 것이며, 2단계는 이러한 지각을 쾌감을 주는 모양과 패턴으로 배열하는 일이다. 3단계는 이러한 지각의 배열을 정서나 감정의 어떤 상태와 일치시킬 때 일어나는 것이다. 이때 우리는 정서나 감정이 표현되었다고 한다.

Read는 '인간의식의 발전에 있어 미술의 기능' 이란 부제의 『도상과 사상』에서 인류의 미술사를 7단계로 나누어 독자적인 미학적 가치를 창조했음을 고찰하고 있다.

- 구석기 시대의 자연주의적 묘사는 생명력의 표현이다(생명주의).
- 신석기 시대의 기하학적 패턴은 아름다움의 발견이다(기하학적 패턴).
- 주술로부터 종교로 인류의식이 전환하면서 신령스러운 것의 상징이 고안되었다(종교적 상징).
- 고대미술에서 비로소 이상적 인간상이란 이미지가 도입되었다(이상적 인간상).
- 르네상스에 이르러 원근법에 의한 새로운 실재감이 배태되었다(원근법).
- 근대미술에서 자아의 인식이 나타났다(자아 인식).
- 현대미술에서 드디어 구성적 미학의 창조에 이른다(구성적 미학의 창조).

3) Arnheim의 게슈탈트 이론

(1) 부분과 전체의 원리

형이나 색, 재질은 인지의 실마리에 지나지 않는다. 사과는 둥글고 붉으며 반질반질하고 대체적으로 비슷한 크기를 갖고 있다. 그러한 사과의 모형을 알고 있는 사람이라면 사과그림을 그릴 수 있다. 이와 같이 '형', '외관', 즉 'gestalt' 라고 부르는 이러한 형태는 현실 존재의 물리적인 형태가 아닌 인간에게 보이는 모습으로 인지하는 사람의 마음의 원리에 지배당하고 있다. 이 때문에 외관은 주관적이고 독특한 것일 뿐 아니라 어떠한 사람에게도 공공성을 갖고 실마리를 주는 형(形)이 되는 것이다.

심리학자들은 인간이 사물을 보고 아는 것은 모든 부분을 섬세하게 관찰하고 종합하여 알게 되는 것이 아니라 사물이 가지고 있는 몇 가지의 특징과 관심 있는 부분을 봄으로써 알게 된다고 주장한다. 이는 심리학자 Lorentz의 로빈(robin) 새를 가지고 어떤 경우에 흥분하고 공격하는가를 관찰한 결과, 로빈 새가 새 전체의 공격적인 모습을 보고 그렇게 되는 것이 아니라 목의 깃털을 치켜올린 사진만 보고도 공격적인 모습을 취하는 것을 알 수 있었다. 그리고 1935년 Leeper가 실험한 [그림 1-2]의 그림은 젊은 며느리와 험상궂은 시어머니가 섞여 있는데, 어떻게 보면 젊은 여인이 보이고 어떻게 보면 노파가 보인다. 이렇듯 인간의 지각은 '마음갖춤새(mental setting)' 에 따른다. 이와 같은 심리학적 실험을 통하여 알 수 있는 것은 사람들은 어떤 사물이 눈에 비치는 것으로만 알게 되는 것이 아니라 태어나면서부터 가지고 있는 인지구조에 의해서 알게 되거나, 경험과 지식에 의해 만들어진 개념과 관념을 통해 알게 된다는 것이다.

[그림 1-2] 시어머니와 며느리

게슈탈트(Gestalt)란 우리말의 '형' 이나 형태라는 뜻이지만 그것은 단순한 형이나 형태가 아니라 전체로서 뭉뚱그려져 보이는 현상으로서의 형이나 형태라는 뜻을 가지고 있다. 즉, 우리가 '형' 을 볼 때 부분을 보고 이들을 전부 합하여 '전체가 어떻다.' 라는 식으로 지각하는 것이 아니라 전체를 이루는 어떤 특징을 보고 그 대상을 지각하는 구조를 가지고 있다는 것이다.

(2) 간결성의 원리

Max Wertheiner(1923)에 따르면 우리가 물체를 볼 때, 그것이 가지고 있는 여러 조건 중에서 가장 간결하고 좋은 형태가 되도록 지각하는 특성을 갖고 있다고 한다. 이것을 '간결성의 원리'라고 한다. 구조의 간결화 의미는 두 가지 면에서 이해될 수 있다.

첫째는 자극의 단순성으로서 사물의 형이나 색이 단순한 것이고, 둘째는 의미의 단순성이다. 자신이 표현하고 싶은 이미지를 정확하게 표현하기 위해서는 가능한 한 간결한 구성이 되어야 한다. 그러기 위해서는 필요한 것과 불필요한 것을 취사선택하는 감각을 통해 간결하고 의미 있는 구성을 만들 수 있다.

(3) 조형심리의 원리

사물을 보고 아는 힘은 사물 그 자체에서 나오는 것이 아니라 인간의 지각 구조에서부터 출발하여 그 사물에 부딪친 다음, 되돌아 나오는 형식을 가지고 있다.

시각적 자극에 반응하는 방법과 이미지를 만드는 방법은 주관적이다. 예를 들어, 색들 간의 차이점을 구별하고, 어떤 형태의 세부를 알아보거나 혹은 물체의 크기를 측정하는 데 있어 인간의 감지 능력은 서로 다르다. 즉, 사람의 두뇌는 이미지를 만들 때 몇 개의 규칙을 따르는 경향이 있다. 그 원리를 살펴보면 다음과 같다.

- 근접성의 법칙: 두 개의 형이나 형태가 가까이 있을수록 더 잘 집단화되어 보이는 현상을 말한다.
- 유사의 법칙: 비슷한 성질을 가진 요소는 비록 떨어져 있더라도 덩어리져 보이는 경향, 즉 형이나 형태가 가지고 있는 조건이 특별히 다르지 않다면 성격이 비슷한 것끼리 묶여 보이는 원리를 말한다.
- 폐쇄의 법칙: 윤곽선이 완전히 연결되어 있지 않다 하더라도 일정한 형태로 지각되는 것은 근접성의 법칙과 폐쇄의 법칙의 상승작용에 의한 것이다. 폐쇄된 형상은 열린 형상보다 더 잘 지각되며 우세해 보인다(삼각형, 사각형, 원형).

• 연속의 법칙: 요철 모양의 직선은 직선대로, 구부러진 곡선은 곡선대로 지각된다. 즉, 각 요소들은 같은 방향으로 같은 운동을 계속하는 경향이 있다.
• 공동운명의 법칙(동일 운동성의 법칙): 비슷한 움직임을 지닌 것은 하나로 지각된다(책장의 문학전집, 미술전집).
• 객관적 태도의 법칙(완결성의 요인): 교차된 다른 모양의 형상들은 실제로는 그렇지 않더라도 원형으로 보인다.

4) Kandinsky의 조형예술론

Kandinsky가 그의 조형예술론에서 강조해 온 '내적 필연성', 즉 내면의 표현은 오늘날 추상미술에 그가 남기고 간 영향력임과 동시에 미술치료에서 강조하는 내면의 표현과도 상통한다.

Kandinsky는 회화가 단지 물질적인 세계를 재현하는 것이 아니라 인간의 내적 감정, 내적 의미, 정신세계를 표현하여야 한다고 주장하였다. 그는 인간의 내면세계를 표현하는 가장 실제적인 형태 요소는 추상이라고 규정지었으며, 추상은 인간의 내적 필연성을 표현하는 사실주의라고 생각하였다.

(1) 점, 선, 면

① 점(點)

점은 모든 창조의 근원이며 시작이다. 즉, 점으로부터 자연이라는 형태, 미술이라는 형태가 싹트고 성장한다. 그리고 점이 움직여 나간 흔적이 선이며 선은 자연에 있어서는 중심에서 뻗어 나가고 중심과 연결되는 동심적(同心的)이다. 분석적 드로잉에서는 선을 기본요소로 간주하고 수동적이고 능동적인 것으로 분석하였으며, 미술에서의 선은 자연의 생물체와 마찬가지로 고유의 힘, 내적 에너지를 갖고 있다고 믿었다.

② 선(線)

직선, 수평선, 수직선, 사선 등 모든 종류의 선은 본질적인 성격을 가지고 있으며, 직선은 무한한 움직임의 가능성을 지닌 가장 간결한 형태로 평면의 완벽한 부정이다. 수평선은 차고 수동적, 여성적이며, 수직선은 따뜻하고 능동적이고, 사선은 차고 따뜻하다. 곡선은 평면의 핵심을 자체 내에 담고 있다.

③ 면(面)

선은 모든 활동이 시작된 상태이며 면으로 나아간다. 면의 가장 객관적인 기초 평면은 정방형이다.

모든 살아 있는 생물체가 '위'와 '아래'에 대해서 영구적인 관계를 맺고 있다. 여기서 '위'는 여유 있는 유연성, 경쾌감, 해방감을 주며 나아가 자유의 느낌을 불러일으킨다. '아래'는 농밀한, 무거운 중량감, 묶여 있는 느낌을 불러일으킨다.

(2) 형태이론

Kandinsky는 좁은 의미의 형태는 평면과 공간이며, 넓은 의미의 형태는 색채와 평면과 공간과의 관계라고 구분하고 형태연구의 시초를 삼각, 사각, 원 등의 세 가지 요소로 축소하였다.

Kandinsky는 조형예술에 나타난 형태의 종류를 기하학적 형태와 유기적 형태로 분류하였으며, 미술에 있어서 모든 형태는 제각기 그 나름대로의 의미를 가지고 있다고 주장하였다.

(3) 색채이론

Kandinsky의 색채이론은 괴테의 색채학, 신지학, 그 외의 모든 색채 이론을 포괄적으로 수용하여 체계화시킨 것이다. 그는 색채를 물리학과 화학, 생리학과 신지학으로 나누어 연구하여야 한다고 주장하였다. 물리학과 화학은 색채의 본질을, 생리학은 외적 수용의 수단방법을, 신지학은 내면효과를 각각 취급한다고 생각하였다.

그의 색채론을 살펴보면 검은색은 죽음의 상징으로, 흰색은 생명의 탄생으로, 빨간색, 회색, 초록색은 각각 다른 관계로서 상호 대비시킬 수 있다. 즉, 빨간색과 초록색은 모든 홍색에서 청색으로 이행하는 중간과정에 있고, 회색은 검은색에서 흰색으로 이행하는 중간과정에 있다고 했다. 또한 밝은 색이나 따뜻한 색은 좀 더 강하게 눈길을 끈다. 주황색은 인간을 언제나 매혹시키는 불꽃처럼 자극하며, 짙은 레몬색은 오랫동안 보고 있으면 마치 고음의 나팔소리가 귀를 해치듯이 눈에 고통을 준다. 이때 눈은 불안함으로 얼마 동안 응시를 계속할 수 없게 되며 푸른색이나 초록색에 몰두해 쉬고자 한다. 파란색은 심화의 성향이 너무 강해 더 짙은 톤에서는 더욱 강렬해지고 더욱 특색을 보이며 더 내면적으로 작용한다. 즉, 짙어질수록 무한으로 불러들이며, 순수한 것과 초감각적인 것에 동경을 불러일으키며 휴식의 요소를 철저하게 발전시켜 나간다.

5) 미술치료에서 나타나는 조형심리학적 표현

(1) 무의식적 표현

① 심리학적 의미

우리는 표현이나 인지에 무의식적인 마음의 경향이 작용하는 것은 잘 알고 있다. 우리는 인식하지 못하면서도 보고, 듣고, 냄새 맡고, 맛보는 경우가 있다. 이 현상은 우리의 주의력이 그 대상에 집중되어 있지 않든가, 자극이 의식적인 인상을 남기기에 너무 약하기 때문에 일어나지만 무의식은 그 대상에 주의를 쏟고 있는 것이다. 때문에 무의식에서 나오는 이미지는 사람들이 의식을 빌려 생각하는 것보다 훨씬 더 중요하다고 본다.

② 미술치료에서 나타나는 무의식적 표현

무의식적인 미술은 어떠한 것을 그리겠다는 것을 미리 생각하지 않고 제작한 드로잉, 회화 혹은 그 밖의 모든 조형을 의미한다.

미술치료사들은 내담자가 무의식적인 미술작업을 창조할 때 재료를 제공하고, 어떠한 형태로 이미지를 표현하더라도 치료사는 무의식적인 표현들을 창조할 수 있도록 방법이나 기법을 알려 줄 수 있다.

색채심리학은 무의식에서 나타난 그림들을 해석하는 데 결정적 암시를 준다. 특정한 색을 칠하고 묘사하도록 하는 내적 심상, 상상력을 통하여 이루어진다.

미술치료는 초기 정신의학, 특히 정신분석학의 이론에 많은 영향을 받았으며, 가장 대표적인 기법 중의 하나가 자유연상이다. 이것은 마음속에 떠오르는 어떠한 것이든 말하는 것으로서, 본질적으로 무의식적 표현의 형태라고 할 수 있다.

- 만다라: 개인의 정신을 집중하게 함으로써 내면의 질서를 생성시키고 내면의 자기에게 의미를 부여하게 하는 명상의 도구로 알려져 왔으며, Jung은 만다라가 "내면의 화해와 전체성을 지향하는 안전한 피난처"를 상징한다고 했다.
- 난화: 의도적인 계획이 없는 상태에서 종이에 물감이나 파스텔로 계속적으로 흐르는 선을 그리고, 난화가 끝나면 선의 모양을 관찰하고 모양이나 형태를 구별하도록 하는 것이다. Naumburg는 치료에서 무의식적인 이미지를 방출시켜 자유연상을 촉진시키는 방법이라고 주장했다.

(2) 상징적 표현

① 상징의 심리학적 의미

어느 하나의 동일한 대상이 어떤 맥락에서는 상징으로 작용하고 다른 맥락에서는 그렇지 않다. 그리고 어떤 맥락에서는 심미적 상징으로, 다른 맥락에서는 심미적이지 않은 상징으로 작용한다는 것이다. 어떤 대상이 예술적인 상징으로 기능할 때, 그 대상을 특징짓는 것은 그것이 어떤 증후를 지니는 경향이 있다는 점이다. 예컨대 [그림 1-3]의 그림이 있다면 어떤 사람은 심전도 그래프라고 생각하여 선의 오르내림을 주목하지만 산의 윤곽이라고 생각한다면 선의 특징 이상의 굵기, 밝기, 색 등에 주의를 돌릴 것이다.

② 미술치료에서 나타나는 상징

그림을 그리는 과정에는 항상 상징화 과정이 내포된다. 즉, 자신의 정서, 불쾌감, 즐거움, 신체적 고통이나 의식된 문제점을 주로 그린다. 이처럼 자신의 문제와 욕구

[그림 1-3] 충만함을 보여 주는 지그재그 형태의 선

를 그리는 상징은 색과 형태의 구성을 통하여 구체화된다. 자신의 감정을 그림을 통하여 봄으로써 무의식에 있던 어떤 것이 의식으로 끌어올려진다. 이러한 과정이 상징이 주는 기능이다.

Beres(1960)에 따르면 무언가를 대신하고 모든 점에서 원래 대상과 동일한 것으로 경험되는 것은 상징이 아니다. 그것은 기호나 신호며, 상징이란 무엇을 대신하는 것이 아니라 무엇을 나타내는 것이다. 또한 여러 병리적인 임상사례에서 미술활동을 통하여 시각적 이미지를 만드는 것은 상징화 능력을 촉진시키고 현실 검증 능력을 높이며, 미술작품을 만들 때 상징화 능력을 재습득하고 현실 감각을 증가시킨다고 말한다.

③ 정신적 표상

정신적 표상은 상징이나 이미지, 환상, 생각, 감정, 행동을 통해 의식에 나타날 수 있는 무의식적 심리조직이라고 가정된다. 즉, 이러한 정신적 표상은 환상이나 생각의 형태가 의식에서 떠오를 수 있는데, 이러한 의식적 기본 요소는 상징이다.

이런 표상, 상징화는 시각적 심상을 사용함으로써 자아기능이 약하거나 상징을 만드는 기능이 손상된 환자들이 상징화 능력을 개발시키는 데 도움을 받을 수 있으며, 미술에서 상징적 표현에 의해 이루어지는 역할을 이해함으로써 치료 효과를 더욱 높일 수 있다.

(3) 동기 표현

사람은 누구나 감정이나 생각을 표출하려는 욕구를 가지고 있다. 그래서 자신도 모르게 어떠한 방법으로든 표출하면서 사는데, 그렇게 하지 못할 때는 문제가 일어나게 된다. 감정이나 생각을 표출한다 하더라도 아무렇게나 해 버리면 마음이 개운해지지도 않고 정리되지도 않는다. 이렇듯 인간이 자신을 표출하는 방법 가운데 가장 승화된 방법 중의 하나가 미술이다. 말이나 글은 복잡한 생각을 하나의 생각으로 단순화해서 질서를 잡아 표현하는 것이라 한계가 있지만, 그림은 복잡한 감정이나 생각을 한꺼번에 넓고 깊게 복합적으로 나타낼 수 있다. 뿐만 아니라 그림 속에 담겨진 복잡한 감정이나 생각을 보는 사람에 따라 각기 다르게 받아들일 수 있다.

예술 창작이 의사를 소통하고, 정서를 불러일으키며, 보여 주고, 다른 사람들이 행동하도록 만든다면 그것은 비교적 동기화된 것으로 볼 수 있다.

3. 색채심리

1) 색채의 개념

색은 빛이 눈에 들어와 시신경을 자극하여 뇌의 시각중추에 전달함으로써 생기는 감각으로 물리학적, 생물학적, 심리학적, 사회학적, 미학적인 다양한 측면을 지니고 있다.

색의 외적인 측면으로는, 직접광과 반사광으로 우리의 눈까지 도달하는 빛의 물리적인 측면과 물체의 표면에서 반사된 광선이 눈으로 들어와 시신경을 통해 뇌의 시각중추에 이르러 색을 지각하게 되는 생물학적인 측면이 있다.

색의 내적인 측면으로는 색채가 우리의 심리에 미치는 영향에 대한 것으로, 지각된 색은 개인의 주관적 감정에 따라 심리적인 연상이나 또는 상징으로 받아들여지는 의식활동을 수반하는 심리적 측면, 심리적인 측면의 기억을 환기시키고 가치 판단을 하여 외계와 대응하는 행동으로 연결되어 생겨나는 감정의 반응적인 사회적 측면, 심리적인 측면이 생활조형의 표현으로 연결되어 생겨나는 미학적인 측면이 있다.

이러한 내 · 외적인 측면이 결합되어 생겨나는 시각적 효과인 색은 그만큼 까다롭고 광범위한 분야다. 따라서 색채를 효과적으로 사용하기 위해서는 폭넓은 이해가 필요하다.

2) 색의 분류와 색의 3속성

(1) 색의 분류

색은 크게 무채색과 유채색 두 종류로 나누어진다.

① 무채색

무채색은 흰색과 여러 층의 회색 및 검정색에 속하는 색감이 없는 계열의 색을 통틀어 무채색이라고 한다. 즉, 무채색은 흰색에서부터 검정색까지의 명암의 차이에 따라 순차적으로 배열된 밝고 어두운 정도의 차이로 명도는 있으나 색상과 채도가 없다.

② 유채색

유채색은 무채색을 제외한 모든 색으로 색상, 명도, 채도의 속성을 가지고 있다. 이러한 색은 각각의 색의 차이를 나타내는 색상, 색의 순수한 정도를 14단계의 탁하고 선명한 강약의 척도로 분류한 채도, 색의 밝고 어두운 정도를 나타내는 11단계로 분류된 명도가 있다.

(2) 색의 3속성

색을 지각하는 데 구별되는 속성을 색상, 명도, 채도의 3요소로 나누고 이들을 총체적으로 '색의 3속성' 이라 한다.

① 색상

유채색만이 갖는 속성으로서 빨강, 노랑, 파랑 등의 색의 차이를 색상이라 한다. 우리는 일반적으로 색의 이름으로 수많은 색을 구별하고 빛의 파장에 따라 우리가 느끼는 색의 식별은 무수히 많다. 이처럼 감각에 따라 식별되는 색의 종별, 즉 색채를 구별하기 위해 필요한 색채의 명칭을 색상이라 한다. 그리고 성질이 비슷하다고 느껴지는 색을 순서대로 둥글게 배열한 것을 색상환 또는 색환이라고 한다.

② 명도

유채색과 무채색의 공통점은 밝음과 어두움을 가지고 있다는 점이다. 밝음과 어두움을 가지고 있는 것, 즉 색의 밝고 어두운 정도를 명도라고 하며 11단계로 분류된다. '명도가 높다' 라고 하는 것은 '밝다' 는 것으로 고명도의 색을 말하며 흰색이 가장 높다. 명도가 가장 낮은 색은 검은색이고 중간쯤 밝은 색은 중명도의 색이라고 하며 회색이 있다. 백과 흑 사이에 명도가 다른 회색을 배치하고 그 감각적인 이행이 한결같이 균등하게 변하도록 한 것이 명도 단계(무채색 스케일)다.

우리 인간의 눈은 색의 3속성 중에서 명도에 대한 감각이 가장 예민하며 그 다음이 색상, 채도의 순서다.

③ 채도

채도란 색의 선명함, 즉 색채의 강하고 약한 정도를 말하며 14단계로 분류된다. 채도를 순도라고 하는데, 이는 여러 가지 색파장이 혼합되어 물체의 표면에서 흡수되거나 반사하는 양에 따라 다르게 느껴지는 것으로서 특정한 색파장이 얼마나 순수하게 반사되는가의 정도를 나타낸다.

채도가 높을수록 선명한 색이 되며 최대 채도에 가까운 부분의 색을 순색이라 한다. 색상환의 색상은 순색이며 순색에 다른 색을 가하면 채도가 낮아진다. 따라서 색채 혼합을 할 때 여러 색을 섞으면 섞은 만큼 채도는 낮아지는 것이다.

3) 색채의 심리효과(대비)

색채의 심리효과란 어떤 색이 다른 색의 영향을 받아서 본래의 색과는 다른 색으로 보이는 현상을 말한다. 구체적으로는 색채의 대비효과(동시대비, 계시대비)와 색채의 동화효과 등으로 나타난다.

- 동시대비(simultaneous contrast): 두 가지 색을 동시에 보았을 때 본래의 색과는 다른 색으로 보이는 현상이다.
- 연변대비: 인접되어 있는 부분이 특히 강한 대비효과가 나타나는 현상이다.
- 계시대비: 일정한 자극이 사라진 후에도 지속적으로 자극을 느끼는 현상이다.
- 색상대비: 색상이 다른 두 색을 동시에 인접시켜 놓았을 경우 두 색이 서로의 영향으로 인하여 색상차가 크게 나는 현상이다.
- 명도대비: 명도가 다른 두 색을 인접시켰을 때 서로의 영향으로 밝은 색은 더욱 밝아 보이고 어두운 색은 더욱 어두워 보이는 현상이다.
- 채도대비: 채도가 다른 두 색을 인접시켰을 때 서로의 영향으로 채도가 높은 색의 채도는 더욱 높아지고 채도가 낮은 색의 채도는 더욱 낮아 보이는 현상이다.
- 면적대비: 동일한 색이라도 면적이 커지게 되면 명도와 채도가 증가되어 더욱 밝고 채도가 높아져 보이는 현상이다.
- 동화효과: 색들끼리 서로 영향을 주어 인접색에 가까운 것으로 느껴지는 경우를 일컫는 현상이다.

4) 색채와 이미지

(1) 연 상

색채에 대한 심리적인 연상이나 개인적인 경험, 기억, 사상, 의견, 개인이 소속된 사회의 문화적 배경, 자연환경의 색채 등으로 색에서 직접적인 영향을 받아서 형성된다. 거의 모든 문화권에서 색채가 갖는 이러한 심리적인 연상에는 일반적으로 공통적인 연상과 상징하는 바가 있다.

일반적으로 유아나 소년들에게는 가까이 있는 동식물 등의 구체적인 연상이 많고, 청년기 이후부터는 구체적인 연상보다 추상적인 연상이 많아진다.

(2) 상 징

많은 사람들이 공통의 연상을 하게 되면, 색의 상징은 일반적인 것이 되고 어떤 특정한 의미를 나타내게 된다. 그것은 각국에서 공통되는 경우도 있지만 민족적인 전통이나 관습에 의해 전혀 의미가 다른 경우도 있다.

색채의 상징성은 색의 심리적 활동을 통해서 어떤 정서적 반응을 주는 것과 달리 사회적 규범, 즉 일종의 사회적 약속 언어로서의 기능을 가진다. 그러한 색채의 사회적 상징기능은 신분, 계급의 구분, 방위, 지역, 학문, 수치의 시각화, 기구 또는 건물의 식별, 주의 표시, 국가나 기업 등의 상징으로 다양하게 적용된다.

(3) 기 억

구체적인 대상과 관련하여 기억하는 색을 기억색이라 부른다. 그러나 기억색은 그 대상의 실제 색과 일치하지는 않는다. 대체로 실제 색보다 색의 특징을 강하게 기억하려는 경향이 있다.

(4) 기 호

사람들은 모든 색을 좋아하는 것이 아니라 어떤 일정한 색에 대한 뚜렷한 기호를 가지고 있다. 그러나 무의식으로 어떤 일정한 색을 연상하는 개인적인 충동에 의하여 모든 것은 강하게 영향을 받는데, 이와 같이 색채에 대한 좋고 싫은 선천적인 느낌은 일정한 것은 아니다. 기호는 온도, 연령, 사회적 집단에 따라 다양하다.

기호는 시간의 흐름에 따라 변하는 것이기 때문에 좋아하던 색도 다음에는 싫어하는 색이 되는 가변성을 가지고 있으나 성별, 연령, 지역, 민족 등에 따라 어떠한 일반성을 찾아낼 수 있다.

(5) 잔 상

잔상이란 일정한 에너지의 자극이 눈에 들어와 색감각의 반응이 생긴 후 자극을 제거하더라도 그 흥분이 남아서 원 자극과 동질 또는 이질의 감각 경험을 일으키는 것이다. 이러한 잔상은 정(正)의 잔상과 부(負)의 잔상으로 나누어진다.

정의 잔상은 강하고 짧은 자극 후에도 계속 나타나며 원래 자극과 밝기와 색상이 같게 나타난다. 한편 부의 잔상은 어떤 상이나 색조를 얼마간 쳐다보다가 자극을 제거하면 자극의 정반대의 상을 보거나 원 자극 색상과 보색관계에 있는 반대 색상을 보게 되는 현상이다.

5) 색채의 느낌

(1) 온도감

색채의 온도감은 색상의 종류에 따라 크게 결정된다.

- 난색은 따뜻함과 적극적인 효과가 있다.
- 한색은 차가움과 진정적인 효과가 있다.
- 중성색은 중간의 쾌적함이나 신비로움이 느껴진다.
- 저채도와 저명도는 찬 느낌이 강하다.
- 무채색은 명도가 높으면 차갑고 낮으면 따뜻하게 느껴진다.

(2) 중량감

색에는 시각적으로 가벼운 느낌의 색과 무거운 느낌의 색이 있는데, 이것은 주로 명도에 따른 것으로 밝은 색은 가볍고 어두운 색은 무겁게 느껴진다. 따라서 밝은 색을 상부에 어두운 색을 하부에 쓰면 안정된 느낌을 가지나, 반대로 배열하면 동적인 느낌을 나타내게 된다.

(3) 강약감

색의 강약감은 색의 명암에 좌우되기보다 주로 채도의 높고 낮음에 따라 결정된다. 명도에 관계없이 채도가 높은 색은 강하고 선명한 이미지를 남긴다.

(4) 화려함과 점잖음

채도가 높을수록 화려하고 채도가 낮을수록 점잖은 느낌을 준다. 명도에서는 밝은 색이 화려하고 어두운 색이 의젓함을 느끼게 한다. 흰색이나 금, 은, 동은 화려한 느낌이 있고, 검은색은 그 사용방법에 따라 화려하거나 의젓해 보이게 된다.

(5) 흥분과 침전

흥분과 침전은 주로 채도의 높고 낮음에 따라 결정된다. 난색계통의 채도가 높은 색은 흥분을 유발시키고, 한색계통의 채도가 낮은 색은 침전을 가져온다.

(6) 시간의 장단

Birren에 따르면, 장파장 계통의 색채를 이용한 실내에서는 시간의 경과가 길게 느껴지고 단파장 계통의 색채가 칠해진 실내에서는 시간의 경과가 짧게 느껴진다고 한다. 또 색채의 속도감은 황록색, 황색, 적색과 주황색 등 장파장 계열의 시감도가 높은 색이 속도감이 있는 색상이며, 반대의 청색이나 한색계통이 시간의 속도감이 느껴지지 않아 지루함을 덜 느낀다.

(7) 진출과 후퇴

따뜻한 색이 차가운 색보다, 밝은 색이 어두운 색보다, 채도가 높은 색이 채도가 낮은 색보다, 유채색이 무채색보다 더 진출되고 팽창되어 보인다.

6) 색채의 감정

(1) 파란색

파란색은 젊음, 차가움, 명상, 심원, 성실, 영원, 냉혹, 추위, 바다, 호수 등을 연상시키며, 편안함과 정적, 평화를 상징하는 색상이다.

정신적인 미덕을 나타내는 파란색은 정열적인 빨간색과 대조를 이룬다. 파란색이 초록색, 빨간색과 배색되면 호감을 불러일으키고 조화롭게 느껴지며, 보라색과 배색되면 강한 상상력을 연상시킨다. 또 검은색과 배색되면 남성적이고 위대하게 느껴진다.

물을 상징하는 상실과 재생의 색상으로서 부정적으로는 놀라움, 우울, 차가움 등을 지니고 있다. 온도 감각에서도 한색이나 진정색의 대표적인 색이다. 이러한 이미지는 물, 얼음, 찬 공기가 연상되므로 추위, 냉각의 표시로 쓰인다. 긍정적으로는 자기 탐구와 정화, 치유, 내적 성장, 해방, 자립, 지적인 활동을 나타내는 것으로 동서양의 감정이 비슷하다.

아동 또한 차갑고 남성적이며 강하고 뚜렷한 색이라는 견해를 많이 보인다. 이는 그림을 그리는 경우에 따라 달라질 수 있는데, 아동이 예민하고 긴장된 필치로 그림물감의 청색 덩어리째로 집중적인 그림을 그렸다면, 놀고 싶은 욕망을 강렬하게 억제당하고 있어 반항하고 싶지만 뜻대로 되지 않는 상태라고 생각해도 무방하며, 선과 형으로 그리는 경우에는 비교적 명랑한 성격의 아동으로 주위에 잘 적응하는 행동을 보인다. 다소 완고한 가정에서 자라거나 책임감이 강하고 순종적이면서도 공상적인 꿈을 많이 꾸는 아동이 선호하는 색상이다.

(2) 빨간색

빨간색은 자극적, 정열, 흥분, 애정, 위험, 혁명, 피, 분노, 더위, 열, 건조, 일출, 저녁노을 등을 연상시킨다. 애정이 풍부하고 자유로우며 활동적이고 의욕적인 적극성의 상징이다. 사랑의 빨간색은 분홍색과 배색되면 순수하게 보이고 보라색과 배색되면 유혹적으로 느껴진다. 빨간색이 검은색과 배색되면 부정적인 느낌을 주며 공격적이고 폭력적이 된다.

인간의 원초적인 에너지와 생명력의 상징인 동시에 내면의 공격성과 죽음에 대한 깊은 불안이 잠재해 있는 색으로서 생각보다 행동이 앞서거나 왕성한 활동력을 보일 때 나타나는 색깔이다. 아동의 경우 긍정적으로는 건강이 양호하고 심리적으로 만족 상태며 적극적인 활동력을 지니고 있음을 상징한다. 부정적으로는 공격성향과 불안이 내재된 상황 또는 성적인 흥분상태를 나타내기도 하며, 죽음과 피의 이미지와 결부되어 나타나기도 한다.

(3) 노란색

명랑, 환희, 희망, 광명, 접근, 유쾌, 팽창, 천박, 황금, 바나나, 금발 등을 연상시킨다. 노란색이 주황색, 빨간색과 배색되면 유쾌한 느낌을 주며 파란색, 분홍색과 배색되면 친절한 느낌을 준다. 회색, 검은색과 배색되면 '시기' 와 '질투' 의 색채로서 언제나 부정적이 된다.

노란색은 빛에 아주 가까운 색채로서 밝은 색을 갖고 싶을 때는 그 사람의 마음이 밝음과 따뜻함을 갈구하는 만큼 실제 상황은 그와 강한 대비를 이루고 있음을 암시하기도 한다. 또한 희망, 기대, 응석, 외로움, 기쁨, 행복, 만족, 만남에 대한 설레임과 같은 극도의 기대를 상징하면서 지금까지 감추어져 있던 사실을 인식하는 아픔을 내면에 간직한 색상이다.

아동의 대부분이 노란색을 좋아하고 대단히 선호하고 있다. 노란색의 특징으로는 같은 넓이보다도 더 크게 보이는 팽창 효과를 가지고 있다. 그래서 교통표지판이나 장애물, 도로 중앙 분리선, 건설 현장 등의 안전을 상징하는 색채로서도 큰 역할을 하는 중요한 색상이다. 아동이 노란색을 선택할 경우 표면상으로는 명랑하고, 어리광스럽고, 사교적이며, 정서적인 인정미가 넘쳐흐르지만 의존적인 행동이 많다. 이처럼 노란색은 유아적 상태에 머무르려는 욕구 사이의 갈등을 나타내는 색으로, 마음속의 외로움으로 의지할 이성, 안심하고 어리광을 부리며 의존하고 싶은 애정의 욕구를 간직한 것이다.

(4) 검은색

검은색은 어둠의 힘을 대표하고 암울하고 알려져 있지 않은 것에 대한 공포다. 검은색은 허무, 불안, 절망, 정지, 침묵, 암흑, 부정, 죽음, 죄, 밤 등을 연상시킨다. 검은

색이 회색, 파란색과 배색되면 각지고 단단하며, 은색과 흰색과 배색되면 우아하며, 금색이나 빨간색과 함께 있으면 힘이 있어 보인다.

검은색 선택의 심리는 정서행동에 결함이 있는 것을 표시하는데, 주위의 간섭으로 스스로 억압하고 있는 상태고 자유로운 감정의 호흡이 결여되어 있으며, 공포와 불안으로 압박을 느낀다. 또 고독해지거나 공격적인 성향을 보이거나 어느 한쪽으로 기울어진다. 어머니의 강한 간섭이 가장 민감하게 나타나며, 가정환경이 대체로 밝지 못한 경우가 많다.

(5) 흰 색

흰색은 빛, 하늘, 숭고함, 희망, 성스러움 그리고 순수함을 나타낸다. 기독교 지역에서 흰색은 순결, 결백, 순수를 나타내며, 유대인에게는 순결과 기쁨을 나타낸다. 검은색의 반대색으로 흰색은 신, 검은색은 악마를 상징한다. 또한 흰색은 긍정을 검은색은 부정을 상징한다. 악한 의도는 없지만 자신의 속마음을 숨기는 거짓말을 하얀 거짓말이라고 하기도 한다. 흰색은 금색, 파란색과 배색되면 이상적이고 고귀한 느낌, 회색과 배색되면 객관적, 노란색과 배색되면 가장 가볍고, 분홍색과 배색되면 조용한 느낌을 준다.

(6) 초록색

초록색은 평화, 상쾌함, 희망, 유식함, 안전, 안정, 안식, 평정, 지성, 소박, 건실, 엽록소 등을 연상시키며, 동서양을 통해 거의 같은 경향이다. 초록색은 파란색, 흰색과 함께 있으면 마음을 안정시켜 준다. 파란색, 노란색과 함께 있으면 희망을 나타내고 빨간색과 함께 있으면 건강함이 느껴지지만 보라색과 함께 있으면 독을 연상시킨다.

'자연계의 색' 인 초록색은 빨간색, 파란색과 함께 빛의 원색으로 풍토와 문화적 배경의 차이나 개인적인 차이가 나지만 같은 민족, 경험에 의해 공통적 이미지를 가진다. 인간에게 가장 친밀한 색인 초록색은 표지로서 안전, 진행, 구급 등의 상징으로 사용된다.

그러므로 비상구, 안전 지역 표시, 진행을 알리는 신호나 녹십자 등에 쓰인다. 이러한 초록색이야말로 인간의 이상, 평화를 상징하는 이상적인 색이라고 할 수 있다.

초록색을 선호하는 아동은 충동에도 잘 견디며 자기감정을 잘 조절할 수 있고 행동적이며 자기만족적이며 심사숙고해서 행동하는 특징이 있다. 또한 주로 자기감정을 강하게 표현하지 않는 내향적인 아동이다. 초록색은 감정적 충동이 순화된 것이며 감정의 결여나 회의적인 경향이 있기도 하며 엄격한 가정의 아동이 즐겨 쓴다.

(7) 주황색

주황색은 활력과 에너지가 강한 색으로서 생생한 활력을 가지고 있으며, 기쁨, 원기, 즐거움, 만족, 온화, 건강, 활력, 따뜻함, 광명, 풍부, 가을 등을 연상시킨다. 주황색은 노란색, 빨간색과 배색되면 즐거움을 나타내고 금색과 배색되면 향유를 나타낸다. 보라색과 배색되면 튀는 느낌, 객관적이지 않은 느낌을 준다. 초록색, 갈색과 배색되면 향기를 가득 내뿜는다.

주황색을 좋아하는 사람은 건강이 넘치는 사람으로서 사회에 잘 적응하는 사람들이다. 사교성이 좋으며 혼자 있기를 싫어하고 외향적인 성격을 지닌 사람들이 많다. 또한 공상적 놀이를 함으로써 현실생활에서 도피하려는 아동이나 동정과 우애를 구함과 동시에 수줍움이 많은 아동에게서 주로 나타나는 색이다.

(8) 보라색

보라색은 빨간색과 파란색의 혼합으로 생긴 중성색으로 주목성이 낮다. 본래 귀족의 색으로 창조, 우아, 고독, 신비, 공포, 추함, 예술, 공허, 신앙, 위엄 등을 연상시킨다. 보라색은 은색과 배색되면 자유분방하고 인위적이며 주황색과 배색되면 독창적, 파격적이고 검은색과 배색되면 마술적이다.

이 색을 좋아하는 사람은 섬세하고 뛰어난 취향을 가지고 있으며 허영심이 있는 반면, 재능이 뛰어나고 모든 예술, 철학, 발레, 교향곡 등 고상한 일을 즐겨 한다.

반면, 이 색을 싫어하는 사람은 겉치레, 허영심, 자만심을 경계하고 종종 문화적인 것들을 중요하게 여기지 않는 경향이 있다. 보라색을 고집스럽게 잘 사용하는 유아동의 경우는 억제된 불행한 심리상태와 관계가 깊고 친구를 많이 사귀기를 싫어하는 감상적 태도가 강하다.

보라색은 감정의 혼란이나 정서적인 병적 증후로 널리 인식되어 있지만 보라색을 추구하는 심리의 바탕에는 빨간색으로 대표되는 앙양과 파란색으로 대표되는 침체의 감정을 융화시켜 균형을 잡으려는 욕구가 있다. 이러한 갈등을 해소하고 본연의 자아를 회복하려는 생명력이 강한 색으로, 그러한 과도기적 상황을 대표하는 정신력의 상징이다.

(9) 분홍색

분홍색은 빨간색과 배색되면 부드럽고 여성적이며 노란색, 흰색과 배색되면 유아적이고, 주황색과 배색되면 달콤하고 값싼 느낌이 든다.

분홍색은 행복과 여성상을 상징하는 이상향적인 색이다. 부드럽고 달콤하고 따뜻한 분홍색이 지니는 나약함은 시대적으로 여성의 대명사처럼 사용되어 왔고 그러한 색채의 느낌을 역으로 기호화하여 상품화하기도 한다.

(10) 회 색

순수한 회색은 보수적이고 조용하며 고요한 성질을 갖는다. 뿐만 아니라 황량함, 지루함, 수동성 그리고 무생명의 분위기를 자아내기도 한다. 회색은 빛과 어둠의 양면성을 갖는다. 그것은 긴장도 안심도 아니다. 회색지대에서는 어떠한 방향으로도 분명함을 갖지 않는다. 회색은 노란색과 배색되면 불안한 느낌, 흰색과 배색되면 겸손한 느낌이다. 회색이 갈색과 배색되면 속물적이고 지루하며 불친절하다.

회색을 선택한 유아동의 심리는 대인관계가 원만하지 않고 경계심이 강하며, 열등감을 많이 갖고 있다. 또한 가정에서 억압당하는 느낌을 만성적으로 갖고 있으며, 냉정하고 내성적이며 경계심이 많고 외로움을 많이 탄다. 아주 밝은 회색은 흰색과 같은 상징이 나타나고 그 외의 회색은 전부 검은색에 가까운 의미로 표현된다.

(11) 갈 색

갈색은 빨간색과 초록색이 혼합된 색상이다. 심리적으로는 충동과 억제 사이의 중간적인 입장에 있는 색상이라고 볼 수 있다. 또한 갈색은 주황색과 파란색을 혼합하여 만들 수 있는 색상이다. 이러한 혼합색은 유아동의 어머니와의 갈등관계를 시사한다고 할 수 있다.

갈색을 고집해서 쓰는 아동은 모성애 결핍과 관련이 깊어 애정의 욕구가 강하며 더러운 것을 싫어하고, 물욕, 금전욕이 강하다. 고동색일 경우는 극도의 애정부족이며 항상 불만이 많고 자기주장을 잘 나타내지 않는다.

(12) 무채색

마음에서 색이 사라질 때에는 그만큼 극단적인 감정상태거나 사고의 공황상태를 의미한다. 검은색은 모든 것을 덮어 버리려는 무의식이 잠재되어 있고 흰색은 감정이 절제된 이성적인 색이자 절대적인 순결과 정신세계를 나타내기도 한다. 이러한 흑백이 강한 대비를 이룰 때에는 감정이 배제된 긴장과 현실성을 강하게 시사할 때 사용된다.

7) 작품을 통한 색의 심리

회화에서 색채가 표현의 중심이 되기 시작한 것은 인상주의 회화 이후로, 그때부터 표현적인 색채의 사용기법이 다양하게 시도되었다. 따라서 새로운 색의 발견과 연구를 위해 작품에 나타난 색의 심리를 분석해 보는 것은 색채훈련의 한 방법이 될 수 있다.

(1) Picasso의 '게르니카'

'게르니카' 는 Picasso가 집단학살 당한 민족에게 바치는 장송곡이다. 비행기도 폭탄도 등장하지 않지만, 화면에는 매캐한 화약 냄새가 진동하고 귀청을 찢는 기관총 소리와 공포, 절규와 분노의 함성이 귀를 찌른다. Picasso는 그날의 비극을 강조하기 위해 무채색으로만 그림을 그렸다. 슬픔과 분노를 강조하기 위해 화려한 색채를 자제한 것이다.

(2) Munch의 '절규'

Munch는 '절규' 에서 원초적인 외침을 빨간색의 심리를 이용하여 표현하였다. 빨간색은 생명력을 발산시키려는 색으로서 정신적인 탈피와 아픔 또는 어떤 종류의 절박함과 심리적으로 자극성이 강하고 흥분된 불안을 초래하며 신경이 긴장된다. 작가 자신의 활동성이 강하고 감정적으로 일을 일으키는 동작 조건들이 빨간색을 통해 잘 나타나 있다.

(3) Van Gogh의 '노랑방'

Gogh는 '노랑방'을 통해 노란색 인테리어 빛은 따뜻하게 희망을 주는 동시에 어둠을 파헤치고 감추어져 있던 사실을 인식하도록 만드는 것을 의미하고 있다. 또한 '해바라기' 작품에서 나타나는 형태, 색채, 태양을 향하는 성질 등이 모두 Gogh의 내면을 상징하고 있다.

(4) Cézanne의 '생 빅투아르 산'

초록색의 심리가 잘 나타난 Cézanne의 '생 빅투아르 산'은 피곤을 회복하고 기분을 안정시킴으로써 살아가는 힘을 회복하여 균형 있는 안정감을 상징한다. 초록색은 자연을 상징하고 자기 치료력을 발휘해 본래 가지고 태어난 힘을 느끼고 호흡하는 것이 가능하다.

(5) Picasso의 '자화상'

청색시대란 이름은 1901～1904년에 이르는 시기의 작품들이 차갑고 우울한 청색을 주조로 하고 있는 데서 붙여진 것이다. 이 시기 작품들은 예외 없이 사회적 비관주의, 실의와 절망을 표현하고 있다. 대개 빈민들, 즉 거지, 장님, 거리의 악사, 절망한 여인 등이다. 불행에 대한 묘사는 극히 간략한 드로잉과 어둡고 차가운 색채로 한층 강조된다.

또한 파란색의 심리가 잘 나타난 Picasso의 '자화상' 그림은 상실과 재생의 마음이 잘 표현된 것으로서 피카소의 파란색은 우울의 거울이었으며, 죽음과 재생의 상징 등 두 가지 감정을 반영하는 대표적인 색이 되고 있다.

8) 유아동의 색채의미와 인지발달

(1) 유아동에 있어서 색채의 의미

아동은 색을 자연스럽게 사랑하고 표현한다. 색채학자들의 주장에 따르면 "색채는 그림으로 나타나는 어떤 단순한 양상보다도 아동의 정서적 생활의 본질과 그 정도에 대한 실마리를 제공하는 데 있어서 특별한 가치를 지니고 있다."라고 했다. 아동은 형태보다는 색채에 더 민감해서 순수한 즐거움으로 색을 즐긴다. 그러나 그들은 나이가 들어 갈수록 감정을 자제할 줄 알고, 수양을 쌓아 감에 따라서 색은 그들에게 점차 그 본래의 호소력을 다소 상실하게 될 수 있다.

유아동의 경험은 성인에 비해 제한적이고 주어진 환경에 즉각적이고 감정적인 반응을 나타내기 쉽다. 즉, 제한적인 경험의 자기 테두리 안에서만 모든 것을 생각하고 행동한다. 따라서 유아들에게 주어지는 환경이라는 것은 아이들의 성장에 크고 많은 영향을 미치게 된다. 유아동의 그림 속에서 그들의 정서생활의 성질이나 그 표출의 심리가 특히 잘 반영되는 것이 색채다. 그림 속에 나타나고 있는 특정적인 색채는 그 때의 유아동의 강한 정서와 거의 일치한다. 충동적인 유아동은 색채에 강한 흥미를 보인다. 충동적이고 정서적인 생활에서 비교적 자기 통제가 잘된 생활로 옮겨 감에 따라, 즉 적응행동으로 변화해 감에 따라 색채에 대한 흥미가 줄어든다. 개념화에서는 바탕색을 언제든지 꼼꼼하게 메우는 것으로 교육받은 아동은 무조건 빈틈없이 색칠하여야 하며, 또한 바탕색은 주로 노란색이나 연두색, 하늘색 등의 중간색이 대부분 사용된다.

유아동의 경우 사물에 대한 특정 색을 반복 사용하고, 공식화된 색이 단순하게 칠해지며, 색깔의 감정에 변화가 없다. 유아기 또는 아동기에 색채가 주는 반응은 압도적이고 그 색채들이 아동에게 연상을 주거나 정서적인 면을 조성하는 것은 확실하다. 따라서 아동이 접할 수 있는 색채는 그들의 정서적인 면을 발달시킬 수 있는 방향으로 계획되어야 한다.

(2) 유아동의 색채감각 발달과정

인간의 성장과정은 어떤 기간을 기준으로 하여 그 특성을 측정할 수 있는데, 그 특징은 두 가지 측면에서 고찰할 수 있다. 하나는 육체적인 외형적 특징이고 다른 하나는 정신적인 내재적 특징으로 구분할 수 있다. 그런데 육체적인 외형적 특징은 특별한 경우를 제외하고는 그 성장 정도나 연령을 기준으로 하여 쉽게 구분 지을 수 있다. 그러나 정신적인 내재적 특징인 지능이나 정서 혹은 감정 등의 발달은 측정하기가 곤란하다. 이러한 발달의 모습은 다양한 표현방법을 통하여 나타나며 그림은 그 표현방법 중의 하나다.

아동은 미술표현 속에서 자신의 감정을 표출함으로써 긴장을 풀고 만족감을 얻게 되어 정서가 풍부해진다. 그리고 미술표현에 있어서 색의 종류와 색의 용법, 색의 조화 등에 어떻게 반응하는가에 따라 유아동의 발달 양식을 이해할 수 있다. 신생아가 느끼는 첫 흥미로는 감촉, 밝기, 움직임 등 세 가지가 있다. 그 후 2개월 내지 3개월이 지나면 점차 색채 식별 능력이 생긴다. 유아는 생후 12개월이 지나면서 색채 지각반응이 나타난다. 돌 이전에도 색채에 대한 약간의 반응이 있기는 하지만 2세가 지나면서 좋아하는 색에 대한 강한 반응이 시작된다고 하겠다.

① 영유아 단계의 색채감각(만 2~3세)

이 시기에 색깔은 부수적인 역할을 하며, 이러한 색의 부수적인 역할은 근육운동과의 협응을 확립하는 처음의 두 단계에서 특히 두드러진다. 실제로 유아의 난화를 여러 가지 색을 선택하게 하여 그리는 활동으로 전환시킬 수 있다. 그러나 이 시기에서 가장 중요한 색채의 역할은 도화지와 자신의 표현을 구별할 수 있게 하는 것이다. 그러므로 강한 대비를 이루는 표현매체를 선택하게 하는 것이 중요하다. 하얀 도화지 위의 검은 크레용이나 칠판 위의 흰색의 분필은 이런 대비를 이루지 못하는 다른 색들보다 훨씬 좋은 재료다.

난화기의 유아가 물감을 사용할 때 비교적 오랫동안 그 활동을 지속하는 경향이 있다. 이런 경향은 그림물감 색의 영향이라기보다는 오히려 붓을 조절하는 능력이 부족하기 때문일 것이다.

이름을 붙이는 난화기에서도 때때로 색깔의 변화가 중요해진다. 왜냐하면 색이 유아에게 어떤 즐거움을 줄 수 있다. 그러나 난화단계에서 더욱 중요한 것은 아동에게 선과 형태를 창조할 수 있는 기회를 주고, 근육운동과의 협응을 잘하는 능력을 발달시키며, 처음으로 환경과 그림이 관계를 맺도록 하는 것이다.

② 유아 단계의 색채감각(만 3~4세)

이 시기에는 최초의 사실적인 표현이 이루어지는 시기로서, 상징적이며 직관적인 형상화가 이루어지는 단계다. 낙서가 섞인 그림들은 주로 긋고 문지르기를 많이 하며 형상에 접근하려고 노력하는 시기다. 무엇이든지 자신에게로 끌어들이려는 행동과 호기심이 가장 많은 시기다. 그릴 것과 그릴 대상과의 관계를 발견하는 시기로 주관에 의해 도식이 산출된다. 또한 객관적인 사실성과의 일치나 불일치는 중요하지 않으며 색채 사용 또한 사실과는 무관한 주관적인 색채를 사용한다.

그림의 형태는 아직 분명하지는 않으나 시각 기능의 역할이 하루가 다르게 발전되어 간다. 4세부터는 공간 개념이 생기기 때문에 색과 형태를 독립시켜 구분할 수 있다. 이 단계의 유아는 색을 좋아한다는 것은 사실이지만 색을 사용한다는 것이 종합적이고 총체적인 경험을 표현한다고 하기는 어렵다. 이 초기의 유아에게 많은 색을 쓰기를 강요하면 오히려 마음이 산만해져서 순수한 자기감정과 자유로운 행위의 표현이 굳어지기 쉽다. 마구 그린 착화 위에 의미를 붙이면서 적당한 자극을 주는 것이 효과적이다. 이러한 자극은 무엇을 그렸느냐를 명백히 하자는 데에 있지 않고, 새로운 상상을 북돋우자는 데에 있다. 아직 색의 개념은 분명하지 않지만 색채 사용에 있어서 보고 그리는 것이 아닌 그려 내고 싶은 충동 자체가 크다.

③ 유아동 단계의 색채감각(만 4~7세)

이 시기의 유아동은 더욱 분명해진 주제의식과 자신감으로 충만해진다. 유아동이 사실적 표현을 처음으로 시도하게 되는 이 시기에는 대상과 색의 관계보다 대상을 선으로 그리는 것에 더욱 많은 관심과 흥미를 갖는다.

이 시기에는 색의 차이를 인식하기 전에 먼저 형태의 차이를 인식하는 것으로 알려져 있다. 자신의 생각을 혼자만이 알 수 있는 형태로 자유롭게 표현하려고 하며 형태와 물체의 구성 원리를 유아 나름대로의 전달방법으로 주장한다. 즉, 주관적인 특징을 표현하는 고집스러운 시기다. 이 시기의 유아동은 여러 가지 색채 중 자신의 마음에 드는 것을 골라 사람을 빨간색, 파란색, 노란색 등으로 칠한다. 유아단계에서 색채를 기계적으로 선택한다면, 유아동기에서는 흥미를 끄는 색채를 선택한다. 이러한 색채선택은 심리학적으로도 의미가 있지만 그 의미는 개별적으로 매우 다양하다.

아동과 색채와의 최초의 관계는 주로 정서적인 특성에 의해 결정된다고 할 수 있는데, 이 시기에 색채의 사용은 아동에게 흥미 있는 경험이 된다. 아동은 색에 대한 '직접적인' 관계에는 큰 욕구를 가지고 있지 않고 색 그 자체를 즐기는 것이다.

④ 아동 단계의 색채감각(만 8~9세)

이 시기의 아동은 자연스럽게 색채와 대상과의 관계를 발견한다. 색은 더 이상 주관적인 경험이나 정서적인 관계에 의해 결정되지 않는다. 사람을 그린 그림에서 아동은 명확한 개념에 도달하여 도식을 구체화한다. 즉, 사람과 사물에 대한 일정한 개념을 찾아낼 수 있는 능력과 판단이 생기기 때문에 독자적인 표현이 가능한 것이다. 사물에 대한 감각이 지각을 이루게 되고, 이러한 경험이 여러 번 얻어질 때 하나의 '개념' 으로 형성되며, 그것이 그림에 도식적 상징으로 표현된다.

아동은 공간을 표현하면서 환경의 일부로 자신을 경험하고 명확한 공간관계로 발달되듯이 색채에 있어서도 명확한 관계를 확립해 간다. 아동이 사람과 공간에 대한 도식을 계속해서 반복하는 것처럼 같은 대상에 같은 색을 반복해서 칠한다. 아동의 색채도식은 시각적이거나 정서적인 색채 개념에서 비롯된다. 아동과 색채와의 최초의 관계는 주로 정서적인 색에 대한 '직접적인' 관계에는 큰 욕구를 가지고 있지 않고 색 그 자체를 즐기게 된다.

(3) 유아동의 색채심리 분석

색채심리를 연구하는 것은 인간심리를 이해하는 데 중요한 요소다. 특히 유아동의 정서적 발달, 즉 인격형성이나 지적기능에 관한 고찰을 가능하게 한다. 심리학계에서는 성격과 발달단계를 알기 위한 수단으로서 색채반응의 특징이나 색채 기호가 연구되고 있고, 의학계에서는 여러 실험을 통해 색채가 정신 질환자들을 치료하는 데 유용한 가치가 있다는 것을 밝혀냈다. 색채는 인간의 감정을 자극하며, 색에 따라 받는 인상도 사람마다 다르다.

그러나 도형을 양식화하는 능력이 익숙하지 못한 영유아와 유아동에게 그림을 그리게 하여 어떤 결론을 내린다는 것은 상당한 주의와 연구가 필요하다. 그렇지만 유아들을 교육하는 데 있어서 미술활동이 다른 어느 활동보다 더욱 흥미를 나타내며 그들의 심리를 이해하는 데 중요한 요소라는 것은 우리에게 막연히 방임적인 입장을 고수할 수 없다는 책임감의 부담을 안겨 주고 있다. 유아동의 미술지도는 미적 감성, 미적 표현의 능력을 신장시키는 데 있기보다는 우선 미술에 접근하도록 해 주는 데 있다고 하겠다.

그러므로 우리는 그들이 그림을 그리는 행위를 관찰함으로써 여러 가지 특기사항을 찾아내고, 유아가 어떻게 느끼고 어떻게 자기 주위를 이해하는가 하는 것을 그림을 통하여 알고자 하는 데 유아동의 색채심리 분석의 목적이 있다.

① 색채의 상징과 아동심리

각각의 색채에는 심리적인 속성을 포함한 상징적인 특성을 가지고 있다. 유아동이 표현하는 그림 속의 색채는 자신의 심리를 나타내는 경우가 많다. 무의식으로 선택한 색채라 해도 그들 자신의 내면 심리를 수반하게 되는 것이다. 근본적으로 정신분석학적 배경을 가지고 있는 아동 미술의 이해 또는 이를 바탕으로 한 심리진단을 위한 접근들은 아동의 색채 사용을 통한 이해를 중심으로 이루어지고 있다. 색채가 갖는 고유한 이미지와 상징을 이해하고 그와 더불어 아동의 행동발달을 파악하여 이해할 수 있다면 더욱 근접한 심리진단이 이루어질 수 있다.

② 색채별 심리분석

그림으로 아동의 심리를 파악하려는 연구는 많았다. 그 대표적인 연구자는 Alschuler와 Hattwick이며, 1947년 「회화와 퍼스낼러티」라는 논문을 발표하였다. 연구방법으로는 유아동의 색채 사용방법과 색채의 배치를 중심으로 분석하여 아동의 심리상태를 이해하려 하였다.

Alschuler와 Hattwick의 색채에 관한 분석을 요약하면 다음과 같다.

- 빨간색을 좋아하는 아동: 비교적 자유롭게 느낀 대로 행동하고 반응하는 아이로서 신체기능이 왕성하며 건전한 적응을 표시하고 있다. 또한 색을 넓은 필치로서 수직이나 수평으로 다른 색 위에 이중으로 덧칠하는 것은 적대감 혹은 자기주장의 표현이다. 빨간색이 조화롭고 아름답게 칠해졌을 때는 애정의 표현이기도 하

지만, 거칠게 칠해졌을 때는 적대감과 공격심을 표시하는 경우도 있다

- 노란색을 좋아하는 아동: 의존적인 행동이 많으며 노란색을 강조하거나 그 위에 파란색을 이중으로 칠하는 것은 성장의 욕구와 유아적 상태에 머물려는 욕구 사이의 갈등 표시다.
- 파란색을 좋아하는 아동: 그림물감을 집중적인 청색 덩어리로 예민하고 긴장된 필치로 그리는 경우는 억제된 불안을 나타내며, 선과 형으로 그리는 경우는 비교적 명랑한 성격의 아이로서 주위에 잘 적응하는 행동을 한다.
- 초록색을 좋아하는 아동: 감정을 강하게 표현하지 않는 내성적인 아동이나, 강한 감정적 충동이 순화된 것이며 감정의 결여나 회의적인 경향이 있기도 하다. 엄격한 가정의 아이가 초록색을 즐기는 경우가 많다.
- 보라색을 좋아하는 아동: 보라색만을 오래도록 고집하여 쓰는 경우는 억제된 불행한 심리상태와 관련이 깊고 친구를 많이 사귀기 싫어하는 감상적인 면이 강하다. 그리고 이 색은 아동의 건강상태와도 상응한다.
- 주황색을 좋아하는 아동: 주위에 잘 적응하는 사회적 성격의 아동이다. 그러나 간혹 강한 감정적 표현을 하기가 두려운 심약한 아동이 그것을 위장하기 위하여 사용할 때도 있다.
- 갈색을 좋아하는 아동: 파란색과 비교하여 갈색이 강한 것은 유아적 상태에 머무르려는 욕구의 표현이다. 또한 더러운 것을 싫어하며, 이 색을 고집해서 쓸 때는 모성애의 결여와 관련이 깊다.
- 회색을 좋아하는 아동: 대인관계가 원만치 않고 경계심이 강하며, 열등감을 많이 갖고 있다. 가정에서 억압당하는 느낌을 만성적으로 갖고 있는 아동이며, 아주 밝은 회색은 흰색과 같은 상징으로 볼 수 있다.
- 검은색을 좋아하는 아동: 정서 행동에 결함이 있는 것을 뜻한다. 자유로운 가정의 흐름이 결여되어 있고 공포와 불안을 가지고 압박감을 느끼며 고독하다. 공격적인 경향이 내재되어 있다.
- 흰색을 좋아하는 아동: 외부와의 관계에 대한 후회 등에서 비롯되어 결백한 심정으로 되돌아가고 싶은 마음의 반영으로 흰색이 많이 표출된다.
- 난색계통을 좋아하는 아동: 따뜻한 감성으로 남을 위하는 마음이 많으며 어른에게

의존하는 경향이 짙다. 애정에 대한 의존, 시기, 욕구 등 마음의 동요가 심하다.

- 한색계통을 좋아하는 아이: 타인에 비해 비판적 사고를 가지고 있으며, 자기중심적이며 지적, 의지적이고 독립심이 강하다.

③ 색의 배치와 심리분석

한 가지색 위에 다른 색을 겹쳐서 칠할 때, 처음에 칠한 색은 아동의 내적 감정이 내재된 것이며, 그 위에 덧칠한 것은 외면적 행동의 패턴을 반영하는 것이다. 즉, 자신의 강한 감정이 외부의 행동 위에 나타나지 않도록 숨기고 있는 상태를 반영한다고 볼 수 있다.

- 색을 서로 떼어서 칠하기: 색을 하나씩 따로 떨어지게 칠하는 아이는 자기 감정을 통제하려고 노력하고 있고 환경이나 주위의 기대에 순순히 따르는 아이가 많다.
- 색을 섞어서 칠하기: 자유로운 감정표현과 더불어 매사에 적극적인 아동이다. 외부의 요구에 재빨리 순응하는 외향적인 아동이라 할 수 있다.
- 색을 난잡하게 섞기: '언제까지나 어린아이이고 싶다거나, 더럽혀진 상태로 있고 싶다.' 라는 욕구의 표현이다. 욕구좌절에 대한 공격적인 반응을 보이는 아동에게서 잘 나타난다.

4. 매체의 특성

1) 미술치료에서의 매체

매체(medium)라는 용어의 범위는 미술에서 회화, 조각 등 예술 표현의 수단 혹은 수단에 쓰이는 재료를 통틀어 지칭하는 것이다. 미술치료에 있어서 미술재료의 역할은 매우 크다. 아동의 미술활동에 있어서 재료는 더욱 중요시된다. 아동은 끊임없이 새로운 작품을 표현해 내어 사물의 본질로 차츰 접근해 나가는데, 이는 매체의 지각과 그 처리하는 특성에서 기인함을 알 수 있다. 찰흙으로 재현된 나무가 연필 드로잉으로 재현된 나무보다 더 다양한 표정을 지니고 있는 이유는 매체와 그의 사용방법에 있는 것이다.

각각의 매체는 그 고유성과 공통성을 동시에 지니고 있어 대상을 표현하는 재료로서뿐만 아니라 그 자체의 물성을 그대로 나타내 주고 있는 것이다. 이러한 물성의 탐구는 미술의 역사에서 재료의 혁명으로 불리는 오브제(Object)의 등장이며, 이는 기성품이나 폐품으로까지 확대한 표현양식을 보였다. 그 후 오브제 콜라주를 자주 사용한 초현실주의는 인간의 무의식의 심연을 작품 속에서 보여 주었다.

미술을 통한 전달력은 이용 가능한 매체에서는 물론 그 표현 기법에 따라서도 모양이 갖추어진다. 내담자가 어떤 재료를 선택하고 선호하는가에 대한 문제는 미술치료를 하는 데 있어 중요한 단서가 된다. 따라서 미술치료사가 미술활동을 적용하고 이해하려면 매체의 특성과 사용법, 매체의 장단점 등에 관한 풍부한 지식과 경험이 필요하다.

미술치료사들은 다양한 미술활동 매체들을 심리치료에 적용하며, 이러한 미술재료는 치료시간, 공간, 내담자의 성향 등에 따라 융통성 있게 적용된다. 특히 미술치료사는 내담자가 작품이 완성되지 못하였을 때 느끼는 미해결된 느낌이 없도록 주어진 시간에 완성될 수 있는 재료를 선별하여 제공하여야 하는 것을 잊지 말아야 한다.

일반적으로 미술치료사는 구조화된 매체보다는 덜 구조화된 매체를 그리고 복잡한 매체보다는 단순한 매체를 선호하는 경향이 있다고 한다. 그 이유는 단순하고 덜 구조화된 매체일수록 내담자의 심리적인 투사에 용이하며 내담자의 감각을 자극시키기 때문이다. 복잡한 매체보다는 스스로 작품을 완성할 수 있는 가능성을 더 높여 주고 그들이 작품 활동을 하면서 자신감과 성취감을 느낄 수 있게 해 주는 것이 치료사가 유도하여야 할 일이기 때문이다.

2) 매체에 대한 반응

(1) 매체의 촉진과 통제

매체의 선택에서 두 가지 중요하게 고려할 점은 촉진과 통제다. 내담자의 자발성을 촉진하기 위해서는 충분한 작업공간과 아울러 친밀감을 줄 수 있는 다양한 재료가 준비되어야 한다. 특히 내담자의 성격은 재료를 선택할 때 주의 깊게 고려해야 할 부분이다. 미술재료 중 물감, 핑거페인팅 그림물감, 물기가 많은 점토 등은 퇴행을 촉진시킬 수 있는 재료로 알려져 있어 성격이 경직된 내담자에게 주로 적용하며, 충동적이고 자아경계가 불분명한 내담자에게는 충동적 성향을 더욱 심화시킬 수 있어 적용을 자제한다.

반면 색연필, 사인펜과 같은 딱딱한 재료는 높은 통제력을 지닌 재료로서, 충동적 성향을 통제하기 위한 재료로 쓰인다. 이처럼 내담자의 성격과 반대성향의 재료를 제공하는 것은 그의 내면세계에 억압된 부분을 재통합하는 기회를 줄 수 있기 때문이다.

너무 많은 양의 재료나 도구는 내담자를 질리게 할 수 있다. 이 점에서는 내담자에 따라 서로 다르므로 치료사는 개인의 욕구에 민감하게 반응할 줄 알아야 한다. 특히 쉽게 찢어지는 종이나 잘 부서지는 분필과 같은 심리적 좌절을 유발시키는 재료들은 사용을 자제한다.

일반적으로 내담자는 다른 도구가 필요한 매체보다는 낱개로 된 소묘 매체를 더 쉽게 다루는 경향이 있다. 즉, 연필은 쉽게 조작하지만, 물감 등의 채색재료는 기법적인 어려움을 겪는다. 물감을 마구 칠하는 것과 같은 행동은 심하게 억압되어 있는 내담자에게 활기를 불어넣을 수도 있을 것이고, 아니면 물감의 번짐이나 흐름 때문에 아주 겁에 질리게 할 수도 있다. 때때로 미술 매체를 바꿔 주는 것은 환기성을 주어 타성에 빠져 있는 내담자를 촉진시켜 줄 수 있다. 미술매체의 특성에 따라 어떤 효과를 낼 수 있느냐를 고려하여 선택해야 한다. 미술치료사는 내담자에 따라 친밀감을 형성하고 흥미를 부여할 수 있는 재료, 욕구표출이 용이한 재료, 정서적 안정을 주는 재료, 자발성을 향상시키는 재료는 무엇인가를 끊임없이 탐구하여야 할 것이다.

(2) 발달단계와 매체

발달적 미술은 본래 일반 아동에게 적용되는 이론 모형이지만 발달원리에 입각한 미술치료는 이미 Lowenfeld, Anderson 등 많은 치료자들에 의해서 반영되었다. 이 장에서는 주로 Lowenfeld의 발달적 미술교육이론을 적용하여 살펴보고자 한다.

발달단계가 낮을수록 적절한 재료의 선택에 대한 더욱 많은 지도가 필요하다. 개인이 자신의 표현에 맞는 재료를 사용하려는 욕구를 갖도록 지도하는 방법은 두 가지 측면에서 생각해 볼 수 있다.

그 한 측면은 발달단계에 적당한 표현을 위해 알맞은 재료를 선택하는 방법이다. 미술재료의 적합성에 대한 평가는 개인이 매체를 사용하는 개별적 방법뿐 아니라 발달단계에 알맞은가 하는 일반적인 적합성도 고려해야 한다. 재료는 창의적인 작업에 필수적인 요소다. 이것은 재료의 사용이나 제작과정이 창의적인 작업에서 결코 분리될 수 없으며 저절로 배워지지도 않는다는 사실을 의미한다.

또 한 측면은 개인의 '의도' 에 맞춰 재료를 사용하는 개별적인 선택방법이다. 개인이 자신의 경험을 표현하기 위해 재료를 사용하는 개별적 방법에서는 개인에게 어떤 제시를 하기 전에 그 개인의 '의도' 를 파악하는 것이 중요하다. 개인의 의도가 그 매체 사용에 부합되지 않으면 지도가 반드시 필요하다. 그러나 그러한 개별지도는 항상 일반적인 특성의 범위 안에서 이루어져야 한다. 이러한 개별지도를 자신의 작품에 적용시키는 것은 개인 자신이어야 하기 때문이다.

① 난화기

난화기에는 아동이 만들겠다는 목적성과 가지고 놀면서 얻을 수 있는 재미가 있으면 완성하고 싶어 하는 욕구를 갖는다. 미술재료는 그들의 욕구에 적합해야 한다. 난화기 동안의 아동은 근육운동감각을 경험하고 연습하는 것이 필요하기 때문에 어려운 기교가 필요 없으면서 자유로운 표현을 신장시킬 수 있는 재료를 사용하도록 해야 한다.

예를 들어, 수채화 물감은 쉽게 흘러내리기 때문에 이 시기의 아동에게는 매우 부적당한 매체다. 난화기의 아동은 수채화 물감으로는 도화지 위에서 자신의 동작을 바라는 대로 조절하거나 움직이기 어렵기 때문에 재료에 의해 좌절감을 느끼기 쉽다. 또한 연필도 날카로워서 도화지 위에서 매끄럽게 그어지지 않고 근육의 힘 조절을 잘할 수 없어 끝이 쉽게 부러지기 때문에 난화기 아동에게는 적합하지 않다. 어떤 미술재료도 방해물이 되기보다는 표현을 용이하게 할 수 있어야 하며, 근육운동지각 동작을 조절하려는 욕구가 이 시기에 가장 우선시되어야 한다.

포스터물감이나 아크릴물감은 이 단계 아동에게 유익하게 이용될 수 있는 재료다.

이런 물감은 뚝뚝 떨어지거나 흘러내리지 않도록 물을 적게 하여 진한 농도로 섞어서 쓰면 더욱 적당한 재료가 된다. 난화기의 아동은 물감을 사용하면서 크레용을 사용할 때보다 정서적으로 좀 더 만족할 수 있게 된다.

찰흙 역시 이 시기에 훌륭한 재료다. 가소성 있는 3차원의 재료를 취급하도록 하는 것은 다양한 방법으로 자신의 손가락과 근육을 사용할 수 있는 기회를 아동에게 준다. 어떤 형태적인 목적을 갖지 않고 찰흙을 주무르고 두드리는 행위는 마구 그리는 난화기와 비슷한 단계다.

핑거페인팅 그림물감(finger paint)은 사용하기보다는 끈적끈적한 농도와 물감을 더덕더덕 바르는 것에 더 큰 관심을 기울일 수 있기 때문에 자아를 표현하기 시작하는 이 단계에 있는 아동에게는 근육운동과 지각적 활동을 조절하려는 욕구를 만족시켜 주기 어려울 것이다. 이런 경우는 그 물감을 사용하는 것이 적절하지 않을 것이다. 그러나 긴장하고 소심하며 두려워하는 아이가 핑거페인팅 그림물감을 그런 방법으로 사용한다면 그 물감은 중요한 배출구의 역할을 할 수도 있다.

이 시기에는 창작과정이 완성작품보다 훨씬 중요하기 때문에 미술재료는 그것이 계획된 연령층의 요구를 만족시키도록 선택되어야 한다. 계속해서 다른 미술재료를 소개하거나 바꾸는 것은 아이가 실제로 자신의 느낌이나 감각과정에 대한 반응, 환경에 대한 지적인 개념들을 충분히 표현할 수 있을 정도로 재료에 적응되는 것을 방해한다.

② 전도식기

재현을 시도하는 전도식기에 있는 아동은 찰흙이 훌륭한 입체재료다. 기본적인 재료와 더불어 이 발달단계에서 알맞은 다른 재료로는 색연필, 사인펜, 색종이, 콜라주 재료 등을 들 수 있다. 물감 떨어뜨리기(dripping paint), 곡물 붙이기, 스텐실 인쇄 같은 것은 이 시기에 부적합한 재료다. 아동이 의도하는 표현에 잘 맞지 않은 까다로운 재료는 되도록 피하는 것이 좋고, 미술매체의 기법을 가르쳐 주기 위한 도움 역시 아동의 개별적인 접근을 방해할 뿐임을 알아야 한다.

③ 도식기

형태의 개념을 습득하는 도식기에 있는 아동에게 포스터물감, 크레용, 색분필 등은 아동의 의도를 잘 충족시켜 주지만 수채화물감은 피하는 것이 좋다. 수채화물감의 투명성, 번짐, 우연의 효과는 투명한 대기의 풍경에는 더없이 좋은 효과를 내지만 형태의 개념을 습득하려는 도식기의 아동에게는 우연의 효과가 좌절감만 줄 뿐이다.

④ 또래집단기

사실적인 표현단계로까지 발달되면 아동은 사실을 재현하기 위해 선을 사용하고, 평면의 발견과 함께 공간의 개념이 형성되면서 그 공간을 채울 필요성을 느낀다. 이 시기에는 아동의 요구에 부응하고 마음속에 있는 것을 표현하도록 돕는 재료라면 좋은 재료라 할 수 있다. 어떤 특별한 목적을 가지고 능동적으로 색을 혼합하는 활동은 아동이 수동적으로 받아들일 수 있는 색의 가짓수가 많은 물감을 제공하는 것보다 훨씬 바람직한 일이다. 이 시기에는 아동이 사용할 재료에 제한을 두어서는 안 되지만, 재료가 그들 자신을 표현하기에 적합한지의 여부를 세심하게 고려해야 한다.

찰흙과 색종이는 이 시기 아동의 기본 재료라 할 수 있다. 색종이 오려 붙이기는 자연스럽게 중첩의 의미를 알게 하고, 협동작업도 가능하게 하는 재료다. 또한 찰흙은 다양한 입체적 재현을 하기에 적당한 재료다. 핑거페인팅 그림물감은 물감 자체의 농도에 몰두하지 않는 아동에게 적절한 재료다. 핑거페인팅 물감은 손가락의 에너지가 직접적으로 전달되기 때문에 감정표현의 촉진성이 좋은 재료다.

이 시기에는 입체적 작업을 하기 위해서 찰흙, 종이찰흙, 나무, 철사, 하드보드지, 종이상자, 천, 단추, 색 셀로판지 등 다양한 재료나 나무껍질, 돌, 나뭇가지, 나뭇잎, 깃털 등 흥미를 끄는 것이면 무엇이든 가능하다.

⑤ 의사실기

대상에 대하여 합리적인 표현을 할 줄 아는 시기가 되면, 작품의 표현형식이 시각형인 아동은 주위 환경의 시각적 특성을 더욱 잘 인식하게 된다. 선묘적인 표현보다는 물감에 강한 흥미를 보인다. 물감의 번짐이나 흘러내림에 의해서 나타나는 우연의 효과는 대기의 투명함이나 구름의 부피감을 표현하기엔 더없이 좋은 재료다. 이런 관점으로 본다면 목탄도 역시 이 재료가 갖는 다양한 가능성 때문에 그 성질을 탐구하는 데 흥미를 가지도록 자극할 수 있다. 목탄이 가지는 부드러운 명암 표현의 용이성은 그 어떤 재료에서도 찾아보기 힘들다.

철사로 뼈대를 만들어 석고, 지점토 등 가소성이 있는 재료로 살붙임한 입체소조들은 여러 가지 형태로 탐구가 가능한 영역이라 매우 수동적인 이러한 매체에 쉽게 관심을 갖게 할 수 있다. 철사뼈대를 이용한 소조는 생소한 형태나 동물, 상상적인 형태 등 평범하지 않은 형태들을 제공할 수 있고 이는 아동에게 상상력을 키우게 하고 자발적인 접근을 되살아나게 할 수 있다. 이 단계에까지 도달하면 매체는 미술치료 프로그램에서 더욱 중요한 역할을 담당하기 시작한다.

(3) 매체에 대한 미술치료사의 태도

내담자의 완성된 작품은 정성스럽게 다루어져야 하는데, 이는 치료사뿐만 아니라 내담자에게도 그렇게 인식되어야 하는 부분이다. 작품뿐만 아니라 재료까지도 잘 보관하는 것은 한정된 재료를 유용하게 쓰기 위함일 수도 있겠지만 내담자에게 재료의 가치를 전달해 주는 또 다른 이유가 있다.

미술의 매체나 용구는 작업과정에 필수요소이기 때문에 매체의 비중은 가볍지 않다. 치료사는 내담자에게 가장 만족스러운 표현활동이 될 수 있도록 도와주기 위해서 매체를 다루는 방법을 알고 있어야만 한다. 매체에 대한 일반적인 지식이 없이는 내담자의 미술작업과정을 제대로 도와줄 수 없기 때문이다.

미술매체는 활동과정에서 내담자에게 탐구와 발견의 경험을 제시할 수 있는 긍정적인 측면이 있다. 그러기 위해서 미술치료사는 내담자가 치료적 장면에서 미술매체를 탐구할 때 심리적으로 안정되어야 한다. 매체를 다루는 기술적인 요소가 부족하여 작품이 완성되지 않을 때나 내담자가 계획한 목표를 달성하지 못하고 혼란을 경험할 때도 치료사는 안정감을 유지하여야 한다. 인간에게는 조화로운 방법으로 자신의 경험을 체계화시키는 일반적인 욕구가 있으므로 매체를 탐색하는 어느 순간에 창조할 욕구가 발현하게 될 것이다.

또한 미술치료과정에서 새로운 미술매체를 접할 때 내담자에게서 자주 일어나는 '장난' 과 같은 놀이적인 요소에 대해서도 하나의 탐색과정으로 보는 것이 합당하다고 본다. 예술성의 본질 속에는 유희적인 요소가 내포되어 있고 정신역동적 치료에서는 무의식적인 심리상태를 평가하는 데 하나의 단서가 될 수 있다.

미술매체를 수단으로 작업과정이 이루어질 때 미술치료사가 중요시하는 두 가지 측면을 생각해 볼 수 있다. 먼저 미술매체 자체에는 여러 가지로 촉발될 수 있는 내재된 에너지가 있다. 그러나 미술매체의 일반성에 지나치게 고정관념화할 필요는 없다. 미술작업 과정에서의 유연성 있는 미술매체관은 작업에 활력소가 될 수 있는 것이다. 작업 중에는 항상 유발될 수 있는 여러 가지 가능성이 있다는 것을 인식하는 것도 미술치료사에게는 유용한 가치가 된다. 목탄 소묘를 할 때 손바닥으로 문질러 번지는 효과를 주듯이, 유화 물감이나 아크릴 물감에 대해서도 손을 이용한 자발적이고 충동적 행동을 보일 수 있을 것이고, 이는 치료에 도움을 줄 수 있는 유용한 태도로 볼 수 있을 것이다.

다음으로 미술치료사가 고려해야 할 것은 미술매체를 적절하게 사용하는지 하지 않는지에 대해 주의를 기울이는 일이다. 미술작업 과정에 나타나는 얼굴표정이나 재료를 다루는 신체적 움직임, 적극성 대 신중함, 제한 대 개방 등과 같은 행동적 특징을 매체와 연관 지어 생각해 볼 수가 있고 이는 미술매체가 행동과 연합되어 나타난 것으로 볼 수 있는 것이다.

미술매체에 대한 내담자의 반응을 다음과 같은 측면에서 살펴볼 수 있다.

- 매체에 대한 접근을 두려워하는가?
- 매체에 대해 저항을 하는가?
- 바로 접근을 하는가?
- 재료선택에 곤란을 겪는가?
- 재료를 쉽게 다루는가?
- 파괴적인가?
- 재료를 자주 바꾸는가?
- 신체적 문제점은 있는가?(예; 정확하게 보지 못함, 떨리는 현상, 틱 증상 등)

3) 매체의 종류와 특징

재료는 일반적인 미술재료와 자유로운 미술 외적 재료로 나눌 수 있는데, 발달단계에 따라 적절히 적용시켜야 한다. 즉, 내담자의 인지적 능력이나 상징화 능력에 따라 일반적인 미술재료나 미술 외적 재료를 선택해야 할 것이다.

매체는 치료의 대상이나 목적, 치료시간의 구성 및 다른 요소들에 부합되도록 선택한다. 장애인이나 유아, 노인 등에게는 더욱 쉽게 제작할 수 있는 매체나 도구들을 사용하면 좋을 것이다. 미술매체는 창의적인 치료법에 따라 매우 다양할 수 있으나 여기에서는 일반적 미술재료를 위주로 살펴보고자 한다.

(1) 채색재료

일반적인 채색재료에는 다음과 같은 것들이 있다.

- 수채화 물감: 물로 색의 밝기를 조절하고 겹치기, 번지기, 뿌리기 등 다양한 기법을 구사하기 좋고 산뜻하고 경쾌한 느낌이 나는 물감이다. 붓 대신 솔이나 화선지, 스펀지, 성긴 헝겊, 비닐 등 각종 다른 매체에 묻혀 찍어 내거나 뿌려서 색다른 기법을 구사할 수도 있다.
- 아크릴 물감: 접착력이 강하여 거의 모든 바탕의 재료 위에 채색할 수 있으며, 속성 건조하는 수용성 물감이다. 덧칠하거나 투명성 있는 그림을 그릴 수 있고, 빨리 마르기 때문에 화면을 단시간에 정리할 수 있는 장점도 있다.
- 유화 물감: 건조가 느리기 때문에 정밀하게 그리는 데는 아주 큰 장점이 있다. 톱밥이나 모래, 각종 분말(흙, 돌가루, 소석고) 등을 섞어 다양한 효과를 낼 수도 있다.
- 파스텔: 발색이 좋고 손으로 문질러 번지게 할 수 있고 잘 지워져 통제력이 없는 재료다. 완성 후 정착액을 뿌려 보관한다. 그러나 파스텔을 쥐고 누르는 힘의 정도에 따라 색의 농도를 조절할 수 있어 내담자의 통제력을 미세한 부분까지 관찰할 수 있다.
- 오일파스텔: 크레용보다 훨씬 부드럽고 흰색의 사용도 용이하다. 혼색과 겹침, 긁어내기, 문지르기, 물과 기름의 반발성을 이용하여 다양한 효과를 낼 수 있다.
- 크레용: 수성과 유성으로 나누어진다. 유성은 물과 기름의 반발원리를 이용해 배수성의 효과를 내는 방법이나, 크레용의 미세한 분말을 뿌린 후 얇은 종이를 덮고 약한 열로 다림질하여 수채화 효과를 나타낼 수도 있어 내담자의 흥미를 유발시킬 수 있다. 수성은 그림을 그린 뒤 물에 적신 붓으로 문지르면 색의 발수성

이나 혼색되는 효과를 낼 수 있다.

- 색연필: 선묘를 하기에 부드러우며, 간단한 채색을 하기에도 좋다. 크레용과 비슷한 성질과 효과를 낼 수 있다.
- 수성색연필: 붓에 물을 묻히면 수채화 물감처럼 퍼지는 색연필이다.
- 포스터컬러: 일정량의 물을 사용하여 색을 고르게 바르는 것이 좋고, 불투명 그림에 주로 사용된다.
- 구아슈(Gouache): 투명수채화보다 좀 더 안료가 불투명하여 포스터컬러의 투명성과 별 차이가 없다. 그러나 포스터컬러보다 내광성과 내구성이 우수하다. 두텁게 덧칠할 수도 있고, 어두운 색 위에 밝은 색을 칠하여 유화의 느낌도 낼 수 있다.
- 핑거페인팅 물감: 빨간색, 노란색, 파란색, 흰색(검은색도 가능)
- 염료(식물성 직접염, 전사염료), 천연염료, 먹, 동양화 물감, 수성과 유성 페인트
- 칠보 유약(enameling, 파란), 마블링 물감

(2) 소묘재료

소묘재료에는 다음과 같은 것들이 있다.

- 연필: 소묘의 재료 중 표현이 자유롭고 수정이 가능한 재료다. H(hard), B(black), H와 B의 중간 것을 뜻하는 F(firm)가 있다. 2H-B는 학습 필기용, 설계제도용으로 주로 사용하고, 2B-4B는 미술용으로 주로 사용하고 심이 부드럽고 진하다
- 목탄: 가볍고 색의 농도가 짙은 것이 좋다. 가장 부드러운 재료로 명암 표현에 좋다. 완성 후 정착액을 뿌려 보관하고, 식빵이나 헝겊으로 지울 수 있다.
- 콩테: 오일 파스텔과 성질이 유사하여 부드러운 표현이 용이하나 매우 진하고 잘 지워지지 않는다. 색상은 검정, 회색, 흰색, 어두운 갈색 등 제한적이었으나 최근에는 다양한 색이 생산된다.
- 붓: 선의 속도감이 표현되고, 선의 강약 표현과 먹의 농담 표현에 좋다.
- 사인펜: 진하여 명암 표현이 어려우나 수성 사인펜이기 때문에 수채화 물감과 함께 사용하면 번짐의 효과가 있어 재미있는 표현이 가능하다.

- 마커펜, 매직펜: 침투력이 강하여 빠른 시간에 채색이 가능한 부드러운 재료지만 농도조절이 어렵다. 휘발성이 강하여 사용 후 뚜껑을 닫도록 하여야 한다. 사인펜이나 유성펜을 장기간 사용하지 않아 용제가 증발되었을 때는 수성은 물이나 알코올을 첨가하고, 유성은 벤젠을 첨가하면 재사용할 수 있다.
- 기타 볼펜, 분필, 지우개 등

(3) 입체재료

입체재료에는 다음과 같은 것들이 있다.

- 찰흙: 가소성이 풍부하고 흡착력이 강한 재료로 촉감을 동반한 활동에 유용한 재료다.
- 지점토, 종이죽
- 벽돌: 쌓거나 프로타주 기법에 이용한다.
- 유토: 흙에 불건성유를 섞은 것으로, 겨울철에 사용하기에 좋은 소조재료다.
- 석고: 다루기 쉽고 제작시간이 짧은 반면 깨지기 쉽다.
- 발포석고: 기포가 있는 석고이기 때문에 깎는 데 어려움이 없다.
- 석고붕대: 인체의 부분을 그대로 본을 뜨는 순간조형 제작에 좋으며, 제작하기 쉽고 건조가 빠르고 건조 후에는 단단하게 변한다.
- 테라코타: 찰흙으로 형태를 만든 후 약 800도의 온도에서 구워서 완성한다.
- 컬러 클레이, 비누, 파라핀
- 다양한 목재, 철사, 피복전선, 인조 대리석
- 각종 천, 실, 털실, 노끈, 솜, 스티로폼, 다양한 크기의 목재상자나 종이상자
- 오브제(Object): 자연물, 곡식, 마른 열매, 조개, 돌, 자갈 등
- 채소: 문양을 새겨 찍기에 적절한 재료(무, 감자, 고구마 등)
- 레디메이드(ready made): 생활용품, 재활용품 등의 각종 기성 제품

(4) 종이 및 섬유 재료

종이 및 섬유 재료에는 다음과 같은 것들이 있다.

- 종이: 도화지와 켄트지(흰색 A4, A3, 8절, 4절, 2절, 전지 등)
- 화선지: 색채효과가 잘 나타나지만 번짐의 효과가 심한 종이다.
- 한지: 먹색효과가 좋고 겹쳐 그리기 편리하다. 붙이거나 끈으로 꼬거나 종이죽 등으로 성형하여 다양하게 만들 수 있다.
- 장지: 화선지를 겹쳐 만든 것으로 화선지보다 흡수력은 떨어지나 화선지처럼 잘 찢어지지 않아 널리 사용된다.
- 섬유: 자수, 직물, 염색, 매듭 등의 영역이 있으며 전통적 표현기법이나 직물 조직에 나타나는 패턴을 이용한 표현, 염색 등이 가능하다.
- 색 켄트지, 두루마리 종이, 스케치북
- 색종이, 색한지, 화장지, 신문지
- 수채화 용지: 와트만지, 아트지 등은 흡수성이 좋은 수채화 용지다. 내구성을 좋게 하려면 중성지나 약알카리성 종이를 선택하면 좋다.
- 모눈종이, 하드보드지, 포장지, 셀로판지, 사포, OHP필름 등
- 콜라주용 잡지나 광고 카탈로그 등

(5) 기타 미술 외적인 재료

그 밖의 재료를 살펴보면 다음과 같다.

- 면도크림, 물, 케이크, 비누 물, 생크림 등
- 밀가루, 전분, 모래, 색 모래, 소금, 다양한 색과 크기의 구슬과 단추, 모양 틀, 바 셀린(석고 만들기 용) 등
- 다양한 크기의 공 모양 스티로폼, 색 테이프, 반짝이, 성냥개비, 이쑤시개, 색 테이프, 빨대, 수수깡, 초, 철사, 낚싯줄, 풍선, 종이접시, 종이컵, 다양한 병뚜껑, 코르크

(6) 작업 도구

작업 도구에는 다음과 같은 것들이 있다.

- 붓: 다양한 크기의 붓(수채화, 아크릴), 동양화 붓, 붓통
- 팔레트, 화판

- 점토 자르는 줄칼, 점토용 주걱, 나무망치
- 날이 둔탁한 가위(내담자용), 큰 가위(치료사용)
- 풀, 본드, 스카치테이프(종이 스카치테이프), 양면테이프, 글루건, 글루건 풀
- 칼(치료사용), 자
- 이젤, 화판 혹은 두꺼운 마분지
- 플라스틱 통
- 나무판(점토나 작업용)
- 픽사티브 스프레이, 다양한 색 래커, 테라핀, 스펀지
- 각종 공예용구 세트, 펀치, 회전대

(7) 바탕재료(Support)

그림을 그리기 위한 화지나 화포, 벽면 등의 지지물과 바탕면은 견고하고 튼튼해야 한다. 아무리 좋은 재료를 사용하여 그림을 그린다고 하더라도 지지체가 견고하지 못하거나 지지체와 조건이 맞지 않을 경우, 분리되어 금이 가고 떨어지거나 부식이 생겨난다. 그러므로 바탕재료의 질과 그림을 그리는 재료 상호 간의 친화성과 정착성이 있어야 한다.

표현공간이나 그림을 그릴 바탕재가 적합하게 마련되었을 때 사람들은 강렬한 표현적 충동을 느끼게 되고 작품의 완성도도 높아진다. 바탕재료에는 종이, 한지, 천, 캔버스 등이 있다.

캔버스는 유화나 아크릴 물감의 바탕재료로 튼튼한 물체로 외곽을 고정하여 천을 씌운 후 표면에 화학처리를 균일하게 한 것이다. 종류에는 린넨 캔버스(마직, 습기와 온도에 강해 오래도록 보존되지만 비쌈)와 코튼 캔버스(면, 습기와 온도에 민감, 값이 저렴)가 있다. 유형에는 F형(인물형, 정물 16cm), P형(풍경형, 14cm), M형(해경형, 높아짐, 12cm; 같은 크기, 1호 22cm)이 있다. 주의할 점은 매우 튼튼한 바탕재료이나 습기로 인해 간혹 늘어지기도 하므로 그러한 경우 늘어진 면의 반대편에 물을 칠해 완전히 건조시키면 된다.

4) 미술매체의 신체적 위험

매체의 안정도에 대한 평가는 꼭 필요하다. 발달이 지체된 내담자는 비정형 매체를 입으로 삼키는 경우도 있고 사용을 제한해야 될 경우도 있을 것이다. 채색매체 중 크롬산염 안료나 카드뮴은 암의 발병원인이 되고, 코발트 비산염 종류의 코발트보라색은 대단히 위험하니 절대로 사용하지 말아야 한다.

도자기용 점토에는 규산염과 비결정체로 된 이산화규소(실리카)가 포함되어 있다. 점토에는 물로 섞은 점토와 기름으로 섞은 점토 두 종류가 있는데, 기름을 섞은 점토는 해가 적은 편이지만 어떤 사람에게는 알레르기 현상을 일으키기도 한다. 흙을 다루면서 이산화규소를 호흡기로 들이키면 규폐증이나 소모성질환(독직이 병)에 걸릴 수 있다.

석고는 눈과 호흡기에 자극을 준다. 많은 양의 석고를 다룰 때는 인증된 마스크를 써야 하며, 석회와 같은 첨가물은 더욱 위험하다. 몸체를 캐스팅할 때 석고가 굳으면서 생기는 열로 화상을 입는 경우가 있으므로, 가면을 만들기 위한 얼굴 캐스팅은 반드시 주의를 요한다. 파라핀왁스는 자연왁스로 그 자체는 유해하지 않다. 그러나 그것을 가열했을 때 폐에 해를 끼치는 아크롤레인이나 포름알데히드가 기화되기 때문에 증발현상을 최소화시켜야 한다.

납이 인체에 유해한 것은 이미 일반화되어 있지만 납 성분이 있는 미술재료는 잘 알려져 있지 않다. 납이 사용되는 아동용 미술재료로는 실크스크린, 판화잉크, 땜납, 스테인드글라스 등이다. 이러한 재료의 사용은 특별한 주의를 요한다.

아동은 신체적, 심리적 이유에서 유해한 미술재료를 사용하지 않도록 유의한다. 아동은 특히 유해물질에 노출되었을 때 성인보다 신체적으로 위험부담이 크다. 아동과 사춘기 학생들은 성장하는 과정에 있으므로 유해물질이 성인보다 빨리 흡수되고, 유아기에는 뇌와 신경계에까지 영향을 미친다. 그리고 아동은 안전수칙을 지켜야 하는 이유를 충분히 이해하지 못하여 안전수칙을 지키는 것을 소홀히 할 수 있다. 따라서 피부 접촉, 호흡으로 인해 위험에 처할 수 있는 미술재료는 되도록이면 사용하지 않는 것이 좋다.

실습

매체의 특성 및 체험

* 그림재료는 한 사람 한 사람의 성장이나 마음, 신체의 상태와 밀접한 관련이 있으므로 그 재료가 가진 특징과 심리효과를 배우고 심리상태와의 관련을 이해하도록 한다.

1. 정서적인 발육을 촉진하는 시기의 그림재료와 표현

① 수채화 물감
- 심리효과:

② 점토
- 심리효과:

③ 크레용
- 심리효과:

④ 컬러펜
- 심리효과:

⑤ 색연필(색칠하기)
- 심리효과:

2. 지적인 발육을 촉진하는 그림재료와 표현

① 색연필(미로, 모사그림)
- 심리효과:

② 종이접기
- 심리효과:

③ 공작재료
- 심리효과:

* 준비물: 수채화 물감, 카란다슈, 붓, 점토, 크레용, 사인펜, 컬러펜, 색연필, 물통, 휴지나 걸레, 연필(2B)

제2장

미술치료의 이론

이 장에서는 미술치료의 심리학적 제 이론 중 정신분석적 미술치료, 인간중심적 미술치료, 행동주의적 미술치료, 게슈탈트 미술치료를 소개하고 각 이론의 인간관, 주요개념, 치료과정과 미술치료와의 연계성과 치료방법에 대한 소개를 하고자 한다.

1. 정신분석적 미술치료

정신분석학자들은 인간들이 자신의 내면세계를 꿈, 그림 혹은 상상적 형태로 구체화하는 것에 대해 많은 관심을 가졌으며, 이러한 관점은 미술치료의 출발점에 있어서 중요한 영향을 끼쳤다. 이 장에서는 정신분석 이론에 대한 기본적인 개념을 이해한 후에 정신분석 이론이 미술치료와 어떻게 접목될 수 있는지를 살펴보고자 한다.

1) 인간관

인간본성에 관한 Freud의 관점은 기본적으로 결정론이다. Freud에 따르면 인간의 행동은 비합리적인 힘, 무의식적 동기, 생물학적 그리고 생의 초기 6년 동안의 주요한 심리 성적 상상에 의해 전개된 본능적 충동에 의해 결정된다.

본능은 Freud적 접근의 핵심이다. Freud가 초기에는 성적 에너지를 리비도라고 불렀지만 후에는 모든 삶의 본능적 에너지를 리비도라고 부름으로써 이 용어의 의미를 확장시켰다. 이 본능은 개인과 인류의 생존이라는 목적에 기여한다. 그것은 성장, 발달, 창조성을 추구한다. 따라서 리비도는 성적 에너지를 포함하는 그 이상의 동기의 원천으로 이해되어야 한다. Freud는 즐거움을 추구하는 모든 활동을 삶의 본능이라는 개념에 포함시키고 있다. 그는 삶의 목표는 상당 부분이 고통을 피하고 쾌락을 얻는 것이라고 했다.

Freud는 죽음의 본능이라는 개념으로 공격적 욕구를 설명하였다. 그에 따르면 인간은 때로 자신이나 타인을 죽이거나 해치려는 무의식적 소망을 행동으로 나타낸다. 공격적 욕구를 다스리는 것은 인류에게 중요한 문제다. Freud는 성적 충동이나 공격적 충동이 사람 행동의 강력한 결정요인이라고 말한다(조현춘, 조현재, 2003).

2) 주요 개념

(1) 성격의 구조

정신분석적 관점에 따르면 성격은 원초아(id), 자아(ego), 초자아(superego)의 세 차원으로 이루어져 있다. 자아와 초자아 그리고 원초아가 서로 협동하는 한 단위로 작용하여 사람의 기본적인 욕구를 충족시키고, 다른 사람과 만족스러운 관계를 이루도록 하며, 환경과 효과적으로 상호 작용하도록 돕는다. 원초아는 생물적인 구성요소며, 자아는 심리적인 구성요소며, 초자아는 사회적인 구성요소다.

원초아(id)는 긴장과 고통을 피하고 쾌락을 추구한다는 쾌락의 원칙에 의해 기능하는 것으로 한 인간이 태어날 때에는 모두 원초아로만 이루어져 있다. 따라서 원초아는 생물학적인 측면이 강하며 본능의 욕구를 충족시키기 위하여 비논리적이고 맹목적으로 작용한다. 원초아는 욕망의 충족을 위해 계획을 세우거나 사고하지 않으며 즉각적인 욕망의 충족을 바라고 움직여서 곧바로 긴장과 고통이 없는 균형상태로 가고자 한다. 이와 같은 과정은 무의식적으로 이루어진다.

자아(ego)는 현실과 환경을 고려한다는 현실의 원칙에 의해 기능하는 것으로 원초아와 초자아, 그리고 환경 간에 균형을 유지하기 위해 노력한다. 따라서 자아는 현실을 이해하고 판단하며 미래에 대한 계획을 세우고 논리적인 사고를 한다. 원초아는 충동적이고 주관적인 요구에 의해 움직이는 반면, 자아는 외부현실을 지각하고 원초아의 충동을 조정하고 관리하는 역할을 한다.

초자아(super-ego)는 성격에서 쾌락보다는 완전함을 추구하는 기능을 갖고 있는 것으로서 한 개인의 도덕적인 규범에 해당한다. 따라서 초자아의 주된 관심사는 선과 악 그리고 옳고 그름이다. 초자아는 부모의 가치관과 전통적인 사회적 규범 및 이상을 내면화한 것으로서 원초아의 충동을 억제하며 현실원칙을 따르려는 자아가 도덕적이고 규범적인 기준에 맞추어 더욱 완전하게 살도록 유도한다. 부모와 사회의 규범을 내면화한 것으로서의 초자아는 한 개인의 심리적인 보상 및 처벌과 관련된다.

Freud의 정신분석 이론에 따르면, 각 개인에게는 제한된 양의 심리적 에너지가 있으며, 성격구조의 세 가지 요소 중 개인이 가진 에너지에 대해 어느 요소가 그 에너지에 대해 통제력을 많이 가지고 있는지에 따라 인간의 행동 특성이 결정된다. 예를 들면, 자아나 초자아보다는 원초아가 한 개인의 심리적 에너지를 좌우하는 경우, 그 사람은 논리적이거나 현실적 또는 규범적이기보다는 욕망의 충족에 더 많은 관심을 가지고 소망의 만족이나 긴장과 고통을 즉각적으로 해소시키려는 방식으로 행동하는 경향을 보일 것이다. 반면 초자아가 한 개인의 심리적 에너지를 상대적으로 많이 좌우하는 경우, 그 사람은 소망의 만족이나 현실적인 대안을 선택하기보다는 완전성을 추구하고 사회적 규범에 맞는 행동을 하려는 경향이 있을 것이다(영남대학교 평생교육원, 2000).

(2) 의식과 무의식

Freud의 가장 큰 공헌은 무의식(unconscious)이나 의식(conscious)의 수준에 대한 개념을 제공한 것으로 그 개념은 행동이나 성격의 문제를 이해하는 핵심이다. [그림 2-1]에서와 같이 무의식은 우리 마음속 자료의 85%를 차지하고 있다. 무의식은 우리가 인식하지 못하는 마음의 일부로서 그곳에는 모든 경험, 기억, 억압된 재료들이 저장되어 있어서 의식 영역에서 사람들이 어떻게 생각하고, 느끼고, 행동하는지에 영

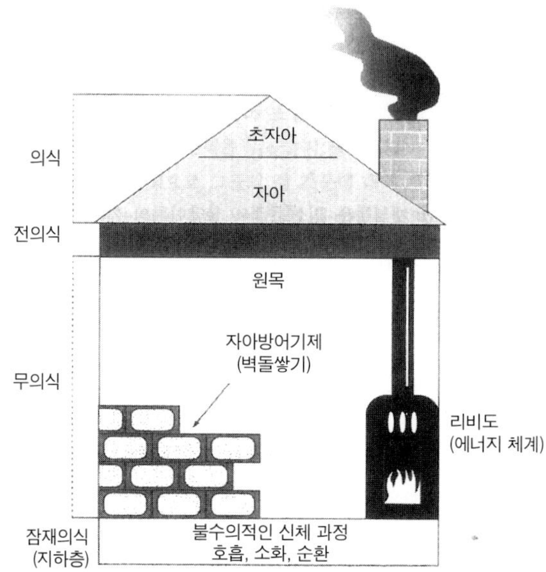

[그림 2-1] Freud의 정신분석적 모델(천성문 외, 2001, p. 56)

향을 미친다. 의식은 어느 주어진 시점에서 완전히 알아차릴 수 있는 정신활동의 일부를 말한다. 전의식(preconscious)은 즉각적으로 이용할 수는 없지만 노력하면 의식 수준으로 끌어낼 수 있는 사고와 감정을 말한다. 잠재의식은 사람들이 출생 이후 가지게 되는 소화작용과 호흡과 같은 그 사람들의 무의식적인 신체과정을 말한다(천성문 외, 2001).

무의식은 직접 알 수는 없지만, 행동에서 추론될 수는 있다. 무의식에 대한 임상적 증거는 다음과 같다.

- 무의식적 욕구, 소망, 갈등의 상징적 표상인 꿈
- 말의 실수나 친숙한 이름을 잊어버리는 것
- 암시로 인한 최면 후의 행동
- 자유연상법에서 나온 경험의 자료
- 투사법(projective techniques)에서 나온 경험의 자료

(3) 불 안

불안(Anxiety)은 어떤 것을 하도록 우리를 동기화시키는 긴장상태를 말한다. 불안은 원초아, 자아, 초자아 사이의 갈등이 이용 가능한 정신 에너지의 통제를 넘어설 때 생긴다. 불안의 기능은 임박한 위험에 대해서 경고하는 것이다.

불안의 유형에는 현실적 불안, 신경증적 불안, 도덕적 불안 등 세 가지가 있다. 현실적 불안은 외부세계에서 오는 위험에 대한 두려움으로 불안의 정도는 실제 위험의 정도에 비례한다. 신경증적 불안은 본능이 통제되지 않아서 그로 인해 어떤 행동을 하게 됨으로써 처벌받지 않을까 하는 두려움에서 기인한다. 도덕적 불안은 자신의 양심에서 생기는 두려움으로서 양심이 잘 발달된 사람은 자신의 도덕적 규칙에 위배되는 일을 할 때 죄책감을 느끼는 경향이 있다.

자아가 합리적, 직접적인 방법으로 불안을 통제할 수 없을 때 자아는 비현실적인 방법, 즉 방어기제를 선택하게 된다.

(4) 방어기제

방어기제는 자아가 강한 압력이나 불안으로부터 자신을 보호하기 위한 수단이다. 다음에 몇 가지 일반적인 방어기제를 언급하고자 한다.

① 억압(repression)

위험한 기억, 갈등, 생각, 지각을 의식에서 무의식으로 밀어내고 그것이 의식으로 다시 표출되는 것을 막는 것이다.

② 투사(projection)

자신이 수용할 수 없는 특성들을 다른 사람의 탓으로 돌리는 것이다. 예를 들어, 교사가 자기 학급의 한 학생을 자기가 좋아하지 않는 것을 인정하는 것이 불편해서 그 학생이 자신을 좋아하지 않는다고 말하는 것이다. 이것은 자기가 학생을 싫어하는 것을 그 학생에게로 투사하는 것이다.

③ 반동형성(reaction formation)

무의식적 염원에 정반대되는 행동을 하는 것으로 더 깊은 감정이 위협을 받을 때 이런 감정을 부인하기 위해 반대되는 행동으로 그것을 은폐한다는 것이다. 사람들은 사랑이라는 가면으로 증오를 숨길 수도 있고, 그들의 부정적 반응을 숨기고 지나치게 잘해 줄 수도 있고, 지나치게 친절하게 행동하여 잔혹함을 은폐할 수도 있다.

④ 합리화(rationalization)

상처받은 자아를 교묘히 변명하기 위하여 좋은 구실을 만드는 것, 또는 어떤 실망되는 현실에 큰 상처를 입지 않기 위한 자아기만이다. 예를 들면, 실연당한 어떤 소년이 사실은 그녀를 그렇게 좋아하지 않았으며 헤어지려고 하던 중이라고 스스로를 설득시킴으로써 상처 입은 자아를 달래려고 하는 것 등이다.

⑤ 치환(displacement)

불안에 대처하는 방법으로 위협적인 대상을 '더욱 안전한 대상'으로 바꾸어 충동을 해소하는 것이다. 예를 들면, 상사에게서 위협을 느낀 온순한 남자가 집에 와서 아이들에게 적절한 이유 없이 화를 내는 경우다.

⑥ 승화(sublimation)

성적 에너지를 다른 돌파구, 즉 사회적으로 인정받고 존경받는 방향으로 돌리는 것이다. 예를 들면, 공격적 충동을 체육활동을 통해 발산시킴으로써 공격적인 감정이 발산되고 부수적으로 칭찬도 받는다.

⑦ 퇴행(regression)

현재의 단계보다 요구가 덜한 이전의 발달 단계로 돌아가는 것이다. 예를 들면, 동생이 생겼을 때, 손위의 형제가 아기 같은 행동을 하는 것이다.

⑧ 보상(compensation)

어떤 한 영역에서 바람직한 특성을 강조하여 약점을 감추거나, 다른 영역에서 충분히 만족함으로써 한 영역의 좌절감을 줄이는 것이다. 예를 들어, 학급에서 말썽꾸러기는 주의를 끄는 행동을 함으로써 학업 부진을 보상한다.

3) 치료과정

(1) 치료목표

정신분석치료의 목표는 무의식을 의식화함으로써 개인의 성격구조를 수정하는 것과 행동이 더욱 현실적으로 되고 본능충동의 요구에 따르지 않도록 자아를 강화시키는 것이다. 정신분석치료의 초점은 무의식의 자료를 철저히 분석하는 치료방법을 사용하는 데 있다. 아동기의 경험은 재구성, 논의, 해석되며 분석된다. 치료의 목표는 문제해결이나 새로운 행동을 학습하는 데 있지 않다. 오히려 자기이해를 위해 과거 속으로 깊이 탐색해 가는 것인데, 이것은 성격 변화에 필수적인 것이다. 정신분석치료는 통찰을 얻기 위한 목적에서 실시되지만, 그런 지적 이해만을 얻기 위해 실시되는 것은 아니다. 자기이해와 관련되는 감정과 기억들은 경험되어야 할 필수적인 것들이다.

(2) 기 법

정신분석치료의 기법은 내담자의 자각을 증진시키고 행동에 대한 지적 통찰을 얻게 하며 증상의 의미를 이해시키기 위해 사용된다. 치료과정은 내담자와의 대화에서 정화(catharsis)로, 정화에서 통찰로 그리고 통찰에서 무의식적인 문제를 다루면서 노력하는 과정을 통해 성격의 변화로 이끄는 일련의 지적 · 정서적인 이해와 재교육의 목표를 향해 가는 것이다.

정신분석치료의 다섯 가지 기본 기법은 자유연상법, 해석, 꿈의 분석, 저항의 분석, 전이의 분석 등이다(영남대학교 평생교육원, 2000).

① 자유연상법

자유연상이란 치료자가 내담자로 하여금 자신의 마음속에 떠오르는 것들을 그것이 아무리 고통스럽고, 사소하며, 우스꽝스럽거나 비논리적이라고 하더라도 있는 그대로 이야기하도록 하는 것임을 의미한다. 보통 내담자는 소파에 눕고 치료자는 연상의 흐름에 방해가 되지 않도록 환자의 머리맡에 앉는다. 내담자가 자유연상을 하는 동안 치료자는 판단을 내리거나 계속하라고 강요해서는 안 된다.

내담자는 자신의 마음속에 떠오르는 것을 있는 그대로 치료자에게 이야기하는 한편, 치료자는 그것을 통해 내담자의 마음속에 있는 억압된 자료를 수집하고 그것을 해석하여 의미를 찾아가면서 내담자의 통찰을 돕는다.

② 해석

내담자의 무의식적인 갈등을 의식화하는 데는 기본적으로 해석을 사용한다. 해석은 내담자의 꿈과 자유연상, 상담과정에서의 전이 및 저항, 치료관계 자체에서 나타난 내담자의 행동 등의 의미를 치료자가 지적하고 설명하고 때로는 가르치기도 하는 것이다. 해석의 기능은 자아를 새로운 자료에 동화시켜서 더 깊은 무의식의 자료를 밝히는 과정을 촉진시키는 것이다(Corey, 1991).

해석을 하는 데는 몇 가지 원칙이 필요하다. 첫째, 해석하려는 내용이 내담자의 의식수준에 가까이 있을 때, 즉 내담자가 아직 스스로 깨닫지는 못하고 있지만 견뎌 낼 수는 있고 자신의 일부로 수용할 수 있다고 판단될 때 해석이 이루어져야 한다. 그렇지 않을 때, 내담자는 치료자의 해석을 쉽게 거절하게 된다. 둘째, 항상 표면적인 것에서 시작해서 치료자가 정서적으로 상황을 수용할 수 있는 깊이까지만 해야 한다. 셋째, 저항이나 방어의 저변에 있는 감정이나 갈등을 해석하기 전에 먼저 그런 저항이나 방어를 지적해 주는 것이 가장 좋다.

③ 꿈의 분석과 해석

자유연상과 마찬가지로 내담자의 무의식 세계에 접근할 수 있는 또 하나의 방법이다. Freud는 꿈에 무의식적 염원, 욕구, 두려움이 표출되기 때문에 꿈을 무의식에 이르는 왕도로 보았다. 잠잘 때에는 내담자의 방어기제가 약화되어 억압된 욕망과 갈등이 의식표면에 떠오르는데, 치료자는 꿈의 이러한 특성을 활용하여 내담자의 꿈을 분석하고 해석하여 내담자의 문제와 갈등에 대해 통찰을 얻게 하는 방법이다.

치료자는 내담자로 하여금 치료과정에서 꿈의 내용을 말하게 하고 그것을 토대로 자유연상을 하도록 하며, 그와 관련된 감정도 이야기하도록 한다. 상담이 진행되고 해석이 이루어지면서, 내담자와 치료자는 꿈의 의미를 이해하게 되며 내담자의 문제에 대해 통찰을 얻게 된다.

④ 저항의 분석과 해석

저항이란 치료의 진행과정을 방해하고 내담자가 무의식적인 자료를 생산하는 데 방해가 되는 모든 것임을 의미한다. 그리고 현재 상태를 유지하고 변화를 방해하는 모든 의식적, 무의식적인 생각, 태도, 감정, 행동을 의미한다. 저항이란 내담자에게 위협이 되는 그 어떤 것을 의식상에 떠오르지 않게 하는 것이기 때문에 치료자는 내담자의 저항을 분석하고 해석함으로써 내담자가 무의식적으로 숨기고자 하는 것, 피하고자 하는 것, 불안해하거나 두려워하는 대상 등에 대한 정보를 얻고 그러한 저항과 무의식적인 갈등의 의미를 파악하여 내담자로 하여금 통찰을 얻게 한다.

⑤ 전이의 분석과 해석

전이란 내담자가 치료상황에 대해 가지고 있는 일종의 왜곡으로서 과거의 중요한 타자에 대해 느꼈던 감정을 현재의 치료자에 대해 가지는 것을 의미한다. 내담자는 치료자와의 관계를 통해서 이전에 자신이 가지고 있다가 억압했던 감정, 신념, 소망 등을 표현하게 되는데, 치료자는 이러한 전이에 대해 분석하고 해석을 함으로써 내담자의 무의식적 갈등과 문제의 의미를 통찰하도록 돕는다. 적절한 해석과 훈습을 통해 내담자는 이전의 감정과 갈등에 대해 새로이 이해하고, 지금까지 인간관계나 문제를 해결하는 과정에서 가지고 있던 행동패턴을 변화시키기도 한다.

4) 정신분석적 미술치료

정신분석적 미술치료는 Freud를 중심으로 한 정신분석가들이 사용하는 자유연상, 꿈의 해석, 저항과 전이의 분석과 해석 등을 기법으로 사용하는 것이다. 특히 자유연상이나 꿈의 내용을 전달하는 데 있어서 그림이나 창조적 매체를 통해서 표현하도록 한다.

Freud는 꿈의 이미지가 많은 의미를 가지는 매우 중요한 것이라는 것을 발견하였다. 그는 "우리는 꿈을 대개 시각적 이미지로 경험한다……. 꿈을 설명하기 어려운 이유 중 하나는 이러한 이미지를 말로 바꾸기 어렵기 때문이다. 꿈을 꾼 환자는 종종 '제가 그릴 수는 있어요, 그렇지만 어떻게 말해야 될지 모르겠어요.' 라고 한다."라는 유명한 글귀를 남겼다(Freud, 1916-1917: 90). 이 점은 아동에 있어서 더욱 분명하게 드러난다. Freud가 어린 소년 Hans를 치료할 때 그림 그리기를 한 적이 있으며, Anna Freud 역시 아동은 자유연상을 할 준비가 되어 있지 않으므로 그림 그리기를 사용하는 것이 언어를 사용하는 것보다 의사소통을 더 용이하게 해 준다는 사실을 강조하였다(Freud, 1927: 30).

아동 정신분석가들은 치료에 미술적 표현을 사용하고 있었으나 성인을 치료하는 사람들은 그리기를 사용하지 않았다. 그러나 Marcinowski와 Lewis는 예외적인 분석가였다. Marcinowski는 환자들의 꿈과 그림을 연관시켜 연구하였다(Bychowski, 1947: 34). Lewis는 미술작품의 해석이 정신분석의 한 기법으로서 오래 전부터 인식되어 왔음을 인정하고 어떤 환자의 경우에는 원초적으로 어려운 무의식적 동기를 각성시켜 의식수준으로 전환시키는 방법에 있어서 꿈의 분석보다는 미술작품의 객관적인 분석이 더 효율적이라고 제안한 바 있다. 성인의 경우에도 난화나 핑거페인팅 등을 그려 자유연상을 하게 하거나 연상되는 것을 그리게 하는 방법을 적용하는 치료자들이 늘어나고 있다.

Freud의 정신분석 이론에 입각한 미술치료자들은 환자들의 상상, 꿈, 자유연상에 의한 자유로운 표현과 즉흥적인 표현을 중요시하였다. 이러한 점과 관련하여 미술치료자들은 환자들이 그리는 그림은 무의식의 고통이나 억압된 갈등을 자연스럽게 나타내고 있다고 보고 있으며 이것을 치료법으로 확립한 사람은 Naumburg다.

미국 미술치료의 선구자인 Naumburg는 이미지를 통한 무의식적 의사소통에 대한 통찰과 치료에서 미술을 사용하는 것을 통합하였다. 그녀는 환자의 즉흥적인 표현을 장려하기 위하여, 혹은 어떠한 심리적 봉쇄를 피하기 위하여 대표적으로 낙서기법을 적용하였다. 환자는 낙서를 한 후에 그것에서 연상되는 것을 치료자에게 말하고, 치료자는 그에 관한 의미를 분석한다(정여주, 2005).

Naumburg의 관점과는 달리 Kramer는 아동미술치료에서 그림의 치료적 속성은 그림에 대한 환자의 연상을 통하여 자기표현과 승화작용을 함으로써 자아가 성숙하는 데 있다고 보았다. 즉, 미술작업을 통하여 환자 자신의 파괴적, 반사회적 에너지를 분출함으로써 그것을 감소시키거나 전환시킨다고 주장하고 있다. Kramer는 그녀의 저서 『아동 치료로서의 미술(*Art as Therapy with Children*)』에서 아동의 미술활동은 그들의 성적 에너지나 공격적 에너지가 승화하도록 강화시켜 준다고 하였다. 그녀는 이 책에서 미술치료가 아동의 근원적인 본능욕구를 다른 방향, 즉 미적 방향으로 전환시킬 수 있는 사례들도 함께 제시하고 있다(Kramer, 1991). 그러나 Richter는 그녀의 저서인 『아동치료로서의 미술』을 분석하면서, Kramer가 아동의 미술적 표현을 Freud의 승화이론에만 적용하여 해석하는 것을 비판하고 있다(Richter, 1984). 예를 들어, 아동이 난화를 그리거나 핑거페인팅으로 색을 만지는 것 대신 사실적으로 그리려 하는 것이 항상 '저항' 하는 것이 아니라는 것을 알아야 한다는 것이다. 아동은 치료자의 지시와는 다르게 자신의 연령에 맞는 발달단계에 따라 그림을 그린다는 사실을 Kramer는 간과하고 있다는 것이다. Richter는 예술적 생산을 승화의 기능이라고 한 Freud의 입장에 따라 Kramer가 이러한 승화를 아동과 청소년들의 모든 그림에 적용하는 것을 비판하였다. 반복되는 그림이 항상 억제된 본능욕구만을 말하는 것이 아니라 다양한 원인을 가지고 있다는 것을 치료자는 알아야 한다는 것이다. 모든 아동의 그림을 모두 '방어' 라는 것으로 받아들인다는 것은 아동화를 너무 단순화시킨다는 지적이다(정여주, 2005).

치료자는 질문, 명료화, 직면, 해석 및 여러 종류의 개입을 통하여 환자가 자신의 부적응적 사고와 행동 양식을 이해하고 통제하도록 도와준다(Hammer, 1968). 그러므로 정신분석적 심리치료는 다음과 같은 목표를 가지고 있다. 첫째, 억압된 것(문제를 야기하는 내적 갈등)을 드러내며, 둘째, 환자가 이전에 숨겼던 생각과 느낌이 어떻게 자신의 행동과 연관되는지 그 의미에 대해 통찰을 얻도록 돕는다. 셋째, 치료과정을 정서적이고 인지적으로 이끌어 전이가 일어나면 그것을 치료자가 파악하여 전이에 대한 환자의 통찰력을 기르도록 도와준다. 넷째, 통찰을 통하여 학습한 것을 치료 장면뿐만 아니라 일상생활에서도 시행착오를 겪으면서 훈습을 통하여 재학습하도록 도와준다. 만약 이러한 과정이 치료자-환자관계를 통해 계속되면, 환자는 상당한 정도로 변화될 수 있고, 특히 환자의 문제가 신경증적인 것이었다면 큰 도움이 될 것이다(Brenner, 1976).

정신분석적 미술치료의 구체적인 내용은 다음과 같다(한국미술치료학회, 2001).

첫째, 치료자는 내담자가 자유로이 미술매체를 선택하여 '아무것이나 그리고 싶은 것을 그리도록' 한다. 이것은 자유연상에서와 같이 개방적 비구조적 접근으로서 내담자를 괴롭히는 사항을 표현하도록 도와주는 기법이다(Rubin, 1973). 내담자가 자발적으로 말을 하는 동안 치료자는 말을 최소한 적게 하여 내담자가 사고를 언어화하는 흐름과 자료를 찾아내는 과정을 촉진한다.

둘째, 치료자는 내담자가 자발적으로 지적하는 말들을 경청하고 행동을 관찰한다. 질문은 꿈 분석에서와 같이 미술작품에 관련된 특정한 연상에 관한 질문만 한다. 그러한 자료에서 의미를 발견하여 정신분석적 진단의 윤곽을 생각한다. 의뢰이유, 생활사 그리고 가능한 환경적 스트레스 요인들이 이에 해당한다.

셋째, 내담자의 미해결된 갈등과 그것을 반복하는 기제를 찾는다. 정신분석적 이해는 외적인 사실(불안, 우울)뿐만 아니라 내담자가 기능하고 있는 발달적 수준과 관련된 내담자의 내적 상황의 사정(assessment), 뚜렷한 고착이나 퇴행의 사정도 포함한다. 미해결된 갈등이 대부분의 신경증의 원인이므로 갈등의 잠재적 원천도 조사한다. 갈등은 외적인 것(대인관계), 내적인 것(양가감정) 또는 구조적인 것(원초아, 자아, 초자아 간)으로 대별된다.

넷째, 정신분석치료의 가능성을 결정하기 위하여 내담자의 좌절감 내성 정도, 승화 능력, 불안에 대한 전반적인 태도 및 일반적인 발전적 힘과 퇴행 경향성 등도 면밀히 사정하여야 한다.

요약하면 치료자는 내담자가 발달과정상으로 보아 어느 시점, 어떤 상황에 갇혀 있는지(고착)와 방어 대상(두려워하는 충동)에 관한 단서 및 방어기제를 알고 다루는 것이다.

2. 인간중심 미술치료

인간중심치료는 정신분석에 대한 반발로 발전한 것으로, 내담자들의 과거보다는 현재를 중요시하며 치료자의 내담자에 대한 무조건적인 지지와 배려, 공감적인 감정이입 등으로 인간의 전인적 성장을 위한 접근을 시도한다.

인간중심 미술치료는 미술이라는 매체를 통하여 자아실현으로 나아가게 하는 것으로 인본주의 철학의 이론과 실제에 바탕을 두고 있다. 따라서 이 장에서는 인간중심치료에 대한 기본 개념 및 치료과정을 소개하고, 다음으로 미술치료와의 관계를 알아보고자 한다.

1) 인간관

인간중심적 치료는 1940년대에 Carl Rogers(1902~1987)가 개발하였다. 그는 개인치료의 지시적이고 정신분석적인 접근법에 대한 반동으로 비지시적 심리상담/치료(1940년대)로 알려진 상담법을 개발하였다. 그의 이론은 후에 내담자중심 심리치료(1950년대), 인간중심치료(1970~1980년대)로 발전하였다.

인간중심치료는 인간의 자기실현 경향성을 전제로 하며, 인간은 자기실현을 위해 움직이며, 그것을 통해 의미를 찾을 수 있는 잠재력을 가지고 있다고 믿는다. 그의 기본 가정은 인간은 본질적으로 신뢰할 만하며 치료자의 직접적인 지시가 없이도 자신과 자신의 문제를 이해할 수 있는 잠재적 능력을 충분히 갖고 있으므로 치료관계에 참여하게 되면 자기 지시적으로 성장할 수 있는 가능성이 있다는 것이다. 특히 치료자의 태도와 성격특성을 강조했으며 내담자와 치료자의 관계의 질이 치료결과의 중요결정요인이라고 강조했다.

인간중심치료는 경험적이고 관계지향적으로 치료자와 내담자의 관계는 평등하다. 치료자와 내담자는 지금-여기의 경험에 초점을 맞추며, 치료자는 내담자가 충분히 표현할 수 있도록 자유롭고 안정된 분위기를 제공하여 자신의 내면을 경험하게 하고 공감과 수용적 태도로 내담자의 성장을 촉진하는 관계의 질적 측면의 중요성을 강조한다.

내담자는 자신의 주관적 경험과 긍정적, 건설적 의식으로 스스로 선택할 수 있는 능력을 지녔다는 믿음을 갖는다. 또 우리 모두는 자신의 내부에 자기를 실현시킬 수 있는 능력과 본질을 가지고 있으며 의미를 발견함으로써 불안을 줄일 수 있다고 보는 것이다.

인간중심치료에서 치료자는 내담자에게 다음과 같은 믿음을 가진다(Thompson & Rudolph, 2000).

- 인간은 자신의 권리에 대해서 가치와 존엄성을 지니고 있으며 따라서 마땅히 존중받을 가치가 있다.

- 인간은 자기를 지시할 능력과 권리를 가지고 있으며 기회가 주어지면 현명한 판단을 내린다.
- 인간은 자기 자신의 가치를 선택할 수 있다.
- 인간은 책임감을 건설적으로 사용하는 법을 배울 수 있다.
- 인간은 자신의 감정, 사고, 행동을 다룰 수 있는 능력이 있다.
- 인간은 충실하고 만족한 삶을 향해서 건설적인 변화와 인간적인 발달(자아실현)을 이룩할 잠재력을 지니고 있다.

2) 치료과정

(1) 치료목표

인간중심치료의 주된 목표는 사람들이 좀 더 자율적이고 자발적이며 자신감을 갖도록 도와주는 것이다. 내담자가 가진 문제에 관심을 두기보다는 내담자의 존재 그 자체에 초점을 둔다. 그러므로 치료의 목표는 단순히 문제를 해결하는 것이 아니라 내담자의 성장과정을 도움으로써 그들이 현재 대처하고 있는 그리고 미래에 대처하게 될 문제들에 대해 잘 대처할 수 있게 돕는 것이다(Rogers, 1977).

치료의 기본 목표는 개인이 완전히 기능하는 사람이 되도록 도울 수 있는 환경을 제공하는 것이다. Rogers에 따르면 완전히 기능하는 사람은 자신을 통제하지 않으면서 방어하지 않고 새로운 경험에 개방적인 사람이다. 안전한 분위기에서의 치료과정을 통해 사람들은 경험에 대해 더욱 개방적이고, 자신을 신뢰하며, 자신을 내적 기준에서 평가할 수 있고, 성장을 기꺼이 계속하려는 자기실현화를 이루는 사람이 될 수 있다. 이러한 특성을 이룰 수 있도록 격려하는 것이 치료의 기본 목표다.

(2) 치료자의 기능과 역할

인간중심적 접근법에서 치료자의 역할은 치료자의 지식, 이론, 기법보다 치료자의 존재양식과 태도에 달려 있다고 본다. 가장 중요한 것은 치료자가 내담자와 진실한 관계를 맺어야 한다는 것이다. 치료관계의 핵심을 이루는 치료자의 태도는 진실성, 무조건적인 긍정적 관심, 공감적 이해다.

① 진실성(genuineness)

진실성은 치료자가 진실하다는 의미로 치료자는 완전히 신뢰할 만하다는 뜻이며 치료자가 자기정체감을 유지할 수 있고 이러한 정체성을 내담자에게 전달할 수 있다는 것을 의미한다. 즉, 거짓된 태도가 없고 그의 내적 경험과 외적 표현은 일치하며 내담자와의 관계에서 일어나는 감정이나 태도를 솔직히 표현한다. 진실한 치료자는 자발적이며 긍정적이거나 부정적이거나 자신의 행동이나 감정에 솔직하다. 부정적인 감정조차도 표현하거나 수용함으로써 치료자는 내담자와 정직한 대화를 촉진시킬 수 있다. 일치성은 치료자 자신의 이해와 경험을 언어화하도록 유도할 뿐 아니라 그가 이해와 긍정적 존중의 태도를 갖도록 한다.

진실성은 치료자의 세 가지 특성 중에서 가장 중요하며, 치료자는 진실을 향해 노력하는 인간의 모델이 되는 것이다. 치료자는 자기개방(self-disclosure)이 적절해야 한다. 치료관계에서 치료자는 자신의 어떤 감정이든 표현하지만 충동적이 되어서는 안 된다. 치료자는 자신의 감정에 책임을 져야 하며 내담자와 충분히 만나는 능력을 방해하는 감정이 무엇인지 탐색해야 한다. 인간중심적 접근법은 비조작적이며 진실한 인간관계의 가치를 강조하고 의미 있는 의사소통이 방해될 때 솔직하고 정직한 피드백의 잠재적 가치를 강조한다. 치료자와 내담자와의 관계가 일치될 때 치료는 진전이 가능한 것이다.

② 무조건적인 긍정적 관심(unconditional positive regard)

이는 내담자를 하나의 인격체로서 깊고 진실하게 돌보는 것이다. 돌본다는 것은 내담자의 감정이나 생각, 행위의 좋고 나쁨의 평가와 판단에 의해 영향을 받지 않는다는 점에서 무조건적이다. 치료자가 내담자를 선하고 이성적이며 자유로운 존재가 될 수 있는 잠재력을 갖추고 있는 하나의 인격체로 수용한다는 것을 뜻한다. '나는 당신을 어떤 때만 받아들이겠다.' 가 아니라 '나는 당신을 있는 그대로 받아들이겠다.' 라는 무조건 존중하고 따뜻하게 받아들이는 태도다.

치료자의 돌봄이 비소유적이어야 한다는 것도 중요하다. 돌보는 것이 치료자 자신이 인정과 사랑을 받으려는 데서 기인한다면 내담자의 건설적인 변화는 기대할 수 없다. 비소유적 온정으로 내담자를 깊고 진실하게 돌보고, 칭찬하고, 수용하며 그리고 가치를 인정해 줄수록 치료가 성공적으로 될 가능성이 크다고 한다(Rogers, 1977). 내담자는 치료자가 관심이 부족하거나 자신을 평가하고 있다고 느끼면 점점 방어적이 될 것이다. 성공적인 치료가 되기 위해서는 완전한 수용적인 분위기에서 내담자가 자신을 드러낼 수 있다고 느끼도록 해야 한다.

③ 공감적 이해(empathic understanding)

공감은 치료과정을 함께한다는 치료자의 태도다. 치료자가 내담자의 경험과 감정을 민감하고 정확하게 이해하는 것이다. 치료자는 내담자의 주관적인 경험, 특히 지금-여기의 경험을 이해하도록 노력한다. 이렇게 함으로써 내담자가 자신에게 더욱 가까이 다가가게 하고 더욱 깊고 강한 감정을 경험하게 하여 내담자의 내부에 존재하는 불일치성을 인식하여 해결하도록 격려한다. 자신의 감정이 이해받는다는 확증적 경험이 내담자가 자기개념을 확장시키는 데 필요한 토대와 힘을 마련해 준다. 이해받는다는 감정의 경험 그 자체가 성장적 변화에 영향을 주기 때문이다.

공감적 이해는 치료자 자신이 마치 내담자인 것처럼 내담자의 감정을 느끼는 것을 의미한다. 정확한 공감적 이해의 단계에서는 명백한 감정의 인식을 넘어서 내담자가 경험 속에서 미처 느끼지 못했던 감정까지도 치료자가 인지할 수 있다. 공감은 단순한 감정의 반영 그 이상의 것이다. 단순한 객관적 지식이나 인위적인 기법이 아닌 진정한 이해다. 공감은 내담자를 더욱 깊이 있고 주관적으로 이해하는 것으로 내담자와의 일체감이다. 치료자가 자신의 정체감(identity)을 잃지 않고, 내담자가 현재 보고 느끼는 주관적인 세계를 파악할 때 내담자의 건설적인 변화가 가능하다. 즉, 치료자의 공감의 정도가 클수록 내담자의 치료가 발전하는 기회는 더욱 커진다.

(3) 기 법

Rogers는 기법 사용을 강조하기보다 치료관계의 질적 측면이 중요하다는 것을 강조하였다. 치료자는 인간으로서 내담자에게 다가가야 하며, 자신의 솔직한 표현 그 자체가 바로 기법이라고 말해야 할 것이다.

인간중심치료에서는 관심 기울이기, 관찰하기, 경청하기 등의 촉진적인 차원과 반응해 주기와 같은 주도적인 차원의 기법이 있다. 치료자의 경청, 수용, 존중, 명료화,

반응하기, 자기개방 등은 내담자의 행동변화를 촉진시킨다.

① 적극적 경청(active listening)

적극적 경청은 내담자의 이야기를 비판이나 판단 없이 그대로 수용하고, 내담자의 감정을 진심으로 이해하려고 노력하는 태도를 가지고 적극적으로 대화의 진행과정에 참여하는 것을 말한다. 귀뿐만 아니라 눈으로도, 사고력뿐만 아니라 직감으로도 듣게 된다. 여기서 듣는다는 것은 내담자가 하는 말(음성언어, verbal language)뿐만 아니라 비음성언어(nonverbal language)로 표현되는 것 모두를 포함한다.

② 수용(acceptance)

진실로 상대방의 마음과 감정을 이해하고 공감하고 받아들이는 것이다. 어떤 도덕, 가치, 관습에 구애됨이 없이, 즉 좋은 일이든 나쁜 일이든 거기에 내담자가 느끼는 분노, 수치, 자랑, 애정 등의 감정을 이해하고 받아들이는 것이다. 수용은 찬성을 의미하는 것이 아니다. 부정적인 감정이나 긍정적인 감정이나 모두 수용하는 데서 내담자는 자기이해의 계기가 마련되어 성장을 향해 한 걸음 전진할 수 있게 되는 것이다. 긍정이든 부정이든 그 모두가 자신의 감정세계의 부분이라는 것을 자각할 때 진실한 자기이해의 토대가 마련되며 통찰(insight)이 자연적으로 샘물처럼 솟아오르게 되는 것이다(Rogers, 1942).

③ 관심 기울이기(attention)

유능한 치료자는 내담자의 음성적(verbal), 비음성적(nonverbal) 언어에 의한 메시지들을 주의 깊게 듣고 알아차리는 능력을 선천적으로 혹은 후천적으로 연습과 훈련에 의해서 습득한 사람들이다. 치료자는 민감해야 하며 주의집중을 통하여 내담자와 온전하게 함께하여야 한다. 따라서 치료자는 물리적으로(앉는 자세, 눈의 위치 등), 심리적으로(마음으로 내담자와 함께 있는 것) 주의 집중하여야 한다.

④ 반영(reflection)

내담자가 표현한 감정과 태도를 다른 말로 표현해 주는 것이다. 내담자는 자신이 말했던 것을 치료자를 통해 다시 듣게 되면 자신이 이해받고 있다고 생각하게 된다.

⑤ 명료화(clarification)

내담자의 상황을 이해하려고 하는 치료자의 바람을 나타내는 반응 기술이다. 치료자는 내담자가 말한 것을 새로운 말을 사용하여 혼란스러운 상황을 단순화시켜 내담자에게 이해시키는 것이다.

⑥ 직면(confrontation)

내담자가 이전에 말한 내용과 모순되게 말하거나, 내담자가 말한 것과 상반된 행동을 할 때, 또는 치료자의 개인적 경험으로 보았을 때 내담자가 거짓으로 말한다고 생각할 때, 그것을 지적하는 시도다.

⑦ 자기개방(self-disclosure)

내담자가 자신을 더욱 잘 이해하도록 치료자도 내담자와 비슷하게 느꼈던 감정, 경험, 생각을 나누는 반응기술이다. 이때 치료자의 자기노출은 내담자의 문제와 직접 관련되어야 하며 치료관계를 향상시키는 것이어야 한다.

3) 인간중심 미술치료

(1) 인간중심 미술치료의 신념과 목표

인간중심 미술치료는 미술이라는 매체를 통하여 인간의 잠재력과 성장 가능성을 일깨우고 창의력을 개발시키며 자아실현으로 나아가게 한다. Buhler(1971)는 인본주의적 철학의 신념으로서 한 개인은 반드시 총체적으로 연구되어야 한다고 하였다. 안정보다는 성장과 자기실현에 목표를 두며, 삶의 주체로서의 내담자가 삶의 의미를 추구하고 자신의 서로 다른 욕구들을 통합하고 조절해 나감으로써 안정적이 된다고 하였다.

인간중심 미술치료는 세 가지 가정에 기초를 두고 있다.

첫째, 인본주의 치료자는 내담자를 정신적으로 병든 것으로 여기지 않고 심리적으로 혹은 환경적으로 야기된 갈등을 대처하고자 하는 노력의 와중에 어떤 특정한 어려움을 만난 것으로 본다. 치료는 살고자 하는 의지를 강화시켜 주고, 가능한 창조적인 삶의 방식에서 정체성과 의미를 찾는 능력을 발달시키도록 하는 것이라야 한다.

둘째, 삶의 방식에 성공적으로 대처하지 못하는 것이나 자기실현, 의미, 정체성을 이루는 길을 발견하지 못하는 것은 사람들의 삶에 영향을 줄 수 있는 보편적인 현상이다. 인본주의적 접근의 핵심은 삶이 계속되는 성장과 변화, 발전에 대한 끊임없는 과정이라는 가정이다. 그러므로 미술치료자는 내담자로 하여금 다양한 정체성 위기를 창조적이고 표현적인 삶의 방식 안으로 통합하도록 돕고, 변화를 더 경험하도록 도와준다.

셋째, 자신의 자기실현 욕구를 전체적으로 사회와 조화되도록 의식적으로 노력하여야 한다. 즉, 생활문제해결을 강조하고 창조적 표현을 통해 자기실현을 고무시키며, 자기실현과 대인관계에서의 친밀성과 신뢰, 자기초월적 삶의 목표 추구를 관련시키는 것이다.

인간중심 미술치료는 전인격적인 통합을 강조한다. 전인격적 통합이란 몸과 마음과 영혼의 조화로운 협력을 의미한다. 이는 더 나아가 자기 개인의 통합만을 의미하기보다는 사회생태학적 환경과 더불어 통합된 자신을 추구한다는 것이다.

인본주의적 미술치료의 목표는 균형 잡힌 성격을 발달시키는 것으로 사랑과 분노, 강함과 약함, 개인적인 것과 친밀감, 협동과 경쟁, 지배와 복종, 희망과 절망 등 같은 양극단의 균형을 잡는 것이다(Rubin, 1987). 또한 공포와 불행, 불안을 제거하는 것이 아니라 그러한 느낌을 창조적 양식을 통해 정직하게 표현하게 함으로써 기쁨과 자유를 경험하게 한다.

미술치료를 위한 인간중심의 전체적 접근의 원리는 다음과 같다(Garai, 1976).

- 건강관리에서 전체적 접근 사용
- 참된 개별화 성취
- 만족할 만한 대인관계의 반영으로 자율성에서 친밀성으로 나아감
- 의미 있는 삶의 목표 형성
- 삶의 주기에 대한 전체적 관점 가지기
- 전 생애에 걸친 위기와 변화를 통한 정체성의 안정성과 유동성을 인식하기
- 공감과 직관을 사용하여 더욱 깊은 상징적 대화의 수준을 발달시키기

(2) 인간중심 미술치료의 과정

인간중심 미술치료는 내담자의 능동적인 참여를 중요시 여기며, 치료 장면에서도 스스로 결정하고 선택하는 권리가 있다는 것을 경험하게 한다. 재료의 선택이나 표현에 있어서 내담자 스스로 용지나 매체를 선택하게 하고 자유롭게 자신을 표현하도록 한다. 또한 그림에 대한 상징과 해석에서도 일반화된 상징해석으로 내담자를 해석하는 것을 피하고 내담자가 활동을 한 후에 대화를 통하여 상징을 반영하는 분위기를 제공한다(정여주, 2005). 이러한 측면에서 내담자가 자신을 충분히 표현할 수 있도록 긍정적이고 안전한 분위기를 제공하며, 치료자는 내담자를 공감하면서 내담자 스스로 힘을 키워 나갈 수 있도록 수용적인 관계를 조성하는 것이 중요하다.

치료자는 미술작품의 결과에만 치중하지 말고 과정 하나하나에 관심을 가져야 한다. 작업과정에 있어서 매체의 종류와 종이의 크기 선택, 내담자의 표정, 몸짓, 그림을 그릴 때의 망설임, 지우고 다시 그리기, 덧칠하기, 필압 등 모든 것이 비음성적 메시지라 할 수 있는데, 치료자는 미술작업을 통한 비음성적 메시지의 전달에 귀를 기울여야 한다. 이것이 치료자의 적극적 경청의 태도라 할 수 있다.

미술작업은 치료자와 내담자 간의 상호작용을 높이는 도구가 되고 치료자의 진실성과 내담자에 대한 무조건적 존중 그리고 공감적 이해가 내담자에게 더 효율적으로 전달되게 하는 매체가 되는 것이다. 그러므로 치료자는 내담자의 미술작업을 지지하고 그 작품을 소중하게 존중하는 태도를 통해 자존감을 가지게 하고 더 높은 승화수준을 성취하도록 돕는다(공마리아 외, 2004).

3. 행동주의적 미술치료

행동주의적 미술치료란 내담자에게 미술치료를 할 때 행동치료 기법을 적용하는 것을 말한다.

미술치료를 할 때 좀처럼 다루기 힘든 아동이 있다. 예를 들면 자폐성아동, 발달이 지체되어 있는 아동, 사물을 닥치는 대로 집어던지는 아동, 잠시도 의자에 앉아 있지 못하고 돌아다니는 아동, 자기 뜻대로 안 되면 소리를 지르며 짜증을 내는 아동 등은 좀처럼 아동과 치료사 간에 신뢰관계를 형성하기 어려울 뿐 아니라 미술매체에 흥미를 갖게 하고 집중시키기란 참으로 요원한 경우가 있다. 또한 친구하고 관계하는 방법 등 적응하는 방법을 몰라 애태우는 내담자도 있다. 이러한 내담자의 경우에는 행동주의적 미술치료로 접근하는 것이 효과적이라고 생각한다.

1) 인간관

행동치료에 있어서 대부분의 인간행동은 학습된 것으로서 행동은 환경 변인에 의해 결정된다고 본다. 나아가서 증상에 대한 입장은 잘못된 학습이나 과잉학습 혹은 학습의 부족 등으로 인한 복합에 의해 발생한다고 주장한다. 그리하여 정신역동적 치료에 있어서는 내담자의 과거의 경험이 현재의 행동에 영향을 미친다고 보고 내담자의 개인적인 역사, 특히 유아기 체험의 분석에 중점을 둘 것이다.

한편 행동치료에 있어서는 개인의 과거 경험이 현재의 행동에 영향을 미친다는 것을 시인하지만, 현재의 부적응행동에 초점을 맞춘다. 과거보다는 현재를 중요시하며, 증상의 발생 상황과 그 증상이 어떤 조건에 유지되고 변용되어 왔는가를 명확하게 하는 것에 중점을 둔다. 행동치료는 개인적 체험인 마음이나 정신, 그 자체를 대상으로 하는 것이 아니라 겉으로 드러나는 행동을 대상으로 한다. 즉, 불안감이나 공감성의 심적 상태 그 자체가 아니라 불안 반응 등의 구체적인 문제행동에 초점을 맞춘다.

따라서 관찰과 측정이 불가능한 내용(의식, 성격, 사고와 같은 내적 심리구조나 과정 등)은 치료나 연구에서 일단 제외하거나 행동의 문제로 바꾸어 치료대상으로 한다. 행동 그 자체를 중요시하고 이론적 개념이나 해석에 의지하지 않는다. 즉, 수업 중에 제자리에 앉아 있지 못하고 돌아다니는 행동을 관찰한 뒤에 교사에 대한 내면화한 반항심이 있다고 추측하곤 하지만 이것이 행동의 원인이 될 수도 없으며 행동을 설명한 것도 아니다. 행동치료는 행동을 환경과의 상호관련에서 보기 때문에 심리적 특성, 성격구조를 수정하려는 것이 아니라 개인이 가지고 있고 수행하고 관찰될 수 있는 그 자체를 변화시키려고 한다.

치료대상을 내재적 사상 또는 외현적 사상에 두어도 어떤 개인 또는 부적응 상태를 나타내고 있는 행동에 직접 초점을 맞춘다. 내적 과정의 기능은 실험에 의해서 추정할 수 있지만 특정 개인의 내적 과정의 내용 자체는 객관적으로 알 수 없기 때문이다.

2) 주요 개념

행동치료(behavior therapy)란 학습이론(learning theory)을 근거로 하여 부적응행동을 소거하거나 적응행동을 증가, 형성시키는 것을 목표로 한 심리치료다. 행동치료는 행동수정(behavior modification)이나 혹은 인지행동 치료(cognitive-behavioral therapy)라고도 불리나 행동치료가 가장 폭넓고 순수한 개념이라고 할 수 있다. 행동치료의 목적은 다른 다양한 심리치료 방법과 마찬가지로 내담자들의 심리문제를 해결하기 위한 것이다. 그 해결 관점에 있어서 전통적인 심리치료방법인 정신분석과는 상반되는 접근방법이라고 말할 수 있다.

정신분석은 20세기 초반의 유일한 주요 심리치료 방법이었으나, 제2차 세계 대전 이후에는 그 효과에 대한 의문이 점점 증대되었다. 정신분석의 치료과정이 때로는 몇 년이 걸릴 만큼 길어지는 경우도 있었기 때문에 전쟁의 후유증으로 인해 심리치료를 받고 싶어 하는 많은 군인들이 실제로 도움을 받을 수 있는 기회가 거의 없었기 때문이었다(Spiegler & Guevremont, 2003). 이러한 정신분석치료에 대한 의문은 영국의 심리학자 Eysenck가 1952년에 전통적 통찰치료(insight therapies)를 받은 사람이 전혀 치료를 받지 않은 사람과 문제행동 개선에 별다른 차이가 없었다는 보고를 한 후에 더욱 심해졌다. 이러한 전통적 심리치료에 대한 하나의 대안으로 등장한 것이 바로 행동치료였다.

행동치료는 1950년대를 시초로 하여 남아프리카 그리고 영국과 미국에서 동시에 발달되어 오늘날에는 러시아, 폴란드, 한국, 일본 등 다양한 국가에서 실시되고 있다. 1953년 하버드 대학의 심리학자 Skinner가 정신병 환자의 조작적 조건작용의 적용가능성에 관한 연구보고서의 표제에 행동치료라는 용어를 최초로 사용하였다(Kazdin, 1978).

그 후 Eysenck 등의 학자들에 의해 각기 독자적으로 행동치료라는 용어가 사용되어 왔으며, 1963년 행동치료 전문지인 『행동연구와 치료(*behavior research and therapy*)』가 창간됨으로써 그 용어를 널리 알리는 데 큰 역할을 하였다. 1966년에는 Franks를 중심으로 한 행동치료 발달학회(Association for Advancement of Behavior Therapy; AABT)가 미국에서 설립되어 행동치료의 발달과 전문성이 신장되었다. 이후 행동치료 연구결과를 게재하는 학회지가 전 세계적으로 20개 이상 창간되는 등 많은 연구자들의 지지를 받으며 발전해 왔다.

행동치료의 원리와 기술들은 경영, 산업, 보육, 생태학, 예술 등의 다양한 영역에서 일상생활의 기능을 강화시키기 위해 사용되었을 뿐 아니라 정신의학, 사회복지, 재활, 교육심리학, 교육학, 특수교육학 등의 여러 분야에 커다란 영향을 주었다(Mash & Dozois, 1999). 특히 1980년대에 들어와서 인지행동치료는 중요한 하나의 치료방법으로 더 많은 인정을 받게 되고 또한 의학적 문제를 예방하고 치료하는 행동의학(behavioral medicine) 영역에까지 그 세력을 펼치게 되었다.

3) 치료과정

심리치료에서 치료관계는 깊은 정서적인 유대를 필요로 한다. 즉, 치료자와 내담자의 관계는 모든 유형의 심리치료에서 중요하며 필수적인 요소로 간주된다. 치료과정에는 감정 전이라는 현상이 필수적이다. 그러나 행동치료에 있어서는 친화관계를 형성하는 것은 필요하지만, 성공적인 치료를 위한 필요조건이지 충분조건은 아니다. 즉, 깊은 정서적인 관계는 필요로 하지 않는다.

행동치료가 이러한 입장을 주장하고 있기 때문에 행동치료는 치료관계도 불필요할 뿐만 아니라 표층적이며 인간의 내적 체험도 부정하는 등 인간성을 중요시하지 않는 치료법이라는 비판도 받아 왔다. 그러나 흥미롭게도 행동치료를 받은 내담자들은 치료방법보다는 치료사와의 관계를 통해 자신이 더 향상되었다고 생각하는 경우가 많다고 한다. 행동치료는 행동과학으로서의 심리학 수준에서 환자의 행동을 파악하고 변용을 시도한다는 입장에 있다. 환자의 내면세계를 부정하는 것이 아니라, 무리하게 파고들지 않는다는 오히려 환자의 인간성을 좀 더 존중하는 입장에 있다는 점이 특징이다.

또한 행동치료에서 내담자들은 자신의 문제를 해결하거나 개선시키기 위한 치료자에게 자신의 문제에 대해 이야기하고 마는 것이 아니라 행동을 통해 직접 치료과정에 적극적으로 참여한다. 예를 들어, 일상생활 속에서 자신의 행동을 점검하고 대처하는 기술을 배우고 연습하며 역할연기를 해 보기로 한다. 내담자로 하여금 치료기간에 학습한 대처기법을 자신의 일상생활 속에서 적용하게 하는 것은 반드시 필요한 과정이다.

행동치료와 다른 심리치료의 큰 차이는 행동치료가 과학으로서의 임상심리학을 강하게 지향하고 있는 점이다. 즉, 객관성, 정확성과 경험적 검증 등 과학적인 접근을 강조한다. 행동치료에서는 변화시키고자 하는 표적행동, 치료목표, 치료과정 혹은 절차, 치료효과의 평가 등이 명확하게 규정된다. 직관이나 사변에 의해서 얻은 지식 체계는 정확하거나 과학적인 인식이라고는 말할 수 없다. 따라서 과학이기 위한 필수조건은 인식방법이 객관적이어야 한다. 아울러 얻은 지식은 개개의 사실과 조합해서 검증되는 것이 필요하다.

따라서 행동치료의 치료대상은 객관적인 관찰과 측정이 가능한 것에 한정되며, 경험적으로 타당화된 방법과 절차를 사용한다. 이는 행동치료가 엄격히 통제된 연구나 실험을 통해 나온 결과에 의존하고 있기 때문에 누구나 같은 절차 혹은 방법을 사용하면 같은 결과를 가져온다는 것을 의미한다. 즉, 진단이나 치료과정에 있어서 가능한 객관적인 평가를 기초로 한다. 전 치료기간을 통해서 표적행동의 발생 횟수의 빈도나 지속시간 등 반복 측정하며, 치료를 진행함에 있어서 그 자료를 근거로 하여 치료효과를 평가하고, 그 결과에 따라 치료요인을 변경하거나 추가, 소거한다. 즉, 치료효과를 경험적으로 검증하는 것이 중시된다.

그리고 치료에 있어서 반전설계(Reversal Design), 중다 기초선 설계(Multiple Baseline Design)를 적용함으로써 치료 상의 조작 효과를 명확히 하고자 한다.

4) 행동주의적 미술치료

미술치료의 행동주의 접근은 정서 · 행동장애아동이나 정신지체 아동을 포함한 학교 부적응 행동이 있는 아동들에게 미술치료를 할 때 행동치료 기법을 적용한 것이다. 미술치료는 프로이트학파의 정신분석에 근원을 두고 전통적으로 정신역동적 관점에서 치료를 해 왔으므로 처음에는 미술치료와 행동주의적 접근이라는 말 자체가 대조적으로 보였을 것이다.

행동치료는 꿈, 환상, 그림 등을 통해 드러난 무의식과는 관계가 없으며 추론으로만 의미를 해석하는 애매한 정신내면의 심리적 갈등을 다루는 것 자체를 거부하고 객관적으로 측정 가능한 명백한 행동에만 관심을 두었다. 그러나 정신역동적 관점을 가진 미술치료사들도 다만 그렇게 부르지 않았을 뿐 행동치료 기법을 사용해 왔다고 한다. 예를 들어 미술치료사가 감정이 억압된 내담자에게 자유롭게 낙서하기를 권유하여 낙서를 통해서 내담자가 미술매체에 열중한 것을 칭찬하였다면, 이것은 미술치료사가 강화라고 하는 행동적 접근을 사용한 것이라고 말할 수 있다.

이와 같이 심리치료(정신역동적 미술치료를 포함)와 행동치료(행동주의적 미술치료를 포함)는 공통성을 갖고 있으며 모든 심리치료와 행동치료는 미술활동과 관계없이 기본적으로 문제를 가진 사람을 돕고자 하는 데 있다. 오늘날 다른 연구자들은 정신 역동적 심리치료와 행동치료를 모두 받아들여서 내적과정의 역할도 강조하고 행동의 기능적 적응에도 초점을 둔다. 즉, 극단적으로 이분화할 필요가 없다는 견해다. 행동주의 모델을 가지고 미술치료를 접근하는 것은 보편적인 방법은 아니지만 계속해서 실시되어 오고 있으며 또한 효과가 있는 것으로 밝혀지고 있다(Malchiodi, 2003). 미술치료에서의 행동주의 기법들은 특히 정서장애아동, 정신지체아동에게 유용한 것으로 알려지고 있다.

그동안 한국에서도 외국의 사례연구를 토대로 행동주의 접근에 의한 미술치료를 통한 성공적인 사례연구들이 소개되어 왔다(강위영, 이상복, 이근매, 2003). 아울러 많은 사례 연구를 통하여 행동치료가 적응행동을 개선시키는 데 도움이 된다는 사실을 경험적으로 보여 주고 있으며, 미술치료에 행동치료기법을 적용한 행동주의 접근에 의한 미술치료가 발달지체아동들의 발달촉진 및 문제행동 개선, 나아가서 학교 부적응행동 개선에 효과적이라는 측면을 입증해 주고 있다. 나아가서 정서장애아동의 부적절한 행동을 소거시키는 데 도움을 줄 뿐만 아니라 그들의 정서적 욕구도 표명하게 해 준다. 또한 행동주의 접근에 의한 미술치료는 심한 불안장애 아동과 공격행동이 있는 성인을 포함한 다른 집단에게도 효과적인 것으로 나타났다.

이상과 같이 행동주의 접근에 의한 미술치료는 언어적 표현이 매우 부족하거나, 지적인 수준이 낮거나 논리성이 부족한 아동 및 성인들에게 특히 효과적이라고 말할 수 있다. 아울러 내담자가 착석하여 미술매체에 흥미를 가지고 집중할 수 있게 도와주는 미술치료 도입에 있어서 반드시 필요한 접근방법이라고 생각한다.

발달지체아동을 포함한 유아동의 미술치료에 있어서는 주로 행동치료 기법을 활용하고 있다. 여기에는 전혀 매체에 관심이 없거나 한 가지 매체에만 집착하는 아동, 시 지각이 덜 발달되어 있는 아동의 미술활동 촉진을 위한 기법과 미술치료 시 발생하는 문제행동을 경감시키고 소거시키는 방법 등이 있다.

(1) 미술활동 촉진을 위한 기법

① 행동형성법(shaping)

새로운 행동을 형성하는 절차를 행동형성이라고 한다. 즉, 아동이 현재 할 수 있는 행동(행동목록) 속에 들어 있지 않은 행동을 강화를 통하여 점진적으로 목표행동에 접근시켜 가는 방법으로 미술활동을 촉진시키는 데 주된 기법이다.

이상과 같이 행동형성 절차를 통하여 목표행동을 형성시키는 데에는 강화 그리고 촉구법 및 용암법이 함께 활용된다.

② 강화(reinforcement)

바람직한 행동을 증가시키고 부적절한 행동을 감소시키는 후속자극을 강화라고 한다. 그리고 행동이 일어난 후 그 행동의 강도나 그 행동이 일어날 가능성을 높이는 후속자극을 모두 강화자(reinforce)라 부른다. 미술치료의 도입에서 유아동에게 적절한 강화자를 발견하는 것은 아주 중요하다. 아동에게 적절한 강화자를 활용함으로써 치료사와의 친화관계 형성에 도움을 줄 뿐 아니라 학습효과를 촉진시킬 수 있다.

③ 촉구법(prompt) 및 용암법(fading)

특정의 적절한 행동을 수행하도록 아동에게 실마리로 제시되는 보조변별자극을 촉구라고 하며 이 변별자극을 사용하는 것을 촉구법이라고 한다. 촉구의 중요성은 행동이 일어날 가능성을 크게 증가시킬 수 있다는 것이다. 따라서 훈련 프로그램에 사용하여 대상아의 적절한 행동과 복잡한 계열의 행동을 증가시킬 수 있다. 촉구의 종류에는 언어, 몸짓, 신체에 의한 촉구가 있다.

촉구를 점차적으로 제거하는 것을 용암법이라고 한다. 즉, 대상아에게 주어졌던 촉구를 감소하거나 제거시켜서 스스로 바람직한 행동을 할 수 있게 하며 나아가서 독립심을 키우게 한다. 촉구법과 용암법을 바람직하게 사용하기 위해서는 많은 임상 경험이 필요하며 가능한 자주 사용하여 이 방법에 익숙해져야 한다.

이상과 같이 학습된 행동을 다른 생활환경으로 일반화시켜 나가는 것이 행동치료에 있어서의 최종목표라고 말할 수 있으며 미술치료에서도 마찬가지다. 그러기 위해서는 목표행동들이 명백하게 정의되어야 하며, 대상아의 현재 수준과 목표행동을 객관적으로 사정하여야 한다. 아울러 바람직한 목표행동에 따라 시행되는 적절한 치료기법들이 행동을 변화시킬 것이다.

(2) 문제행동 소거 및 바람직한 행동 증가를 위한 기법

잠시도 의자에 앉아 있지 못하고 계속 주위를 돌아다니는 아동, 양손을 아래위로 반복해서 흔드는 아동, 손뼉을 반복해서 치는 아동, 자기 머리를 때리거나 손을 무는 아동, 사물을 집어던지는 아동, 우는 아동, 괴성을 지르는 아동 등을 우리는 흔히 만나게 되며, 이때 어떻게 다루어야 할지 당황할 때가 많다.

특히 미술치료에 있어서 치료사와 아동은 바람직한 인간관계, 적절한 교육관계, 신뢰감을 동반한 접근적인 관계, 즉 서로 상대의 행동에 대하여 강화인을 주고받는 관계가 되어야 함은 말할 것도 없다. 이러한 인간관계를 유지하면서 부적절한 행동을 수정하고 나아가서 효과적인 미술치료를 실시하기 위해서는 치료기법의 적절한 선택이 필요하며 혐오자극이 동반되어서는 안 된다. 혐오자극의 사용은 그 행동 자체는 억제되지만 벌을 받는 행동 이외에의 행동까지도 위축되어 전체적으로 자발성이 저하될 뿐만 아니라 대인회피경향이 일어날 수 있다. 그러므로 아동의 생명에 관계되거나 큰 사고를 동반하는 경우 이외에는 기본적으로 벌의 사용을 피하고 가능한 적절 행동에 강화인을 주도록 해야 한다. 즉, 교사와 아동과의 친화관계도 유지하면서 부적절한 행동도 소거시킬 수 있는 하나의 방법으로 강화절차를 활용할 수 있다.

또한 일반화를 위하여 아동의 부모와 아동을 담당하고 있는 교사에게 아동의 행동

특성에 대한 이해와 문제행동 발생 시 대처방안에 대한 교육 및 상담도 함께 하는 것이 바람직하다.

강화자극소거법, 강화절차와 그 밖에 행동적 자기통제법, 자기교시법, 주장훈련법 등의 기법도 효과적으로 작용된다.

4. 게슈탈트 미술치료

최근 다양한 심리치료 방법 중에 미술치료에 대한 관심이 증가하면서 한국에서도 미술치료에 대한 더 깊은 연구가 이루어지고 있다. 이 절에서는 이러한 미술치료의 발전에 따른 다양한 접근 방법 중 게슈탈트 치료에 대한 기본 개념을 소개하고, 게슈탈트 미술치료(Gestalt Art Therapy)를 실시해 온 여러 임상가들의 방법을 소개하고자 한다.

1) 인간관

게슈탈트 치료적 접근은 Fritz Perls에 의해 개발되었다. 게슈탈트 치료는 Karen Honey의 정신분석 치료이론을 위시하여 Goldstein의 유기체 심리학, Wilhelm Reich의 신체이론, Lewin의 장(field)이론, Max Wertheimer 등의 게슈탈트 심리학, Moreno의 사이코 드라마기법, Max Wertheimer, Heidegger와 Martin Buber 등의 실존철학 그리고 동양사상, 그중에서도 특히 도가와 선 사상 등의 광범위한 영향을 받으면서 탄생했다고 할 수 있다(김정규, 1995 재인용).

게슈탈트 치료는 정신분석을 포함한 요소주의 심리학에 반대하여 게슈탈트 심리학의 영향하에 과정적이고 종합적인 심리학 운동으로 나타났다. 그래서 개체를 여러 개의 심리적인 요소로 분할하여 분석하는 대신 전체 장(field)의 관점에서 통합적으로 이해하려고 시도했다. 한편 게슈탈트 심리학이 지각연구에만 국한한 데에 반해 게슈탈트 치료는 그 적용범위를 사고, 감정, 욕구, 신체감각, 행동 등 모든 유기체 영역으로 확장시켰다.

게슈탈트 치료에서 요구하는 인간상은 감정적 인간이다. 감정적 인간이란 자신의 감정에 충실해진다는 의미를 가지고 있고, 달리 표현하면 자신의 감정에 대해 열려져 있으며, 자유인이라는 것이다. 즉, 개개인이 책임을 질 수 있고 총체적인 인간으로서 충분히 생각할 수 있는 능력을 가지고 있다고 본다.

게슈탈트 치료의 인간본성에 관한 관점은 실존철학과 현상학에 그 뿌리를 두고 있다. 즉, 개인은 인생에서 자기 자신의 길을 찾아내고 개인적인 책임감을 받아들여야 한다는 것이다. 게슈탈트를 지향하는 사람들은 개인의 경험이 의미 있는 게슈탈트(전체)를 형성할 때, 그리고 전경에서 초점을 받고 있는 경험과 배경에 있는 경험 간에 원만한 이행이 이루어질 때 건강한 성격이 형성된다고 믿는다(George & Cristiani, 1995).

2) 주요 개념

(1) 게슈탈트

게슈탈트(gestalt)란 전체, 형상, 형태, 모습 등의 뜻을 지닌 독일어로, 게슈탈트 심리학자들에 따르면 개체는 대상을 지각할 때 그것들을 산만한 부분들의 집합이 아니라 하나의 의미 있는 전체, 즉 '게슈탈트'로 만들어 지각한다고 말한다. 게슈탈트 치료에서는 게슈탈트란 개념을 치료적인 영역에 확장하여 사용하는데, 여기서 게슈탈트는 개체에 의해 지각된 유기체 욕구나 감정이 아니라 개체가 자신의 욕구나 감정을 하나의 의미 있는 전체로 조직화하여 지각한 것을 뜻한다.

(2) 전경과 배경

우리가 어떤 대상을 지각할 때 관심 있는 부분은 지각의 중심 부분으로 떠오르고, 나머지는 배경으로 물러나는 것을 체험할 수 있다. 이처럼 관심의 초점이 되는 부분을 전경(도형, foreground)이라 하고, 관심 밖으로 물러나는 부분을 배경(background)이라고 한다.

게슈탈트 치료에서는 개체가 게슈탈트를 형성하여 지각하는 것도 전경과 배경의 관계로 설명한다. 따라서 '게슈탈트를 형성한다.'는 말은 '개체가 어느 한순간에 가장 중요한 욕구나 감정을 지각하여 전경으로 떠올린다.' 는 뜻이다.

건강한 개체는 매 순간 자신에게 중요한 게슈탈트를 선명하고 강하게 형성하여 전경으로 떠올릴 수 있는 반면에, 그렇지 못한 개체는 전경을 배경에서 명확히 구분하지 못한다.

(3) 미해결 과제

개체가 게슈탈트를 형성하지 못했거나 혹은 게슈탈트를 형성하긴 했으나 그 해소를 방해받았을 때 그것은 사라지지 않고 배경으로 남아 있으면서 계속 전경으로 떠오르려고 노력한다. 그렇다고 전경으로 떠오르지도 못하므로 그것은 중간층에 남아 있게 된다.

이렇게 완결되지 못한 혹은 해소되지 않은 게슈탈트를 '미해결 게슈탈트' 혹은 '미해결 과제(unfinished business)' 라고 한다. 이러한 미해결 과제는 계속 그 해결을 요구하며 전경으로 떠오르려고 하면서 전경과 배경의 자연스러운 교체를 방해하기 때문에 개체의 적응에 장애가 된다. 이처럼 미해결 과제가 많을수록 개체는 자신의 유기체 욕구를 효과적으로 해소하는 데 실패하게 되고 마침내 심리적, 신체적 장애를 일으키게 된다.

미해결 과제는 항상 전경으로 떠오르려고 노력하기 때문에 '지금-여기' 에 그 모습을 드러내고 있으며, 따라서 개체는 단지 그것을 회피하지 않고 알아차리기만 하면 되므로, Perls는 미해결 과제를 해결할 수 있는 방법을 '지금-여기' 를 알아차리는 것이라고 주장한다.

(4) 지금-여기

게슈탈트 치료를 지탱하는 두 가지는 현재(the now)와 방식(the how)이다. 즉, 현재는 존재하는 모든 것을 포괄하며 인식의 기초가 된다. 방식은 행동과 진행 중인 과정에 관여되어 있는 것을 포괄한다. Perls의 가장 중요한 공헌 중에 하나는 현재를 올바르게 인식하고 충분히 경험하는 것을 학습하는 데 초점을 둔다는 점이다. Perls(1969)에 따르면, 많은 사람들이 표출된 행동을 보지 못하기 때문에 게슈탈트 치료자는 내담자에게 자신의 감각을 충분히 사용할 수 있는 방법을 학습하고, 분명하게 표출된 행동을 자신이 얼마나 회피하고 있는지를 인식하고, 지금-여기(here and now)에 대해 개방적이 되도록 도전한다.

(5) 현상학

현상학(Phenomenology)은 지각하는 사람의 경험 내에 즉각적으로 주어진 것만을 진실한 것으로 받아들이는 의식에 관한 학문이다. 게슈탈트 치료는 단순한 외양에 기초하고 있으면서 그러한 외양의 원인이 되는 절대적인 현실을 추론하기보다도 즉각적으로 인식하는 것을 더 신뢰한다. 이때 모든 즉각적인 경험은 동등한 가치를 지닌 것으로 간주된다. 게슈탈트 치료에 있어서 현상학적 탐사의 목표는 인식 혹은 통찰이다. 이때 통찰은 인식의 관점에서 정의될 수 있다.

(6) 장이론

장이론(field theory)은 사건을 현재 그 사건이 속하고 있는 전체 장 내에서 기술하는 탐구 방식이다. 이때 장(field, 場)이란 부분들이 즉각적인 관계성 내에 존재하면서 서로 반응하는 하나의 전체며, 그 장의 다른 곳에서 진행되고 있는 것에 의해 다른 모든 부분들이 영향을 받는 전체다. 장 이론은 별개의 고립된 분자에 관한 개념을 바꾸어 놓았는데, 이러한 장 이론에 따르면 그 어떤 활동도 서로 분리되어 있지 않다는 것이다.

따라서 장 이론적 접근은 해석적, 분류적이라기보다는 서술적이다. 여기에서 강조되고 있는 점은 탐구되는 모든 것의 정확한 구조를 관찰하고 기술하고 해설하는 것이다. 또한 현상학적인 장은 관찰자에 의해 정의되는데, 이러한 것은 그 관찰자의 참조 체제를 알 때에만 의미가 있다. 개인이 관찰하는 것은 그 개인이 언제, 어떻게 보는가에 따라 어느 정도 달라지기 때문에 관찰자가 필요한 것이다. 게슈탈트 치료자들은 지금-여기라는 장에서 작업하며 그 지금-여기에 신체 자세, 습관, 신념과 같은 과거의 잔여물들이 어떤 양상으로 내포되어 있는지에 주의를 기울인다(Yontef & Simkin, 1989).

3) 치료과정

(1) 치료목표

게슈탈트 치료의 목표는 외부로 투사되거나 자신의 내부에서 격리되어 자신의 것으로 자각되고 통합되지 못한 에너지 혹은 감정들을 자각, 의식하고 나아가 이들을 통합하는 데 있다. 최종 목표는 개체로 하여금 실존적인 삶을 살도록 도와주는 것이다. 이를 위해서는 체험확장, 통합, 자립, 책임자각, 성장, 실존적 삶의 추구가 중요하다.

(2) 치료과정

우리의 유기체적인 삶은 게슈탈트의 형성과 해소의 끊임없는 반복 순환과정으로 전경과 배경의 교체에서 알아차림과 접촉이 매우 중요하다. 왜냐하면 개체는 알아차림과 접촉을 통해 전경과 배경을 교체하기 때문이다. 이때 알아차림은 게슈탈트 형성에 관계하며 접촉은 게슈탈트 해소에 관계한다.

게슈탈트가 형성되어 전경으로 떠올라도 이를 환경과의 접촉을 통하여 완결 짓지 못하면 배경으로 사라지지 않는다. 따라서 알아차림과 접촉은 함께 서로 보완적으로 작용하여 '게슈탈트 형성-해소' 의 순환과정을 도와주어 유기체 성장에 이바지한다.

Zinker는 '알아차림-접촉주기' 를 다음 그림과 같이 6단계로 나누어 설명하였다(Zinker, 1977).

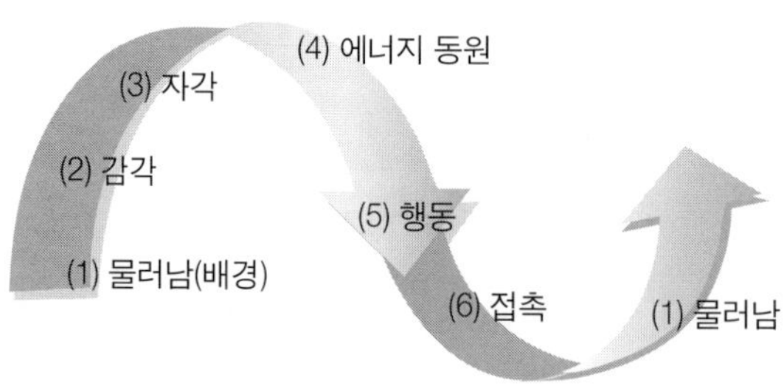

(1) 먼저 배경에서 (2) 어떤 유기체 욕구나 감정이 신체감각의 형태로 나타나고 (3) 이를 개체가 알아차려 게슈탈트로 형성하여 전경으로 떠올리고 (4) 이를 해소하기 위하여 에너지(흥분)를 동원하여 (5) 행동으로 옮기고 (6) 마침내 환경과의 접촉을 통해 게슈탈트를 해소한다. 그러면 그 게슈탈트는 배경으로 물러나 사라지고 개체는 휴식을 취한다.

[그림 2-2] 알아차림-접촉주기

(3) 기 법

게슈탈트 미술치료에 있어서의 치료기법은 치료자를 중심으로 살펴보고자 한다.

① Janie Rhyne

Rhyne은 미술치료 안에서 게슈탈트 심리학과 게슈탈트 치료가 어떻게 연결되어 있는지를 언급하였다. 그녀의 논문 「Gestalt psychology/Gestalt therapy: Forms/context」에서 "비록 표현된 형태와 내용이 그것을 만든 사람의 생각과 활동을 어떻게 직접적으로 그려 내고 있는지 완전히 확신할 수는 없지만, 사람이 만든 형태가 구조 면에서 사람의 행동과 유사하다는 것은 거의 확실해 보인다. 그러므로 미술치료에서는 동형론에 대해 논하기보다 직접 적용함으로써 경험하게 된다."고 언급하였다. 그는 선과 모양, 형태가 게슈탈트로서의 전체성 안에서 어떻게 관련을 맺는지를 봄으로써 미술을 통해 어떻게 치료자와 내담자가 서로 접촉하는가를 기술했다.

또한 Rhyne은 주말 워크숍이나 5일간의 워크숍, 여러 주 동안 혹은 여러 달 동안 계속되는 워크숍을 통해 개인뿐 아니라 게슈탈트 집단미술치료를 진행하였다. 이러한 과정을 통한 미술경험으로 인해 자신과 집단원들이 생기가 돌고 흥분됨을 느꼈고, 서로 자극을 받고 지지받으며 도전을 주고받는 경험도 하였다.

그림을 관찰할 때 내용으로 구조와 형식에 초점을 맞춘다. 선과 모양에 나타난 운동 방향에 주의를 기울이며, 또 형태들의 관계와 어떻게 그러한 역동적 긴장을 지각하는가에도 관심을 기울인다. 특히 형 · 배경관계가 어떻게 조직되는지 관찰한다. 또한 주의를 끄는 형태를 규명하고 그러한 시각적 형태가 내담자의 실제 삶에서 관심과 염려를 나타내는 데 어떻게 관련되었을지를 내담자에게 물어본다. 모든 그림들을 함께 살펴보면서 내담자의 실제 행동과 관련된 것으로 보이는 패턴을 찾아낸다. 이 모든 정보와 자원을 동원하여 어떻게 우리가 지각한 것이 이해에 도움을 줄 수 있을지 생각하며, 궁극적으로 내담자의 건강한 성장과 통합을 촉진시키도록 한다.

② Joseph Zinker

게슈탈트 치료자인 Zinker(1977)는 화가이자 심리치료자로 『게슈탈트 치료의 창조적 과정(*Creative Process in Gestalt Therapy*)』이라는 책을 저술하였으며, 그중 '게슈탈트 치료에서의 미술' 이라는 장에서 그림이 치료적인 이유는 작업과정 속에서 그리는 사람으로 하여금 상대적으로 짧은 시간 내에 자신을 전인적인 인간으로 알도록 하는 데 있다. 또한 그림을 그리는 사람은 경험적인 전체를 향한 내적 움직임을 알게 될 뿐 아니라, 그가 만든 그림 속에서 그러한 움직임을 시각적으로 확인받게 된다고 기술하고 있다.

Zinker는 모든 창조행위는 움직임으로 시작한다는 것을 믿었다. 그는 게슈탈트 미술치료 워크숍을 실시하였으며, 모든 참가자들로 하여금 자신의 몸을 음악에 맞춰 움직이도록 한 후 자신의 몸을 느끼고 자신의 에너지를 각성시킨 다음에야 그림을 그리기 시작하였다. 특히 음악을 사용하는 이유는 음악이 내부의 것을 외부로 가게끔 에너지를 집중하여 움직임을 촉진시킬 수 있는 과정으로 자발적 활동을 지지해 주기 때문이다.

③ Celia Thompsin-Taupin

Celia Thompsin-Taupin(1976)은 샌프란시스코의 게슈탈트 연구소에서 활동하는 미술치료자로서 게슈탈트 미술집단을 운영하였다. 그녀는 자신의 논문인 「선이 어디로 이어지나요?(Where Do your Lines Lead?)」에서 집단 구성원들에게 '선 게임(The line game)' 을 통해 그들의 경험을 표현하게 하였다.

선 게임은 벽에 큰 종이를 붙여 고정시키고 다양한 색깔의 크레용과 파스텔이 가득 담긴 통을 들고 시작한다. 한 번에 한 사람씩 한다. 한 사람이 종이 가까이 오면, "색을 하나 고르고 선이나 형태를 그리세요?" 라고 지시해 준다. 그 사람이 다 그리고 나면, "이제 다른 색으로 다른 것을 해 보세요." 라고 한다. 대부분의 경우 그림을 그린 사람에게 자신이 그린 선이나 형태의 소리를 내어 보거나 움직임을 만들어 보라고 요구한다. 다른 집단 구성원은 지금 나와서 동작을 하는 구성원을 따라 흉내 내면서 그가 그린 선을 어떻게 느낄지 한번 느껴 보라고 한다. 바로 이때 여러 가지 선택을 할 수 있다. 한 가지 가능성은 두 가지 선이나 형태를 종합하여 게슈탈트로 만드는 것이다. 또 다른 가능성은 그 당사자로 하여금 말하도록 하는 것인데, 다음과 같은 지시를 할 수도 있다. "이제 집단에 있는 구성원들을 이용하여 몇 분 동안 당신이 연극의 감독이 됩니다. 물론 당신이 주인공의 하나가 될 수도 있습니다. 당신 뜻대로 입니다." 그때부터 일어나는 일은 꽤나 흥미롭고 전체 집단원이 다 참여하게 된다(주리애, 2001 재인용).

④ Violet Oaklander

Oaklander는 자신의 저서 『아이들에게로 열린 창(*Window to Our Children*)』(1978)에서 아동과 청소년을 대상으로 게슈탈트 작업을 소개하고 있다. 그녀의 치료 목표는 아동으로 하여금 자기 자신과 세상속의 자기 존재를 깨닫도록 돕는 것이라 한다. 그녀는 미술매체와 꿈, 역할 연기, 이야기 말하기, 창조적 드라마 등을 통해 아동과 청소년들이 자신의 느낌을 표현하도록 하였다. Oaklander는 로스앤젤레스 게슈탈트 치료 연구소에서 인증받은 회원으로 결혼상담, 가족상담, 아동상담 등에 게슈탈트를 사용하였다.

⑤ 김정규

김정규는 한국에 게슈탈트 치료를 소개하고 자신의 저서에서 미술작업이 가지고 있는 게슈탈트의 의미와 방법에 대해 기술하고 있다(1995).

개인과 집단작업의 방법을 소개하였으며 그림을 그릴 때는 대개 리더가 음악을 들려주면서 그리게 한다. 이때 어떤 음악을 들려주는가에 따라 그림이 달라질 수 있기 때문에 음악을 신중하게 선택해야 한다. 가급적이면 너무 알려진 곡보다는 덜 알려진 곡을 선택하는 것이 좋다. 대개 회상적인 분위기의 음악을 틀어 주면서 성원들에게 다음과 같은 지시문을 준다.

> 잠시 후 음악을 들려드리면, 눈을 감고 조용히 음악에 귀 기울여 주십시오. 한 5분 정도 음악을 들으면서 여러분들이 살아온 과거를 회상해 보십시오. 어린 시절의 장면부터 시작해서 현재까지 의미 있는 순간들을 떠올려 보면서 어떤 주제가 잡히는지 알아차려 보십시오.
>
> 대략 어떤 주제가 잡히면 눈을 뜨고 그것을 그림으로 옮겨 보십시오. 추상화로 그려도 좋고, 구체적인 장면으로 그려도 좋습니다. 그림을 잘 그리실 필요는 전혀 없습니다. 자신의 욕구나 감정 혹은 생각을 그림으로 표현하시기만 하면 됩니다. 시간은 약 30분쯤 드리겠습니다. 그림을 그리실 때는 일절 옆 사람과 말을 해서는 안 됩니다.

감상하는 방법이 따로 정해져 있지는 않지만 그림을 다 그리고 나면 다음과 같은 방법으로 감상한다.

첫째, 각자 자기 그림을 앞에 나가 소개하고 나서, 그 그림에 대해 다른 성원들이 질 문을 하거나 코멘트하는 방법, 둘째, 먼저 한 사람의 그림에 대해 다른 성원들이 느끼는 것들을 투사적으로 표현하게 하고 난 뒤, 다시 각자 자신의 그림을 소개하는 방법이 있다.

전자는 통상적인 방법으로서 그림 그린 사람의 동기를 들어보고, 그것을 이해하는 방식임에 반해, 후자는 성원들의 다양한 투사를 실험해 볼 수 있는 기회가 된다. 따라서 후자의 방법은 훨씬 역동적인 측면이 있다. 하지만 이것은 시간을 더 많이 요하므로 장단점을 고려해야 할 것이다. 성원들은 흔히 그림을 그리면서 자신의 중요한 욕구와 감정에 대해 자각하게 되거나, 혹은 자신의 전형적인 행동패턴을 발견하기도 한다. 즉, 그림 그리는 작업은 단순히 그림만 그리는 것이 아니라 자신의 동기와 행위에 대해 새로운 자각과 통찰을 할 수 있는 기회가 된다(김정규, 1995 재인용).

⑥ 최선남

미술치료 시 내담자가 자신을 표현하는 과정에서 많은 저항과 망설임, 자신감을 상실한 모습을 경험할 때가 많다. 내담자의 입장에서는 그러한 자신의 모습을 보이고 싶어 하지 않을 때도 있고, 그런 자신의 모습을 자각하지 못할 때도 있다. 이런 상황에서 내담자로 하여금 내담자의 게슈탈트 형성을 방해하고 있는 미해결 과제를 그림으로 표현하게 하면 내담자 자신도 자신의 작품 앞에서 소스라치게 놀라거나 깊은 통찰을 하게 될 때가 있다.

위의 몇몇 게슈탈트 치료자들이 언급하였듯이 음악을 들려주면서 자신의 신체, 내면의 욕구 등을 탐색하도록 한 다음 미해결 과제를 표현하도록 한다.

- 조용한 음악을 들려준다(자신의 내면으로 따라갈 수 있는 편안하고 조용한 음악을 들려준다.).
- 지금 현재 여기에 있으면서도 해결되지 않아 자신을 힘들게 하고 있는 미해결 과제를 찾도록 한다.
- 그것을 그림으로 표현하게 한다(집단일 경우, 옆 사람에게 방해가 되지 않도록 조

용히 자신을 표현할 수 있는 기회를 준다.).

- 표현한 그림을 감상하도록 한다.
- 그림 속에 있는 형태, 선 등을 보고 자신의 느낌을 표현하고 때로는 그림에 표현되어 있는 대상이 되어 보도록 한다.
- 자신의 미해결 과제를 가지고 역할연기나 빈의자 기법 등과 연결해서 표현하도록 한다.

이러한 과정을 거치면서 자신의 미해결 과제를 찾아보고, 이를 통해 게슈탈트의 해소와 또 다른 게슈탈트를 형성하도록 도와준다.

다음에 나오는 [그림 2-3]과 [그림 2-4]는 한국미술치료학회 연수과정과 게슈탈트 집단미술치료 과정 중에 미해결 과제를 표현한 그림이다.

그 외에도 게슈탈트 치료에서 사용하는 꿈 작업을 미술치료 장면에서 사용하는 것도 의미 있다. 꿈 작업은 미술치료 방식과 유사하며, 그들의 시각심상에서 자발적으로 표현된 의미에 대한 내담자의 의식을 불러일으킨다. 이것은 미술매체를 통해 생생하게 만드는 개인적 의미에 대한 더 많은 의식을 끌어내는 데 효과적인 방법이다.

꿈을 현실화하고 재연시켜서 지금 일어나고 있는 것처럼 재생시키는 것이 목적이

[그림 2-3] 미해결 과제
자유롭지 못한 자신의 모습

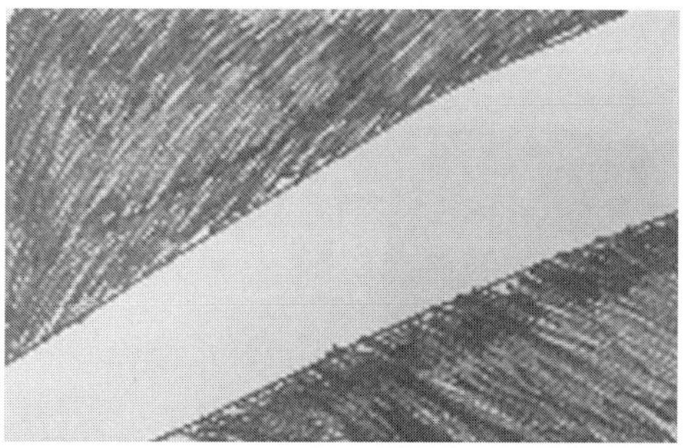

[그림 2-4] 미해결 과제
대학재학 중인 대학생의 그림으로 자신의 진로와 현재 생활에 자신 없어 하는 내담자였다. 길을 그린 후에도 평탄한 길을 가지 못하고 자신이 어두운 부분에 존재하고 있다면서, 현재의 힘듦을 표현하였다.

므로 미술매체를 통해 생생하게 끌어낼 수 있다. 표현된 형태와 내용이 그것을 만든 사람의 생각과 활동을 어떻게 직접적으로 그려내고 있는지 완전히 확신할 수는 없지만, 사람이 만든 형태가 구조 면에서 사람의 행동과 유사하다는 것은 거의 확실해 보인다.

4) 게슈탈트 미술치료

그림은 우리 내면세계를 표현하는 또 하나의 중요한 수단이다. 그래서 흔히 그림을 통하여 개인의 억압된 욕구나 감정, 중요한 행동동기 혹은 반복되는 행동 패턴을 발견할 수 있다.

게슈탈트 미술치료의 목적은 내담자와 치료자 사이의 의사소통을 책임감 있고, 정직하며 직접적인 것이 되도록 격려하는 데 있다. 게슈탈트 미술치료는 시각적인 메시지와 목소리 톤, 신체적 표현, 말의 내용 등에 나타난 개인적 표현을 전체적으로 다룬다. 특히 그려진 것을 서로 탐색할 때 내담자와 치료자 사이에 접촉이 일어날 수 있고, 이 접촉은 운동이나 언어 혹은 시공간 내에서 사람이나 사물에 영향을 주는 것으로 확장된다. 내담자가 창작활동을 하는 것은 하나의 미술 드라마라 할 수 있는데, 치료자는 이 드라마를 관찰할 수도 있고 때로 참여할 수도 있다. 우리는 감각을 통해 인식하게 되고 행동을 지각하며 세상에 대한 통찰을 얻고, 타고난 기본적인 지각체계를 통해 직접적으로 외부에 있는 것과 접촉함으로써 통찰을 얻는다. 따라서 게슈탈트 치료자들은 감각 운동 활성화를 통해 실험과 탐색을 격려하며 이러한 것이 문제를 명료화하고 인식하도록 해 준다고 믿는다(Rhyne, 1987).

치료 회기에서 치료자는 전체의 일부다. 치료자는 자연스럽게 지각하고 능동적으로 반응하는 또 다른 유기체다. 게슈탈트 미술치료자는 내담자가 만든 그림 속에서 능동적인 움직임에 초점을 둔다. 치료자는 내담자로 하여금 자신이 만든 시각 메시지의 형태와 패턴에 관심을 갖도록 한다. 치료자는 내담자가 선과 형태, 재질, 색깔, 운동 등에 드러난 것을 능동적으로 지각하도록 격려한다. 치료자는 내담자가 자신의 작품 형태를 경험하길 원하며, 그 경험을 유기체적 깨달음의 일부로 만들기를 원한다. 치료자는 내담자가 자신이 만든 형태가 어떻게 개인적인 의미를 표현하는지 깨닫도록 한다. 게슈탈트 미술치료는 내담자에게 그림을 만들 뿐 아니라 자신이 만든 표현을 인식할 것을 요구하며, 자신이 만든 시각 메시지 속에서 욕구와 자원을 지각하는 데 최선을 다하도록 요구한다. 다른 게슈탈트 치료자들처럼 미술치료자도 내담자가 진정한 통찰을 얻을 때 내담자를 방해하지 않으려고 노력한다. 그 통찰은 내담자가 자신의 고유한 인간성 속에서 흥분과 성장을 도모하는 데 자신의 자원을 첨가하고 사용할 수 있다는 것을 깨닫는 것이다(주리애, 2001 재인용).

제3장

미술치료의 과정

임상장면에서 미술치료를 실시하는 사람들에게서 가장 빈번하게 듣는 질문 중의 하나가 '미술치료를 어떻게 시도해야 하는가.' 하는 미술치료 과정에 대한 질문이다. 또는 유형에 대한 질문으로 미술치료자들은 실제적 부분에 대한 궁금함을 많이 가지고 있다. 따라서 이 장에서는 미술치료의 실시에 있어서의 유형적 측면과 과정의 절차 부분에 대해 기술하고자 한다.

1. 유형별 미술치료과정

미술치료를 실시할 때 내담자의 증상, 요구, 내담자의 환경, 특히 가족관계의 영향, 치료자의 판단 등에 따라 접근방법을 달리 실시해야 할 때가 있다. 따라서 이 장에서는 미술치료의 유형별 접근 방법을 크게 개인미술치료, 집단미술치료, 가족미술치료의 세 가지 방법으로 나누어 살펴보고, 각 유형에 따른 장단점, 유의점을 소개하고자 한다.

1) 개인미술치료

(1) 개인미술치료의 의미

상담이나 심리치료에서는 대상의 구성에 따라 개인 및 집단치료로 나눌 수 있으며, 미술치료도 개인미술치료와 집단미술치료로 나누어 실시할 수 있다.

상담과 심리치료의 구별에 대해서는 의견이 분분하나 상담에 대해 이장호(2001)는 "도움을 필요로 하는 사람(내담자)이, 전문적 훈련을 받은 사람(상담자)과의 대면적 관계에서, 생활과제의 해결과 사고, 행동 및 감정 측면의 인간적 성장을 위해 노력하는 학습과정이다."라고 정의하였다. 이는 개인상담에서의 중요한 내담자, 상담자, 두 사람의 대면관계인 구성요소의 중요성을 언급하고 있으며, 둘째는 상담에서 이루어지는 변화를 '학습'으로 표현하였다. 새로운 변화로서의 학습은 상담과정에서 당장 관찰될 수 있는 것도 있고, 한참 지난 후에 나타나는 것도 있다. 셋째는 상담이 단순한 정보를 얻거나 궁금함을 해결하는 것이 아니라 생활과정상의 문제해결과 인간의 성장에 의미를 두었다.

심리치료의 대표적 정의는 "증상을 제거 · 수정 · 완화하고 장애 행동을 조정하며, 긍정적 성격발달을 증진시킬 목적으로, 훈련된 사람이 환자와의 전문적인 관계를 의도적으로 형성하여, 정서적 문제를 심리학적 방법으로 치료하는 것이다."(Wolberg, 1977; 이장호, 2001 재인용)라고 언급하고 있다. 최근까지 대부분의 상담은 주로 개인상담의 형태로 이루어져 왔으며, 상담자는 개인상담이든 집단상담이든 간에 효과적인 상담이 되려면 상담자는 '촉진적' 조건을 조성해야 한다. 개인미술치료는 내담자와 일대일의 상담관계를 가지면서 미술치료를 실시하는 것으로 미술치료도 상담과 심리치료의 의미를 가지면서 언어적 과정이 아닌 미술매체를 적용하여 작품을 창조하고, 창조된 작품을 언어화하는 과정 속에서 학습과 자기성장의 변화와 정서적 문제해결의 목표를 가지고 있다.

개인미술치료도 이러한 상담과 심리치료가 갖는 목적을 향해 미술매체를 적용해서 실시하는 치료다. 언어적 상담에서의 제한성이나 대상에서의 제한성을 극복할 수 있는 치료방법으로서 내담자가 미술작업을 통해 내면의 것을 적극적으로 표현할 수 있는 계기가 된다.

대부분의 상담의 진행은 문제의 제기 및 상담(치료)의 필요성에 대한 인식, 촉진적 관계의 형성, 목표설정과 구조화, 문제해결의 노력, 지각과 합리적 사고의 촉진, 실천행동의 계획, 실천결과의 평가와 종결의 단계로 이루어진다.

(2) 개인미술치료의 대상

내담자에 따라서는 집단상담보다 개인상담이 더 잘 적용되는 경우가 있다. 예를 들면, 내담자가 매우 복잡한 위기적인 문제를 가졌거나, 전반적으로 대인관계의 '실패자' 일 때 집단 앞에서 이야기하는 것에 대한 두려움이 너무 큰 경우, 남의 인정과 주목에 대한 욕구가 너무 강하기 때문에 집단상황에 맞지 않는 경우는 집단보다는 개인상담을 하는 것이 더욱 효과적이다(이장호, 2001). 그러나 미술치료에서는 이러한 대상뿐만 아니라 연령이나 건강상태의 정도에 관계없이 어떤 대상에나 가능하다고 Rubin(1999)은 주장하고 있다.

심리적으로 저항하는 사람들, 즉 말은 할 수 있어도 언어적 치료에 저항하는 사람들은 다른 접근방법으로 실패하였더라도 미술을 통해서는 더욱 쉽게 접근할 수 있다. 청소년과 성인의 경우에도 미술 능력에 대한 불안을 가지거나, 경계나 적개심을 가지고 있더라도 미술작업이 유연하게 제공되었을 때에는 작업에 참여하는 것이 용이하다. 또한 말을 할 수 없거나 말을 하지 못하는 내담자, 즉 자폐증, 청각장애, 정신지체, 뇌손상, 치매 등의 이유로 말을 할 수 없는 사람에게도 적용이 가능하다.

미술치료가 불치의 정신병을 가지고 있는 사람에게도 미술작업을 시도하였으며, 때때로 그림은 유일하게 내담자를 이해할 수 있는 의사소통의 수단이며, 적용의 방법을 다양하게 실시하면 전 발달단계에 도움을 줄 수 있다고 Rubin은 기록하고 있다(김진숙, 2006 재인용). 발달단계에 따른 미술치료의 적용에 대해서는 5～7장에서 자세하게 소개할 것이다.

이러한 연구를 통해 미술치료는 적용대상이 아주 다양하며, 내담자에게는 의미 있는 표현과 의사소통의 방법이라는 것을 알 수 있다.

2) 집단미술치료

(1) 집단미술치료의 발달

집단상담은 최근에 와서 많은 주목을 받고 있는 상담의 중요한 접근방법으로 인간의 성장과정에 나타난 문제를 해결하기 위하여 집단이 지닌 치료적 힘의 효율성을 인식하게 되면서 집단상담의 필요성이 점차적으로 확대되고 있다.

집단상담은 한 사람의 상담자가 동시에 몇 명의 내담자들을 상대로 각 내담자의 관심사, 대인관계, 사고 및 행동 양식의 변화를 가져오게 하려는 노력이다. 즉, 집단구성원 간의 상호작용적 관계(역동적 관계)를 바탕으로 내담자 개개인의 문제해결 및 변화가 이루어지는 '집단적 접근방법' 이다. 집단상담은 내담자의 병리적 문제보다는 주로 발달의 문제를 다루거나 생활과정의 문제를 다룬다. 즉, 대인관계에 관련된 태도, 정서, 의사결정과 가치문제 등에 초점이 맞추어진다. 집단활동을 통해 정서적 유대감과 소속감을 경험하고 집단원과의 교류를 통해 자신의 문제를 새로운 각도에서 볼 수 있으며 사회적 기술 등을 배울 수 있다. 또한 집단에서 다양한 참가자들과의 교류를 통해 생활의 문제점들을 새로운 각도에서 보게 되며, 사회관계에서 자신과 타인을 새롭게 받아들이는 대인관계 양식과 사회기술 양식을 학습하고 실험해 보는 경험을 하게 된다(김춘경, 정여주, 2002).

집단상담의 일차적 목표는 개인으로 하여금 자기이해와 대인관계의 능력을 향상시키고 생활환경에 더욱 건전하게 적응할 수 있도록 하는 것이다. 이 목표를 달성하기 위하여 흔히 정서적인 차원에서의 개인 문제가 먼저 다루어진다(이장호, 2001 재인용).

집단미술치료는 이러한 집단상담의 특성에 미술치료의 기법을 도입한 것으로 미술치료영역에서도 개인치료를 우선시하다가 집단의 특성에 적합한 집단미술치료의 발달이 이루어졌다. 정신분석 위주의 집단치료가 정신과 의사에 의해 이루어지고, 1950년대는 아동을 대상으로 한 집단치료가 이루어졌으며, 집단에 대한 소개가 서서히 이루어졌다.

이 시기는 주로 집단에서 각 집단구성원은 개인적 작품을 구성하고 난 다음에 집단구성원 서로 간에 그 작품에 대한 이야기를 나누는 형태로 이루어졌다. 미술치료자인 Joseph와 정신과 의사 Harris에 의해 정신역동 지향의 집단미술치료에 대한 책이 출간되었다(1973). 이는 모든 환자가 함께 벽화를 만드는 것으로 입원환자들의 공동벽화를 형태와 내용에 대하여 분석한 것으로 흥미로운 작업이다.

1960년대와 1970년대에 점차 집단미술치료에 대한 발달이 이루어졌으며, 1975년과 1980년대 사이에 집단미술치료에 대한 다양한 책들이 출판되었다. 특히 Rhyne은 게슈탈트를 중심으로 한 집단작업을 다루었고, 그 외 Landgarten, Rubin, Wadeson 등에 의해 집단미술치료가 실시되었다. Liebmann(1986)는 집단미술치료에 사용되는 기법들을 조사하여 집단미술치료 책을 출판하였다. 최근 국내에서도 집단미술치료에 대한 연구가 다양한 영역과 대상에 대해 활발히 이루어지고 있어 집단미술치료의 발전이 과히 괄목할 만하다(전종국, 최선남, 2001; 황유경, 2001; 장혜경, 2005; 이은주, 최외선, 2005; 최선남, 전종국, 박혜숙, 2005; 최외선, 2005).

그림은 내면세계에 있는 인간감정을 자유롭게 표현하는 것과 동시에 카타르시스 효과를 가져오며 감정 교류의 조정역할을 한다. 따라서 집단미술치료를 목적으로 하는 것은 집단의 한 일원으로서의 개인적 체험이며, 치료자와 환자(내담자), 환자와 환자 상호 간의 교류 가운데서의 자기통찰이고, 나아가 자신의 이미지를 시각화한다는 그림의 특수성에 의해서 치료자는 환자의 정신세계를 좀 더 정확하게 파악할 수 있다(石井, 1983).

(2) 집단미술치료의 특성

치료자들에게 개인작업과 집단작업에 대한 선택권이 주어졌을 때 많은 경우 집단작업을 선택하는 것을 보면서 집단 작업이 가질 수 있는 장점에 대해 생각해 보지 않을 수 없다. 물론 집단작업이 가질 수 있는 단점도 존재함으로 집단미술치료의 장점과 단점에 관해 살펴보면 다음과 같다.

① 집단미술치료의 장점

- 사회학습의 상당 부분이 집단에서 이루어진다. 그러므로 집단작업은 실제적인 상황에서와 같은 의미 있는 내용을 제공한다.
- 유사한 욕구를 가진 사람들이 모여 상호 지지를 제공하고 문제해결의 도움을 줄 수 있다.

- 집단구성원 서로에게 피드백을 줄 수 있다.
- 새로운 역할 모델링을 제공한다.
- 집단은 잠재된 기지와 능력들을 발휘하기 위한 촉매역할을 한다.
- 집단의 특성으로 인해 어떤 개인에게는 개인보다는 집단이 더욱 적합하다.
- 집단은 권한과 책임을 함께 나누기 때문에 민주적이다.
- 어떤 치료자들/집단 구성원들에게는 집단작업이 개인작업보다 훨씬 만족스럽게 느낀다.
- 동시에 다수의 사람들에게 영향을 줄 수 있기 때문에 경제적이다.

② 집단미술치료의 단점

- 많은 사람들이 관련되어 있기 때문에 비밀보장이 다소 어렵다.
- 조직화가 어렵다.
- 집단구성원 각자에게 가질 수 있는 개인적 관심이 낮다.
- 집단원 중의 한 집단원은 '어떤 사람이라는 꼬리표', 즉 낙인찍힐 수 있다.

집단미술치료의 이러한 장단점에도 불구하고 많은 미술치료자들이 집단작업을 선호하고 있으며, 또한 실제 면접을 통해 치료자들이 가지고 있는 집단의 목표에 대한 연구를 시도하였을 때, 개인적인 목표와 집단의 사회적 목표로 구분되는 것을 경험하였다(Liebman, 1986).

③ 집단미술치료의 목표

미술치료자들이 집단을 운영하면서 집단의 목표에 대해 개인적 목표와 사회적 목표를 언급하였다(〈표 3-1, 3-2〉 참조).

이러한 목표는 미술치료가 특별한 증상을 가지고 있는 대상을 다룬다기보다는 집단원의 개인적, 사회적 기능을 변화시키고 조장시키는 데 인간의 특성으로 누구나 가질 수 있는 목표들이다(Liebman, 1986).

표 3-1 개인적 목표

- 창의력과 자발성 함양
- 신뢰 형성, 자아 확인, 잠재력 인식
- 자주성 함양과 동기유발의 촉진, 개인으로서의 성장
- 결정의 자유와 실험 그리고 아이디어를 시험할 수 있는 자유
- 느낌, 감정, 갈등의 표출
- 환상과 무의식의 작업
- 통찰력, 자기인식, 투사
- 시각적으로 그리고 언어로써 경험을 배열
- 긴장완화

표 3-2 사회적 목표

- 타인에 대한 인식과 인지 그리고 인정
- 집단 활동에서의 협동, 관여
- 의사소통
- 문제, 경험, 통찰력의 공유
- 경험의 보편성/개인의 고유성 발견
- 집단 내에서 타인들과 관계 맺기
- 사회적 지지와 신뢰
- 집단의 결속력
- 집단 내 문제들을 관찰하기

이러한 목표들은 다음에 제시되는 집단치료에서의 Yalom의 치료적 요인과 연결되어 있다.

- 희망의 고취
- 보편성
- 정보의 분배
- 이타주의
- 가족 재구조화
- 사회화 기술의 개발
- 모방적 행동
- 대인관계 학습
- 집단 응집력
- 정화
- 실존요인

④ 집단에 미술을 사용하는 이유

집단에 미술을 사용함으로써 집단 활동이 향상될 수 있는 것은 다음과 같은 미술의 특성들 때문이다.

- 집단에 미술을 적용했을 때, 집단원은 동시에 각자 수준의 정도에 따라 즐길 수 있다.
- 미술은 의사소통과 표현의 중요한 수단이다. 언어로 자신의 표현을 제대로 하지 못하였을 때, 그림의 공간적 특징은 동시에 경험의 여러 측면을 설명해 줄 수 있다.
- 미술은 창작력을 고양시킨다.
- 미술은 공상과 무의식을 다룰 때 유용하다.
- 미술은 즐길 수 있고, 한 집단 내에서 기쁨을 함께 공유하도록 이끌어 준다.

이상의 특성들이 있으므로, 미술치료 또는 개별 미술집단을 통해 집단 작업과 미술치료라는 두 영역에서 개인경험과 집단 경험들을 결합시킬 수 있다.

(3) 집단의 크기

집단미술치료에서 대부분의 경우 6～12명 정도의 구성원으로 이루어진다. 집단의 구성원을 결정할 때, 다음의 내용들이 충족될 수 있는지를 살펴보고 결정하는 것이 중요하다.

- 모든 구성원들이 서로 시각적, 언어적 소통이 가능해야 한다.
- 집단의 결속력이 성취될 수 있어야 한다.
- 집단구성원 각자는 토론에서 시간을 적절히 분배받을 수 있는 기회가 주어져야 한다.
- 상호 반응과 아이디어의 자유로운 흐름을 조장시키고, 집단 과제를 착수할 만큼의 충분한 인원이어야 한다.

(4) 집단 참가자의 권리

집단의 리더는 집단 참가자에게 기본적 정보를 논의하면 참가자들은 더 협조적이고 능동적으로 참여할 수 있다. 다음의 내용은 집단에 참여하기 전에 알 권리가 있는 기본적 정보와 집단상담 동안의 내담자의 권리목록에 대한 것이다(Corey, 2001; 조현춘, 조현재, 이희백, 천성문, 2000 재인용).

① 집단에 참가하기 전에 내담자가 알아야 할 정보

- 집단의 목적에 대한 명백한 진술
- 집단형식, 절차, 기본규칙에 대한 기술
- 이 시기에 그 리더와 함께 이 집단에 참가하는 것이 자신의 요구에 적절한지를 결정하기 위한 사전면접
- 집단에 대한 정보를 얻고, 문제를 제기하고, 관심사를 탐색할 기회
- 집단리더의 자격과 교육, 훈련에 대한 진술문
- 요금과 비용에 대한 정보와 요금이 추후 회기를 포함한 것인지의 여부, 집단의 크기, 상담의 빈도와 지속기간, 집단목표, 사용되는 기법
- 집단참여에 내포되어 있는 심리적 위험에 관한 정보
- 법적, 윤리적 혹은 전문적 이유로 깨질 수 있는 비밀보장에 대한 정보
- 집단에서 제공될 수 있거나 제공될 수 없는 서비스에 관한 명료화
- 개인적 목표를 발전시키는 데 있어서 집단리더에게 받는 도움
- 리더와 참가자의 책임 분할에 대한 분명한 이해
- 참가자의 권리와 책임에 관한 논의

② 집단상담 동안의 내담자 권리

- 그들이 기대할 수 있는 것에 관한 교육
- 자신이 기대하거나 원하거나 요구하는 것이 나타나지 않았을 경우 집단을 떠날 자유
- 집단과 관련된 연구나 집단 회기의 오디오 및 비디오테이프 기록에 관한 안내
- 이 기록이 참가자의 참여를 제한한다는 생각이 들 때에는 기록을 하지 못하게

할 권리
- 집단에서 학습한 것을 생활에 적용시킬 때의 집단리더의 도움
- 집단에서 배운 것에 대해 논의하고 집단을 종결할 기회를 가져서 참가자들이 불필요하게 미해결된 일에 매달리지 않을 권리
- 어떤 위기가 집단참여에 의한 직접적인 결과일 때 집단리더와 상의할 권리, 집단리더로부터 유용한 도움이 없을 때 다른 전문가의 도움을 받을 권리
- 집단의 위험을 최소화하기 위한 리더의 노력
- 드러내기 수준이나 내용에서 참가자의 사생활 존중
- 집단활동에의 참여, 의사결정, 개인적인 일에 대한 드러내기, 다른 참가자가 제안한 것을 수용하기 등에 대해 부당한 집단압력을 받지 않는 자유
- 리더와 다른 참가자들에 대한 비밀보장의 준수
- 리더나 다른 참가자들의 가치관에서 자유로울 수 있는 권리
- 성장을 위해 집단자원을 사용할 수 있는 기회
- 적절한 위신과 존중 그리고 인간으로서 대접받을 권리

Corey는 집단 리더가 참여자에게 위에서 언급한 참여자의 권리뿐만 아니라 규칙적으로 참석하고, 자극받고, 위기를 감수하고, 기꺼이 자신에 대해 이야기하고, 다른 사람들에게 피드백을 주고, 비밀을 보장하며, 자신이 필요한 것에 대해 요구하는 것과 같은 책임이 있음을 참여자에게 알려 주도록 하였다.

3) 가족미술치료

가족미술치료는 내담자의 문제가 내담자 자신의 문제이기보다는 전 가족의 문제라는 전제하에 가족 전체를 치료에 오게 하여 전 가족을 대상으로 실시하는 것이다. 가족미술치료자는 개인이나 집단의 형태보다 가족이 치료 장면에 오게 되면 더 빠른 변화효과를 가져올 수 있고 변화의 지속시간이 길다는 전제하에서 가족미술치료를 실시하게 된다.

(1) 가족미술치료의 개념

가족미술치료는 1960년대에 접어들면서 정신의학 분야에 가족연구에 대한 새로운 경향으로 등장하였다. 가족 전체를 대상으로 한 역동적 가족 상담기법이 고안되면서 이에 Kwiatkowska, Naumburg, Sternn, Meares, Kramer 등에 의해 확립된 정신분석적 미술치료의 연장으로 가족미술치료(Family Art Therapy; FAT)를 창안하였다.

특히 Kwiatkowska는 가족미술치료 영역의 발달에 많은 영향력을 미쳤으며, 미술을 통한 가족의 치료와 평가(Family Therapy and Evaluation Through Art, 1978)를 기술하였다. 다른 치료법과는 달리 가족 전원이 동시에 치료세션에 참가하여 언어를 개입시키지 않고 표현행동으로 미술과제를 수행케 하는 방법을 사용하였다. 즉, 참가자로 하여금 언어에 의한 표현이 강렬하게 나타나지 않도록 가족 간의 양가적 감정으로 혼란한 상태에 서서히 직면하도록 하는 통찰이 빠른 방법이다.

가족의 미술작업은 집단의 초자아 방어나 통제를 줄이고, 상호작용을 촉진하여 상징적인 이미지에 의해서 무의식적 감정을 표현시킨다는 것이다. 때문에 언어가 충분히 발달하지 않은 아동도 참가할 수 있고, 치료자도 함께 참가하여 직접 가족 내의 갈등을 관찰할 수 있다.

미술치료과제들은 가족치료의 다양한 측면에 적용할 수 있다. 예컨대, 참여자의 초기경험들을 해결하고 원가족을 탐색할 수 있으며, 과거와 현재의 생활사를 조사하고, 전의식적인 것들을 표면화시키며, 방어를 감소시키고, 통찰력을 얻고 정서적 경험, 원인과 결과를 이해하고, 심리적 거리를 관찰하고, 역기능적 행동형태를 지적하며, 갈등을 해결하고, 가족구성원의 분화, 부모됨과 문제해결능력의 향상, 고통스럽거나 슬픈 일을 해결하는 것 등이다.

미술치료가 효과적으로 이루어지기 위해서는 미술치료에 대한 치료자의 인식이 무엇보다 중요하다. 특히 가족미술치료에 있어서 미술작업이 가지는 치료적 가치는 소중히 다루어져야 한다. 즉, 첫째, 미술과정은 가족문제의 진단을 돕고 상호작용을 증진시키며 리허설의 도구가 될 수 있으며, 둘째, 미술작업이 무의식적 의사소통과 의식적인 의사소통을 표출해 내는 수단이 될 수 있으며, 셋째, 가족역동성의 증거가 될 수 있는 미술작품이 있다.

가족구성원들은 자신과 자신의 미술작업이 서로 관계가 있음을 이해하고 배우기 때문에 은유적인 가족청사진 개념이 치료의 시작에서부터 쓰이게 된다. 이러한 치료적인 개념은 가족치료에 필요한 긍정적 전이를 촉진시키는 경향이 있으므로 특히 효율적이다(권기덕, 김동연, 최외선, 1997; Landgarten, 1987).

(2) 가족미술치료의 장점

가족미술치료는 개인에 대한 심리치료의 발전으로 인해 개인치료에서 가족치료의 중요성이 더욱더 강하게 발전되었으며, 이러한 가족치료의 발전으로 인해 미술의 개념을 접목시킨 가족미술치료의 효과적 부분에 관심을 가지게 되었다. 가족미술치료는 다음의 부분에서 개인치료나 개인미술치료와는 다른 장점을 가지고 있다.

- 개인치료는 오랜 기간에 걸친 성격 탐색을 통하여 문제를 해결하고 변화를 가져오는 것인 데 비해 가족치료는 전 가족이 치료의 대상이 되므로 개인치료보다 단기간에 결쳐 실시되는 것이 특징이다.
- 전체 가족이 변화되는 결과를 가져오며 변화가 지속된다. 즉, 개인과 모든 가족원이 변화하면서 역동적인 변화가 계속 상승작용을 하므로 관계 개선이 오래 지속될 수 있다.
- 가족치료는 체계이론에 입각하여 관계와 관계문제에 관심을 두고 개인치료와는 대조되는 가정과 철학을 지닌다.
- 가족치료 상에서 미술과제를 실시하였을 때, 언어적인 것보다 저항이 적다.
- 가족미술치료는 다른 언어적 상담보다 결과물에 대한 가족의 이해와 수용이 빠르며, 각 가족 구성원에 대한 이해와 자신에 대한 탐색이 깊게 이루어진다. 마지막으로 가족미술치료 상황에서 있었던 결과물을 통한 탐색과 이해가 오래 지속된다.

(3) 가족미술치료자가 갖추어야 할 조건

가족미술치료는 위에서 언급한 바와 같이 개인치료와는 많은 차이점을 가지고 있다. 따라서 가족을 세션에 참여시켜 치료를 하려면 다음 사항에 대한 숙지와 올바른 이해가 전제되어야 한다.

① 가족에 대한 이해

특히 가족이 가지고 있는 기능과 사회적 변화에 따른 기능변화, 가족의 유형, 가족원 간의 역할, 가족법에 대한 이해, 변화하고 있는 가족가치관, 최근 사회적 변화에 따른 한국가족의 변화에 민감해야 한다.

한국가족의 변화는 한국사회의 변화와 분리하여 생각할 수 없다. 왜냐하면 사회의 변화는 가족에 직접적인 영향을 주기 때문이다. 한국가족은 사회의 급속한 산업화와 더불어 진행된 가족의 외형상의 변화와 함께 가족가치관도 변화를 겪었다. 즉, 조선중기 이후에 확립된 혈연중심의 부계가족 중심 가치관에서 자유, 평등에 입각한 민주주의 가치관으로 바뀌었다. 그러나 이러한 새로운 가치관의 도입은 과거의 가치관을 완전히 청산한 후 이뤄진 것이 아니라 기존의 가치관 위에 외형상으로만 덧씌워진 형태로 이루어진 것이기 때문에, 오늘날의 우리 가족은 서구의 가족과는 근본적으로 다를 수밖에 없다.

② 가족의 발달과정, 가족생활주기, 발달상의 과업 이해

남녀가 결혼하여 새로운 가족을 형성하고 자녀의 출산으로 가족이 확대되며, 그 자녀들이 성장한 후 결혼하여 독립하게 되면서 가족은 축소하기 시작하고, 노부부가 사망함으로써 소멸하게 되는 가족의 변화과정을 가족생활주기라고 한다. 이러한 가족생활주기에 대한 이해는 개인적 측면에서는 자신의 삶을 계획해 볼 수 있으며, 가족적 측면에서는 가족의 계속적인 발달과 변화에 따른 발달과업을 준비하고 잠재된 문제와 취약점 등을 파악하고 예방할 수 있다는 점에서 중요하다(김양희, 1990).

지난 수십 년간 한국의 가족생활주기 면에서도 많은 변화가 일어나고 있다. 가족형성기(결혼-첫자녀 출산)와 가족확대기(첫자녀 출산-막내 출산)는 상당히 단축된 반면, 확대완료기(막내 출산-첫 자녀 결혼)와 축소완료기(막내 결혼-남편사망)는 상당히 길어졌다. 이러한 변화는 평균수명의 연장과 함께, 적은 수의 자녀를 원하고 노후에 자녀와 동거하기를 원치 않는 경향에서 비롯된다. 따라서 한국의 가족은 지난 반세기 동안 가족생활의 주된 역할이 자녀의 출산이나 양육 중심에서 자녀의 교육과 부부중심으로 바뀌었다고 볼 수 있다(공세권, 조애저, 김승권, 1993).

전통적 직계가족이 부부 중심의 핵가족으로 변모하면서, 모든 자녀를 출가시킨 후 부부만의 중 · 노년기를 어떻게 보내느냐 하는 문제와 배우자의 사망 후 혼자서의 삶을 어떻게 영위해 나가느냐 하는 문제가 가족생활주기의 변화와 관련된 중요한 관심사다. 그러나 개인과 가족의 어려움을 해결하는 데 있어 가족치료기법을 사용하는 치료자의 수가 증가하고는 있으나 가족생활주기와 가족치료 모델 및 기법별로 살펴보는 것에 대한 연구가 아주 부족하며, 실제 이러한 생활주기에 따른 임상적 문제를 살펴보고 그에 적합한 치료기법을 모색하는 것이 중요한다. 이에 한국의 가족주기별에 따른 내담자의 문제와 가족치료기법 분석에 대한 연구(정문자, 김연희, 2000), 임상장면에서 발달주기별로 나타난 가족문제와 관련한 연구(정문자, 2001), 중년기의 해결하지 못한 슬픔에 대한 예방과 처치에 대한 미술치료의 개발에 대한 연구(Turetsky & Hays, 2003) 등은 가족생활주기별 문제에 대한 대처와 발달과업에 따른 미술치료의 기법 모색이 중요함을 알려 주고 있다.

③ 한국가족을 위한 가족치료전략과 기술에 대한 이해

송성자(2001)는 한국문화의 차이는 가족치료의 전략과 기술 그리고 전체적인 것에 영향을 미친다는 것을 강조하였다. 독특한 문화가치는 내담자의 기대, 문제해결 과정 그리고 치료과정에서 진단과 사정, 기술의 선택, 평가 등에 직접적인 영향을 미치므로 중요하다는 것을 강조하고 있다. 한국의 가족치료자들이 문화가치와 가족의 성향을 알고 이해하면 할수록 치료자들은 내담자와 문제를 더욱 잘 이해하고 효율적인 도움을 제공할 수 있다고 보고 있다. 해결중심치료모델을 한국가족에 적용하면서 한국 가족치료 전략과 기술에 대해 다음과 같이 그 중요성을 제시하고 있다.

첫째, 개인보다는 가족중심으로 목적을 설정한다는 것이다. 이는 한국가족이 가족중심적이며, 가족집단에 소속하고 참여하고자 하는 욕구가 강함으로 의사결정 시 부모나 가족의 의사를 확인한 후 자신의 의사를 결정하는 경향이 있다, 따라서 목표를 가족중심으로 설정할 경우에 목표 성취과정에 가족들은 매우 협조적이기 때문에 치료과정이 좀 더 용이하게 진행될 수 있고, 치료목표가 부부 자신보다 자녀와 관련된 것이라면 치료적 접근이 좀 더 용이하다.

둘째, 문제 해결을 위해 ‘체면’을 활용하라는 것이다. 한국문화를 ‘체면’ 문화라고 하기도 한다. 한국인은 체면을 중요하게 생각하는 사람들일수록 다른 사람의 신뢰를 받고 존경을 받기 위해 노력을 한다. 많은 경우 치료자가 남편이나 아버지의 역할 수행에 대하여 인정과 칭찬을 하고, 치료에 참여하는 것이 가족과 자녀들에게 얼마나 중요한 것인지에 관하여 설명하고 협조를 요청하면 그들은 치료자들을 신뢰하기 시작하고 문제해결에 협조하게 된다(송성자, 1997). 이 접근법과 기술은 치료에 참여하기를 거절하거나 가족치료에 대한 이해가 부족한 내담자를 위해 개발한 것이다. 그리고 칭찬은 내담자가 문제해결을 위해 노력하여 온 것과 과거에 성공적으로 경험하였던 것을 인정하는 것이다(Berg & Miller, 1992; De Shazer, 1988).

셋째, 실질적인 해결방안으로서 메시지와 과제를 준다. 이는 한국가족은 가족치료초기에 이야기 중심으로 하는 가족치료를 통하여 문제를 해결하는 것에 대하여 불안해한다(송성자, 1997). 어떤 내담자는 구체적 처방이나 눈으로 볼 수 있고 실제적인 해결방안을 제시받고 싶어 한다. 따라서 치료자들은 내담자에게 문제해결과 메시지와 과제를 만들어 준다. 이와 같은 방법은 내담자가 가족치료에 좀 더 적극적으로 참여하고 협조하도록 하는 데 효과적이다.

넷째, 과거의 노력을 인정하고 성공적인 경험을 칭찬한다. 가족치료과정에서 변화를 확인하는 것은 치료자뿐 아니라 내담자에게도 매우 중요하다. 내담자는 변화를 원하지만 처음에는 변화를 쉽게 수용하지 않고, 변화에 관하여 부정적인 측면을 지적하는 경향이 있다. 그러나 치료자가 구체적이며 실제적인 내용을 확인하기 시작하면 많은 것들이 변화한 것을 발견하게 된다. 치료자가 치료과정을 통하여 발생하는 작은 변화라도 발견하고 볼 수 있는 구체적인 지식과 도구를 갖고 있는 것이 중요하다. 치료자가 내담자의 겸손한 태도와 내적으로 인정받고자 하는 욕구를 파악한 이후 변화에 대하여 지적하고 인정과 칭찬을 하는 것은 문제해결의 목표를 성취하는 데 매우 효과적이다.

④ 가족미술치료 상에 나타난 가족의 작품에 대한 올바른 이해

가족미술치료 상에서 치료를 받는 가족들이 그린 미술작품들은 평가의 도구로서, 새로운 의사소통 양식으로 그리고 변화를 위한 수단으로서의 그 가치를 가지고 있다. 많은 치료자들이 자주, 특정 가족치료이론에 부합되는 치료목표를 달성하기 위해 이런 미술작품들을 사용한다. 예를 들면, 구조적 가족미술치료자는 위계적 불균형을, 전략적 가족미술치료자는 문제 해결을 위한 반복적인 패턴으로 그리고 원가족을 중요시하는 치료자들은 원가족과의 지속적인 결속사례 등을 미술작품을 통해 찾아내려고 한다.

가족치료에서 그 가족의 세계를 들여다 볼 수 있는 견해를 탐색하는 것은, 내담자 가족이 자신들의 사회적 현상에 관한 지식을 어떻게 구성했고, 어떻게 그들만의 언어를 개발했고, 또 어떻게 성역할 이슈에 대한 태도를 형성했는가, 어떤 가족신념을 가지고 있는가 등을 치료자가 조사하도록 장려한다. 미술작품은 가족의 meta-message로 들어가는 통로이고, 이차적인 시각(second ordered view)과 가족의 창조된 현실을 이해하는 것이 된다(Riley & Malchiodi, 1994). 그러므로 가족미술치료자는 가족이 하나의 대상을 함께 만들어 내기 위해 몰두해 있을 때, 치료자에게 요구되는 것은 가족구성원들이 자신들의 솜씨를 발휘하는 동안에 드러나는 미묘함과 섬세함뿐만 아니라 미술작품을 통해서 표현되는 메시지와 감추어진 메시지를 끊임없이 파악해 내야 한다는 것이다. 왜냐하면 가족의 역기능은 미술작품에서뿐만 아니라 작품을 만들어 가는 과정에서도 드러날 수 있기 때문이다(Landgarten, 1987).

(4) 가족체계 진단법

① Kwiatkowska의 가족미술평가

Kwiatkowska는 미술치료 영역에서 특히 가족에 대한 관심과 임상 실제를 실현한 사람으로 주로 심각한 심리적 문제로 입원한 청소년이나 성인가족을 대상으로 가족미술치료를 실시하였다. 다음의 내용은 Kwiatkowska가 처음 가족을 만났을 때 실시하는 방법이다.

첫 번째 자유화는 분위기를 부드럽게 하기 위한 일종의 완화제 같이 사용된다. 지시를 하지 않은 과제를 줌으로써 가족 구성원들이 자유롭고 유연하게 반응할 수 있도록 한다.

두 번째와 세 번째 가족그림은 가족들이 있는 상태에서 가족을 그린다고 하는 것 자체가 매우 의미 있는 반응을 끌어내곤 한다. 대개 가족들은 서로의 그림에 대해 반응하며 상호 작용하는 데 그러한 관계는 또한 그림에도 잘 드러나게 된다. 세 번째

재료: 각진 파스텔

〈과제 1〉 자유화
생각나는 대로 그림을 그려 보세요.

〈과제 2〉 가족화
당신 자신을 포함해서 가족 개개인을 그려 보세요. 사진 같은 그림을 그릴 필요는 없습니다. 다만 최선을 다하면 됩니다. 사람을 그릴 때는 부분만 그리지 말고 전체 인물을 모두 그려 주십시오.

〈과제 3〉 추상적 가족화

〈과제 4〉 개인 난화
눈을 감고 그려 보세요.

〈과제 5〉 공동난화

〈과제 6〉 자유화

과제인 추상적인 가족그림은 가장 어려웠다는 평을 듣곤 한다. 이 과제는 가족구성원 각자의 추상적 사고 능력을 보여 주기도 하지만 그보다 이제까지 가족들에 대해 어떠한 생각과 느낌을 가지고 있었는지를 매우 흥미로운 방법으로 보여 준다.

네 번째와 다섯 번째 과제는 둘 다 난화다. 하나는 개인적으로 하는 것이고 다른 하나는 가족이 공동으로 작업하는 것이다. 이러한 공동작업은 가족 구성원이 어떤 방식으로 의견을 조정하고 결정하는지, 어떻게 서로 의사소통하는지를 잘 보여 준다. 만약 가족들이 난화에서 이미지를 찾는 것을 잘 이해하지 못한다면, 구름을 보았을 때 여러 가지 형태로 보이는 것처럼 이것도 마찬가지라고 설명해 준다.

마지막 그림은 첫 번째 그림과 마찬가지로 자유화다. 두 그림 간의 차이와 공통점을 비교해 보면, 가족들 간 상호작용의 흐름과 그에 따른 변화를 살펴볼 수 있다. Kwiatkowska는 마지막 자유화가 매우 의미 있는 그림이라고 보았다. 이 그림은 가족들이 함께 검사를 받는 동안 각자 느꼈던 긴장이나 스트레스를 집약해서 보여 준다고 할 수 있다. 그리는 과정이 끝나면 이름을 쓰고 제목을 붙이고 날짜도 기입한다. 전체 6개의 과제를 수행하는 데에는 대략 1시간 30분에서 2시간 정도 걸린다.

② Landgarten의 가족체계진단 절차

Landgarten은 『*Family Art Psychotherapy*』라는 책을 출판하면서 가족미술치료에 대한 상세하고 섬세한 사례중심으로 소개하고 있다. 특히 가족이 치료장면에 왔을 때 가족의 미술작업을 통해 가족원들은 서로를 탐색하게 된다. 평가단계 동안에 이루어지는 미술작업을 통해 가족 구성원들은 상호작용을 알게 된다. 이 기법을 사용함으로써 일차적으로는 작업과정에서, 이차적으로는 작품내용에서 가족의사소통 유형이 드러나게 된다. 심지어 한 번의 작업과정을 통해서도 치료자는 그 가족의 체계뿐 아니라 집단의 전체적인 형태를 알 수 있는 일들을 경험하게 된다. 가족은 작품을 만들고, 치료자는 그들의 활동을 기록함에 있어서 작품을 근거로 가족의 상황을 기록하며, 이러한 과정에서 치료자는 문제행동의 인과관계를 관찰하고, 그 가족 전체가 지닌 강점과 약점, 그리고 각 가족 구성원의 강점과 약점을 평가할 수 있다.

가족의 체계를 평가하기 위해서 내담자 가족은 다음의 세 가지 작업에 참여한다.

- 첫째 과정(비언어적 팀작업): 가족을 두 집단으로 나누고(가족의 동맹관계를 알 수 있다), 집단이 형성되면 모든 사람은 상대방과 다른 색의 용구를 선택하여 활동이 끝날 때까지 사용해야 한다. 작업을 하는 동안 언어적, 비언어적 의사소통은 금지되며 작업이 끝난 후 서로 의사소통을 통하여 제목을 정하고, 작품 위에 제목을 적는다.
- 둘째 과정(비언어적 가족미술작업): 두 번째 진단적 기법은 전 가족이 한 장의 종이에 함께 작업할 것을 요구한다. 첫째 과정과 마찬가지로 그들은 서로 간 언어적 혹은 비언어적으로 의사소통하는 것이 금지되며, 완성된 작품에 제목을 붙이는 동안만 이야기할 수 있다.
- 셋째 과정(언어적 가족미술작업): 세 번째 진단적 기법은 활동을 하는 동안은 언어적 혹은 비언어적 의사소통이 허용된 상태에서 한 장의 종이 위에 함께 그림을 그리도록 요구받는다.

일차적으로 치료자는 이러한 작업을 통해 가족이 상호작용하는 정보를 얻을 수 있으며, 17개의 관찰목록을 관찰한다.

관찰 사항

위의 세 가지 절차를 통하여 치료자는 기민한 관찰자인 동시에 기록자가 되어 각 구성원의 기여 정도를 기록한다. 모든 몸짓과 표시가 가족체계에 대한 하나의 단서가 된다. 아래의 17개 항목에 유의하며 관찰한다.

- 누가 그림을 처음 시작했으며, 그 사람으로 하여금 처음 시작하도록 이끈 과정은 무엇이었는가?
- 구성원 중의 나머지 사람들은 어떤 순서로 참가했는가?
- 어느 구성원의 제안이 채택되었으며, 어느 구성원의 제안이 무시되었는가?
- 각자의 개입 정도는 어떠했는가?
- 반대편 사람들과 자기편 사람들 중에서 전혀 미술과업에 참여하지 않은 사람은 누구였는가?
- 누군가의 그림 위에 다시 참가함으로써 처음 사람이 한 것을 '지워 버린' 사람은 누구였는가?
- 어떤 형태의 상징적인 접촉이 이루어졌으며, 누가 이것을 시도했는가?
- 구성원들은 교대로 했는가, 집단으로 했는가 혹은 두 가지를 동시에 했는가?
- 각자의 위치는 어떠했는가?(중앙, 끝, 구석)
- 만일 방법에 있어서 변화가 있었다면 무엇이 변화를 촉진했는가?
- 각자는 얼마나 많은 공간을 차지했는가?
- 각자의 분담이 상징적으로 의미하는 것은 무엇인가?
- 어느 구성원이 독자적으로 행동했는가?
- 누가 시초자로 행동했는가?
- 누가 추종자 혹은 반응자였는가?
- 정서적 반응들이 있었는가?
- 가족의 작업형태는 협동적, 개별적 혹은 비협조적이었는가?

③ Rubin의 가족미술평가

Rubin은 아동 및 아동의 가족과 미술치료를 실시하였다. 이 검사는 가족 그림검사로서 세 가지 과제를 연속적으로 하도록 한다.

재료: 연필, 크레용, 파스텔, 마커 펜을 제공하고 가족구성원들이 각자 선택하도록 한다.

〈과제 1〉 개인난화

각자 자기 앞에 주어진 16절지 위에 난화를 그리는데, 눈은 감아도 되고 떠도 된다. 모든 가족들이 그림을 다 끝내면, 이젤에 그림을 세우고 각자의 그림을 설명한 뒤 가족들로부터 피드백을 받는다.

〈과제 2〉 가족 초상화

구성원 각자가 자기 가족을 상징하는 작품을 만드는데, 그림으로 그려도 되고 찰흙작업을 해도 된다. 작업이 끝나고 나면 벽에 붙이든지 테이블 위에 올려놓든지 해서 한꺼번에 볼 수 있도록 일렬로 배열한다. 그런 뒤 각자가 자신의 작품을 설명할 기회를 가지고 나서, 서로의 작품을 보며 질문하기도 하고 이야기를 나눈다.

〈과제 3〉 공동벽화

벽에 90×180cm 정도의 넓은 종이를 붙이고 함께 공동작업을 하도록 하는 것이다. 이 과제는 가족들 간에 문제를 해결하기 위해 어떠한 결정을 어떤 사람이 주도하여 이끌게 되는지, 어떻게 상호 작용하는지를 잘 보여 준다. 과제를 모두 끝내기까지 약 2시간 정도가 소요된다.

(주리애, 2003 재인용)

④ Wadeson의 가족미술치료기법

Wadeson은 부부와 다가족 미술치료(Multiple-Family Art Therapy) 작업을 개척했다(1980). 특히 증상을 가지고 있는 부부에 대한 치료자례를 그의 책에 상세히 기술하고 있다.

〈과제 1〉 말하지 않고 공동그림을 그린다.

한 장의 종이 위에 말하지 않고 두 사람이 그림을 그리는 것이다. 이는 비언어적 의사소통 양식을 확연하게 볼 수 있는 계기가 된다.

〈과제 2〉 결혼관계의 추상화를 그린다.

결혼관계에 대한 서로의 생각을 추상적으로 표현하는 것이다. 서로에 대한 강한 감정적 반응을 살펴볼 수 있다.

〈과제 3〉 자화상을 그려 배우자에게 준다.

자신의 자화상을 그리고, 그런 것을 배우자에게 건네준다. 그리고 배우자는 상대방의 그림에 자신이 생각하고 있는 것이나 첨가하고 싶은 부분이 있으면 상대방의 자화상 그림에 추가적으로 그릴 수 있다. 이때 서로 간의 극적인 감정을 야기하기도 한다. 완성된 작품에 대해 소개하고 서로의 감정을 교류한다.

2. 미술치료과정

앞서 언급하였지만 미술치료를 공부하면서 현실적으로 가장 힘들어하는 것 중의 하나가 미술치료과정에 대한 것이다. 대부분의 사람들이 시작에서부터 어떻게 진행해야 할지 당황해하는 경우가 많다.

이 장에서는 미술치료과정이 어떻게 진행되는지, 특히 전화 상담과 접수상담, 초기상담, 중기, 종료과정까지의 진행과정에 대한 지침을 제공하고자 한다. 내담자 혹은 상담의뢰자인 부모나 교사, 보호자와의 면담을 통해 내담자의 호소문제, 생육사, 가족관계, 행동 특성 및 문제점, 타 기관에서의 치료경험, 진단명과 문제정도, 학교생활이나 친구관계 등에 대해 관찰하고 진단 평가한다.

1) 전화의뢰

미술치료의 시작은 대부분의 경우 전화의뢰에서 시작된다. 내담자가 성인일 경우는 본인이 전화하거나 주위의 친인척이나 지인이 전화하게 되고, 아동일 경우는 대부분의 경우, 부모나 교사에 의해 치료를 의뢰받게 된다. 따라서 전화접촉은 첫 상담 못지않게 중요한 역할을 하게 된다(유미숙, 1998). 내담자의 이름, 연락처, 미술치료를 받고자 하는 간단한 동기와 시간약속, 상담시간, 상담료 등에 대해 정확히 이야기한다. 이 시기는 미술치료를 시도하기 위한 약속을 하는 시기이므로, 호소문제나 생육사를 상세하게 들을 필요는 없다.

전화 의뢰 시 다음의 몇 가지에 유의해서 실시하는 것이 중요하다.

- 전화의뢰 시 치료자는 내담자에게 전문자로서의 자질에 대해 내담자가 신뢰할 수 있어야 한다. 전화는 얼굴을 보지 않고 언어로써 전달되는 체계이므로 내담자에게 치료자의 치료에 대한 전문성이 전해질 수 있어야 한다. 전화로 이야기하는 가운데 내담자나 의뢰자가 미술치료에 대한 신뢰가 있어야 하며, 치료자에 대한 신뢰 형성이 가장 중요하다.
- 전화 접촉 시에 내담자의 간단한 호소 문제를 들어본 후 미술치료를 받지 않아도

되는 발달상의 자연스러운 문제로 판단된다면 이때에는 치료자가 가이드를 제공하도록 한다.

- 미술치료에 대한 간단한 소개를 하고 첫 면담을 위한 약속시간과 장소를 정한다.
- 부모가 아동을 미술치료실에 데려올 경우 정확하게 무엇을 하는 곳인지에 대해 설명하고 데려오는 것이 좋다. 미술학원에 간다든가, 재미있는 놀이를 하는 곳이라 말하면서 데리고 오는 것은 바람직하지 않다. 이때 내담자에게 미술치료에 대한 맹신을 하도록 한다든가, 치료자가 모든 것을 해결할 수 있다든지 하는 지나친 표현은 좋지 않다.

2) 첫 면담

첫 면담(intake) 시에는 내담자의 인적사항, 주 호소문제, 가족관계 등을 치료자와 함께 나누는 시간이다(면접기록지 참고). 또한 이 시기에 누가 참여할지를 결정하는 것도 중요하다. 첫 면접에는 가족 전체가 참여하는 경우, 부모만 만나는 경우, 아동만 만나는 경우, 부모와 아동을 따로 따로 만나는 경우가 있다(유미숙, 1998).

가족치료적 접근을 하는 치료자는 가족을 상담에 참여할 것을 요구하며, 성인일 경우는 개인면담을 요구할 수 있다.

(1) 가족면담

첫 면담 시에 가족을 함께 면담하게 되면 가족의 역동이나 의사소통 형태, 가족 간의 관계패턴 등을 이해하는 데 도움이 된다.

가족면담에서 부모들은 아동이 겪는 곤란에 초점을 맞추고 아동을 속죄양으로 삼을 수 있고, 이때 아동은 수치심을 갖게 되며, 상담자와 부모는 한편이라는 생각을 하게 된다. 따라서 치료자는 가족면담을 할 때 가족의 구조나 시스템, 가족이 가지고 있는 항상성 등에 대한 개념을 정확히 인식하고 가족에 대한 여러 가지 정보를 확인할 수 있어야 한다.

면접기록지

◇ 면접자: ____________________

◇ 면접일: ____________________

◇ 내담자: ____________________

◇ 연　령: ____________________

1 인적사항

2 생육사

- 출생 전:
- 출생 후:
- 신체발달:
- 언어 및 인지발달:
- 사회, 정서발달:
- 건강상태:

3 양육사

4 주 호소문제

5 증상

6 가족관계

7 원인 및 치료목표

(2) 부모면담

부모만 면담할 경우, 문제의 소지가 아동이 될 경우가 많다. 부모는 자신의 문제를 인식하기 어렵고 아이문제만 호소할 수 있다. 이때 미술치료자는 이러한 특성에 유의해서 부모를 상담하는 것이 좋다. 아동상담일 경우 아동은 치료실 밖에 있고, 부모만 면담할 경우 아동은 소외되었다는 기분이 들 수도 있기 때문에 치료자는 신중히 생각해야 한다.

(3) 부모-아동의 개별면담

아동상담에서 부모와 아동을 시간을 나누어 면접을 하는 것도 효과적이다. 첫째, 부모와 이야기를 나누기 전에 아동과 잠깐 시간을 보내고 부모면담을 한 후에 아동과 다시 만나는 방법이 있다. 둘째, 아동과 부모에게 누구 먼저 치료자와 이야기할지를 결정하도록 선택권을 주는 방법이다. 셋째, 부모와 아동을 함께 만난 후에 부모따로 아동 따로 만나는 방법이다.

3) 첫 면담 내용

첫 면담내용은 아동이 의뢰된 경우에 있어서 필요한 부분이다.

(1) 부모면담 내용

① 진짜 내담자가 누구인지 정하기

아동의 모든 문제는 아동만 치료해야 한다는 관점에서 벗어나야 한다. 또한 부모의 성격적인 문제나 부부갈등 때문에 아동에게 문제가 생기기도 하고 부모 자신의 문제는 인정하기 힘들어 아동을 방패 삼아 치료실을 찾기도 하므로 치료자는 총체적인 시각에서 문제를 보아야 하고 누가 실제적인 내담자인가를 알 수 있어야 한다.

② 비밀보장의 문제 논하기

내담자가 가족일 경우 비밀보장의 한계가 발생하게 되는데, 가족들은 각자 치료자를 자기편으로 만들기 위해 비밀을 털어놓거나 비밀을 지켜 줄 것을 치료자에게 요구하기도 하고, 본인이 가족에게 말하고 싶지만 말하지 못했던 비밀을 치료자가 이야기해 주기를 바라는 경우가 있다. 또한 가족으로 하여금 직접적인 학대나 성폭행 등을 당했을 경우 이러한 사실을 안 치료자가 이 비밀을 어디까지 지켜야 할지 등은 간단한 문제가 아니다.

또한 부모에게 자녀가 상담한 내용에 대해 모두 알려 줄 수는 없으며, 때로는 부모가 모르는 것이 치료에 효과적일 수 있음도 알려 주는 것이 중요하다.

③ 부모의 정보를 자녀에게 노출시키는 방법에 대해 부모에게 알려 주기

가족이 지닌 중요한 비밀을 치료자로 하여금 자녀에게 알려 줄 것을 요구할 때가 있다. 이럴 때는 치료자는 부모와 논의한 후 부모가 직접 자녀에게 이야기하도록 하는 것이 좋다.

(2) 아동면담

① 비밀보장에 대한 인식

아동의 안전을 위해서 부모에게 알려야 할 때는 반드시 먼저 아동에게 이야기한 다음 부모에게 정보를 줄 것이라는 것을 약속한다.

② 치료자 소개하기

아동은 상담이나 치료에 대한 정확한 정보 없이 부모에 의해 오게 된다. 미술치료를 한다는 것을 미술학원이나 그냥 그림을 그리고 노는 곳으로 인식하고 올 수 있다. 따라서 정확히 치료자를 소개하는 과정이 접수 상담 시에 중요하다. 몸이 아플 때 병원에 의사를 찾아가는 것처럼, 미술치료자는 마음이나 감정이 자기를 괴롭힐 때 혹은 자신은 잘하고 싶은데 잘되지 않을 때 함께 해결하도록 돕는 사람이라고 설명해 준다. 물론 이때는 내담자 아동의 발달수준이나 나이에 따라 설명해야 한다.

③ 의뢰된 문제에 대한 인식

아동이 미술치료에 의뢰되었을 때, 왜 여기 오게 되었는가에 대한 이유를 물어보아야 한다. 아동은 자신들이 왜 오게 되었는지 정확히 모르고 올 때가 많으며, 알고 있다 하더라도 자신의 잘못이라는 죄책감 때문에 저항할 때도 있다. 이때 치료자는

부모가 의뢰한 문제에 대해 아동과 정확히 이야기하는 것이 좋다.

④ 가족관계와 역동 파악

아동에게 가족그림을 그리게 하여 가족관계와 가족에 대한 아동의 인식, 가족의 역동을 파악하는 것이 좋다. 가족 간의 관계와 어려움 등을 쉽게 파악할 수 있으며, 언어로 할 수 없었던 말을 쉽게 할 수 있어 더 유연하게 표현할 수 있다.

⑤ 학교생활에 대한 정보 탐색

내담자 아동이 학교에 다니는 경우라면 학교생활에 대한 정보를 탐색하고 수집하는 것이 좋다. 교사와의 관계, 친구와의 관계, 학교생활에 대한 감정 등을 살펴본다. 이때 학교생활화(Kinetic School Drawing; KSD)를 그려서 치료자와 내담자 아동이 함께 이야기를 나누는 것도 도움이 된다.

⑥ 치료 목표 설정

아동으로 하여금 미술치료를 통해 어떤 변화를 하고 싶은지, 어떻게 하면 지금보다 좀 더 행복해질 수 있는지 등을 논의하면서 미술치료의 목표를 설정한다. 내담자가 아동이라도 치료자와의 논의 과정을 통해 치료목표를 설정할 수 있다. 또는 미술치료를 통해 어떻게 변화하고 싶은지를 그림으로 표현하게 할 수도 있다.

4) 초기과정

첫 면접 시에 내담자에게 그림진단을 실시한다. 그림진단은 내담자의 문제에 따라 인물화, K-HTP, HTP, KFD 등을 실시한다.

(1) 첫 시간

첫 시간은 서로를 소개하고 탐색하며 일시적으로 수용하는 단계로, 치료자와 내담자 사이에 안전하고 보호적인 관계를 형성하고, 치료적 동맹을 통해 친밀한 관계가 되도록 하는 것이 무엇보다 중요하다.

목표를 정하고 이러한 과정을 거치면서 상담기간에 대한 계획과 상담에서 다루어야 할 문제 등을 재검토한다. 또한 치료자나 아동이 모두 서로를 탐색하는 시간이므로 지나친 질문이나 제안, 해석 등은 피한다.

(2) 초기단계

상담의 초기단계는 내담자와 라포 형성이 아주 중요하며 신뢰도가 높은 관계 형성을 위한 노력을 기울여야 한다. 또한 내담자와 치료자가 서로를 탐색하는 과정으로 치료자는 수용적인 태도를 보이면서도 내담자가 한계를 지킬 수 있도록 도와줄 능력이 있는 사람으로 보여야 한다.

5) 중기과정

상담의 전 과정을 통해 갈등을 해결하고 변화를 야기하게 되지만 중기과정에서 분명하게 나타나게 된다. 중기과정은 상담과정의 대부분을 차지하는 긴 기간으로 자신의 문제의 본질을 이해하고 앞으로 나아갈 방향을 결정하게 된다(김순혜, 2001). 미술치료가 계속되면서 치료자와 내담자는 점차 친밀한 관계를 맺게 되며 신뢰감이 형성되어 간다. 내담자는 상담실에 대해 자기만의 공간이며 치료자는 자기를 위한 존재라는 인식이 들면서 부정적인 감정이 자연스럽게 나타나기 시작한다. 중기과정 동안 내담자는 부정적인 반응을 보이는데, 이 시기를 어떻게 극복하느냐에 따라 치료의 성패가 좌우된다.

또한 이 단계에서 내담자는 부모와의 관계에서 결핍되거나 왜곡된 부분을 보충하고 수정하는 교정적인 경험을 하게 되고 해석을 통해 자신의 과거에 일어났던 충격적인 사건을 재통합하고 성장하게 된다. 즉, 치료자와의 적절한 치료적 관계를 통해 재창조하도록 계획된 교정적인 과정을 통해 치료가 되며 해석을 통해 성장하게 된다.

6) 말기과정

말기과정에서는 내담자가 자신의 문제를 있는 그대로 수용할 수 있으며 자신의 장점을 존중하며 자아존중감이 향상되어 적극적으로 현실에 대처할 수 있는 능력이 생기게 된다.

이 단계에서는 종료를 위해서 사전에 계획하여야 하며 내담자와 합의하는 과정도 필요하다. 내담자가 아동일 경우, 부모와의 상담에서 일방적 종결을 하는 것보다 아동과 직접 종결에 대해 이야기하는 것이 좋다. 치료가 잘된 경우에는 내담자도 종료를 쉽게 받아들이게 되는데, 내담자가 종료를 받아들이지 않을 때는 치료과정에 대해 다시 한 번 생각해 보는 기회를 갖는 것이 좋다.

7) 종결과정

내담자가 현실의 문제를 잘 해결할 수 있고, 치료초기에 설정한 목표에 도달했으면 일단 종료할 수 있다.

그러나 상담의 초기 문제는 해결이 되었으나 또 다른 문제가 발생할 수도 있으므로 이때는 일단 종료하고 다음 주제에 대해 새로운 목표를 세워 상담을 진행하는 것이 도움이 된다. 내담자도 자신의 현실적 문제해결이 되었거나, 이로 인하여 변화를 도모할 수 있다고 판단되고, 이러한 변화가 지속될 수 있다고 판단되었을 때 종결할 수 있다.

종결은 또 다른 의미에서 이루어질 수 있다. 즉, 다른 미술치료자에게 내담자를 의뢰할 때 전 치료자와 종결을 하고 다른 치료자에게 의뢰되어야 한다. 내담자는 새로운 상황을 받아들이기 때문에 3회기 정도의 종료준비를 하고 진행하는 것이 좋다.

또한 치료가 진행되는 과정에서 치료가 제대로 이루어지지 않거나 치료자의 역전이가 치료에 방해가 되거나 내담자가 원해서, 아동상담일 경우는 부모가 종결을 요구할 때 등은 치료가 중단되게 된다. 그러나 어떠한 경우라도 합의하에 종료의 과정을 이끄는 것이 중요하다.

8) 사례회의

사례회의(case conference)는 미술치료과정에서 아주 중요한 부분으로 슈퍼비전의 한 형태다. 미술치료자는 반드시 슈퍼비전, 즉 임상감독을 지도받는 것이 중요하며 그중 하나의 방법이 사례분석을 통한 지도를 받는 것이다(Malchiodi & Riley, 1996).

이는 궁극적으로는 내담자의 변화를 도모하는 것이지만 또 하나의 목적은 치료자의 성숙에 더 큰 도움을 주고자 하는 데 목적이 있다. 사례회의는 상담자/치료자가 자신의 사례진행을 기록하여 다른 전문가들과 함께 자신의 사례를 분석하고, 상담진행이 잘 이루어지고 있는지를 살펴봄으로써 더욱 성숙된 상담으로 갈 수 있는 적극적인 방법이다. 먼저 미술치료자는 미술치료를 시작하면서 접수면접부터 사례정리를 하여 사례회의에 참여하는 것이 가장 바람직하다.

다음에 미술치료를 전공하고 있는 대학원생이 사례회의에 제시하였던 사례를 예로 제시한다.

감정 이해를 위한 미술치료 사례

치료자 ○○○

1. 내담자의 특징

내담자는 땅콩이라 불리는 초등학교 6학년 13세 여아로 얼마 전 이사 온 관계로 버스를 타고 통학한다. 얼굴은 달걀형에 쌍꺼풀 없는 큰 눈과 긴 머리카락은 묶어 단정하며, 외모와 이성에 관심이 조금 많은 편이며, 팔다리가 길고 조금은 마른 편이다. 말을 잘 하지 않고, 시선을 아래로 또는 다른 곳을 보며 눈을 마주치지 않으려 하며 신체 접촉을 싫어한다. 어떤 활동에도 흥미나 의욕이 없고 귀찮아한다.

땅콩은 복지관에서 할머니와 마주치면 도망을 가거나 얼굴 표정이 굳어지고 아주 싫어한다. 복지관의 동생들에게 얘기를 할 때 살짝 구석으로 데려가서 눈을 크게 뜨고 주위를 살피며 말을 작게 한다. 이사 온 지 얼마 되지 않아 또래친구가 없고, 복지관의 동생들과 가끔 어울린다.

2. 의뢰 경위

몇 달 전 지금의 복지관에서 집단미술치료 프로그램에 땅콩이 참여하였다. 프로그램을 종결하면서, 땅콩은 개인상담을 하게 되었다.

3. 가족 상황

가족은 할머니(75세), 언니(16세), 고모(44세), 고모 딸(고종사촌) 김수지(13세) 그리고 김 땅콩(13세)이다. 주 양육자는 할머니며, 구미에서 옷가게 점원으로 일하는 고모(44세)가 생활비와 용돈을 준다. 땅콩의 아버지는 집에 전혀 오지 않고 땅콩과 만나는 등의 접촉이 전혀 없으며, 가끔 할머니와는 전화 통화를 하고 만나기도 한다고 한다. 엄마는 땅콩이 한 살쯤 되었을 때 고모에게 언니와 땅콩을 버리고 도망갔다고 한다.

할머니는 잔소리가 많으며, 설거지나 빨래 등 집안일을 하지 않으면 잔소리가 더 많아지고 때리기도 한다. 고모는 매주 월요일쯤에 한 번씩 집에 오며, 고모부는 땅콩이 3학년 때 교통사고로 돌아가셨다고 한다. 고종사촌 김수지와 땅콩은 동갑이고, 같은 학교, 같은 반이지만 같이 다니지 않는다. 할머니는 외손녀(김수지)와 친손녀인 김땅콩을 모든 면에서 심하게 차별한다.

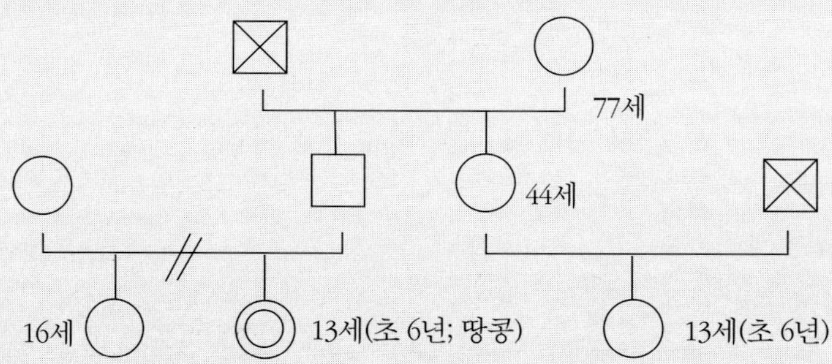

4. 상담자가 본 내담자의 문제

불안정한 가정 구조에 의해 마음의 문을 닫고 감정을 보이려 하지 않는다. 살아가는데 희망이나 꿈 등 하고자 하는 의지와 의욕이 없으며, 자존감이 떨어진다. 특히 어떤 일이나 사건에 감정을 보이지 않으며, 그에 따른 감정 자체를 회피하고 표현하려고 하지 않는다. 또한 눈을 마주치거나 가벼운 스킨십 등의 신체 접촉을 불안해하며 거부한다. 자신에 대한 칭찬이나 지지를 거부하거나 부정한다.

5. 상담목표

첫째, 초기 단계로 아동의 감정을 이해하고 공감하고자 한다.
둘째, 내재되어 있는 감정을 느끼고 표현하도록 한다.
셋째, 동기부여를 통해 목표를 설정하도록 한다.

6. 치료진행

1) 제1회기: 자유화

땅콩은 느리게 상담실로 들어와 앞쪽 자리 의자에 앉더니, 눈을 아래로 내려 깔고 계속 머리카락만 만졌다. 치료자는 땅콩을 천천히 쳐다보면서 앉아 있으니 땅콩이 치료자를 보았다.

아 동: 뭐해요?

치료자: 오늘부터 선생님이랑 매주 목요일 이 시간에 복지관에서 만나서 그림 그리고 이야기할 거야.

아 동: 오늘만 하는 거 아네요. 왜요?

치료자: 음, 계속할 건데……. 저번에 선생님이 얘기했는데 잊어버렸구나.

(아동은 계속 머리만 만지작거리며 불편한 듯 시선을 어디에 둘지 불안해한다.)

아 동: 이야기할 것이 하나도 없는데요.

치료자: 그래, 그럼 그림 그리고 그림에 대해 이야기해도 돼.

(계속 머리카락을 만진다.)

아 동: 그럼, 그림 그려요.

치료자: 그래, 그러자. 어떤 것으로 그릴래? 땅콩이 정하도록 해. 종이 크기랑 사용할 재료를……. 크레파스? 아님 색종이? 물감도 괜찮고. 어떤 것으로 오늘 그려 볼까?

아 동: 큰 종이(5절)와 4B연필로 그릴래요.

(5절과 8절 두 종류의 크기의 종이가 있었다. 그중 5절을 선택하였으며, 책상 위에 있는 연필을 선택하였다.)

아 동: 뭐 그려요. 어떤 거 그려요?

치료자: 땅콩은 어떤 것을 그리고 싶어? 선생님이 제목을 내 줄까? 아님 땅콩이 자유롭게 그릴래? 오늘 자유화 그려도 괜찮을 것 같은데…….

아 동: 자유화요?

치료자: 그래. 자유롭게 그리자. 그리고 앞으로 이 시간에 어떤 재료로 뭘 할 것인지, 어떤 이야기를 할 것인지는 땅콩이 일주일 동안 생각하고, 땅콩이 하고 싶은 것으로 하자.

아 동: 아휴……. 네. 그런데 어떤 이야기요?

치료자: 집에서 있었던 일이나 학교에서 친구들이랑 즐거웠거나 힘들었던 이야기 등 땅콩이 하고 싶은 이야기 모두……. 친구들이랑 여러 가지 이야기하는 것들 말이야.

아 동: 음…….

치료자: 이제, 그려 볼까? 다 그렸다고 생각되면 이야기해라. 선생님은 기다릴게.

아 동: 네.

(20~25분 정도 시간이 흐른 후)

아　동: 다 그렸어요.

치료자: 제목을 붙여 볼까.

아　동: 래프팅이요.

치료자: 그래, 래프팅은 해 봤니?

아　동: 네.

치료자: 언제?

아　동: 그러니까 ○○○복지관에서 8월 28일쯤에요. ○○에 있는 강에서요.

치료자: 재미있었구나.

아　동: 네.

치료자: 그런데 다른 친구들은 다 물에 빠졌는데, 이 여자 친구 혼자 배를 타고 있네. 누구야?

아　동: 얘는 저랑 동갑인데요, 자기를 언니라고 부르라고 해요. 그런데 처음에는 불렀는데요, 지금은 언니라고 안 불러요.

치료자: 동갑인데 왜 언니라고 불러 달라고 하지?

아　동: 몰라요. 얘가 저보다 생일이 빠르거든요.

치료자: 그런데 혼자 물에 안 빠졌네.

아　동: 그냥요, 잘하고……. 싫다고 하니까요.

치료자: 뭘 잘했는데?

아　동: 게임 같은 거요. 그냥 뭐…….

치료자: 이날 기분이 어땠어?

아　동: 좋았어요.

치료자: 그랬구나. 땅콩은 누구랑 살고 있어?

아　동: 할머니, 언니야, ○○○ 고모는 ○○에 있는 옷가게에서 일을 하는데 일주일에 한 번 와요.

치료자: 언니야랑 ○○○는 몇 살이야?

아　동: 언니야는 16살, 중 3이구요, ○○○는 저랑 동갑이에요. 근데 어릴 때 고모가 ○○○는 나보다 생일이 빠르다면서 언니라고 부르라고 했어요. 어릴 때는 언니라고 불렀는데요. 지금은 '야' 라고 해요.

치료자: 할머니는 어때?

아　동: 잔소리가 많은데요. 잔소리를 찾아다녀요. TV에서 나오는 얘기 다 나도 아는데 할머니는 나한테 계속 뭐라 뭐라 해요.

치료자: 땅콩 짜증나겠다.
아　동: 그냥요, 뭐……. 그래요.
치료자: 그럼 땅콩 엄마랑 아빠는?
아　동: 몰라요.
치료자: 여기 그림에서 위는 땅콩이고, 다른 친구들은 땅콩가족이라고 생각한다면, 할머니는 어디에 있니?
아　동: 없어요.
치료자: 언니는?
아　동: 없어요.
치료자: 고모는?
아　동: 없어요. 가족은 없어요. 놀고 싶어요.
치료자: 그래. 오늘은 그만할까?
아　동: 네.
치료자: 그래. 다음 주에도 목요일 4시에서 5시까지 하자. 괜찮지?
아　동: 네.

사례 연구에서 살펴보아야 할 내용은 다음과 같다.

- 내담자의 의뢰경위를 살펴보고, 치료자가 사례를 진행하기가 적절한 상태인지를 파악한다.
- 주 호소문제가 내담자의 진정한 문제인지 살펴본다.
- 정확한 치료의 목표와 전략을 설정하였는지 논의하고, 만약 그렇지 않았다면 치료자가 수정할 수 있도록 한다.
- 사전 검사를 실시하였다면 내담자의 문제에 적절한 진단도구를 사용하였는지를 검토한다.
- 치료자가 내담자의 치료목표와 전략에 맞게 적절한 미술치료기법을 적용하였는지를 검토한다.
- 언어화에 적절하게 반응하였는지, 치료자의 자세나 자질을 검토한다.

치료기록지

◇치 료 자: ____________________

◇치료일시: ____________________

◇내 담 자: ____________________

1 내담자 인적사항

2 의뢰경위

3 주 호소문제

4 가족관계(가계도 포함)

5 치료자가 본 내담자의 문제

6 치료목표 및 전략

7 치료과정

〈1회〉

- 치료자 1:
- 내담자 1:
- 치료자 2:
- 내담자 2:

제4장 미술치료 기법

내담자가 그린 그림은 내담자 자신의 경험뿐만 아니라 독특한 내면세계를 솔직하게 표현하는 특성을 지니고 있기 때문에 내담자의 그림을 분석해 봄으로써 내담자의 내면을 더욱 정확히 이해할 수 있다는 심리적 진단자료로서의 가치가 오래전부터 인정되어 왔다. 즉, 내담자의 그림은 하나의 적응매체에서 내담자의 심리심층 구조를 이해하는 새로운 연구 기법으로 발전되어 왔다.

미술치료의 기법은 그 방법이나 형식에 따라 여러 가지 관점에서 논의될 수 있다. 이를테면 심리 상담이나 심리치료의 이론적 측면에서 볼 때는 정신역동적 미술치료, 인간중심 미술치료, 발달적·행동적·인지적 미술치료 등으로 구분될 수 있다. 또한 개인치료 형태의 미술치료와 집단형태의 미술치료로 나눌 수도 있고, 대상이나 목적에 따라 기법을 논의해 볼 수도 있다. 특히 미술치료는 심리진단과 치료가 동시에 이루어지는 상황이므로 진단과 치료를 엄격하게 구분하기 어려우므로 융통성 있게 활용해야 한다.

또한 투사적 기법을 사용하는 데는 문제점이 있다. 특히 한 장의 그림으로 특징적 항목을 기준으로 하여 생략된 부분이나 지나치게 상세히 표현된 부분을 해석하고 진단하는 것은 조심스럽게 언급하여야 한다. 그림은 평가나 진단을 위한 도구로서의 가치도 있지만, 진단 평가보다는 내담자와 함께 의사소통하고 감정과 경험을 나누며 자기표현을 통해서 문제를 탐색하고 해결하기 위한 방법으로 사용할 필요가 있다. 즉, 미술치료의 핵심은 내담자의 표현작품이 무엇을 의미하는가를 알아내는 것뿐만 아니라 미술작업에 있어 과정과 결과 양자의 복잡성을 이해하는 데 있다. 중요한 것은 내담자가 그린 그림에 대해 무언가를 말할 수 있도록 격려하는 것이 중요하다.

다음에서 진단과 치료에 활용되는 미술치료의 대표적인 기법들을 구체적으로 소개하고자 한다.

1. 집-나무-사람 그림검사

투사적 그림검사는 '사람이나 집, 나무와 같은 특정한 형상에 대한 그림은 개인의 성격, 지각, 태도를 반영해 준다.' 는 가정을 기반으로 하고 있다. 현재 투사적 그림검사로는 나무 그림검사, 인물화 검사, 집-나무-사람 그림검사가 널리 사용되고 있으나 가장 잘 알려진 투사적 그림검사는 Buck(1948, 1966)의 HTP(House-Tree-Person) 검사다. 원래는 지능검사의 보조적인 수단으로 고안되었으나, 이후 지능과 성격 모두를 측정하는 수단으로 발전하게 되었다.

Buck(1948)은 Freud의 정신분석학을 바탕으로 HTP를 발달시켰으며, Buck과 Hammer(1969)는 단일과제의 그림검사보다는 집-나무-사람을 그리게 하는 것이 피험자의 성격 이해에 더욱 효과적이라고 생각하여 집-나무-사람 그림을 발달적, 투사적인 측면에서 연구했다.

Buck이 집, 나무, 사람의 세 가지 과제를 사용한 것은 첫째, 집, 나무, 사람은 누구에게나 친밀감을 주는 소재며, 둘째, 모든 연령의 피험자가 그림 대상으로 기꺼이 받아들이며, 셋째, 다른 과제보다는 솔직하고 자유스러운 언어 표현을 시킬 수 있는 자극으로서 이용할 수 있기 때문이며, 넷째, 무의식의 활동과 연상작용을 활성화하는 상징성이 풍부한 소재라는 점에서 채택하였다고 하였다.

1) 실시방법

(1) 준비물

백지(A4용지), 연필(HB, 4B), 지우개 등이 필요하다.

(2) 방 법

① 준비한 종이의 우측상단에 [1]~[4]까지 번호를 적어 둔다.
② 검사를 실시할 수 있는 준비가 되면 지시사항에 따라 그림을 그리도록 한다.

'지금부터 그림을 그려 봅시다. 이것은 그림을 잘 그리고 못 그리는 것을 조사하는 것이 아니므로 즐거운 마음으로 그리십시오. 자기가 생각한 대로 그리면 좋습니다.'

③ '한 장의 종이에 하나씩 모두 4장의 그림을 그리십시오.' 라고 말한 뒤 다음과 같이 지시한다.

- 검사지 한 장을 가로로 제시하면서 '집을 그리세요.' 라고 한다.
- 집을 다 그리고 나면 다시 새로운 검사지 한 장을 이번엔 세로로 제시하면서 '나무를 그리세요.' 라고 한다.
- 다 그리고 나면 새 검사지 한 장을 세로로 제시하고 '사람을 그리세요. 단, 사람을 그릴 때 막대 인물상이나 만화처럼 그리지 말고 사람 전체를 그리세요.' 라고 한다.
- 그 다음엔 다시 검사지 한 장을 세로로 제시하며 '그 사람과 반대되는 성을 그리세요.' 라고 지시한다.
- 다 그리고 나면 각각의 그림에 대해 질문을 한다.

2) 그림 그린 후의 질문사항

HTP 검사에서 그림을 그린 후의 질문은 피험자가 표현한 것의 의미와 문제를 파악하는 데 극히 중요한 역할을 한다. 질문은 일정한 형식이 없으며, 검사자의 필요에 따라서 행하는 것이 좋다. 질문에 대한 대답에 대해서는 그 이유를 묻는 것이 바람직하다.

다음은 HTP검사를 실시한 후 피험자들에게 일반적으로 사용되는 질문이다.

(1) 집그림

집그림에 대한 일반적인 질문은 다음과 같다.

- 이 집은 어디에 있습니까(시가지에 있습니까? 교외에 있습니까?)?
- 이 집 가까이에 다른 집이 있습니까?
- 이 그림에서 날씨는 어떠합니까?
- 이 집은 당신에게서 멀리 있는 집입니까? 가까이 있는 집입니까?
- 이 집에 살고 있는 가족은 몇 사람이며 어떤 사람들입니까?
- 가정의 분위기는 어떠합니까?
- 이 집을 보면 무엇이 생각납니까?
- 이 집을 보면 누가 생각납니까?
- 당신은 어떤 집에 살고 싶습니까?
- 당신은 이 집의 어느 방에 살고 싶습니까?
- 당신은 누구와 이 집에 살고 싶습니까?
- 당신의 집은 이 집보다 큽니까? 작습니까?
- 이 집을 그릴 때 누구의 집을 생각하고 그렸습니까?
- 이것은 당신의 집을 그린 것입니까?
- (특수한 집인 경우) 왜 이 집을 그렸습니까?
- (그림에서 이해하기 곤란한 부분에 대하여) 이것은 무엇입니까? 왜 그렸습니까?
- 이 그림에 첨가해서 더 그리고 싶은 것이 있습니까?
- 당신이 그리려고 했던 대로 잘 그려졌습니까? 어떤 부분이 그리기 어려웠고 마음에 들지 않습니까?

(2) 나무그림

나무그림에 대한 일반적인 질문은 다음과 같다.

- 이 나무는 어떤 나무입니까(불확실한 경우 상록수 혹은 낙엽수인지 질문)?
- 이 나무는 어디에 있는 나무입니까?

- 한 그루만이 있습니까? 숲 속에 있나요?
- 이 그림의 날씨는 어떠합니까?
- 바람이 불고 있습니까? 그렇다면 어떤 바람이 어느 방향으로 불고 있습니까?
- 이 나무는 몇 년쯤 된 나무입니까?
- 이 나무는 살아 있나요? 말라죽었다면 언제쯤 어떻게 말라죽었습니까?
- 이 나무는 강한 나무입니까? 약한 나무입니까?
- 해가 떠 있습니까? 떠 있다면 어느 쪽에 떠 있습니까?
- 이 나무는 당신에게 누구를 생각나게 합니까?
- 이 나무는 남자와 여자 중 어느 쪽을 닮았다고 봅니까?
- 이 나무는 당신에게 어떤 사람을 느끼게 합니까?
- 이 나무는 당신에게서 멀리 있는 나무입니까? 가까이 있는 나무입니까?
- 이 나무에 필요한 것은 무엇입니까?
- 이 나무는 당신보다 큽니까? 작습니까?
- (상흔이 있으면) 이것은 무엇입니까? 어떻게 해서 생겼습니까?
- (특수한 나무인 경우) 왜 이런 나무를 그렸습니까?
- 이 그림에 더 첨가해서 그리고 싶은 것이 있습니까?
- (그림에서 이해하기 곤란한 부분에 대하여) 이것은 무엇이며 왜 그렸습니까?
- 당신이 그리고자 한 만큼 잘 그려졌습니까? 어떤 부분이 그리기 어려웠고, 마음에 들지 않습니까?

(3) 사람그림

사람그림에 대한 일반적인 질문은 다음과 같다.

- 이 사람의 나이는 어떠합니까?
- 이 사람의 직업은 무엇입니까?
- 결혼은 했습니까? 가족은 몇 명이며 어떤 사람들입니까?
- 이 사람은 지금 무엇을 하고 있습니까?
- 지금 이 사람은 무슨 생각을 하며 어떻게 느끼고 있습니까?

- 이 사람의 건강상태는 어떠합니까?
- 이 사람의 친구관계는 어떻습니까?
- 이 사람의 성격은 어떠합니까? 장단점은 무엇입니까?
- 이 사람은 행복합니까? 불행합니까?
- 이 사람에게는 무엇이 필요합니까?
- 당신은 이 사람을 어떻게 생각합니까? 좋습니까? 싫습니까?
- 당신은 이 사람처럼 되고 싶습니까?
- 당신은 이 사람과 함께 생활하고 친구가 되고 싶습니까?
- 이 사람을 그릴 때 누구를 생각하고 있었습니까?
- 이 사람은 당신을 닮았습니까?
- (특수한 인물인 경우) 왜 이 사람을 그렸습니까?
- (그림에서 이해하기 곤란한 부분의 경우) 이것은 무엇입니까? 왜 그렸습니까?
- 이 그림에 더 첨가해서 그리고 싶은 것이 있습니까?
- 당신이 그리고자 한 만큼 잘 그려졌습니까? 어떤 부분이 그리기 어려웠고 마음에 들지 않습니까?

3) 그림 해석

(1) 전체적 평가

전체적 인상, 조화, 구조, 이상한 곳은 없는가에 주목하여 어떤 모양의 사람을 그렸는가를 생각해 나가는 것이다. 전체적 평가에서 밝혀야 하는 것은 피험자의 적응 수준, 성숙도, 신체상의 혼란 정도, 자기와 외계에 대한 인지방법 등이다.

(2) 내용분석

무엇을 그렸는지를 분석하는 것이다. 내용분석에 있어서는 명백하고 큰 특징을 먼저 다루는데, 그림 그린 후의 질문을 실시하여 피험자가 질문에 따라 연상하는 것을 묻는 것이 해석에 효과가 있다.

(3) 형식적 분석

어떻게 그렸는가를 분석하는 것이다. 그림을 그리는 순서, 위치, 크기, 필압, 선의 농담, 그림의 대칭성, 운동성, 원근법, 음영, 생략, 강화, 지우기 등을 다루며, 이것으로 성격의 단면을 이해해 나가는 방법이다.

① 검사태도 및 소요시간

- 소요시간이 2분 이하로 짧거나, 30분 이상 걸릴 때 이는 관심 부분을 기피하거나 고착된 것임을 나타낸다.
- 오랜 시간이 소요되는 것은 일반적으로 완벽성, 강박경향을 나타낸다.

② 순서

- 그림의 순서는 집그림은 지붕, 벽, 문, 창문의 순서로, 인물화는 얼굴, 눈, 코, 입, 목, 몸, 팔다리라는 일반적인 순서로 그리는 경향이 있다. 그러나 인물화에서 얼굴의 내부를 먼저 그리고 얼굴 윤곽선을 나중에 그리거나, 얼굴을 맨 마지막에 그리는 사람은 대인관계에 어려움을 느끼는 것으로 본다.

③ 크기(2/3 정도)

- 지나치게 작은 그림: 내적 열등감. 위축감, 부적절한 감정, 자기억제적, 소심함, 우울증적 경향
- 지나치게 큰 그림: 환경에 대한 적의와 공격성, 자기 확장, 과잉행동적, 정서적 조증의 상태, 과장된 경향

④ 위치

- 상: 의식, 상상, 정신세계, 불안정
- 하: 무의식, 물질세계, 안정, 우울
- 좌: 내향적, 과거지향적, 소극적, 수동적
- 우: 외향적, 미래지향적, 활동적, 능동적

⑤ 필압

- 매우 진한 선: 심한 긴장, 공격성, 자기주장성

- 매우 옅은 선: 우유부단함, 소심함, 에너지 수준 낮음, 부정적 자긍심, 우울

⑥ 스트로크

- 긴 스트로크: 자신 통제
- 짧은 스트로크: 충동적
- 망설이지 않고 한 줄인 선: 안정되고 자신 있는 것
- 흔들리고 덧칠한 선: 자신감 없고 불안정

⑦ 지우기

- 불안감, 우유부단함, 불확실성, 강박적

⑧ 생략과 왜곡

- 그 부분이 피험자에게 갈등이 되고 있음

⑨ 음영

- 불안, 갈등

1. 집 그림 해석

가정상황을 나타내며, 자신의 가정생활과 가족관계에 대한 인지, 현재의 가정을 어떻게 보는지, 이상적인 장래의 가정과 과거의 가정에 대한 소망을 나타냄.

- 지붕: 정신생활 특히 생활의 공상영역 상징
- 벽: 자아의 강도와 관계
  - 튼튼한 벽은 완강한 자아, 얇은 벽은 약한 자아
  - 벽면이 경사진 것: 자아의 통합성과 안정성이 흔들림
- 문: 환경과의 직접적인 상호작용, 대인관계에 대한 피험자의 태도
  - 경칩이나 문고리에 대한 강조: 편집성의 방어적 민감성
- 창문: 환경과의 수동적인 접촉
  - 완전히 닫힌 커튼: 환경과 접촉하지 않으려는 것
  - 반 열린 커튼: 환경과 통제된 교류

- 지나치게 크거나 많은 창문: 환경과의 상호작용에 대한 지나친 관심
- 지나치게 적거나 없는 것: 적대적, 부정적 경향, 타인에 대한 관심 부족

• 굴뚝과 연기: 친밀한 인간관계로서의 따뜻함, 남성 성기의 상징
- 진하게 많은 연기가 나오는 것: 가정 내의 갈등, 정서 혼란

2. 나무 그림 해석

• 주제
- 상록수: 자신을 활력이 넘치는 존재로 인식, 그렇게 행동하고 싶다는 희망
- 낙엽수: 외계의 힘에 의해 움직이고 있다는 감정
- 버드나무 같이 밑으로 처지는 나무는 내향적, 폐쇄적, 우울

• 줄기: 성장과 발달에 있어 에너지, 창조력, 생명력, 생활에 대해 느끼는 감정을 반영
- 큰 줄기: 환경에 대해 적극적으로 행동, 현실과 공상 면에서 공격적 행동 경향

• 수피: 자신과 외계와 타인과 접촉하는 부분
- 나무껍질을 검게 칠한 것은 외계와의 사이에 긴장감, 우울함, 불안
- 나무껍질을 상세하기 그리는 것은 환경과의 관계에 강한 관심

• 줄기의 상흔, 옹이구멍: 외상경험

• 가지: 환경과의 관계. 자신이 가지고 있는 능력, 가능성, 적응성을 어떻게 보는지 나타냄
- 가지가 갈라지지 않은 그림: 경직된 성격
- 위로만 향한 가지: 성취에 대한 긴장
- 위가 잘리거나 부러진 가지: 성공에 대한 희망 없음
- 끝이 날카로운 창 같은 모양의 가지: 강한 공격성, 적개심

• 수관
- 줄기가 짧고 수관이 큰 나무: 자신감과 야망을 가지고 정열적으로 몰두하는 사람
- 줄기가 아주 가늘고 수관이 지나치게 큰 경우: 완전한 만족을 위해 마음의 안정 상실

• 뿌리: 현실을 지배하는 자신의 능력
- 뿌리가 보이는 것처럼 그리는 것: 현실검증력의 장애

3. 사람 그림 해석

• 머리: 지능, 공상, 자기통제, 대인관심을 상징

• 얼굴: 외계의 현실세계와 어떻게 접촉하는가를 상징

• 눈과 속눈썹: 내면생활을 나타내는 것뿐 아니라 외계와 접촉하는 중요기관

- 눈동자 없이 원모양으로 그림: 자기에 몰입, 환경에 관심 없음, 미성숙, 퇴행
- 큰 눈: 외향성, 사회적 의견에 과민함

• 코: 남근 상징
- 코의 강조: 성적 어려움, 성적 미숙, 부적절감
- 코 생략: 성에 대한 갈등, 동성애 경향

• 입: 말에 의해 타인과 접촉하는 기관으로 적극성, 공격성, 성적인 것
- 입 강조: 퇴행, 구순적인 공격충동으로 인한 불안, 천박한 언어사용과 관련
- 치아강조: 공격적, 가학적 경향
- 입이 한 선으로 표시: 긴장
- 두툼하고 벌린 입: 구강적, 의존적 경향

• 턱: 힘과 결단력, 공격적 지배적 경향

• 귀: 귀 강조는 외계의 비판이나 타인의 의견에 대한 과감성, 환청, 난청의 가능성

• 목: 지적인 통제와 충동을 연결하는 부분
- 긴 목: 본능적 욕구를 과도하게 통제
- 목이 지나치게 짧고 굵은 것: 충동성
- 목이 없는 것: 미성숙

• 팔, 손: 환경을 접촉하고 조작하는 기관
- 짧은 팔: 접촉의 제한, 무기력
- 긴 팔: 성취욕, 획득욕, 환경과의 적극적 접촉
- 팔이 신체에 붙어 있음: 수동적, 의존적, 억압, 긴장
- 팔이 신체에서 뻗어 있음: 밖으로 향한 공격성
- 팔의 생략: 우울, 정신분열
- 손 생략: 무력감, 거세된 감정
- 손에 진한 음영: 공격, 절도, 자위 등 손 사용 행동에 대한 죄책감
- 손을 감춘 그림: 도피적인 태도, 손사용 행동에 대한 죄책감

• 발: 성격의 안정성
- 긴 다리: 자율성에 대한 강한 욕구
- 짧은 다리: 의존 욕구, 비활동성
- 길이가 다른 다리: 양가적 감정, 불안정하거나 공상 세계로 도피하는 사람
- 벌리고 서 있는 다리: 안정성 강조
- 엇갈린 다리: 정서적 긴장이 강하거나 성적 접촉에 대해 자신을 지키고자 하거나 성적 부적응

- 발가락: 발가락을 그리는 것은 병적인 징표
- 몸통: 몸통이 없는 인물화는 자신의 신체상을 상실하고 있거나 신체적인 충동의 존재를 부인
  - 현저하게 작은 몸통은 신체적 에너지 결핍
  - 기하학적 도형의 몸통은 정신지체나 정신분열증으로 의심
  - 둥그스럼한 몸통은 공격성이 약하고 미발달적, 여성적 경향과 관련
  - 각이 진 몸통은 공격성이 강하고 자기 주장적, 남성적 경향과 관련
- 어깨: 체격과 체력을 나타냄. 남성적인 힘과 자기 과시의 욕구
  - 모난 것을 지나치게 강조하는 것은 외계에 대해 적의를 가지며 방어적인 태도
  - 남성상의 어깨를 강조한 것은 자신의 신체의 약함을 보상, 성적 역할에 대해 양가감정
  - 여성상의 어깨를 강조한 것은 성적 역할에 대한 혼란
  - 작은 어깨는 열등감을 나타냄
- 유방: 성적 관심과 의존 욕구
  - 의복을 통해 가슴이 불룩한 것으로 나타내거나 선을 통해 암시하는 것은 성과 애정에 대한 적절한 관심 또는 구순적 의존 욕구
- 허리
  - 허리의 선을 강조하거나 반대로 흐리고 약한 필압을 그리거나 파선으로 그리는 경우는 성 충동의 표현과 통제 간의 갈등과 긴장
- 엉덩이
  - 남성상의 엉덩이를 강조하여 그리는 남자는 성적으로 미숙하거나 동성애 경향
  - 여성상의 엉덩이를 강조한 것은 여성다움에 대한 관심
- 의복
  - 나체상은 사회규범에 대해 반항적이며 성적 문제를 가지고 있는 경향
  - 의복을 통해 신체가 보이도록 그리는 것은 현실검증력이 저하, 심리적, 기질적 원인으로 성격장애
  - 인물에 비해 너무 큰 옷은 옷의 부적합성과 자기모멸을 나타냄
  - 속이 비치는 옷은 성적인 것을 훔쳐보는 경향, 과시적인 경향
- 단추: 모친에 대한 의존
  - 의존적, 유아적, 부적합한 성격
  - 소매부리의 단추가 강조된 것은 의존적 경향 외에 강박적 성향
- 주머니
  - 유아적 의존적 경향
  - 가슴 부위에 그려진 주머니는 구순적 애정의 결핍

• 넥타이: 남성적인 것을 의미, 남근 상징
• 목걸이: 자신의 부적절함을 보상

2. 동적 집-나무-사람 그림검사

1) 실시방법

동적 집-나무-사람(KHTP) 그림은 한 장의 용지 위에 집, 나무, 사람을 함께 그리는 것으로 HTP를 전체적으로 볼 수 있으며 내담자의 성격을 더욱 역동적이고 효과적으로 파악하고, 내면의 세계를 반영해 준다.

(1) 준비물

A4용지, 4B연필, 지우개 등이 필요하다.

(2) 방 법

① A4 용지를 피험자에게 수평(가로)으로 제시한다.
② 지시사항에 따라 그림을 그리도록 한다.

이 종이 위에 집, 나무 그리고 어떤 행동을 하는 사람의 전체 모습을 그리시오. 그릴 때 만화나 혹은 막대기와 같은 사람이 아닌 사람의 전체 모습을 그리세요.

③ 내담자가 그림을 완성하였으면 몇 가지 질문을 하고 내담자와 이야기를 나눈다. 다음의 질문을 하면서 해석해 나간다.

• 느낌이 어떤가요?
• 누구의 집인가요? 이 집에 들어갈 수 있나요? 당신이 살고 싶은 집입니까?
• 사람은 어때요? 이 사람은 싫어하는 사람입니까? 좋아하는 사람입니까?

• 나무는 살아 있습니까? 죽었습니까? 나무는 마음에 듭니까?

2) KHTP의 해석

KHTP의 해석에 있어서는 HTP의 해석의 바탕을 이루고 있는 정신분석학적인 관점과는 달리 발달적 체계를 적용하였다. HTP의 해석은 '정신병리적' 집단에 대한 프로이트 학파의 이론적 기반에 의해 주로 이뤄졌다. 프로이트 학파의 사고는 우리에게 통찰을 부여해 주었다. 그러나 인간의 건강한 면보다는 병리적인 면이 더 강조되었던 것도 사실이다.

전체로서 인간을 보는, 즉 건강하지 못한 면뿐만 아니라 건강한 면도 보며, 한계성뿐만 아니라 잠재력도 고려해서 인간을 본 심리학자들 가운데 한 사람이 Abraham Maslow(1954)였다. Maslow는 우리에게 성장의 수준을 정의해 줄 발달적 모델을 제시해 주었다. Maslow의 모델을 투사적 그림에 적용시킬 때 다음의 단계들 혹은 '욕구 체계' 를 포함시킨다.

- 1단계: 생활에 대한 소속감(생활, 생존, 안전, 일상에 대한 욕구)
- 2단계: 신체에 대한 소속감(신체에 대한 수용, 신체 탐닉과 잠재성에 대한 통제력의 추구)
- 3단계: 사회에 대한 소속감(지위, 성공, 존경 그리고 힘에 대한 추구)
- 4단계: 자기와 자기가 아닌 것에 대한 소속감(자기와 임신한 여성이 그녀의 아이를 수용하는 것처럼 자기가 아닌 것을 포함해서 정의된다. 동정심, 사랑을 주는 것, 양육, 변화된 동기)
- 5단계: 모든 생명체에 대한 소속감(사랑을 주고받기, 자아실현, 좋은 기회와 행운, 창조성, 생활에 대한 찬양)

투사적 기법에서 우리는 병리적인 면과 부정적인 면을 추구했기 때문에, 그것들을 발견했다. 아마 우리가 정상과 성장을 추구한다면, 우리는 이것들 또한 발견할 수 있을 것이라는 전제에서 KHTP의 해석에 있어서 위의 Maslow의 모델을 적용시켰다.

Maslow의 체계는 새로운 것에 대해 변화하고 수용하는 개방체계다. 폐쇄 체계의 사용은 인간의 성장과 잠재력을 고찰하고 이해하는 것을 지연시켰다.

일반적으로 KHTP에 대한 분석에서 집이 우리 생활의 물리적 측면을, 나무는 생활의 에너지와 에너지의 방향이며, 사람은 감독자를 상징한다고 말한다.

Maslow의 '욕구체계' 의 6단계와 7단계는 현재의 심리적 도구를 초월한 것이므로, 우리는 5단계만 사용할 것이다. 처음 3단계들은 접근형-회피형(혹은 공격과 수동)형으로 나뉜다(김동연, 공마리아, 최외선, 2002).

(1) 집-나무-사람 그림에서의 발달적 단계

① 집 그림에서의 발달적 단계들

1 1단계: 생활에 대한 소속감

이 단계에서 그림을 그리는 사람은 생존에 대한 회의나 혹은 죽고 싶은 욕망에 사로잡혀 있다.

- **접근형**: 집은 보호와 안전을 위한 장소이다. 요새나 감옥과 같은 구조를 흔히 볼 수 있다. 보통 접근이 제한되며 문 혹은 손잡이가 생략되어 있다. 집은 사람들에게서 당신을 안전하게 지켜 주는 성역이다.
- **회피형**: 여기에 속하는 사람들은 죽으려고 생각하고 있다. 집은 부서지기 쉽고, 붕괴 직전이며, 낡고 약해 보인다. 집은 비어 있고 오래가지 못할 것처럼 보인다.

2 2단계: 신체에 대한 소속감

집과 집의 개방과 돌출, 벽 등은 신체를 나타내는 경우가 있다. Freud적인 상징이 여기에 적합하다.

- **접근형**: 부분들이 강조되어 있다. 굴뚝은 문이나 창문들이 그려져 있는 것과 같이 분명하면서도 정밀하게 그려져 있다. 집에는 촛불, 동그라미 혹은 남성성기의 상징들을 포함한 성적 상징들이 장식되어 있을 수 있다. 집은 감각적이며 쾌락주의를 반영한다.
- **회피형**: 부분들이 생략되어 있거나 지워져 있거나 혹은 감춰질 수 있다. 또한 부

분들에 음영이 있거나 지워져 있다. 집을 그리는 것을 싫어하며 집이 심미적이지 못하고 거부가 나타난다. 상징은 신체의 갈등 부분들을 반영할 수도 있다. 집이 타인의 침입을 받지 않는 '신성한 장소'를 반영하는 경우도 있다.

3 3단계: 사회에 대한 소속감

- 접근형: 집은 성공, 지위, 권력과 존경에 대한 욕구를 반영한다. 이 단계에서 집은 현대적이며 값비싸 보인다. 만약 풍경화가 그려진다면, 그것은 정형적이고 윤택해 보일 것이다.
- 회피형: 집은 성공하지 못했다는 것을 나타낸다. 집이 비싸 보이거나 현대적이지 못하다. 누추한 집.

4 4단계: 자기와 자기가 아닌 것에 대한 소속감

이 단계에서 분열은 숨어 있다. 접근형이나 회피형은 없고 다만 통일된 조화가 있다. 집은 가정이 된다. 더욱 많은 색채들이 따뜻함과 보호적인 느낌으로 사용된다. 커튼은 숨기 위한 것이 아니라 따뜻함과 아름다움을 나타낸다. 꽃, 관목, 나무 등이 첨가될 것이다. 그림에 따뜻한 양육적인 특성이 나타난다. 문과 문에 있는 손잡이를 이용하여 출입할 수 있다. 때때로 집에서 빛이 비쳐 나온다. 가정은 따뜻한 분위기 속에서 다른 사람과 공유할 수 있는 곳이다. 장난감, 원예도구 그리고 꽃 등이 가족과 보호의 상징으로서 나타난다.

5 5단계: 자신과 자신이 아닌 더욱 확장된 것에 대한 소속감

가정은 행복과 환영을 발산하는 창조적인 것이다. 이 단계에서 그림을 그리는 사람은 자신과 자신이 아닌 것도 수용한다. 가정은 따뜻하고 자연스럽게 조화를 이루고 있다. 나무, 꽃, 새, 태양, 산 등이 하나의 생활의 향연으로서 사랑스럽게 포함되어 질 것이다. 가정은 신체, 자기, 기타 다른 것들과 정신적인 것을 위해 가정을 확립하려는 창조적 노력과 완전성을 반영할 것이다.

② 나무 그림에 있어서 발달적 단계

나무는 신화, 관습, 전설, 종교적 문헌, 미술, 시 그리고 꿈 분석에서 묘사되는 것처럼 옛날부터 세계 여러 곳에서 생활과 자기 성장의 상징으로 여겨 왔다.

나무의 가지는 방어, 슬픔, 양육, 성장, 재활과 결심을 상징해 왔다. 씨앗에서 꽃이 피고 열매를 맺어 또다시 씨앗이 되는 나무의 기적적인 재생은 인간 성장과 발달에 대한 은유로 보인다. 나무는 땅에서부터 하늘까지 성장하고 움직이려 하는 인생의 열망을 반영한다. 따라서 그것은 가장 보편적인 상징으로서 정신과 자기 확장의 은유를 나타내고 있다. 나무는 하나 된 영상으로서 사람의 모습이다.

Jung(1979)은 "만일 만다라가 교차 부분에서 보이는 자기(self)의 상징으로서 묘사되어질 수 있다면, 나무는 성장의 과정으로 묘사된 자기(self)의 단면을 나타낼 것이다."라고 말했다. Jung은 그의 환자들에게서 많은 나무 그림들을 모았다.

생활의 힘, 창조적 생명력, 생기(生氣)는 나무 상징과 관련된 극소수의 용어들이다. KHTP에서 죽은 나무는 그림을 그린 사람이 생활할 의지를 잃은 것을 반영해 준다. 성장이 저지된 나무는 차단된 성장을 말한다. 가느다란 줄기도 흥미 분야가 좁은 것과 생활에 대한 좁은 견해를 보여 준다. 줄기가 아주 좁아지는 것처럼 인생도 한 가닥 실에 걸려 있다. 수령은 그림 그린 사람의 발달적 혹은 에너지 수준에 대한 단서를 줄 수 있다.

나무 성장의 방향은 위와 밖, 혹은 아래와 안이다. 줄기의 옹이구멍은 보통 '혼란된 마음속' 에 있는 고착이나 외상들을 반영한다. 기타 나무와 관련된 상징들은 Metzner(1981)의 논문을 보면 더욱 자세하게 알 수 있다.

[1] 1단계: 생활력과 에너지에 대한 삶의 수용에 대한 소속감

- **접근형**: 나무가 갈쿠리 같은 손톱 모양의 뿌리를 가지고 있거나 혹은 파묻혀 있다. 나무가 친숙하지 못하다. 가시나 혹은 '가까이 오지 못하게 하는' 특성을 가질 것이다. 기어오를 수 없다.
- **회피형**: 나무가 죽어가고 있거나 죽어 있다. 줄기는 좁고 잎이 없거나 혹은 드문드문 나 있다. 나무가 비틀려 있고 발육이 방해받고 있다. 가지와 잎은 흐느끼는 버드나무의 가지처럼 아래로 처져 있다. 가지들은 부러져 있거나 말라 죽어 있다.

[2] 2단계: 신체에 대한 소속감

- **접근형**: 나무는 감각적 특성을 가지고 있으며, 나무껍질 혹은 잎을 강조할 것이

다. 잎들이나 가지들이 남근 모양일 수 있다. 감각적인 색채들. 나무들은 줄기에 비해 작은 가지 구조이기 때문에 남근을 닮았다.

- 회피형: 나무들이 생략되어 있거나 부분이 감춰져 있거나 음영이 져 있다. 칙칙한 색채를 띤다.

③ 3단계: 사회에 대한 소속감

- 접근형: 강한 나무. 크고, 화려하며 외관적임. 가지들이 소유하려는 듯이 움켜잡는 식으로 밖으로 뻗어 있다. 나무는 균형이 잡혀 있지 않다.
- 회피형: 수동적으로 보이는 나무. 가지들은 크지만 밖으로 뻗어 있지 않다. 나무가 한쪽으로 기울어져 있다.

④ 4단계: 자신과 자신이 아닌 것에 대한 소속감, 접근형이나 회피형이 아니라 단지 우호적인 나무들

- 양육적이고 정착된 나무로 그늘과 올라갈 수 있는 장소를 제공해 준다. 아마도 과일이나 열매들이 그려져 있을 수도 있다(떨어지거나 떨어진 과일이 아닌).

⑤ 5단계: 자기와 확장된 자기가 아닌 것에 대한 소속감

- 나무가 꽉 차 있으며 완전하고 위와 밖으로 뻗어 있다. 가지들은 부러지지 않았으며 연속적이다. 생기 있고 즐거운 분위기를 자아내는 특성의 색채를 보이며 전체적인 조화 속에 새, 태양, 산이 있다.

③ 인물화에 있어서 발달적 단계들

① 1단계: 생활에 대한 소속감

- 접근형: 공격적인 외모와 표현. 편집증적 특징(피카소의 눈)을 가지고 있다. 인물은 무기를 들고 있거나 무섭고 의심하는 듯한 표정이다.
- 회피형: 얼굴이 텅 비어 있거나 뭉개져 있거나 혹은 매우 슬픈 표정이다. 사람들이 내적으로 죽어 보이거나 교활해 보인다. 인물은 자기 파괴적일 수 있다.

② 2단계: 신체에 대한 소속감

- 접근형: 신체가 강조되고 감각적이다. 성적인 특성들이 강조되어 매력적이다. 남

성일 때 근육이 강조된다. 여성에게 있어서는 가슴, 엉덩이 등을 포함하는 성적인 특성이 강조된다. 아름다운 신체, 세밀하게 그려진 사람들, 조깅하는 사람들 등

- 회피형: 부분들이 숨겨져 있거나 생략 혹은 가려져 있는 신체, 신체에 대한 수치나 당혹스러움

③ 3단계: 사회에 대한 소속 지위, 성공, 존경과 권력을 추구

- 접근형: 현대적이며 성공과 중요함을 느끼게 하는 분위기. 지위와 존경에 대한 욕구를 보여 준다.
- 회피형: 반문화적이거나 낡은 옷들, 성공적이 아니라 약하다.

④ 4단계: 자기와 자기가 아닌 것에 대한 소속감

- 사람은 양육적이고 사랑스러운 얼굴 표정을 보여 주며, 행동 또한 양육적이다. 동정심 있고 보호적이며 양육적인 사람

⑤ 5단계: 자신과 모든 생명체들에 대한 소속감

- 인물은 생활의 축복을 반영한다. 인물은 전체적이며 완전하며 종종 창조적이다. 인물은 표현에 있어서 사랑, 희망찬 미래와 행운의 느낌을 주고 수용적이다. 생활에 있어서 가능성에 대한 열렬한 기대를 반영하며, 색깔 등이 다채롭다.

(2) KHTP에서 그림들의 부착, 거리, 순서와 크기 해석

① 부착

집에 대한 사람의 부착, 나무에 대한 집의 부착 등은 그림 그린 사람들이 그들의 생활 속에서 여러 가지 중요한 일들을 분리할 수 없고 해결할 수 없다는 것을 반영해 준다.

자신의 생활의 문제를 해결하지 못하며, 명백하고도 순탄한 인생의 행로를 가지 못하는 사람은 만성적으로 충족되지 않고 불만스러운 것처럼 보인다.

② KHTP에서의 그림들의 순서

소수의 사람들은 지시에 따라서 열을 지어 집, 나무, 그리고 사람을 그린다. 그러

나 대부분의 사람들은 KHTP에 그들 나름대로의 순서로 그림을 그릴 것이다. 여기에 순서가 무엇을 뜻하는가에 대해 다음과 같은 가정이 있다.

(가정 1) 먼저 그려진 그림을 가장 중요하게 생각함: 발달단계 결정에서 가장 먼저 그려진 그림의 발달단계를 그 피검자의 발달단계로 간주함

1 나무를 가장 먼저 그리는 경우

- 나무를 가장 먼저 그리는 사람은 생활에너지와 성장을 가장 중요하게 생각한다. 이것은 성장하려고 하는 사람이나 살아 있는 전형적인 사람들의 유형이다. 예를 들면, 자살하고 싶은 충동을 가진 사람 혹은 '살려는 의지' 를 잃어버린 사람들은 종종 나무를 먼저 그린다. 위로 향하고자, 즉 성장하고자 하는 사람들 또한 나무를 먼저 그린다. 물론 해석을 가치 있게 하려면 전체 KHTP의 부분으로서 나무를 보아야 한다. 나무가 부착되어 있는가? 죽었는가? 어느 쪽을 향해 굽어 있는가? 이 같은 정보는 '의미' 를 더욱 분명하게 해 준다.

2 집을 먼저 그린 경우

- 세상에 소속되고자 하는 욕구, 생존을 위한 욕구
- 신체에 소속되고자 하는 욕구, 신체 욕구 혹은 강박 관념을 나타낼 수 있다.
- 사회에 소속되고자 하는 욕구, 집은 성공이나 혹은 성공에 대한 멸시를 보여 준다.
- 양육을 위한 가정
- 양육을 주고받기 위한 가정, 창조적이고 즐거운 장소

3 사람을 먼저 그린 경우

- 세상에 대한 소속감의 통제와 관련된 관심, 신체를 드러내거나 혹은 숨김
- '성공' 을 보여 주거나 혹은 '성공' 에 대한 경멸
- 양육적인 사람
- 즐겁게 주고받는 사람
- 만일 자신 이외의 사람을 그린다면 그것은 특별한 사람, 예를 들면 죽은 가족 성원, 사랑하는 사람, 증오하는 사람, 영웅 혹은 영웅적이지 못한 인물에 사로잡혀 있다는 것을 반영할 것이다.

[그림 4-1] KHTP(여고생)

[그림 4-2] KHTP(초등학교 2년 남아)

3. 풍경구성법

풍경구성법(Landscape Montage Technique; LMT)은 미술치료 혹은 그림검사법의 하나로 1969년에 中井久夫(나카이) 교수에 의해 창안되었다. 이 풍경구성법은 원래 정신분열증 환자를 주 대상으로 하여 모래상자 요법의 적용 가능성을 결정하는 예비검사로 고안되었다. 그러나 독자적인 가치가 인정되고 이론적으로 분석되어 치료적으로도 많이 활용되고 있다.

풍경구성법은 일본에서 널리 이용되고 있으며 1977년 제10회 독일어권 표현병리, 표현요법 학회에 발표된 후 독일, 미국 및 인도네시아에서도 널리 시행되고 있고, 진단도구로서뿐만 아니라 치료과정 속에 활용되어 많은 효과를 인정받고 있다.

1) 실시방법

(1) 준비물

A4용지(내담자의 욕구에 따라 크기 조절), 사인펜(보통 검은색 사인펜), 크레파스 혹은 색연필 등이 필요하다.

(2) 방 법

① 치료자가 검은 펜으로 용지에 테두리를 그려 내담자에게 제시한다.

② 지시사항에 따라 그림을 그리게 한다.

③ 내담자에게 10개의 항목(강, 산, 논 또는 밭, 길, 집, 나무, 사람, 꽃, 동물, 돌)을 차례대로 불러 주고 내담자는 검은색 펜으로 순서대로 풍경을 그린다. 그림을 그릴 때 10개를 미리 제시하지 말고 하나씩 하나씩 불러 주도록 한다.

④ 그린 후 '그 외 추가로 더 그려 넣고 싶은 것이 있으면 그려 넣으세요.' 라고 말한다.

⑤ 그림을 다 그린 후 원하면 색칠하도록 한다. 색칠을 반드시 해야 하는 것은 아니며 원할 경우 색칠하게 한다.

⑥ 작품이 완성된 후 상담자와 내담자는 같이 그림을 보면서 묻고 싶은 부분이 있을 때 자연스럽게 물어본다.

- 풍경의 계절은?
- 날씨는 어떠한가?
- 몇 시 정도의 풍경인가?
- 강, 바다의 흐름은 어디에서 어디로 흘러가는가?
- 그 강은 깊은가?
- 산 저편에 무엇이 있는가?
- 사람은 무엇을 하고 있는가?
- 자유롭게 그려 넣은 것은?
- 그 풍경에 대한 느낌은 어떠한가?

그림에서는 풍경 전체의 느낌이 중요하며 치료자는 작품을 비판하고 상징성을 보는 것이 아니라 내담자와의 교류가 중요하다. 그리고 그림에서는 내면의 상황을 그대로 투영하거나 갈망하는 것을 시사하고 있으므로 앞으로의 변화와 가능성을 볼 수 있어야 한다.

2) 상징과 의미

(1) 강

강은 무의식의 흐름에 비유할 수 있다. 무의식에 지배되어 있는 상태의 환자는 물이 세차게 흐르는 큰 강, 물이 넘쳐흐르는 그림을 그리는 경우가 많다. 강박경향이 심한 사람이나 무의식에 대해 자아경계가 약한 사람은 강가를 돌로 쌓거나 콘크리트로 방파제를 만든 그림을 그린다. 분열증 발병기에 있는 자, 신경증 환자는 강을 너무 크게 그리거나 물의 양이 많은 강을 그리는 경우도 있다.

(2) 산

산은 그리는 사람의 주어진 상황과 앞으로의 전망을 나타내는 경우가 있으며, 극복해야 할 문제의 수를 시사하는 경우도 있다. 눈앞에 우뚝 서 있거나 앞길을 막고 있는 경우는 어려움이나 장애 등이 가로놓여 있는 것을 의미하는 경우도 있다.

(3) 논 또는 밭

논에 모를 심고 있을 때, 벼가 푸르고 번성할 때, 벼이삭이 돋은 것, 벼 베기 수확한 후의 한가한 논의 모습을 그린 경우에는 그린 사람의 마음이 지향하고 있을 때를 암시하며, 때로는 발병의 시기, 즐거웠던 시절을 회상하며 때로는 미래를 암시하는 경우도 있다.

예를 들면, 곡식이 익어 가고 있는 그림을 그렸을 경우 풍족한 미래, 성공하는 미래, 잘 뻗어 나가는 미래를 지향하고 있다는 것을 짐작케 한다. 밭에서 일하는 사람의 모습이나 논밭을 갈고, 정리하고, 손질하는 모습에 있어서 학생의 경우에는 면학과의 관계를 나타낸다. 반대로 벼이삭을 한 알씩 세심하게 그려 넣거나, 혹은 쌀을 한 알씩 바닥에 떨어뜨려 놓은 것은 강박경향뿐만 아니라 식물차원의 존재에 관심을 가지는 세심한 심성의 일면도 볼 수 있다. 밭에서 일하는 사람을 그리는 경우는 일반적으로 좋게 평가되나 등교거부아, 비행 청소년에게서 많이 볼 수 있다(의식 면에서 태만의 보상일지도 모른다.).

(4) 길

길은 의식적인 영역이며 방향을 암시하고 인생의 길로서 명확하게 의식되는 것을 표현하는 경우가 있다. 길이 강 위의 다리와 연결되어 있으면 안심할 수 있다. 남성에게 있어서 결혼이란 다른 세계로 향한다는 정도의 큰 변화는 없으나, 여성의 경우 강을 건넌다는 의미는 강을 건너 다른 세계로 간다는 것, 즉 결혼을 의미한다고 한다.

(5) 집

집 그림은 피검사자가 성장하여 온 가정상황을 나타내며 자신의 가정상황과 가족관계를 어떻게 인지하여 어떠한 감정을 가지며 어떠한 태도를 가지고 있는가를 보여주는 경우가 많다. 따라서 집은 피검사자가 현재의 가정을 어떻게 바라보고 있는가 하는 것 이외에 바라는 이상적인 장래의 가정이나 과거의 가정을 나타낸다.

또한 마을을 이룬 것은 그림을 전체적으로 평가함과 아울러 필수 부분을 어떻게 그리고 있는가에 먼저 주의를 하여야 한다.

(6) 나 무

나무 그림은 피검사자의 기본적인 자기상을 나타내며 피검사자가 무의식적으로 자기 자신의 모습으로 느끼고 있는 것을 나타낸다. 그것은 또한 피검사자가 자신의 마음의 평형상태에 대하여 어떻게 느끼고 있는가를 나타내며 피검사자의 정신성숙도의 정도를 표시하고 있다.

나무 그림도 단순히 자기상을 상징하는 것만은 아니고 나무가 특정의 인물을 상징하며 그 사람에 대하여 가지고 있는 감정과 욕구를 나타내는 경우도 많다.

(7) 사 람

인물화는 피검사자에게 경계심을 품게 하고 자기를 방어하려는 생각을 높이기 때문에 의식적 때로는 무의식적으로 자기의 모습을 왜곡시켜 나타내며 자기 이외의 인간의 모습을 그리는 경우도 많다.

인물화는 자기의 현실상이나 이상상을 나타내며 자기에게 의미 있는 사람 혹은 인간 일반을 어떻게 인지하고 있는가를 나타낸다.

(8) 꽃

꽃은 아름다움과 사랑을 상징한다. 또 개화에서 결실에 이르는 최초의 단계이기 때문에 성장 발달의 상징이기도 하다. 일반적으로 여성스러움을 의미하고 강조하는 경우에 그리는 일이 많다.

그러나 높은 산봉우리의 꽃, 장례식용 꽃, 새빨간색으로 길가에 피어 있는 꽃은 자신의 영혼에 공감하는 꽃이며, 양친의 죽음을 애도하는 그림에서 많이 나타난다. 꽃에 색칠을 하지 않은 경우는 감정이 실감나지 않는다는 하나의 표현으로 주로 정신분열증환자에게 많이 나타난다.

(9) 동 물

동물 그 자체가 상징성을 나타낸다. 집, 나무, 사람, 산, 강, 길을 전부 안쪽 밑에 아주 작게 그리고 동물을 크게 그리는 환자의 경우(동물의 크기를 인간의 크기와 비교하여) 작아져 있는 현실을 보상하고 있다고 생각할 수 있다. 이 사람은 내면에 큰 에너지를 지니고 있으므로 앞으로 어떻게 이끌어 낼 것인가 하는 것이 치료목표가 될 수 있다.

분열증 환자나 대인공포증 환자는 토끼를 그리는 경우가 있으며 싸워서 상처를 입은 고슴도치, 매, 사자 등을 많이 표현하기도 한다. 등교거부아동은 소나 말을 그리는 경향이 있고 학교 내 폭력 소년은 고양이에게 몰려 있는 듯한 쥐 모습을 그리기도 한다.

[그림 4-3] LMT(여고 1학년생)

[그림 4-4] LMT(정신분열증 환자)

(10) 돌

돌의 속성은 단단함, 냉정, 불변성이다. 돌은 일반적으로 눈에 띄지 않고 무수히 많은 것으로 존재를 알아차리기 어려운 경우가 많다. 그러나 큰 돌이나 바위가 전방을 가로막고 있으면 장애가 되고 짐이 되며 어려움을 나타낸다.

3) 유의점

- 검정색 펜(사인펜)으로 그림을 그리게 한다.
- 치료자는 항목을 순서대로 불러 주어야 한다.
- 치료자가 항목을 부를 때 '집이 있으면 좋겠네.' '나무가 있어도 괜찮을까?' 등으로 대상의 연령에 따라 말끝에 신경을 써야 한다(中井久夫, 1969).

4. 동적가족화

1) 동적가족화의 특성

동적가족화(Kinetic Family Drawing; KFD)는 가족화(DAF)에 움직임을 첨가한 일종의 투사화로 Burns와 Kaufman(1970)에 의해 발전되었다. 동적 가족화는 가족화가 가지는 상동적인 표현을 배제하고 움직임을 첨가하여 개인을 통해 가족의 역동성을 파악하기에 더욱 용이하다. 연령순이나 사회적 지위 순으로 그림을 그리는 가족화의 단점을 보완하여 가족구성원에 대한 감정이나 태도를 투사하게 된다.

동적 가족화는 정신분석학과 장이론, 지각의 선택성 등과 같은 이론을 기초로 하고 있다. 특히 그림을 그리는 사람이 자신의 눈에 비친 가족들의 일생생활태도나 감정을 그림으로 나타냄으로써 그림을 그리는 사람의 주관적 판단에 의존한다. 즉, 객관적 · 물리적 환경으로서의 가족인지라기보다는 자신이 주체적, 선택적으로 지각하는 주관적 · 심리적 환경으로서의 가족인지가 적용되는 것이다.

가족치료의 입장에서 볼 때, 동적가족화의 도입은 의식적, 무의식적 투사기법으로서 내담자를 진단하고 치료하는 데 상당한 가치가 있다고 보인다.

2) 실시방법

(1) 검사도구

백지(210×297mm, A4용지), 연필(HB나 4B정도), 지우개가 필요하며, 장소는 상담실이나 혹은 적당한 높이의 책상과 의자가 있는 곳이면 된다. 중요한 것은 내담자가 자유로운 느낌을 가질 수 있는 친화관계가 이루어져야 한다는 것이다.

(2) 소요시간

대체로 시간제한은 없으나 보통 30～40분 정도 소요된다.

(3) 지시사항

> 자신을 포함하여 가족이 무엇인가 하고 있는 그림을 그려 보세요. 만화나 막대기 같은 사람이 아닌 사람 전체를 그려 보세요. 무엇이든 어떠한 행위를 하고 있는 그림을 그려야 합니다. 당신 자신도 그리는 것을 잊어서는 안 됩니다.

이때 내담자의 질문에 대해서는 '완전히 자유입니다.' 라고 대답하고 어떠한 단서를 주어서는 안 되며 비지시적, 수용적 태도를 취한다.

(4) 그림 완성 후 기재사항

그림을 완성 한 후 그림 속에서 인물상을 그린 순서, 인물의 나이, 하고 있는 행위, 가족 중 생략한 사람, 가족 이외에 첨가한 사람, 지우고 다시 그린 사람을 확인하여 용지의 여백이나 뒷면에 기입한다. 이것은 상세하지 않은 그림을 다시 확인하기 위한 절차이고 기록의 산만을 방지하고 정확한 자료를 얻기 위한 것이다.

3) 동적가족화 해석

동적가족화의 해석은 5개의 진단영역, 즉 인물상의 행위(actions), 양식(styles), 상징(symbols), 역동성(dynamics), 인물상의 특성(figure characteristics)으로 나뉜다.

(1) 인물상의 행위

인물상의 행위는 두 가지 관점에서 해석될 수 있다. 첫째, 행위의 상호작용 측면에서 볼 수 있는데, 가족 모두가 상호 작용하고 있는가 아니면 일부가 상호 작용하고 있는가 또는 상호작용 행위가 없는가에 따라 가족의 전체적 역동성을 엿볼 수 있다. 둘째, 각 인물상의 행위를 중심으로 가족 내 역할유형 등을 알 수 있다. 주로 아버지, 어머니, 자기상을 중심으로 분석한다. 그 이유는 이 세 사람이 공통되는 가족구성원이며 자녀에게 있어서 부모는 성격 형성의 중요한 장을 만들어 주기 때문이다. 대체로 아버지상은 텔레비전 보기, 신문 보기, 일하는 모습 등으로 그려지고, 어머니상은 부엌일이나 청소 등과 같은 가사일을 하고 있는 모습으로, 자기상은 공부, 텔레비전 보기, 노는 모습 등으로 그려진다. 그러나 행위에 대한 해석은 다음에 언급할 양식, 상징 등을 함께 고려하여 전체적 관점에서 해석되어야 한다.

(2) 양 식

일반적으로 양식은 가족관계에서 자기의 감정과 상태, 신뢰감을 나타낸다. 양식은 일반양식, 구분, 종이접기, 포위, 가장자리, 인물하선, 상부의 선, 하부의 선 등으로 분류할 수 있다.

① 일반적 양식

보통 신뢰감에 가득 찬 가족관계를 체험하고 있는 경우 그려지는 것으로 복잡하거나 명백한 장벽을 나타내지 않고 온화하고 우호적인 상호관계를 암시하는 그림이다.

② 구분

하나 또는 그 이상의 직선이나 곡선을 사용하여 그림에서 인물들을 의도적으로 분리하는 경우다. 사회적으로 고립되거나 내성적인 아동에게서 보이는 것으로 다른 가족성원에게서 자신과 그들의 감정을 철회하고 분리시키려는 욕구를 표현한 것으로 해석된다.

③ 종이접기

검사용지를 접어서 몇 개의 사각형태를 만들고 그 안에 가족구성원을 그리는 것으로서 구분의 극단적인 양식이다. 이는 가족관계 내에 존재하는 강한 불안이나 공포를 나타내는 것으로 해석된다.

④ 포위

하나 또는 그 이상의 인물을 어떤 사물이나 선으로 둘러싸는 경우다. 가족 간의 관계에서 자기 자신이 개방적인 감정적 태도를 가지지 못할 때, 가족원 혹은 자기 자신을 닫아 버리는 양식이다. 강한 불안이나 불안의 표현으로 주로 책상, 그네, 자동차 등의 사물을 이용하여 교묘하게 표현하는 경우가 많다.

⑤ 가장자리

인물상을 용지의 주변에 그리는 경우로, 상당히 방어적이며 문제의 핵심에서 회피하려는 경향이 있다. 또한 친밀한 관계를 맺는 것에 대한 강한 저항을 나타낸다.

⑥ 인물하선

자신이나 특정 가족구성원에 대해 불안감이 강한 경우에 인물상 아래에 선을 긋는 경우가 있다. 가족성원 상호 간의 인간관계의 불안정성을 시사하고 있다고 본다.

⑦ 상하부의 선

용지의 상부에 그려진 선은 불안, 걱정, 공포가 존재함을 의미한다. 하부의 선은 강한 스트레스 하에 있는 내담자가 안정을 필요로 하고 구조받고 싶은 욕구가 강할 때 나타난다. 붕괴 직전에 놓여 있는 가정이라든가 스트레스 하에 있는 내담자가 안정을 강하게 필요로 하고 또 구조받고 싶은 욕구가 강할 때 나타낸다.

(3) 역동성

역동성은 가족 간의 감정을 용지의 전체적 맥락에서 파악할 수 있는 영역으로 인물상의 순서, 위치, 크기, 거리, 인물상의 방향, 인물상의 생략, 타인의 묘사 등이 속한다.

① 인물상의 순서

가족 내의 일상적 순서를 나타내는 경우가 많다. 특정 인물이나 자기상이 제일 먼저 그려진 경우에 내담자의 가족 내 정서적 위치에 대해서 특별히 고찰해 보아야 한다.

② 인물상의 위치

위쪽으로 그려진 인물상은 가족 내 리더로서의 역할이 주어지는 인물을 나타내며 높은 목표를 가지고 그 목표에 도달하고자 노력한다. 가족 전원이 위쪽으로 그려진 경우는 가족전체의 현재 상황에 대한 피험자의 불안이나 불안정감을 의미한다. 아래쪽은 억울함이나 침체감과 관계 있다. 또한 가장자리나 아래쪽은 불안정, 낮은 자아존중감을 의미하기도 한다. 좌우로 구분했을 때 우측은 외향성과 활동성에 관계하며, 좌측은 내향성 및 침체성과 관계 있다. 적절히 적응하는 사람들은 남녀 모두 자기상을 우측에 그리는 일이 많다. 중앙부에 그려진 인물상은 가족의 중심인물인 경우가 많다. 만약 아동이 중앙부에 자기상을 위치시켰을 때 자기중심성이나 미성숙한 인격을 의미하는 일도 있다.

③ 인물상의 크기

가족성원에 대한 관심의 정도가 인물의 크기를 반영한다. 부정적이든 긍정적이든 관심이 큰 인물이 크게 그려진다. 전반적인 그림이 현저하게 큰 것은 공격적 성향이나 과장, 부적절한 보상적 방어의 감정, 과잉행동을 의미한다. 반면 현저하게 작은 그림은 열등감, 무능력감 혹은 부적절한 감정, 억제적이고 소심함을 나타낸다.

④ 인물상 간의 거리

인물상 간의 거리는 피험자가 본 성원들 간의 친밀성 정도나 심리적인 거리를 반영하는 것이라고 할 수 있다. 인물상이 겹쳐지거나 접촉되어 있을 때는 두 개인 간에 친밀함이 존재함을 의미한다. 반대로 거리가 먼 두 인물상 간에는 실제생활에서도 상호작용이나 의사소통이 소원한 경우가 많다.

⑤ 인물상의 방향

그려진 인물상의 방향이 '정면' 일 경우 긍정적인 감정이, '측면' 일 경우는 반긍정 · 반부정적인 감정을, '뒷면' 일 경우 그 인물에 대한 부정적인 감정을 반영한다고 할 수 있다.

⑥ 인물상의 생략

가족원의 생략은 그 가족구성원에 대한 적의나 공격성, 불안 등의 부정적인 감정을 표현한 것으로 볼 수 있다. 인물상을 지운 흔적은 지워진 개인과의 양가감정 또는 갈등이 있음을 시사할 수도 있고 강박적이거나 불안정한 심리상태일 때도 나타난다. 또는 가족원의 일부를 용지의 뒷면에 그리는 경우는 그 개인과의 간접적인 갈등을 시사한다.

⑦ 타인의 묘사

가족구성원이 아닌 제3자를 그린 경우, 가족 내의 누구에게나 마음을 터놓을 수 없는 상태에 있을 때 타인이 묘사되는데, 그 대상은 주로 친구가 많다.

(4) 인물상의 특성

동적가족화는 기본적으로 가족원을 포함한다. 따라서 각 인물상에 대한 묘화의 특성은 인물화 검사에서 자세하게 설명되어 있으므로 동적가족화에서 해석할 필요가 있는 특징만 나열해 보기로 한다.

① 음영이나 갈기기

신체 부분에 음영이 그려진 경우 그 신체부분에 대한 몰두, 고착, 불안을 시사한다. 또한 정신신체증상의 호소와도 관련된다. 그림의 윤곽선이 진하고 그림 안의 선들은 진하지 않을 경우 성격의 평형을 유지하는 것이 곤란함을 나타낸다.

② 윤곽선 형태

강박적 사고와 관련이 있다. 인물상을 빈틈없이 그릴 수 없을 정도로 과도하게 집착하고 있음을 시사한다.

③ 신체 부분의 과장

신체 부분의 확대 혹은 과장은 그 부분의 기능에 대한 집착을 나타낸다. 신체 내부를 투명하게 보이는 경우는 현실왜곡, 빈약한 현실감각, 정신장애 가능성을 내포한다.

④ 신체 부분의 생략

그 신체 부분의 기능의 거부와 그 부분에 집착된 불안 또는 죄의식을 나타낸다.

⑤ 얼굴표정

직접적인 감정을 나타내므로 해석을 할 때 확실한 지표가 된다. 인물의 표정은 가족 활동 안에서 내담자가 지각하는 정서반응일 수 있다. 얼굴표정을 생략한 경우는 가족 내에서 느끼는 갈등이나 정서적 어려움을 회피하거나 거리감을 두려는 시도로 해석할 수 있다.

⑥ 의복의 장식

나체상을 그리는 사람은 사회규범에 대해 반항적이며 성적 문제를 가지는 경향이 많으며, 의복을 통하여 신체가 보이도록 그리는 경우는 현실검증력이 낮고 심리적으로 장애가 있는 경우가 많다. 의복의 단추 모양이나 액세서리의 강조는 의존성 또는 애정욕구의 불만을 의미한다.

⑦ 회전된 인물상

인물상이 기울기도 하고 옆으로 누워 있는 경우가 있다. 이는 가족에 대한 인식기능의 상실, 거절, 다른 가족성원과의 분리감정을 나타낸다. 즉, 보편적으로 강한 불안정과 정서 통제가 되지 않는 내담자에게서 나타난다.

⑧ 정교한 묘사

그림이 극히 정교하고 정확하며 질서가 있는 경우는 환경구성에 대한 그림을 그리는 사람의 관심이나 욕구를 반영하는 것이나, 과도한 표현은 강박적이고 불안정한 심리상태를 의미한다.

⑨ 필압

선이 굵고 강하게 나타나는 경우는 충동이 밖으로 향하고 공격적이고 활동적이다. 반대로 약하고 가는 선은 우울하고 소극적인 사람에게 나타난다.

(5) 사용된 상징

동적가족화에서 나타난 모든 사물들에 대한 임상적 의미를 부여하기는 어렵다. 많은 동적가족화를 통해 보편적으로 발견되는 사물과 거기에 공통된 임상적 의미를 예측한 것을 상징의 영역으로 간주하고 있다. 상징의 해석이 주관적, 독단적으로 행해지면 피험자의 특성을 잘못 해석할 수 있다. 하나의 상징이 항상 피험자에게 같은 의미와 깊이를 가진다고 볼 수 없다. 그러므로 역동적, 통합적 관점에서 해석해야 한다.

임상적으로 의미를 부여할 수 있는 상징물들을 영역화해서 몇 가지 영역으로 나열하면 다음과 같다.

- 공격성, 경쟁심: 공, 축구공 그밖에 던지는 물체, 빗자루, 먼지털이 등
- 애정적, 온화, 희망적: 태양, 전등, 난로 등의 열과 빛이 적절할 때, 그러나 위의 빛이나 열이 강렬하고 파괴적 일 때는 애정이나 양육의 욕구, 증오심을 나타내기도 한다.
- 분노, 거부, 적개심: 칼, 총, 날카로운 물체, 불, 폭발물 등
- 힘의 과시: 자전거, 오토바이, 차, 기차, 비행기 등 자전거를 제외하고 모두 의존적 요소에 의한 힘의 과시
- 우울감정, 억울함: 물과 관계되는 모든 것, 비, 바다, 호수, 강 등

[그림 4-5] 동적가족화(초등학교 6학년 남자)

5. 동그라미 중심 가족화

1) 동그라미와 중심의 원리

동그라미 중심 가족화(Parents-Self-Centered Drawing; PSCD)는 Burns에 의해 개발된 투사적 그림법이다.

동그라미 중심 가족화는 원의 중심에 그려진다. 그리고 각 인물상 주위에 그 인물에서 떠오르는 상징을 표현하게 함으로써 상징에서 연상되는 상징중심탐색을 하게 해 준다. 이 상징은 시각적인 자유연상을 기본으로 하고 있으며 이를 통하여 추상화된 사고와 정서를 발견할 수 있다. 이러한 상징중심 탐색은 무의식을 자극하고 긍정적 에너지 또는 부정적 에너지를 노출하게 해 준다. 동그라미 중심 가족화는 내재되어 있는 부모와 자신과의 관계를 보고, 그 관계를 통해 자기 자신을 바라보도록 하는 방법이다. 특히 부모와 자기 자신의 주위에 그려진 상징 안에서 몇 개의 상징을 뽑아내어 그것에서 연상된 상징중심 탐색을 하게 되는데, 이것은 본인 스스로가 창조하는 것이므로 부모와 자녀와의 관계를 깊이 탐구할 수 있도록 해 준다.

동그라미 중심 가족화는 원의 중심에 인물상(부친상, 모친상, 자기상)을 각각 따로 그리고 원 테두리 주변에 상징물(시각적인 자유연상을 기본으로)을 그리는 방법(Family-Centered-Circle Drawing; FCCD)과 부모상과 자기상을 한꺼번에 하나의 원 안에 그려 분석하는 방법(Parents-Self-Centered Drawing; PSCD)이 있다. 개인의 문제는 많은 경우 인간관계의 문제이므로 부모와 자신을 하나의 원안에 그리는 것이 부모와 자녀의 관계를 더 명확히 진단할 수 있고 진단의 시간도 절약할 수 있다(김동연, 정현희, 1996).

2) 동그라미 중심 가족화의 장점

동그라미 중심 가족화의 장점을 구체적으로 살펴보면 다음과 같다.

• 가운데에 원이 있으므로 빈 공간일 때보다 편안한 마음으로 그림을 시작할 수

있고, 원은 균형이 잡혀 있음으로 통일과 균형감, 원만함을 준다.

- 방법이 간접적이므로 검사를 받는다는 부담감을 줄여 주므로 누구나 쉽게 사용할 수 있다.
- 현실의 부모가 아니라 심리적 부모상과 심리적 자아상을 보게 해 준다.
- 인물상 주위의 상징을 통해 이 연상을 기본으로 추상화된 사고와 감정의 탐색을 가능하게 해 준다.
- 이성의 검열을 덜 받기 때문에 반응이 자유롭고, 부모 자녀관계의 여러 측면을 동시에 잴 수 있어 특정 개인의 전체이면서도 하나인 부모자녀관계의 역동이나 구조를 파악할 수 있다.
- 구체적 유형의 자료가 남기 때문에 자신의 그림을 객관화시켜 볼 수 있고, 자신이 의도하지 않은 표현을 인식함으로써 자신의 본질을 돌아볼 수 있는 기회를 준다. 또한 자신의 작품을 보면서 자신을 변화시킬 수 있다.
- 부모에 대한 분노, 적대감 등을 정신적 손상 없이 해소할 수 있는 정화의 기능을 제공한다.
- 작품을 통해 부모자녀관계에 대해 이야기할 기회가 제공되며, 이미지를 언어로 인식할 수 있게 해 준다. 그리하여 지나간 상황을 보게 되고 그 상황에 대한 다른 정의와 해석을 가능하게 해 준다.
- 보관이 가능하므로 필요한 시기에 작품을 재검토하여 치료의 효과를 높일 수 있으며 때때로 새로운 통찰이 일어나기도 한다.

3) 실시방법

(1) 준비물

직경 19.1～22.9cm의 둥근 원이 그려져 있는 21.6～27.9cm의 표준 용지, 연필(HB나 4B), 지우개, 평평한 책상과 의자 등이 필요하다.

(2) 방 법

① 지시사항에 따라 그림을 그리도록 한다.

원의 중심에 부모와 자신을 그리십시오. 인물상은 막대기상이라던가 만화 같은 그림이 아닌 전신상을 그려 주십시오. 그 다음 부모나 자신에 대해 연상되는 상징을 원의 주위나 인물상의 주위에 그려 주십시오.

유아나 아동의 경우는 다음과 같이 쉬운 말로 지시를 바꾸어서 한다.

원의 가운데에 아버지와 어머니, 그리고 자기의 모습을 그려 주세요. 막대기나 만화 같이 그리지 말고 몸 전체를 그려 주세요. 그리고 아버지, 어머니, 자기의 주위에 아버지, 어머니, 자기와 관계된 것을 무엇이나 그려 주세요.

② 그림에 대한 질문이 제기될 때에는 '완전히 자유입니다.' 라고 대답하고 어떠한 단서를 주지 않도록 하며 비지시적, 수용적 태도를 취한다.

(3) 그림 완성 후의 절차

그림을 완성한 후 그림 속에서 인물상이 누구인지, 연령, 무엇을 하고 있는지를 확인하여 용지 여백에 기입해 두는 것이 좋다.

4) 동그라미 중심 가족화의 해석 기준

(1) 일반적 기준

① 인물상의 상대적 크기

그것은 각각의 심리적 크기나 그 인물의 내부에 포함되어 있는 힘의 양을 반영하고 있다.

② 신체 각 부분의 생략과 강조

- 눈과 눈동자의 생략은 보고 싶지 않음을 나타내며, 눈의 과장은 과도한 경계를 의미한다.
- 코의 생략은 분노를 나타내지 않으려는 것을 나타내고, 대개 분노가 수용되지 않는 가정에서 양육된 사람들에게서 나타난다. 코의 과장은 외부로 향한 분노다.

• 입의 생략은 의존성과 약함을 표현할 수 없는 것을 나타내고 입의 과장은 의존성이다.
• 목의 생략은 강한 의지의 사람들에게서 보이며 긴 목은 의존성을 나타낸다.
• 팔의 생략은 힘에 대한 불안을 의미하며, 길게 늘어진 팔은 힘과 조정에 대한 욕구를 나타낸다.
• 허리 밑 부분의 생략은 성에 관한 부정을 의미하고 있다.
• 발의 생략은 불안정과 집시 같은 성격을 나타내는 반면 길게 늘어진 발은 안전성 및 안정성에 대한 욕구의 표현이다.

③ 얼굴의 표정

누가 웃고, 울고 있는가, 행복한가, 불행한가, 인물상은 눈을 가지고 있는가, 그들은 보는 것이 가능한가 등을 살펴본다.

④ 인물상 바로 위의 상징

이 상징은 종종 그 인물과 관련되는 감정이다. 상징의 많음은 관심을 의미하며, 적음은 상호작용의 단절을 의미한다. 그리고 인물상의 상징이 긍정적인 상징인지, 부정적인 상징인지를 파악한다. 인물상 바로 위의 하트는 사랑을 의미하며, 인물상 위의 칼은 분노를 나타내는 것이다.

⑤ 인물상 간의 거리

거리는 심리적 거리를 의미한다.

⑥ 인물상의 위치

중심에서 어느 위치에 있는가?

(2) 건강하게 내재화된 부모상과 자기상의 그림 특성

• 전체의 인물상이 생략되거나 왜곡되어 있지 않다.
• 신체 각 부위가 적당한 크기로 균형을 이루고 있다.
• 인물상의 눈, 코, 입이 그려져 있고, 화목한 얼굴표정을 보인다.
• 자신의 상이 중심에 있고, 통제되고 있다.

- 인물상의 상호 간에 지나치게 접촉되어 있지 않고 적당히 떨어져 있다.
- 부모상이 대조적으로 위치하고, 인물상에는 신체 왜곡이 없다.
- 이상적으로는 부모상은 자신의 상을 부상시켜 바로 보고 있다.
- 주위의 상징이 긍정적이고 희망적이다.
- 살고 싶은 세계가 그려져 있다.

(3) 불건강하게 내재화된 부모상과 자기상의 그림 특징

- 인물상의 신체 각 부위가 생략되어 있다.
- 인물상이 지나치게 크거나 왜곡되어 있다.
- 얼굴표정이 화목하지 않거나 생략되어 있다.
- 부친상과 모친상이 중심부에 있거나 중심부가 비어 있다.
- 인물상들이 서로 멀리 떨어져 있다.
- 부모가 자신을 보지 않고, 눈이 없거나 앞만 보고 있다.
- 주위의 상징들이 부정적이다.
- 살고 싶지 않은 듯한 세계를 그리고 있다.

[그림 4-6] 동그라미 중심 가족화

6. 학교생활화

1) 학교생활화의 특성

학교생활화(Kinetic School Drawing; KSD)는 Knoff와 Prout(1988)에 의해 개발된 것으로 아동이 학교 내에서 그들과 관계되는 인물, 즉 자신과 친구와 교사가 무엇인가 하고 있는 그림을 그리게 하여 친구, 교사와의 관계에 대한 아동의 지각을 측정하는 투사기법이다.

학교생활화는 학교 내에서 생활하는 가운데 학생들이 '학교생활에서 어떤 부분이 어려운지, 또는 즐거운지?' '친구나 교사와의 관계 등이 원활하지 못할 경우는 어떤 요인이 작용을 하고 있는지?' 등을 알아보고 그것이 태도와 행동에 어떤 영향을 미치며, 고립장면과 특별한 관계 또는 내담자에게 어려움을 주는 상호작용을 인지하게 하여 치료를 가능하게 한다.

학교생활화는 내담자가 그림 속의 인물구성원, 즉 교사와 친구에 대한 주관적인 판단에 따라 그림을 그림으로써 '지각의 선택성' 이라는 특징을 가지게 된다. 선택적 지각이란 그림을 그리는 사람의 인물구성원에 대한 주관적인 판단을 의미한다. 내담자의 경험이나 자신이 처한 상황에 따라 교사 및 친구의 행동이나 그들에 대한 감정은 객관적일 수가 없고 주관적이며 심리적일 수밖에 없다. 따라서 학생들의 일상적인 태도나 감정이 학교생활화에 투사되어 학교생활에서 교사와 친구와의 관계를 파악할 수 있고 그들에 대한 비시각적이고 비의식적인 생각들을 끄집어내어 상호관계나 역동성을 파악할 수 있는 것이다(전영숙, 김갑숙, 2004).

2) 실시방법

(1) 검사도구

백지(210×297mm, A4용지), 연필(HB나 4B 정도), 지우개가 필요하며 장소는 상담실이나 혹은 적당한 높이의 책상과 의자가 있는 곳이면 된다. 중요한 것은 내담자가 자유로운 느낌을 가질 수 있는 신뢰관계가 이루어져야 한다는 것이다.

(2) 소요시간

특정한 시간제한은 없으나 보통 30～40분 정도 소요된다.

(3) 방 법

① 지시사항에 따라 그림을 그리도록 한다.

당신 자신을 포함하여 선생님과 한명 이상의 친구가 학교에서 무엇인가 하고 있는 그림을 그려 보세요. 만화나 막대기 같은 사람이 아니고 완전한 사람을 그려 주세요. 모두가 무엇이든 하고 있는 그림을 그리도록 하세요. 당신 자신도 그리는 것을 잊어서는 안 됩니다.

② 그림에 대한 질문이 제기될 때에는 '완전히 자유입니다.' 라고 대답하고 어떠한 단서를 주어서는 안 되며 비지시적, 수용적 태도를 취한다.

(4) 그림 완성 후의 절차

그림을 그린 후 그림을 그린 순서와 그림 속의 인물이 누구며 그 사람이 무엇을 하고 있는지에 대해 질문하고 기록한다. 그 다음 순서로 그림을 보고 친구와의 관계, 교사와의 관계, 학교생활에 대해 질문을 하고 이야기를 나눈다.

[그림 4-7] 학교생활화(초등학교 3학년 남아)

3) 그림해석

학교생활화는 동적가족화와 함께 동적그림체계로 Burns와 Kaufman(1970, 1972)의 해석지침을 참고하고 있다(동적가족화의 해석기준 참조).

7. 9분할통합회화법

1) 9분할통합회화법의 개념

9분할통합회화법은 일본의 애지의과대학(愛知醫科大學) 심리학과 교수인 森谷實之(모리타니, 1986)가 제안한 기법으로 도화지에 테두리를 친 후, 화면을 3×3으로 9분할하여 각각의 칸 속에 그림을 그리게 하는 방법이다(김동연, 2000 재인용).

이 기법은 복잡하게 얽혀서 하나로 정리할 수 없는 다양한 이미지를 포괄적이고 통합적으로 표현하기 위한 기법으로 자신, 가족, 친구에 대한 이미지를 깊게 다룰 수 있다. 예를 들어, 가족관계를 알기 위한 방법으로 KFD(동적가족화)가 사용되고 있으나, 이는 개인적으로 주관적이고 결정적인 장면을 나타내는 경우가 많아 내담자의 가족에 대한 복잡한 감정은 한 국면으로 한정짓지 않는 편이 바람직하다. 이 경우 화면을 분할한 종이를 제시하면 여러 장면의 가족이미지가 용이하게 표현된다.

2) 실시방법

(1) 준비물

A4용지, 검은 매직, 연필, 크레파스나 색연필 등이 필요하다.

(2) 실시시기

심리치료 장면에서 중요한 주제가 되고 있는 시점을 말한다.

(3) 화면분할

치료자가 A4용지에 검은색 매직으로 자유로이 테두리를 그린 후 화면을 3×3으로 분할한다.

(4) 실시방법

① 지시사항에 따라 그림을 그리게 한다.

오른쪽 밑 칸부터 시계 반대 방향으로 중심을 향하여 순서대로 그리든지 또는 그 반대로 중심에서부터 시계방향으로 오른쪽 밑 칸을 향하여 순서대로 그리든지 어떤 방법이라도 상관이 없습니다. 어머니(아버지, 가족, 형 등)에 관하여 일상생활 중에서 느낀 대로, 생각나는 대로, 머리에 떠오르는 대로 무엇이라도 상관이 없습니다. 자유롭게 그림을 그려 주세요. 그림을 그리지 못할 경우에는 문자, 도형, 기호 등을 그려도 상관없습니다.

② 각 그림에 간단한 설명을 써 넣게 한다.

③ 그림에 색연필이나 크레파스로 색칠하게 한다.

④ 그림을 그린 후 '전체를 보면 어떤 주제가 생각납니까?' 라고 질문을 한다.

⑤ 그려진 그림, 문자, 도형, 기호를 근거로 하여 떠오르는 연상을 묻고, 그러한 이미지를 넓혀 나간다.

(5) 유의점

- 그림 순서는 제약하지 않는 것이 좋다.
- 9칸 모두 그리지 못하는 경우 '전부 그릴 필요가 없다.' 는 것을 덧붙여 준다.

3) 9분할통합회화법의 특성

(1) 그림 순서

[그림 4-8] 9분할통합회화법(내가 원하는 것)
(초등학교 6학년 남자)

9분할통합회화법은 9개의 구분이 된 칸에 생각나는 순서대로 그림을 그리는 방법으로, 이는 종이 위에 이루어지는 자유연상의 표현이라 할 수 있다. 즉, 공간적, 시간적 요소를 동시에 한 장의 종이에 표현하는 특성이 있다.

森谷寬之(모리타니)의 연구에 따르면, 이미지 순서에 의한 반응은 연상의 첫 부분이 피험자에게 중요한 이미지를 주기 쉬우며, 그림의 중앙(마지막 반응)에 그려진 이미지도 중요하다고 하였다. 그러나 이러한 반응은 일반적인 것이며 신경증이나 정신병적인 내담자는 경우에 따라 자아방어기제의 작용에 의해 다를 수도 있다고 한다. 따라서 9분할통합회화법은 그림순서를 추적해 봄으로써 그 사람의 자유연상의 모습과 자아방어기제까지 파악 가능하다고 할 수 있다.

(2) 공간 축소의 영향

9분할통합회화법의 기법은 A4용지를 9등분하여 그림을 그리기 때문에 공간이 축소되며 그 속에 그리는 내용도 제한을 받게 된다. 따라서 그림공간이 축소되면 상징성이 강조되는 특성이 있다.

이때 그 사람의 소유물과 같은 작은 상징물이 표현되기도 하는데, 이 작은 상징물 속에는 중요한 정서적 내용이 포함되는 경우가 많다.

사람에 따라 그림보다는 문자를 적기도 하는데, 공간이 축소됨으로써 간단한 단어를 쓸 수도 있다(성인의 경우 언어표현이 중요한 역할). 단어연상검사에서와 마찬가지로 간단한 단어 중에 치료의 중요한 단서가 포함되는 경우도 있다.

8. 난화기법

1) 난화기법의 발달

아동의 묘화 표출의 배경에는 의식적인 인위성보다는 무의식적인 본능의 표출이 강하다는 점에서 난화는 아동의 이해에 중요한 의미를 지닌다.

난화란 '긁적거리기(scribble)' 란 의미를 가지고 있는 것으로 미분화 내지 유아의 단계에서 볼 수 있는 착화의 상태를 일컫는 말이다.

이 시기에는 유아의 운동신경 조절에 대한 욕구의 표출이라는 점에서 초기의 난화 형식은 아무런 목적 없이 마구 그리는 것으로 종이에만 그리는 것이 아니고 담벼락, 방바닥, 유리창, 책상, 책 겉장 등 닥치는 대로 그린다. 이러한 특징을 심리학에서는 기능적 쾌락이라고 부른다. 즉, 무엇을 그리려는 대상을 그린 것이 아니라 그리고 싶은 욕구 그 자체가 목적이고 즐거움이라는 것이다.

정신분석학자들은 난화 표출 심리의 심층에는 무의식적으로 아무데나 마구 선을 긋고 지저분하게 표시를 내어 부모의 관심을 끌려는 욕구가 작용한다고 하였다. 아무렇게나 그어 댄 선을 보고 아동은 '엄마' 니 '아빠' 니 하는 어떤 의미를 붙이게 된다. 이를 '명명기' 라고도 하는데, 이는 언어와 부합된 심상이 실마리가 되어 표현활동의 세계가 전개되기 때문이다.

Winnicott(1971)은 아동 환자에게 은유적으로 의사소통할 수 있는 '난화(squiggle) 기법'을 소개했다. 이 기법은 단기 상담의 한 방법으로 치료자와 아동이 함께하는 것으로 빈 종이 위에 서로 차례로 난화를 만들고 그것에 부가하여 형상을 만들고 그 형상이 무엇처럼 보이는지 이야기를 나누는 것이다. 이 기법의 목표는 아동의 내적 사고와 감정들에 대한 의사소통을 확고히 하는 것이다.

또한 Claman(1980)은 Winnicott의 난화기법과 Gardner의 이야기하기 기법(storytelling)을 응용한 '난화게임(Squiggle Drawing Game)'을 아동의 치료에 사용하였다. 그는 이 기법을 통해 치료자가 아동에게 중요한 주제의 자료를 얻을 수 있고, 아동과의 의사소통을 증진시킬 수 있는 기법이라는 것을 입증하였다.

난화법(scribble)은 Naumburg(1966)가 개발한 기법인데, 이것은 그림을 그린 사람의 무의식 속에 잠자고 있는 상상을 표출시키는 데 도움을 줄 수 있는 미술치료의 수단으로 사용되고 있다. 이 기법은 Winnicott(1971)이 개발한 난화(squiggle)와는 달리 '휘갈겨 그리기'를 나타내는 구어이나 '빙빙 돌며 그리기'나 '아무렇게나 그리기'로 보는 것이 더 낫다고 한다.

이 방법은 아동에게 훨씬 저항감을 적게 줄 수 있는 효과적인 방법이지만 난화 속에서 자기의 심상을 형상화하는 것이 아동에게 쉬운 일이 아니므로 山中康裕(야마나카, 1984)는 이점을 보완하기 위해 치료자가 연필로 아동에게 난화를 그려 주고 난화에서 보이는 것을 아동에게 표제로 주었다.

또한 山中康裕(1984)는 자신이 개발한 난화법을 좀 더 발전시켜 '난화상호이야기법(Mutual Scribble Story Making; MSSM)'을 만들었다. 이것은 中井(나카이)이 만든 '테두리법'을 첨가하여 만들었는데, 종이 한 장씩을 치료자와 내담자가 나눠 갖고 치료자와 환자가 서로 테두리선을 그어서 교환한 뒤 난화를 만든다. 그리고 치료자가 만든 난화에 내담자가 심상을 투영하여 형상을 완성하고 반대로 내담자가 만든 난화에 치료자가 심상을 투영하여 형상을 찾아 완성하는 것이다.

이 기법은 치료자와 내담자가 서로 역할을 교환함으로써 관계 형성에 도움이 되며, 내담자가 자신의 무의식을 난화 속에 투영시켜 형상화하여 이야기함으로써 더욱 쉽게 무의식을 의식화시켜 주고 내담자 스스로가 자신의 문제를 인식하게 도와주는 이점이 있다.

또한 山中康裕(1992)는 '난화상호이야기법' 에 콜라주를 덧붙여 MSSMC(Mutual Scribble Story Making Collage)라는 새로운 기법을 만들었다. 이것은 난화에다 콜라주(신문, 잡지, 사진 등을 오려 붙이는 방법)를 더해 치료자와 내담자가 서로 이야기하는 방법이다.

2) 난화상호이야기법 실시방법

(1) 준비물

연필, 크레파스(좋아하는 색 한 가지 선택), 볼펜, 사인펜, 용지(내담자의 상태에 따라 크기 조절) 등이 필요하다.

(2) 두 장의 그림을 가지고 실시하는 법

① 내담자와 치료자가 각자 다른 종이에 테두리선을 그어 교환한다.
② 내담자(치료자)가 난화를 그리고 치료자(내담자)가 이미지화하여 그림을 그린다.
③ 내담자와 치료자가 각자 다른 종이에 그린 그림이 무엇인지 이야기한다.
④ 치료자가 두 장의 그림으로 이야기를 꾸며 나간다.
⑤ 내담자가 두 장의 그림으로 이야기를 꾸며 나간다.
⑥ 이 과정을 반복한다.

(3) 종이를 4등분하여 실시하는 법

① 먼저 치료자가 종이에 테두리를 설정(환자가 그림을 그리기 쉽게 하며, 저항을 제거)하고 용지를 4등분한다.
② 내담자(치료자)가 난화를 그리고 치료자(내담자)가 이미지화하여 그림을 그린다.
③ ②를 반복하여 지면의 네 곳을 모두 그린다.
④ 그린 순서에 관계없이 서로 이야기를 꾸며 나간다.

[그림 4-9] 난화

[그림 4-10] 난화상호이야기

3) 난화게임

난화게임(Squiggle Drawing Game)은 내담자와 치료자가 각각 종이 한 장씩을 가지고 그 종이에 난화(직선, 곡선, 지그재그선, 원 등)를 그려 상대방에게 주면 각자 상대방의 난화를 이용해 그리고 싶은 것을 마음대로 그리면서 난화를 완성하고 그 후 그림의 내용과 그릴 때의 느낌 등에 대해 이야기를 나눈다.

순서는 치료자가 먼저 난화를 그려 내담자에게 주면 내담자가 그림을 완성한 후 이야기를 하고 그 다음 내담자의 난화에 치료자가 그림을 그리고 이야기를 하는 것이 바람직하다. 왜냐하면 치료자가 이야기를 만들 때에 사용할 주제를 결정하는 데 도움이 되기 때문이다. 그러나 내담자가 지시를 이해하지 못하면 순서를 바꾸어서 할 수 있다. 난화게임을 실시하는 시기는 내담자와 라포가 형성되었을 때, 내담자의 방어가 완화되었을 때 유용하며, 종종 첫 만남 시에도 사용된다.

(1) 준비물

A4용지, 연필, 지우개 등이 필요하다.

(2) 실시방법

① 상담자가 종이에 난화를 그려 아동에게 제시하면서 이 지시사항에 따라 그림을 그리도록 한다.

이 그림을 이용하여 그리고 싶은 것은 무엇이든지 그려도 좋습니다.

② 질문에 대해서는 '원하는 대로 하세요.' 라고 응답한다.

③ 그림을 완성했을 때 그림에 대해 이야기를 나눈다. 그리고 그림의 의미를 명료화하기 위해 질문을 한다.

- 무슨 일이 일어났을까?
- 그것은 어떻게 느낄까?
- 그 전에 무슨 일이 일어났을까?
- 다음에 무슨 일이 일어날까? 등

④ 질문 후 아동이 했던 것과 같은 방식으로 상담자가 그림을 그리고 이야기를 만든다.

(2) 난화게임 분석

난화게임의 그림과 이야기를 분석하여 아동을 평가하기 위한 기준은 다음과 같다(전태옥, 2002).

표 4-1 난화게임 분석표

1. 작품분석	
질	• 작품이 없음: 위축 • 원초적이고 무책임한 작품: 혼란함, 공격성 • 외형적으로 표현이 시도된 작품: 성공적, 거의 성공적, 실패
외형적인 특성	• 비어 있음, 가득 참, 활기가 없음, 독창적임. 분산되어 있음, 통합적임, 정적임, 동적임, 기술이나 재능의 징조가 보임
주 제	• 주제는 무엇인가? • 외형적으로 말한 주제와 실제적으로 작품에서 전달하는 메시지 사이에 어떤 모순이 있는가?
아동의 태도	• 일반적인 태도: 협동적, 위축됨, 완고함, 양가감정, 의존성, 불안함, 괴로워함, 긴장함 등 회기 중에 일어나는 태도 변화 • 작품에 대한 태도: 아주 진지함, 무관심, 자신감, 모욕적임, 파괴적임 • 미술재료에 대한 태도: 수용, 불평

2. 그림과 이야기 분석	
확 장	• 그림과 이야기에서 언급한 가장 큰 확장의 범위: 우주, 동물원, 숲 등과 같이 장소에 대해 구체적으로 언급된 곳
주요인물	• 주요인물은 누구인가? • 이야기는 주로 누구에 관한 것인가? • 그 사건은 누구의 관점에서 본 것인가?
대인관계의 특성	• 주요인물 주위의 인물은 누구인가? • 주위 인물들과의 관계는 어떠한가?
정 서	• 그림과 이야기에 나타난 정서의 양, 종류, 속성은?
난화와의 관계	• 난화에 대한 인지와 사용방법
독창성의 정도	• 고정관념 대 독창성
줄거리	• 이야기의 과거 배경에서부터 미래 해결책까지 연결되는 능력과 사고과정의 일관성은?

9. 콜라주 기법

1) 콜라주 기법의 기원

'콜라주(Collage)'란 원래 'coller'라고 하는 프랑스어에서 유래된 말로서 '풀로 붙인다.'라는 의미가 있다. 잡지나 그림, 달력, 사진, 헝겊, 단추, 실, 낙엽, 골판지, 투명지 등 우리 주변에서 쉽게 구할 수 있는 재료를 이용하여 찢거나 오리고, 잘라서 종이 등에 구성하여 붙여 하나의 작품으로 완성하는 것으로서 20세기 초에 생겨난 미술표현 방법이지만 그 기원은 오래되었다.

미술 표현에서 잡지나, 합판, 천 등의 평면재를 도입하기 시작한 것은 초현실파의 Errnst와 입체파의 Picasso였다. 이와 비슷한 방법으로 파피에 콜레(Papier Colle)라는 기법이 있는데 이것은 우표나 상표, 신문지, 벽지와 같은 종이 종류를 붙여 그림을 만드는 방법이다. 피카소나 브라크는 화면의 미적인 구성을 위한 조형의 수단으로 여러 매체를 사용하였다.

1960년대에 유행한 팝 아트 역시 기존의 대중매체를 이용하여 짜 맞추는 몽타주나 콜라주 기법을 사용하여 회화의 예술성으로 작품을 만들었다. 미술사적으로 갖는 의미는 미술이 물체와의 만남으로 우리가 흔하게 사용하고 있는 물건들이 예술품으로 간주될 수 있다는 예술의 대중화를 이끌게 되었다.

다양한 매체를 활용한 콜라주 기법이 오늘날 미술치료의 하나의 기법으로 받아들여지고 있다. 그동안 콜라주 기법은 모래상자 놀이치료자들이 많이 애용해 왔으며 직감이나 감각 등의 비합리적 기능을 이용한 현대적인 치료기법이다. 그렇기 때문에 이 기법은 자신을 개방시켜 주고 자신의 심상을 발견하거나 또 개발시킬 수가 있다. 또한 내담자의 관심과 흥미를 분명히 해 주며, 이상과 현실의 차이를 이해하는 데 유용한 치료기법이라 하겠다.

오늘날 미술치료 기법으로 활용하고 있는 잡지사진 콜라주 기법은 1972년 Burk와 Provancher가 미국 작업치료지에 평가기법으로 게재한 것이 최초며, 이후 일본의 杉浦京子(스기우라, 1994)에 의해 치료기법으로서 연구 개발되어 활용되고 있다.

Burk와 Provancher(1972)의 연구에 따르면 Mitchell이 창시자라고 적혀 있다. Burk와 Provancher에 의한 콜라주 기법을 소개하면, 다양한 잡지, 30×45cm 색 도화지, 풀, 가위, 펜을 준비한 뒤 내담자에게 자신이 원하는 그림과 종이를 선택하여 작업한 후 뒷면에 자신의 이름을 쓰게 한다. 그리고 '왜 이 사진을 붙였는가?' '당신에게 어떤 의미가 있는가?' 에 대한 질문의 답을 쓰게 한다. 이때 시간제한은 없으나 1시간을 넘지 않는다.

2) 콜라주 기법의 의미

이 기법은 내담자의 관심과 흥미를 분명하게 해 주며 사진이나 그림만을 이용해서도 자신의 감정을 쉽게 나타낼 수 있는 장점을 갖는다. 뿐만 아니라 부적절한 감정이나 욕구 불만 등의 내적 욕구를 표현하는 데 있어서도 많은 효과가 있다. 나아가 퇴행 행동을 잘 표현할 수도 있으며 내담자의 방어기제가 적기 때문에 자기 표출도 용이하다는 장점을 갖기도 한다.

콜라주 기법은 내담자가 작품을 제작하고 설명하는 과정 그 자체에 중요성을 두고 있다. 즉, 치료자는 내담자의 작품에 나타난 내용, 화면의 색채 및 변화, 구도 이야기의 내용 등을 분석하고 해석하는 과정에서 내담자를 치료할 수 있다는 것이다(Sogen, 1993). 또한 이러한 활동 과정을 통해 내담자는 자기표현의 거부감을 감소할 수 있고 분노를 표출하기도 하며, 희망적 상징들을 나타낼 수 있는 기회를 갖는다. 또 그리기 활동에서 볼 수 있듯이 그리는 것 자체에 대한 저항, 공포, 수줍음 등을 감소시켜 줌으로써 내담자의 내면의식을 잘 드러내도록 자극하고 촉진하는 역할을 하기도 한다.

또 다른 특성은 인간의 사고와 감정, 의지 또는 행동을 하나로 모으려는 통일적 방향성과 이 통일적 방향성을 흩으려는 분산적 방향성을 함께 통합할 수 있다는 점이다. 이 두 방향성의 통합은 정신 건강 또는 정신의 존립 자체를 가능하게 하는 것으로서 상담의 본래 의미도 그것을 유지하도록 돕는 과정이라 할 수 있다. 일본 인간성심리학회 수강자 61명에게 콜라주 미술치료 프로그램이 어떤 효과가 있는지를 기록하도록 한 결과 다음과 같은 사실을 얻을 수 있었다.

- 콜라주 미술활동은 동심으로 돌아간 것 같이 시간가는지도 모르게 작업에 몰두하도록 해 줌으로써 카타르시스와 해방감을 느끼게 해 주었다.
- 콜라주 미술활동은 진정한 자신을 드러내도록 해 줌으로써 자신도 잘 모르던 본래의 모습을 발견하는 내면적 통찰은 물론 내담자와 치료자 간의 깊은 상호관계를 형성하게 해 주었다.
- 콜라주 미술활동은 자신의 완성된 작품을 보면서 스스로 만족감을 느끼게 해 주었다.
- 언어로써 감정 표현이 어려운 사람들에게 편안한 심리상태를 유지할 수 있게 해 주었다.

콜라주 미술활동이 심리적 안정감을 주는 또 다른 요인으로서는 이것이 선택성과 회피성 두 가지가 모두 높다는 데 기인한다. 즉, 여러 도형 등 재료들을 자신의 생각대로 선택해 잘라낼 수 있고, 또 싫으면 하지 않아도 되며 자른 이후에라도 얼마든지 버릴 수 있는 여유로움이 있기 때문이다.

3) 콜라주 기법의 특성

- 언어표현보다 정확하고 구체적이다.
- 집약적이다.
- 상징표현을 취할 수 있다.
- 다양하게 해석할 수 있다.
- 종이, 풀, 가위, 잡지 등이 있으면 어디서나 가능하다.
- 내담자가 선호하는 잡지를 가지고 할 경우는 그 사람의 내적 세계를 표출하기가 더욱 쉽다.
- 그림을 그리는 것에 저항이 있는 사람이라도 도입이 쉽다.
- 실시가 간단, 연령층 적용범위가 폭넓다(유아에서 노인까지, 정신지체, 분열증 성인 남성이라도 저항이 적다).
- 지적인 작업으로도 사용가능하다.
- 표현방법에 따라 그 사람의 성격과 감성, 병리성과 증상 파악이 가능하다.
- 상호법에 의해 내담자와 치료자의 라포 형성이 쉽다. 모자상호법에 의한 모자간의 의사소통 개선이 가능하다. 치료자와 어머니와 내담자의 3자 간의 의사소통이 쉽다.
- 어떤 심리학파라도 가능하다.

4) 실시방법

특별하게 정해진 방법은 없으며, 치료자가 독자적인 방법으로 실시하고 있다. 크게 나누어 잡지 그림 콜라주법과 콜라주 박스법의 두 종류가 있다.

(1) 잡지 그림 콜라주법

① 준비물

화지(4절지 또는 8절지), 가위, 풀, 잡지신문, 광고지, 카탈로그 등이 필요하다.

② 도입방법

'콜라주를 한번 해 볼까요. 콜라주란 자신의 마음에 드는 사진이나 그림을 자유롭게 잘라서 붙이는 것입니다.' 라고 이야기한다. 연령이나 증상을 고려하여 실시한다.

③ 그림완성 후의 절차

작품을 멀리 두고 서로 감상을 하지만 치료자는 해석적인 말을 하지 않는다. 모래상자치료의 작품과 동일하게 환자가 작품에 관한 이야기를 하며 서로 교류하고 특별하게 없는 경우에는 치료자가 작품에 대해 느낀 감상을 정리해서 말하고 종료한다.

④ 시간

30분~1시간 정도 소요된다. 이때 작품소요시간은 40분이며, 전후 10분씩 상담시간을 갖는다.

⑤ 기타

상호법/가족콜라주법, 모자상호법, 합동법, 자택제작법(숙제법), 뒷면 콜라주법 등이 있다.

(2) 콜라주 박스법

사전에 잡지에서 다양한 사물을 오려서 상자 속에 넣어 둔다. '상자 속에 있는 그림을 선택해서 도화지에 부쳐주세요.' 라고 지시한다. 필요하면 가위로 잘라도 되고, 완성된 작품을 근거로 연상되는 것을 질문하며 서로 이야기를 나눈다. 잡지그림 콜라주법과 마찬가지로 작품을 멀리 두고 서로 감상을 하지만 치료자는 해석적인 말을 필요로 하지 않는다. 이 방법은 간편하게 사용하는 것을 중시하고 있기 때문에 일반적으로 시간은 15분 정도 소요된다.

(3) 콜라주 실시방법

콜라주 실시방법의 구체적인 내용은 다음과 같다(Remock & Storch, 1957).

- '사람의 얼굴을 골라서 잘라 주세요. 가능한 표정이 있는 얼굴로……?' 그 다음에 잘라낸 그림을 화지에 붙인다.

- 의사소통에 있어서 표정이 미치는 역할을 체험한다(어떤 기분을 나타내고 있는가, 그 기분을 팬터마임으로 연기해서 보여 주고 다른 사람에게 맞춰 보게 한다).
- 잡지에 있는 사진이나 그림을 사용해서 콜라주를 만든다. 먼저 제목을 정한다. 제목에 맞는 것을 붙인다. 공동작업에 의한 비언어적, 언어적 의사소통을 통해서 집단응집력을 높인다.
- 각자가 콜라주를 완성한다. '자신의 성격이나 라이프스타일을 나타내는 포스터를 만들어 주세요. 당신의 태도와 관심, 좋아하는 것, 싫어하는 것, 특징, 가족, 친구, 포부, 일, 감정, 문제, 입원한 계절 등 당신의 모든 것을 표현하는 것이 곤란하다면 위에 제시한 것 중에서 20분 이내 선택해서 해 주세요.'

이 방법은 자기 인식을 깊게 하고 자기표현력을 높이는 것을 목적으로 한다. 최근에 가장 많이 사용되는 미술치료 기법으로 잡지 속에서 마음에 드는 사진을 오려 붙이게 함으로써 거부의 감소, 분노의 노출, 희망에 대한 상징 등 다양하게 활용할 수 있다. 표현이 쉽고 그리는 것보다 정확하게 감정을 전달하나 선택할 수 있는 사진 매체가 많아야 한다. 자기감정을 나타내기, 가족이나 친구에게 말하고 싶은 것, 주고받고 싶은 선물, 타인에 대한 느낌 표현, 문제의 예방 및 대책방법 등을 쉽게 표현할 수 있다.

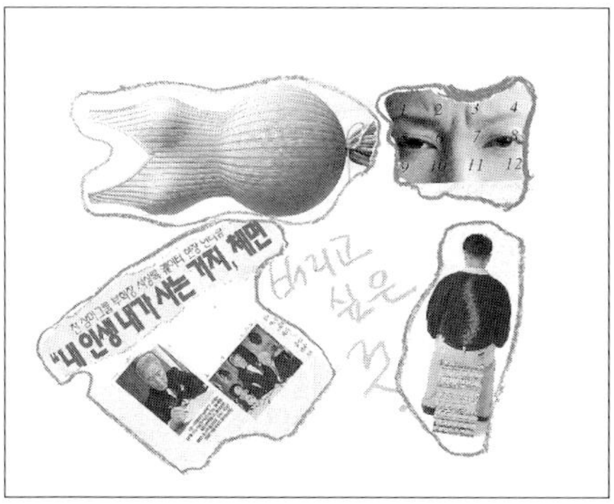

[그림 4-11] 버리고 싶은 것

10. 만다라

1) 만다라의 개념

만다라(慢荼羅, Mandara)는 인도의 고대 언어인 산스크리트의 원상이라는 의미를 가지고 있다. 어근 manda는 '참' 또는 '본질' 을 의미하고 접미사 la는 '소유' 또는 '성취' 를 의미한다. 즉, 중심과 본질을 얻는 것, 마음속에 참됨을 갖추고 있거나 본질을 원만히 하는 것이다(홍윤식, 1992).

만다라의 어원은 인도의 고대어에서 유래되었으나 상징으로서의 만다라는 기독교의 십자가, 원불교의 일원상, 불교사찰의 표시인 만(卍)자 외에도 여러 가지 모습으로 나타나는 인간정신 속에 있는 자기를 나타내는 상징에서 그 모습을 볼 수 있다. 즉, 만다라는 인간 정신 속의 중심을 나타내는 것으로서 한 인간의 성격에 중심이 형성되고 있다는 것을 알려 주는 것이라 할 수 있다(Jung, 1973).

2) 미술치료에서의 만다라

만다라는 명상뿐만 아니라 인간의 내적 존재를 밝혀 주고 균형을 이루는 힘을 가지기 때문에 만다라는 치료적 측면에서 의미가 있다.

미술치료에서 다루어지는 만다라의 의미는 심리학적 입장에서 만다라에 접근하고 직접 만다라의 제작 과정을 경험한 Jung의 개성화 과정으로 집약하여 정의해 볼 수 있다.

Jung은 만다라를 심리치료 분야에 처음으로 적용하였다. 자신의 꿈과 생각을 그림으로 표현하고 기록해 나가면서 내면세계를 탐구하는 경험을 하게 되어, 그것을 바탕으로 만다라는 자기를 나타내는 상징적 역할이며 인간 정신이 가지는 소우주적 형태와 상응한다고 하였다. 또한 Jung은 만다라를 개성화 과정의 그림이라고 정의했으며, 모든 만다라가 완전한 개성화의 표현은 아니더라도 인간이 자기실현의 성취과정에서 야기되는 혼란을 심리적으로 치유하려는 동기에서 발생한 것이라고 주장한다.

원형 심상을 지향하는 만다라는 그림으로서 다소 추상적인 형태를 취할 수밖에 없어 '마법의 원' 으로서 심리적인 중심을 강렬하게 표상한다고 한다. 그러므로 이 자아와 무의식 사이의 균형을 회복하려는 심리적 총화(Psychic Totality)인 만다라는 자기인식의 표상이라고 볼 수 있다.

Riedel에 따르면 미술치료과정에서 환자의 그림이 명료화되고 집중력이 증가하는 것이 효과적으로 이루어지는 것을 발견할 수 있다고 하였다.

이로써 미술치료로서의 만다라를 볼 때 상징적 의미를 지닌 만다라의 치유적인 힘은 사회적 구성에 따른 부조화적 삶과 발전해 가는 문명 앞에서 역으로 생기게 되는 스트레스와 병리적 사고를 지니게 되는 우리 인간의 모습을 균형과 조화를 이룰 수 있는 또 하나의 정신세계의 표현으로 볼 수 있다.

만다라를 미술치료에 적용하는 중요한 목적은 환자가 만다라를 통하여 분열된 자신을 통합하고 삶의 본질, 자신의 중심에 이르는 생활을 영위할 수 있게 하는 것이다.

3) 만다라의 제작

만다라의 제작은 사람들의 삶을 풍부하게 하는 가치 있는 접근방법이다. 만다라는 총체적인 인격을 지향하는 인간 정신의 그릇이라고 할 수 있는 자기를 거울을 통해서 보는 것과 같다. 만다라를 제작하는 것은 모든 사람들의 상징에 대한 경험을 표현할 수 있는 돌출구를 만드는 것이다. 그러므로 만다라 제작 시 지도자는 참여자가 바깥세계로 표현되는 자기의 이미지를 신성한 것으로 받아들이는 태도와 고요한 마음으로 작업에 임할 수 있도록 분위기를 조성하는 것이 중요하다. 또한 지지적인 관심을 통하여 만다라의 상징적인 언어를 터득하게 하며 자신의 진정한 모습을 깊이 이해할 수 있게 한다.

(1) 준비물

만다라를 그리는 책상, 의자, 단단한 밑판, 종이, 문양그림, 자, 연필, 컴퍼스, 색을 칠하기 위한 재료, 명상음악, 초와 향, 누울 수 있는 담요나 매트 등이 필요하다.

(2) 장 소

혼자만의 조용한 장소로 외부의 간섭을 받지 않는 곳이 좋으며, 그림을 그리기 위한 평평한 바닥과 충분한 빛과 고요하면서도 즐거움을 가져다주는 음악, 촛불이나 향을 피우는 것도 좋다.

(3) 실시방법

모든 재료를 작업할 바닥에 놓은 후 편안하게 앉아서 정신상태를 이완시켜 당신의 창조성이 필요로 하는 공간을 허용한다.

- 몇분간 명상을 통하여 이완작업을 한다.
- 이완이 되면 눈을 감고 내면세계에 초점을 맞춘다. 생각을 하지 말고 내면에 떠오르는 비전의 색상, 형태, 느낌 등으로 이미지를 보도록 한다.
- 눈을 뜨고 앞에 놓여 있는 색상을 보고 선택하여 동그라미를 그린다. 이때 종이접시를 가지고 본을 뜨거나 직접 그려도 된다.
- 색깔로 원형 속을 채워 넣는데, 원의 중심 혹은 가장자리에서부터 시작한다.
- 만다라의 방위를 결정한다. 적절한 방위가 결정되면 만다라 위쪽 꼭대기에 't' 자 표시를 한다.
- 연도를 포함하여 날짜를 기록한다.
- 만다라에 제목을 붙여 본다. 많은 생각을 하지 말고 제목은 만다라를 멀리서 보았을 때 첫인상을 요약하는 것이 좋다.
- 당신 만다라에 나타난 색상의 목록을 만든다.
- 숫자와 형태의 목록을 만든다.
- 만다라 중심 주제와 연상들과 만다라의 제목을 사용하여 몇 개의 문장을 만들어 본다.

(4) 만다라의 치료효과

우리의 역동적인 정신의 중심인 자기가 차지하고 있는 부분은 우리가 알 수 없는 무의식의 부분이다. 만다라를 그림으로써 우리는 무의식의 언어에 귀를 기울이게 되고 자기와의 관계를 귀중하게 생각하게 되며 그것을 육성시켜 나감으로써 우리 무의식에서 오는 원형적인 에너지를 수용하여 구조화하고 의식성에 동화시키는 합일을 할 수 있다.

만다라는 자신이 누구인지를 보여 주는 개인적인 상징으로, 자신의 무의식 속에 잠자고 있는 내면세계의 갈등을 만다라를 통하여 상징적으로 표현하는 것이 갈등을 바깥세계로 투사하여 객관화시킨다고 할 수 있다. 그러므로 일원상의 그림을 그리는 행위 자체가 화합의 느낌을 가져다줄 수도 있다는 점에서 치료적이다(김진숙, 1998).

만다라의 탄생이 내면의 충동을 명상적인 것으로 바꾸고 조용하게 정신을 집중하게 함으로써 나아갈 길을 보게 한다는 점에서 만다라는 치유를 가능하게 하는 도구가 된다. 만다라를 그리는 활동을 통하여 내담자는 스스로 자아치료 과정에 참여하여 자기 내면의 잠재 능력에 대한 자신감과 삶의 의미를 찾게 된다. 또한 그리는 사람에게 자기중심을 이루게 해 주며 '지금 그리고 여기' 의 순간으로 끌어내어 주기 때문에 정신적 성장을 돕는다.

만다라의 치료적 효과를 요약하면 다음과 같다(정여주, 2001).

- 정신과 육체가 건강해진다.
- 고요하고 침착해진다.
- 자신의 중심을 발견하고 자신의 힘을 얻는다.
- 주변의 현실을 새롭게 받아들인다.
- 자기 자신과 우주 만물의 모든 생명체와 일체가 되는 것을 체험할 수 있다.
- 자기 자신을 수용하며 자기 소외를 극복한다.
- 자신의 잠재된 창의력을 발견하게 되고 영감과 창의성에 관심을 갖는다.
- 갈등상황을 더 쉽게 극복한다.
- 자신 안에 있는 새로운 에너지를 발견하며 기쁨을 누릴 수 있다.
- 자신의 에너지를 조정할 수 있으며, 역동적으로 이용할 수 있다.
- 자신이 얻는 창의적 성취감으로 스스로를 존중하게 된다.
- 만다라의 경험으로 타인을 보는 시선이 긍정적으로 바뀐다.
- 작품으로 남아 있는 그림을 보면서 자신의 감정을 돌아볼 수 있고 색에 대한 아름다움을 스스로 경험하여 작품성에도 많은 가치를 느낀다.

4) 만다라의 상징

만다라의 상징적 개념들은 색채, 형태, 매체를 사용한 작업자의 표출 속에서 살펴보고 그 내면을 들여다볼 필요성은 있으나 만다라 작업은 주관적 표현과 개개인의 내면세계, 즉 무의식의 표현이 연출되는 작업이므로 상징적 의미에 치중하기보다는 표현하는 개인이나 집단이 작업과정에서 몰입하는 정도, 작업에서 자신이 느껴 가며 자각해 보는 감정 등을 잘 살펴보아야 한다.

만다라의 상징에 대하여 색과 숫자, 형태의 상징에 대해 살펴보고자 한다.

(1) 만다라의 색 상징

만다라 그림에 나타난 색은 다른 그림에서와 마찬가지로 그림을 그리는 사람의 개성과 심리상태를 나타내고 있다. 무엇보다 일차색(빨간색, 파란색, 노란색)과 이차색(주황색, 초록색, 보라색)은 특정한 정신적 심리적 의미를 지니고 있다. 이러한 색들은 그림을 그리는 사람의 당시 기분 상태와 정신상태를 알려 주며, 현재나 과거의 문제와 연관된 감정을 나타낸다. Fincher(1991)는 "만다라에 조화로운 색상이 나타난다는 것은 내면의 균형이 이루어지고 있으며 마음의 평화 혹은 치유가 되고 있는 메시지를 내포하고 있다."라고 하였다.

모든 색은 그 색이 지니는 긍정적이고 부정적인 심리 측면을 모두 가지고 있다. 〈표 4-2〉에서 색의 상징적 의미를 긍정적 측면과 부정적 측면으로 나누어 살펴본다(Goethe, 1992; Wuliiemet, 1998; Huyser, 1996; Muths, 1998; Murty, 1988; Riedel, 1999; Fincher, 1991; Oslie, 2000; Chiazzari, 1998; Naess, 1996, 정여주, 2001 재인용).

(2) 만다라의 숫자 상징

표 4-2 색 상징의 의미

색	긍정적 요소	부정적 요소
흰색	순결, 완전성, 덕, 구원, 고결함, 명료, 천진, 공평성, 영적 풍요로움, 지혜, 신뢰성, 진실함, 여성성	완전주의, 추상적 경향, 차가움, 심리적 압박감, 정열, 화 등 감정이 감추어짐.
노란색	빛, 태양, 기쁨, 자유, 발전, 지성, 지혜, 사교성, 환상, 자유에 대한 욕구, 정신적 역동성, 높은 정신력, 직관, 넓은 시야, 훌륭한 유머감각, 명랑함, 깨달음, 낙관적, 확신에 찬, 자신이 있는, 행복한	질투, 자기 과대평가, 협소함에 대한 불안, 피상적, 염세적, 회의적, 아첨을 잘하는, 교활한, 소심한, 비겁한

색	긍정적 요소	부정적 요소
주황색	에너지, 낙천주의, 생의 욕구, 생명력, 활동성, 용기, 강함, 기쁨, 순수한, 열정, 자기확신, 독립적, 건설적, 사교적, 섬세함, 싱싱함, 넘치는 에너지	권세욕, 자기과시, 경망함, 알코올 오용, 거만함
분홍색	즐길 수 있는 능력, 낭만, 우아, 애정, 자제력, 헌신, 자기망각, 부드러움, 겸양	보호욕구, 억제, 경쟁심의 상실, 감상적, 허약한
빨간색	사랑, 감각, 열정, 자기신뢰, 힘, 권위, 지구력, 자립심, 삶의 기쁨, 생의 욕구, 획득, 생명력, 강한 의지, 용기, 즉흥적, 정직, 감사, 용서, 인간적, 외향적	본능, 분노, 미움, 자기연민, 자기만족, 급한 성격, 무례한, 지배적, 오만한, 격렬한, 잔인한
파란색	고요, 평화, 이완, 안전, 충실, 성실, 섬세한 감각, 원만함, 온유함, 세련된, 침착한, 순진한, 소박한, 다정한, 창의력이 풍부한	권태, 무력감, 공허함, 야망을 품고 있는, 불성실한, 의심이 많은, 거드름을 피우는, 정서적으로 불안정한, 냉담한
남색	신뢰, 현실적 이상주의, 꿈이 있는, 직관력 있는, 제3의 눈, 두려움이 없는, 의무를 충실히 수행하는, 환경에 매우 적극적인	겁을 내는, 편협한, 아량이 없는, 비판적, 어두운 면만을 보는, 우울한
초록색	균형, 성장, 희망, 저항력, 생명, 자연, 의지, 치유, 완쾌, 새로운 시작, 일체성, 건강, 건전함, 목적달성, 강인성, 지구력, 명성, 조화로운, 이해심이 있는, 자제력, 적응력이 있는, 동정심이 있는, 관대한, 겸손한	거짓, 욕심, 권력, 판별력 부족, 소유욕, 질투심이 많은, 분별력이 없는, 무모한, 인색한, 잔인한, 무자비한
보라색	신비주의, 신비한 힘, 영성, 초자아, 변화, 영감, 정서존중, 대립의 극복, 개별성, 강한 정서, 창의력, 상상력, 친절한, 정신력, 영적 지도자, 자기희생, 순수한 이성주의자	우울증, 고통, 단식, 포기, 전향, 노이로제 경향, 내적 긴장, 오만한, 불성실한, 거드름을 피우는, 속물적인, 광신적
회색	참회, 지혜	우울증, 무기력, 무관심, 무감각, 억제, 미결정
갈색	어머니인 대지와 관련, 보호하고 영양분을 주는 역할과 과제, 검소, 고난의 시기를 극복	가난, 대변, 죄인, 억압
검은색	정복불능, 개혁, 복구, 가치, 회귀	권태, 강요, 압박, 희망상실, 고독, 죽음, 파괴, 죄, 슬픔, 상실, 공포, 위협, 희미함, 우울증

만다라 그림에 빈번히 나타나는 형태와 연결된 개수, 예를 들어 꽃잎이나 기하 형태 등의 수도 그 배경에 심리적 의미를 지닌다. 만다라에서 형태의 개수가 주는 의미는 중요한 역할을 한다. 개수는 만다라의 구조와 기하 형태와 리듬감이 있고 정돈된 분할을 위해 중요한 요인이 된다. 숫자 상징은 일반적으로 0에서 13까지의 의미를 살펴볼 수 있다(Wuillemet, Murty, & Riedel, 정여주, 2001 재인용).

표 4-3 숫자 상징의 의미

숫자	의미
영	무, 영원, 완전한 형태, 모든 것의 결핍, 허무, 불분명한
하나	시작, 근원, 유일성, 일치와 동일성, 신과 개별성, 내부에 모든 힘을 품고 있는 중심, 통합, 개인, 정신의 성숙, 모든 과정의 시작, 수동적, 행복한, 사랑스러운, 초개인적, 자기중심
둘	쌍둥이, 반대, 파트너, 짝을 지움, 친밀감, 창조, 생식, 분열, 대립, 구별, 회의, 갈등, 물질, 음(陰), 초기의 일체성을 극복, 분화, 이원론, 영상, 개인의 이중성
셋	운동, 활력, 추진력, 비약, 과정, 남자와 여자와 어린이, 새로움, 채움, 독립욕구, 신성, 갑작스러운 자기인식, 양(陽), 역동적 진행, 새로운 것을 이룸으로써 대립긴장이 풀림, 완성, 무의식으로 변형하는 활동
넷	완벽함, 완결, 고요, 대립의 통일, 합리성, 의식화, 생활에 있어서 자기의 자리를 찾으려는 노력과 자기인식에의 노력, 전체성, 인식의 심화, 동일성과 자기와의 긴밀한 연결, 에너지, 조화와 질서, 균형과 조화를 위한 심리적 노력
다섯	일체성, 중앙, 사랑, 음양의 조화로운 결합, 악에 대한 방어, 건강, 성, 감각, 현실관여, 개인적 꿈과 목적을 실현시키려는 노력, 완전성 추구, 오각의 별표, 인간성, 현실적 인간, 싹트는 삶
여섯	여성과 남성, 일체성과 관철, 대립의 통일, 창의성, 완전성, 창의적 과정의 완성, 만족, 성취, 고요, 자부심
일곱	하늘과 땅, 인격수양의 길, 삶의 마지막, 성스러운 전통과 일치, 내적활동, 변화, 신비, 자기발견
여덟	우주질서와 균형, 행운, 조화, 완성된 질서와 대칭, 영원성, 정신적 완전성의 길, 영원한 변화와 재생, 안정성

숫자	의 미
아홉	창조정신, 하늘, 인간존재의 수수께끼, 긍정적 정신에너지 소유, 합, 진실, 가능성, 통일체 추구
열	일체와 전체성, 완전성과 신의 원리, 덕과 윤리, 부부, 현실적 삶의 인식, 수학
열하나	해결할 수 없는 갈등, 죄, 카오스, 경과, 경계지점, 균형의 어려움, 죽음과 재생, 자기인식의 과정에서 일어나는 갈등
열둘	일체와 전체성, 행운, 시공의 완성, 완전성, 구제, 자연질서, 종결, 영원한 발전의 순환, 우주질서, 개별성, 전체성의 목적, 시간의 경과, 순환의 완성
열셋	시기와 기만, 불행한 종말, 종말을 맞이하여야 하는 내적 과정, 거짓, 새로운 시작, 양가감정, 이중 가치

(3) 만다라의 형태 상징

만다라를 그리기 위하여 즉흥적으로 만다라의 견본 문양을 선택했을 때, 그 만다라의 형태는 색과 마찬가지로 선택한 사람의 현재의 정신적, 영적인 상태를 표현한 것이라고 할 수 있다. 만약에 일정 기간 동안 계속적으로 어떤 형태를 선호하게 되면, 그것은 반드시 그 사람의 내적 세계를 나타내고 있는 것이다. 이러한 맥락에서 만다라를 그린 후에 만다라에 나타난 형태가 각각 어떠한 의미를 지니고 있는지를 살펴보고 자신의 내적 상태를 반영해 보는 것이 좋다.

① 원

영원을 상징한다. Ferguson(1961)은 원은 신의 완벽함을 나타낼 뿐만 아니라 끝없는 세계의 처음과 지금 그리고 언제까지나 존재하는 영원한 신을 대변한다고 하였다. 만다라의 작은 원상은 스스로 어떤 요소를 보호 또는 성역화하거나 자유롭게 하는 것을 나타낸다.

② 새

인간의 영혼, 정신적인 것을 나타내는 상징이다. 물질로는 공기를 나타내고 변형의 과정을 상징한다. 불길한 예언이나 깨달음, 사고의 비약, 특히 환성적이고 직관적인 아이디어를 대변한다.

- 독수리: 용맹스럽고 강력한 고고함
- 부엉이: 어둠과 죽음, 지식
- 비둘기: 순수, 평화 상징

③ 나비

스스로를 새롭게 하는 정신의 위력을 확인하며(Jung, 1976). 스스로의 아름다움과 영성성으로 새로운 자신을 창출하고 있다는 것을 반영한다. 부활을 대변한다.

④ 동물

존재의 본능이나 비논리 또는 무의식을 상징한다. Jung(1979)은 동물의 상징을 시각화된 무의식적인 자기의 모습이라고 하고 원시적인 동물일수록 더욱 깊은 무의식의 자기를 대변한다고 하였다. 꿈이나 그림 속에 나타나는 동물은 무의식을 행하는 자신의 마음가짐을 나타낸다고 본다(Jung, 1976). 동물에 대한 상징성은 동물 자체가 가지는 자연적인 성품에 그 기반을 두고 있다.

⑤ 십자가

특별한 장소나 마음의 상태를 나타내는 상징으로 사용되며, 수평과 수직이 정확한 각도로 만난다는 것은 영성성과 물질세계의 현상의 융합을 의미한다. 인간의 내면에 양극적인 것의 균형을 나타낸다. 한편 건설과 파괴 그리고 가능과 불가능 사이에 교차되는 삶의 어려움을 표현한다(Cirlot, 1962).

⑥ 물방울

대지를 적셔 주고 초목을 양육하며 호수들과 강들을 채우고 곡식을 자라게 한다. 비, 눈물은 슬픔, 실망, 분노, 기쁨, 안심의 상황에서 흘리는 것으로 강렬한 것이 표출되는 것이며, 정화의 행위를 상징한다. 만다라에서 물방울 모양이 눈물을 의미한다면 내가 무엇을 위하여 눈물을 흘려야 할 것인가를 생각해 본다.

⑦ 눈

이해함, 초인적으로 볼 수 있는 능력, 인도에서는 눈을 여성의 성기로 나타낸다고 하였다. 여러 개의 눈은 정보를 입수한다는 것으로 무의식의 상징일 수 있다. 당신이 보고 있는 것에 관심을 가지라는 메시지인 반면 다른 사람에 의해 관찰되고 있다는 느낌의 표현이다. 만다라에서의 눈은 자아를 나타내는 상징이며, 여성적인 정체감에 관련된 이슈에 대하여 염려하고 있음을 시사한다.

⑧ 꽃

끊임없이 재창출하는 봄 자체의 상징, 사랑의 증표, 명예로운 성취의 축하를 나타낸다.

- 붉은색의 꽃: 동물적인 생명력
- 주황색과 노란색 꽃: 태양의 상징성
- 푸른색의 꽃: 불가능한 것의 상징으로 영혼의 신비를 암시

⑨ 심장

인간 사이의 사랑을 상징, 만다라에서 심장에 화살이 꽂혀 있는 형태라면 힘든 상황에도 불구하고 현실을 대처해야 한다는 것을 시사하고 있다. 인간관계에 대한 염려를 나타내며 그런 상황에서 중요한 부분에 초점을 맞추라는 것을 상기시킨다. 상처 난 심장은 상처와 고통을 대변한다.

⑩ 손

상호교류, 친교의 의미, 당신 주위에 영향을 미칠 수 있는 능력이나 인간관계에 적극적인 부분을 담당하거나 새로운 직업이나 사업의 시작을 상징한다. 생명력에 대한 느낌이나 행동에 옮기고자 하는 욕구 그리고 당신 스스로의 능력에 대한 정당한 자신감을 나타낸다. 만다라 속에서 나타난 손의 손가락이 어디를 가리키고 있는지 손가락이 가리키고 있는 부분에 해당되는 것이 무엇인지 관심을 집중할 필요가 있다.

⑪ 번개

당신 내면에 잠자고 있던 에너지가 활성화되고 직관적인 능력이 회복되고 있음을 시사한다. 강력한 정신적인 일깨움을 나타내는 상징이다.

⑫ 무지개

풍요로움, 재탄생의 경험(Jung, 1973), 오이디푸스 콤플렉스로 향하고 있거나 이

[그림 4-12] 만다라

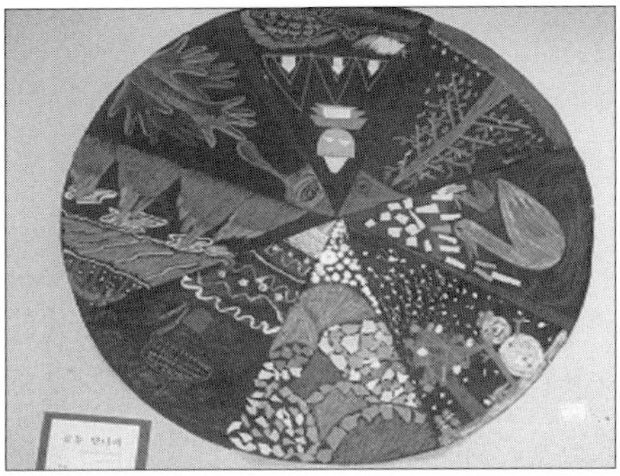

[그림 4-13] 집단만다라

부분에서 나타나는 갈등을 해결하고자 하는 것을 시사한다.

⑬ 별

만다라를 채우는 5개의 꼭지점을 가진 별은 자신의 가치와 정체감 및 소명감을 성취하기 위한 자세가 되어 있음을 내포하며, 여러 개의 작은 별은 개인의 잠재력과 목표지향적인 경쟁심을 나타낸다.

⑭ 나무

풍요한 삶, 자기 원형의 상징이다.

11. 계란화, 동굴화

미술 기법에 있어 그림 공간이 가지는 의미나 그 유한성을 고찰하는 것은 임상적으로 중요하다. 치료공간이나 묘화공간은 무한히 넓혀진 공간이 아니라 그 공간은 일정한 한계를 가지고 있으므로 치료가 된다고 할 수 있다. Kaiff(1966)는 치료공간에서 “자유인 동시에 보호받는 하나의 어떤 공간을 우리의 관계 속으로 이끌어 내는 것” 이 중요하다는 것과 “에너지 변화는 개인이 가진 제한된 내부에서 효과적으로 일으킬 수 있다.” 라고 말하고 적당한 제한이 심리요법에 필요하다고 역설하였다.

이러한 Kaiff의 지적을 받아들여 中井(나카이, 1970, 1972)는 테두리법을 고안했다.

또 Burns(1990)는 대칭의 구조를 가진 상징의 중심화를 나타내는 만다라에 주목하여 그 응용으로 원테두리를 사용한 동그라미중심가족화법을 고안했다. 이 두 기법의 공통점은 그림 공간 속에 일정한 테두리를 설정하여 그림 공간이 가지는 유한성을 강조하고 내담자의 그림 행동을 촉진하는 데 있다(田中勝傳, 1995 재인용).

원이라고 하는 형태는 우리 세계 속에서 가장 상징성이 풍부한 형태로 신성한 것이나 만물의 기원의 상징으로서 사용되어 왔다. 이와 같이 원형은 그림의 상징성이나 그림 공간을 생각하는 데 중요한 요소다.

계란화, 동굴화는 원형의 하나인 타원테두리를 공간 묘화에 이용한 기법이다. 계란화, 동굴화에 사용되는 타원테두리는 첫째, 자유로운 표현을 촉진하는 보호성, 유한성을 창출하여 내담자에게 심리적으로 안정된 이미지를 줄 수 있으며, 둘째, 적당한 크기의 여백공간이 있고, 셋째, 타원테두리는 중심이 2점 있으므로 원테두리만큼 중심화 경향이 적다. 넷째, '계란' 이나 '동굴' 이라는 의미나 상징성을 가진 테두리로 지시를 받으므로 그림 이미지에 자극 동기를 부여한다는 의의를 가진다.

1) 계란화

(1) 계란화의 특성

계란화는 계란이라고 하는 물체이미지를 자극하고, 타원 테두리 내측에 초점을 두어 계란을 발견하고 파괴시켜 새롭게 탄생하는 과정을 그림의 공간에 표현하는 것이다. 계란화의 특징은 타원 테두리의 공간(계란) 파괴에 내담자를 참가하게 하여 내담자와 치료자 쌍방이 예측하지 못한 새로운 것이 탄생하는 것을 묘사하는 것이다. 계란의 금은 내담자의 현재의 심리적 에너지의 강도를 나타낸다.

(2) 실시방법

① 준비물

A4 크기의 스케치북(B5, B4 크기도 무방함), 연필, 크레파스 혹은 색연필 등이 필요하다.

② 방법

- 치료자가 용지에 계란 형태의 큰 타원을 그려 준다([그림 4-14] 참조).
- 내담자에게 '무엇으로 보이나요?' 라고 묻고 계란이라는 것을 인지시킨다.
- 계란이라는 인식이 공유되면 '이 계란에서 지금 무엇인가 태어나려고 하는데 당신이 계란에 금을 그려 태어나는 것을 도와주지 않을래요?' ([그림 4-15] 참조) 라고 동기화시킨다.
- 내담자가 계란에 금을 그려 주면 '계란에서 무엇이 태어날까요?' 라고 묻는다. 대개 '병아리' 라고 답한다. 그러면 '그렇구나, 병아리가 계란에서 태어나는구나.' 라며 주고받기를 한다.
- '이 계란은 그림 계란이기 때문에 무엇이라도 태어날 수 있답니다. 당신이 금을 그려 주었기 때문에 당신의 계란이라고도 말할 수 있어요.' '당신의 계란에서 나오면 좋다고 생각하는 것을 계란의 껍질과 함께 그려 주세요' ([그림 4-16] 참조)
- 채색의 희망 유무를 물어 색칠하기를 원하면 색칠하여 완성하게 한다.
- 계란화에서 표현되는 것은 '아, 그런 것이 계란에서 태어났구나.' 라고 소감을 말하는 정도로 하고 내담자가 표현할 수 있었다는 것을 존중해 준다.

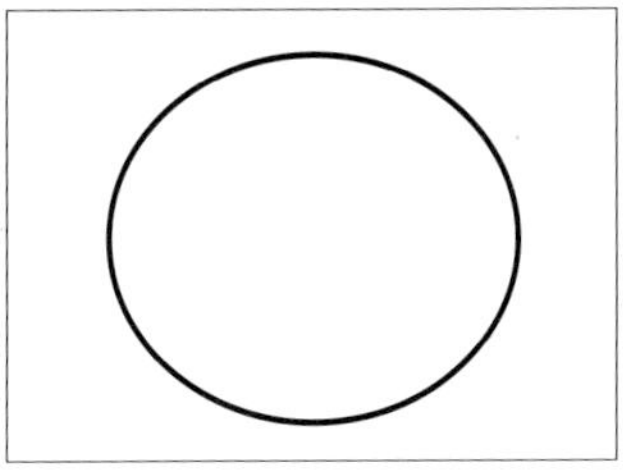

[그림 4-14]

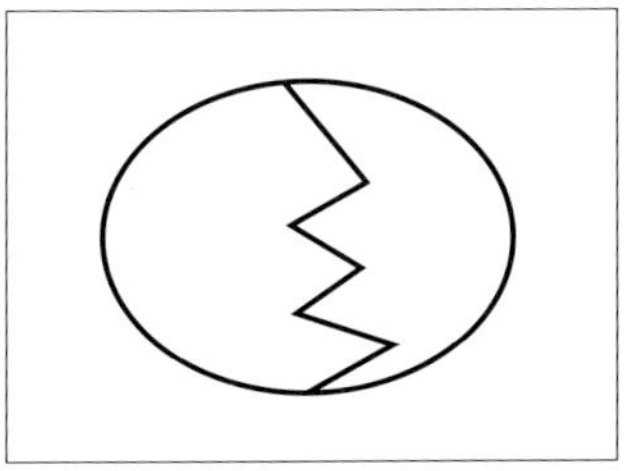

[그림 4-15]

[그림 4-16]

2) 동굴화

(1) 동굴화의 특성

동굴화는 타원테두리 공간을 동굴 입구로 가정하여 치료자가 개입하여 내담자에게 동굴 속에서 바깥세계를 바라보게 하여 바깥 풍경을 그리게 하는 것이다. 계란화는 물체이미지를 자극하는 반면 동굴화는 공간이미지를 자극하고, 타원 테두리 내·외측 양측에 초점을 두고 있다. 따라서 외측의 여백공간이 중요하며 내담자의 심리상태와 밀접한 관련이 있다.

(2) 실시방법

① 준비물

A4 크기의 용지(내담자의 욕구에 따라 다양한 크기의 용지 사용), 연필, 크레파스 혹은 채색도구가 필요하다.

② 방법

- 치료자가 그림용지에 타원을 그린다. 계란화에 이어 시행할 경우 '이것은 계란이 아니고 동굴이에요.' 라고 말한다.
- '여기가 동굴입구인데 만일 당신이 동굴 안에 살고 있다면, 바깥세계는 어떤 세계가 보이면 좋을지 그려 주세요.' 라고 말하여 동굴 속에서 본 바깥세계의 풍경을 그리게 한다.
- 완성되면 채색 희망을 묻고 원하면 색칠하게 한다. 내담자가 색칠하기를 원하지 않는 경우는 '동굴 벽에 당신이 좋아하는 색을 칠해 주세요.' 라고 하여 동굴 벽만 칠하게 한다.
- 치료자가 동굴화를 이해하는 데 필요한 질문을 한다. 즉, 그림의 계절, 시간, 동굴에 실제 살고 있는 것 등에 대해 이야기한다.
- 그림 중에 표현된 사물에 대한 언어화를 촉진한다.

③ 실시상 유의점

- 두 기법은 고유한 기법으로 따로 시행하는 것이 가능하나, 두 기법을 같이 시행

할 경우는 계란화를 먼저 그리고 난 후 동굴화를 그리게 한다.

• 타원 테두리의 크기는 너무 크지 않은 것이 바람직하다.

[그림 4-17] 계란화(성인 여성)

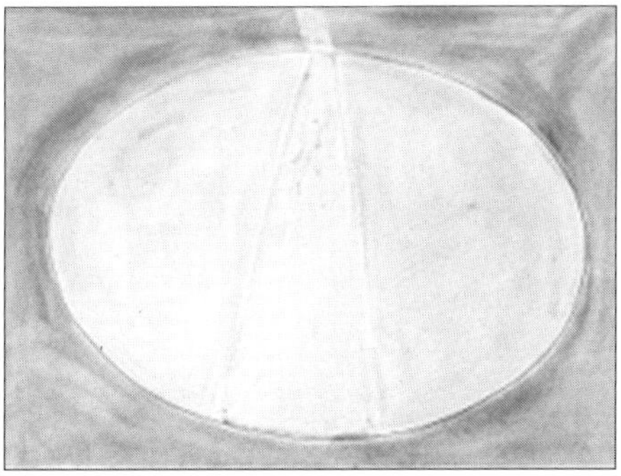

[그림 4-18] 동굴화(성인 여성)

제5장 아동 미술치료

이 장에서는 일반아동과 발달장애 아동의 특성을 살펴보고 일반아동을 대상으로 한 집단미술치료 사례와 정신지체 아동을 대상으로 한 개인 미술치료 사례를 제시하였다. 그리고 아동미술의 발달단계를 소개하여 미술치료에 대한 이해를 돕고자 하였다.

1. 일반아동 미술치료

1) 일반아동의 특성

아동기는 7～12세에 이르는 시기로서 초등학교에 다니는 시기다. 지금까지 전통적인 심리학에서 이 기간은 중요한 시기로 주목받지 못하였다. Freud에 따르면, 잠복기(latent period)에 해당하는 이 시기에는 성격 형성에 중요한 성적 에너지(libido)를 무의식 속에 억압하기 때문에 뚜렷한 특징이 없다고 보았다. 이 시기는 외형적으로, 특히 신체운동 발달이나 언어 발달에서 영아기나 유아기 혹은 청년기에 비하여 극적인 변화 없이 점진적인 발달이 이루어지기 때문에 조용한 과정을 거치는 것처럼 느껴진다. 그러나 Erikson과 Piaget는 아동기 동안에도 여러 가지 결정적인 변화가 일어나며, 이루어야 할 주요과업이 있다고 하였다. 그러므로 이 시기에 나타나는 아동의 인지발달과 도덕성 발달에 대해서는 Piaget의 이론을 통해 살펴보고, 사회·정서적 발달은 Erikson의 이론을 통해 살펴보고자 한다.

(1) 인지발달

Piaget는 이 시기를 구체적 조작기로 보았으며, 이 시기 동안에 체계적인 논리적 사고가 발달하게 된다고 하였다. 그는 구체적 조작기 아동의 조작행동 속에 나타나는 논리적 사고의 가장 중요한 특징으로 가역성의 개념을 들고 있으며, 이 시기 가역적 사고가 가장 잘 드러나는 대표적인 세 개의 조작형태는 보존개념, 분류조작, 서열조작이라고 하였다.

보존개념이란 두 가지 동일한 물질은 아무것도 첨가되거나 제거되지 않는 한 수, 양, 무게, 부피가 유지된다는 것을 인식할 수 있는 능력이다. 즉, 아무리 외형적인 모양을 바꾸어도 그 물체의 본질적인 속성은 변함이 없는 것을 이해하게 된다. 예를 들면, 아동에게 10개의 구슬을 일렬로 제시하고 그것을 둥근 모양으로 모으거나 네모 모양으로 늘어놓아도 10개의 수량은 변함이 없음을 아는 현상을 말하는 것이다.

이 시기는 유목에 근거한 분류조작이 가능하게 된다. 구체적 조작기의 아동들은 남자와 여자가 합쳐서 사람이 되며, 사람 중에서 여자를 빼면 남자만 남는다는 반환성에 기초한 유목조작을 할 수 있게 된다. 이러한 분류조작은 대상과 대상 간의 공통점과 차이점 및 관련성을 이해함으로써 가능해진다. 서열조작은 대상들을 크기, 무게, 밝기와 같은 여러 특성의 양적차원에 따라 차례로 나열하는 능력이다. 이 시기의 아동은 막대기의 색깔을 달리하는 등 지각적으로 혼란을 일으키는 요인이 첨가되면 서열조작에 실패하는 유아기의 한계를 극복하고 비교적 안정된 서열조작을 보이게 된다.

(2) 도덕성 발달

선악을 구별하고 옳고 그름을 바르게 판단하며, 인간관계의 규범을 준수하는 것은 아동의 성장과 발달과정에 있어서 다른 어떤 특성보다 중요한 과업이다. 현재까지는 인지발달이론이 도덕성 발달을 설명하는 대표적 이론이며, Piaget에 의해 최초로 도덕성의 인지발달이론(cognitive developmental theory of morality)이 소개되었다. Piaget의 도덕발달 단계 중 아동기는 자율적 도덕성(autonomous morality)의 단계에 접어들게 된다. 이 단계의 아동은 사회적 규칙은 임의적인 약속이며, 사람들의 동의에 의해 변화될 수 있다는 것을 알 수 있다. 어머니를 간호하기 위해 학교를 결석할 수 있듯이, 상황에 따라 규칙은 지켜지지 않을 수도 있으며, 이로 인해 반드시 처벌받는 것이 아니라는 것도 깨닫게 된다(송명자, 2003).

(3) 사회 · 정서적 발달

Erikson은 이 시기를 자아성장의 결정적인 시기라고 보았다. 이 시기의 아동은 기초적인 인지적 기술과 사회적 기술을 습득하게 되면서부터 가족의 범주를 벗어나 더 넓은 사회에서 통용되는 유용한 기술들을 열심히 배우고자 하는 시기다. 이 시기는 호기심과 일에 대한 성취행동이 핵심이므로 아동이 어떤 일에 대해 격려와 칭찬이 주어졌을 때 근면성과 완성의 성취감을 가지게 된다. 만일 이 시기에 순조롭게 근면성이 발달되지 못하고 실수나 실패를 거듭하게 되면 아동은 열등감을 갖게 되는데, 지나치게 열등감을 느끼는 것은 위험하다. 그러므로 부모나 주위에 있는 사람들이 아동들의 행동이나 일을 인정하고 격려해 주면 아동은 사랑받는다는 느낌을 가지게 되어 모든 일에 적극적이고 자신감이 있는 아동으로 성장해 갈 것이다.

이 시기의 아동에게는 책임감이 형성되는 기초를 마련하기 위해 아동에게 적합한 과제를 제공하여 성취감을 갖게 도와주고, 결과를 다른 아동과 비교하기보다는 개개인의 성장과정에서 장단점을 평가하여 장점은 육성하고 단점을 보완하는 자기 계발의 초석을 다지는 기회가 되도록 해야 한다.

또 하나의 중요한 변화는 아동의 생활의 중심이 가정에서 학교로 옮겨 감에 따라 아동은 많은 사회적 관계를 형성하고 사회인의 기초를 닦는다. 따라서 사회가 요구하는 도덕적 판단과 양심도 함께 발달시켜 사회인의 기초를 다지는 데 힘써야 한다. 다시 말해서, 초등학교에 입학하면서 사회적 환경이 급속히 변하고, 가정 밖에서 보내는 시간이 많아지면서 그들의 활동 중심은 학교가 되며 친구는 직 · 간접적으로 아동의 성장 발달에 있어 매우 중요해진다. 그들은 친구를 통해 사회생활에 필요한 여러 방법을 터득하고 자신이 속한 문화의 가치관과 행동규범을 획득하면서 사회적 발달을 하게 되는 것이다.

2) 일반아동의 집단미술치료 사례(이현진, 2005)

(1) 대상의 특성

이 연구의 대상은 맞벌이 한부모 가정의 자녀들로 구성되었다. 성인의 보호 없이 방치되어 있는 초등학생을 안전하게 보호하고, 부모의 안정된 사회활동을 지원하는 J 시의 ○○ 공부방의 방과 후 교실에 다니고 있는 아동 중 4~6학년 9명을 선정하였다.

프로그램 실시 전 2회에 걸쳐 사전 면접을 실시하였다. 대상자들에 대한 가족사, 성격 및 행동특성은 다음의 〈표 5-1〉과 같다.

표 5-1 연구 대상자의 가족사, 성격 및 행동 특성

대상자	가족사, 성격 및 행동 특성
A (13세, 남)	모가 어릴 때 가출을 해서 얼굴도 모르며 모에 대한 감정이 전혀 없다. 조모, 부, 여동생과 함께 살고 있으며, 소극적이고 혼자 있으면 불안해하며 작은 자극에도 예민하게 반응한다. 몸이 많이 말랐고 달리기를 잘한다.
B (12세, 여)	부모의 이혼으로 조부모와 나이 차이가 많은 사촌오빠, 친오빠와 함께 살고 있다. 정서적으로 불안해하고, 불안하면 거짓말을 가끔 하는데, 어른들이 바로 알아챌 수 있는 거짓말을 한다. 성격은 활발하고 적극적이며 달리기와 그림그리기를 잘한다.
C (12세, 여)	부모의 이혼으로 조부모와 두 명의 남동생과 살고 있는데, 조부는 병환으로 항상 자리에 누워 생활하고 조모가 정성을 다해 챙겨 주신다. 또래의 나이에 비해 철이 없는 듯하고 진득한 면이 부족하고 학업에서도 부진을 보인다. 많이 말랐고 명랑한 성격이다.
D (12세, 여)	부가 직업군인으로 매우 엄격하며 큰소리를 잘 내고 화도 잘 낸다고 한다. 모는 전업주부며 언니와 여동생, 조모와 함께 살고 있다. 가족이 모두 조모를 싫어하며 무시한다고 한다. 소극적이며 부끄러움이 많다. 피아노를 잘 치며 그림을 잘 그린다.

대상자	가족사, 성격 및 행동 특성
E (12세, 남)	부모, 남동생과 함께 살고 있다. 부는 수산업을 하시고 모는 전업주부다. 전체적으로 통통한 편인데 쉽게 흥분하고 모든 일에 잘난 척을 하다가 따돌림을 많이 당하고 공격의 대상이 된다. 투덜거리면서도 청소, 정리 등을 잘 도와준다.
F (11세, 남)	E의 동생이다. 비만이고, 먹는 것을 조절하지 못하고 모든 것을 먹는 것과 연관지어 생각한다. 먹을 것 외에는 거의 관심이 없지만 한 번 말을 시작하면 끝낼 줄을 모른다. 먹성과 비만으로 친구들에게 따돌림을 당하고 있다.
G (11세, 남)	부모와 나이 차이가 많은 두 누나와 살고 있으나 부모의 맞벌이로 거의 모든 생활을 혼자 해결한다. 학교가 끝난 뒤에는 공부방과 학원을 오가며 지내고 식사를 제때에 못해 많이 말랐으며 학습장애가 있다. 소심한 성격으로 말이 없는 편이고 자신감이 없어서인지 먼저 나서는 일이 없이 항상 뒤편에 있고 무슨 일이든지 제일 나중에 한다.
H (11세, 여)	H의 동생으로 이야기를 하기 전에 항상 언니의 눈치를 본다. 가족 이야기보다는 애완견 이야기를 많이 하고 친구들을 무시하는 면이 있다. 작은 자극에도 예민하게 반응한다.
I (11세, 남)	부모와 한 명의 오빠와 살고 있는데 아버지는 무직이고 모가 횟집에서 일을 하고 있다. 술을 마시고 폭력을 휘두르는 부에 대해 심한 적개심을 가지고 있다. 무표정하며 또래에 비해 체구가 작은데 한 살 위인 오빠는 심한 비만이었다. 말수가 적고 집단을 벗어나 혼자 행동하는 예가 많았다.

② 호소문제

이 연구의 대상자는 전반적으로 자신감이 매우 부족하며, 말이 아주 많거나 혹은 말수가 매우 적고, 쉽게 흥분하며, 작은 자극에도 예민하게 반응하고, 과잉행동을 보이며 학교나 공부방에서 또래들과 어울리지 못하고 따돌림을 당하는 아동이다.

(2) 치료목표

- 저소득층 아동의 또래관계 개선
- 저소득층 아동의 사회성 양상

(3) 사정도구

① 또래관계 검사

Furman(1985)이 제작한 NRI(Network of Relationships Inventory)를 번안하여 신뢰도 및 타당도 검증을 거친 한종혜(1996)의 척도를 사용하였다.

NRI는 전체 33문항으로 구성되어 있으며 한종혜가 실시한 요인분석에 따르면 5개의 요인으로 묶인다. 이 5개의 요인들은 사회적 지지요인, 처벌 주도권 요인, 친밀 요인, 우의 요인, 대립 요인 등으로 구성되어 있다. 각 문항은 5점 리커트형 척도로 부정문은 역으로 채점하였고(2, 8, 10, 13, 19, 21, 24, 30, 32), 점수가 높을수록 해당 요인의 또래관계의 정도가 높은 것을 의미한다([부록 1] 참조).

② 사회성 검사

김학수, 이윤수(1975)가 제작한 생활지도 진단검사(초등학교 고학년용)를 참고로 하여 양창호(1994)가 제작한 초등학교 아동의 사회성 측정도구를 사용하였다. 이 검사는 초등학교에서 아동의 행동발달영역으로 평가하고 있는 근면성, 책임감, 협동성, 준법성, 자주성 등의 5개 변인으로 구성되어 있다. 전체 문항 수는 40문항이며, 각 문항의 측정은 '예, 아니요' 의 2단계로 실시한다. 각 문항에 대해 바람직한 방향으로 반응했을 때 1점을 주고 부정문은 역으로 채점하였으며(2, 7, 9, 12, 14, 15, 16, 17, 22, 23, 25, 26, 27, 28, 29, 30, 31, 32, 33, 34, 35, 37, 38), 점수가 높을수록 해당요인의 사회적 관계의 정도가 높은 것을 의미한다([부록 2] 참조).

(4) 미술치료 프로그램

이 사례에서 활용된 협동작업중심의 집단미술치료 프로그램은 김은영(2003), 박신희(2002), 신기은(1998), 정익현(2001), 정지연(2001)의 프로그램을 근거로, 목적에 맞게 프로그램을 재구성하여 사용하였다.

이 프로그램은 사전단계, 준비단계, 초기단계, 표출단계, 실천단계, 종결단계의 여섯 단계로 구성되었으며 매 회기마다 도입, 활동, 발표, 토론의 순서로 진행하였다. 사전단계에서는 2회에 걸쳐 공부방교사와의 사전 면접을 통해 대상자들에 대한 가족사, 성격 및 행동특성에 대해 조사하였다. 준비단계에서는 프로그램에 대한 이

표 5-2 집단미술치료프로그램

<table>
<tr><th>단계</th><th>회기</th><th>주제</th><th>내 용</th><th>기대효과</th></tr>
<tr><td rowspan="6">초기단계</td><td>1</td><td>별칭 짓기</td><td>그림을 통하여 자신 소개하기</td><td rowspan="3">친밀감 형성
흥미유발
긴장완화</td></tr>
<tr><td>2</td><td>집단 난화</td><td>여러 장의 사포에 그려진 그림에 연상하여 그리고 다 함께 맞춰 보고 이야기 나누기</td></tr>
<tr><td>3</td><td>선들의 만남</td><td>2명이 한 조가 되어 곡선과 직선을 나누어 그리고 이야기 나누기</td></tr>
<tr><td>4</td><td>돌려 그리기</td><td>각자 주제를 정하여 그림을 시작한 뒤 옆 사람에게 돌려 그리게 한 뒤에 자신에게 돌아왔을 때 자신이 생각한 주제와 차이가 있는지 이야기 나누기</td><td>친밀감 형성
긴장완화</td></tr>
<tr><td>5</td><td>난화</td><td>4B연필로 난화를 하고 숨은 그림을 찾아내어 크레파스로 색칠을 하고 이야기 나누기</td><td rowspan="2">긴장완화
심상파악</td></tr>
<tr><td>6</td><td>난화 이야기</td><td>난화를 통하여 찾아낸 숨은 그림으로 이야기를 꾸민 후 나누기</td></tr>
<tr><td rowspan="7">표출단계</td><td>7</td><td>가장 슬펐던 순간 / 가장 마음 아팠던 순간</td><td>두 집단으로 나누어 가장 슬펐던 순간과 가장 마음 아팠던 순간을 생각하며 신문지 찢기를 한 후, 찢어진 신문지를 모아 하늘로 날려 보냄.</td><td rowspan="2">자유로운 내면표출
자기감정과 의사표현
협동심 · 인내심 · 배려심</td></tr>
<tr><td>8</td><td>영화포스터</td><td>두 집단으로 나누어 좋아하는 색을 한 가지씩 가지고 자유롭게 그리고 이야기 나누기</td></tr>
<tr><td>9</td><td>밀가루반죽</td><td>밀가루에 좋아하는 색을 넣어 반죽하고 원하는 것을 만들고 이야기 나누기</td><td rowspan="2">자유로운 내면표출
자기감정과 의사표현</td></tr>
<tr><td>10</td><td>가족 이야기</td><td>가족을 그리고 가족에 대해 이야기 나누기</td></tr>
<tr><td>11</td><td>땅따먹기</td><td>두 집단으로 나누어 4장의 전지를 붙여서 그 위에 둥근 오프너를 이용하여 게임을 하고 색칠한 뒤에 이야기 나누기</td><td>자유로운 내면표출
자기감정과 의사표현
협동심 · 인내심 · 배려심</td></tr>
<tr><td>12</td><td>동물가족화</td><td>가족을 닮은 동물을 그림으로 그리고 이야기 나누기</td><td>자유로운 내면표출
자기감정과 의사표현</td></tr>
<tr><td>13</td><td>내가 살고 싶은 집</td><td>두 집단으로 나누어 서로 의논하여 내가 살고 싶은 집을 그리고 꾸민 후 이야기 나누기</td><td>자유로운 내면표출
자기감정과 의사표현
협동심 · 인내심 · 배려심</td></tr>
</table>

단계	회기	주제	내 용	기대효과
표출단계	14~15	도자기 만들기	조별로 의논하여 도자기를 만들고 이야기 나누기	자기감정과 의사표현 협동심 · 인내심 · 배려심
	16	풍경 구성법	4B연필을 이용하여 강, 산, 길 등을 그린 후 돌아가며 색칠하고 이야기 나누기	협동심 · 인내심 · 배려심
	17	방학 이야기	4A용지를 6등분하여 방학 동안에 있었던 일 중에 기억나는 것을 표현하고 이야기 나누기	자유로운 내면표출 자기감정과 의사표현
실천단계	18~19	내가 좋아하는 것, 싫어하는 것	찰흙을 이용하여 내가 좋아하는 것과 싫어하는 것을 만들고 서로 색칠해 주고 이야기 나누기	친구와의 상호작용을 통한 사회성 향상
	20	빈 통 꾸미기	빈 요구르트 통을 가지고 서로 의논하여 만들고 이야기 나누기	자신감 기르기 친구와의 상호작용을 통한 사회성 향상
	21	추석이야기	추석에 있었던 일을 그림으로 그리고 이야기 나누기	정체감 형성 친구와의 상호작용을 통한 사회성 향상
	22	내가 만들고 싶은 것	칼라믹스를 이용하여 자유롭게 만들고 이야기 나누기	자신감 기르기
	23	자화상	자신의 발모양을 본 뜬 후 그 모양에 색종이를 찢어 붙이고 이야기 나누기	정체감 형성 상호작용을 통한 사회성 향상
	24~25	곡물 콜라주	서로 의논하여 여러 가지 곡물을 이용하여 만들고 이야기 나누기	친구와의 상호작용을 통한 사회성 향상
종결단계	26	장점 이야기	자신의 손을 느껴 보고 본을 뜬 후 손가락 안쪽에는 자신의 장점을 적고 손가락 바깥쪽에는 돌아가면서 그 사람의 장점을 적어 준 뒤 이야기 나누기	긍정적인 감정표출 대인관계 증진
	27~28	우리 집 만들기	빈 박스를 이용하여 서로 의논한 뒤에 집을 완성하고 이야기 나누기	대인관계 증진 성취감
	29	소원이 자라는 나무	전지에 나무 그림을 그리고 각자의 소원이 적힌 화장지를 뭉쳐 붙인 후에 여러 가지 색이 든 분무기로 나무에 물을 주고 나서 이야기 나누기	대인관계 증진

해와 서약서 작성을 통해 집단의 규칙을 정하는 오리엔테이션과 사전검사를 실시하였다. 초기단계에서는 집단원들과의 라포 형성과 긴장을 완화시키고 미술활동 경험을 통해 매체 활용의 어려움 완화와 미술치료에 대한 흥미유발을 목표로, 표출단계에서는 집단원의 자유로운 내면표출을 통한 자기감정 표현과 집단원 간의 협동심 · 인내심 · 배려심을 목표로 하였다. 실천단계에서는 자신감 기르기와 친구와 상호작용을 통한 사회성 향상, 그리고 종결단계에서는 집단과정에서 학습한 행동을 미래에 적용하는 문제 생각하기와 집단원 간의 유대관계가 지속되도록 노력하는 것을 목표로 하였다. 구체적인 집단미술치료 프로그램은 앞의 〈표 5-2〉와 같다.

(5) 미술치료 프로그램 진행과정

① 1회기: 별칭 짓기

집단원 간의 친밀감을 형성하고 흥미를 유발시켜 긴장을 완화시킬 목표로 자신이 좋아하는 애칭이나 별명 또는 자신이 가지고 싶은 별명, 장래희망을 그림으로 그리게 하였다.

서로 눈치만 보다가 10분 정도 시간이 흐른 후에 E가 먼저 시작을 하였고, 그 뒤에 D가 C의 눈치를 보며 그림을 그려 나갔다. 다른 집단원은 A4용지로 종이비행기를 만들거나 서로 새 크레파스를 쓰겠다고 다투기도 하며 집단지도자의 눈치만 볼 뿐, 시작을 하지 못했다. 집단지도자가 "자, 5분 남았습니다. 마무리 하세요."라고 하자 A4용지에 자신의 이름만 쓰는 것으로 마무리하였다. F는 "요리사도 되고 싶지만, 큰 동물원의 사육사가 되고 싶어요. 큰 동물들도 사육사 말을 잘 들으니까."라고 하였고, H는 G를 쳐다보며 "아빠처럼 훌륭한 여군이 되고 싶어요."라고 하였다([그림 5-1] 참조).

② 2회기: 집단난화

한 장의 사포조각을 보여 주며 "여기에 초록색과 고동색의 줄이 그어진 사포가 있습니다. 이 줄을 보고 연상되는 것을 그려 주세요."라고 지시한 후 커다란 나무그림이 그려진 사포조각을 나누어 크레파스를 이용하여 그림을 그리도록 하였다. A · D · E · F · G는 꽃과 나무를, C · E는 사람을, B는 초승달을 그렸다([그림 5-2] 참조).

[그림 5-1] 여군(H의 별칭)

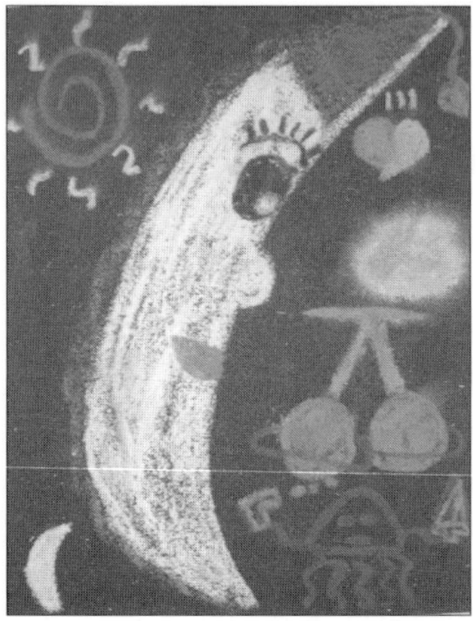

[그림 5-2] B의 집단난화

G는 자신이 실수를 해서 집단원의 비난을 받을까 봐 시작하기를 매우 힘들어했다. 그런 G에게 "지금은 미술수업시간이 아니라 미술활동시간이기 때문에 그림을 잘 그리고, 못 그리는 것을 보는 게 아닙니다." 라고 하자 머뭇거리며 그림을 시작하였다. 그림을 다 그린 후 사포조각을 맞추어 보여 주었더니 A · D · E · F · G는 같은 꽃그림이 나왔다고 매우 흡족해하였으며, B는 초승달 옆에 체리와 하트를 다시 그려 넣으며 "뭔가가 부족해 보였는데, 이제 다 찬 것 같아서 기분이 좋아요." 라고 했다.

③ 3회기: 선들의 만남

집단지도자가 "두 명이 한 조가 되어 한 번은 직선을, 한 번은 곡선을 번갈아 그려 볼 거예요." 라고 말한 후 가위바위보를 통해 그룹 나누기를 했다. 한 조가 상대에 대한 불만이 있었으나 집단지도자의 눈치를 보며 시작하였다. 직선과 곡선의 번갈아 그리기를 마친 후에 A가 "선생님, 이것은 쉬웠어요." 라고 먼저 말을 꺼냈다. C도 "선생님, 직선하고 곡선하고 두 개 그리니까 모든 모양이 다 나오네요." 라고 하며 재미있어했다([그림 5-3] 참조).

④ 4회기: 돌려 그리기

친밀감 형성과 긴장완화를 목표로 "각자 주제를 정하고 하나의 색깔을 정하여 그림을 그린 후 옆 사람에게 전달하여 돌려 그리기를 할 것입니다. 주제를 정할 때만 이

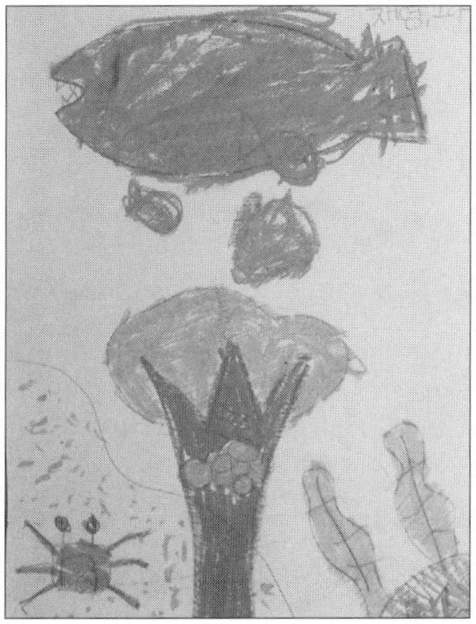

[그림 5-3] 선들의 만남

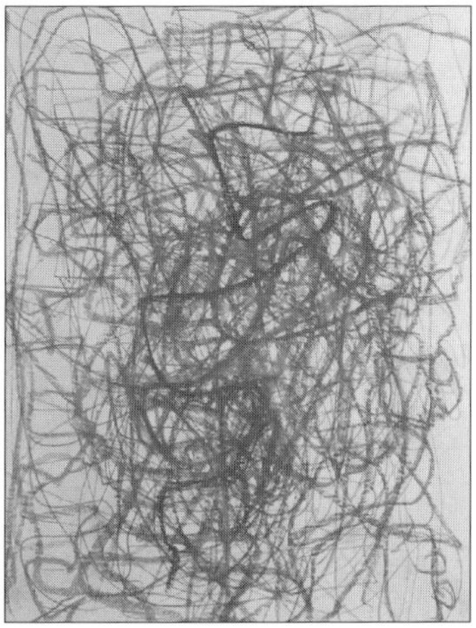

[그림 5-4] 돌려 그리기

야기를 하고, 그림을 그리기 시작하면 말은 하지 말고 눈짓, 손짓, 발짓으로만 표현해 주세요."라고 지시하였다. B, C, D는 그림이 돌아갈 때마다 자신의 그림에 상당히 신경을 쓰며 인상을 쓰기도 하고 울상을 짓기도 하였다. A, G는 그림이 올 때 마다 어쩔 줄을 몰라 하며 한참을 생각하다 겨우 겨우 그려서 옆으로 넘겼다([그림 5-4] 참조).

⑤ 5회기: 난화

긴장완화와 심상파악을 목표로, 10분 정도 명상음악을 들려주고 눈을 감게 한 뒤에 "글로 낙서를 하는 것이 아니라 그림으로 낙서를 해 봅니다. 음악을 듣고 지금 기분이 어떤지, 느낌이 어떤지 한번 그려 보세요."라고 말하고, 4B연필을 이용하여 난화를 그리게 하였다. F는 눈을 뜨고 집단지도자의 눈치를 보며 용지가 꽉 차도록 그렸다.

난화를 그린 후에 눈을 뜨고 크레파스를 이용하여 난화 속에 숨어 있는 그림을 찾게 하였다. 집단지도자가 먼저 그려 놓은 난화에서 하트를 찾아 크레파스로 색칠하고 보여 주었더니 그제야 집단원도 하나둘씩 찾기 시작하였지만 A · E · F · G는 B · C · D의 것을 따라 하였다.

⑥ 6회기: 난화 이야기

긴장완화와 심상파악을 목표로, 앞 시간에 이어 다시 명상음악을 들려주고 눈을 감은 상태로 난화를 하였다. 아동은 난화를 하고 스스로 숨은 그림을 찾아내더니

B가 "선생님 내가 이야기 하나 해도 되나요? 이것을 찾다 보니까 이야기가 생각났어요." 하니, C와 E · F도 "저도요," "저도요." 하였다. D는 소리 없이 웃었고, I는 "누구나 할 수 있는 거야."라며 약간 뒤로 물러났다.

B의 난화에서는 하트와 세모, 바구니, 안경, 호빵이 크레파스로 표현되어 있었다.

"우리 할머니가 세모난 바구니에 실하고 바늘하고, 못 쓰는 천 같은 거 넣어 놓았다가 인형을 만들어 주시거든요. 그런데 눈이 많이 나빠서 요즘은 잘 안 만들어 주세요. 그래서 내가 안경을 하나 사다드렸거든요. 그러니까 할머니가 호빵을 하나 주시는 거예요. 그래서 내가 '할머니 사랑해요.' 하면서 하트를 만들어 주었지요."

그 이후 집단지도자가 발표를 시키지 않아도 자발적으로 발표가 이어졌다.

⑦ 7회기: 가장 슬펐던 순간/가장 마음 아팠던 순간

자유로운 내면표출, 자기감정과 의사표현, 협동심 · 인내심 · 배려심을 목표로, 두 집단으로 나누어 명상음악을 들려주며 내가 가장 슬펐던 순간과 마음이 아팠던 순간을 생각하며 슬픔과 아픔을 모두 신문지에 담아 찢게 하였다. A와 E는 신문지 찢기에 몰입하여 옆에서 하는 이야기를 듣지 못하였다. B와 D는 눈물을 보였다. 찢어진 신문지를 다시 가운데로 모아 두 손 가득 쥐고 하늘로 날리게 하였다. H는 찢어진 신문지를 날리며 "훠이, 훠이"라는 말을 계속하며, 마칠 때 "선생님, 너무너무 시원하고 좋았어요. 내일 또 해요."라고 하였고, A와 F는 큰소리로 웃었다. 찢어진 신문지를 다시 풀로 붙인 후 놀이 활동인 줄다리기로 마무리하였다.

⑧ 8회기: 영화포스터

[그림 5-5] 영화포스터

자유로운 내면표출, 자기감정과 의사표현, 협동심 · 인내심 · 배려심을 목표로, 두 집단으로 나누어 "서로 의논하여 그림을 그리고 제목도 정해 보세요."라고 지시하였다. 집단원 모두가 하나의 작품을 위해 함께 무언가를 이루어 내야 한다는 공동작업은 사회성이 약한 아동에게는 모두 어려운 작업이었다. 하지만 모두가 작업 활동을 통해 서로의 의견교환과 조율 등 대인관계 향상을 위한 기술습득 방법을 배울 수 있는 좋은 기회였다. 집단지도자가 정한 제목은 '돌아가며 공동화 그리기' 였는데 아동이 작업 활동을 통해 작품을 완성하고 서로 이야기를 나누다가 G가 "선생님, 오늘 우리가 하는 거 제목을 영화포스터라고 정해도 되나요?" 하자 다른 집단의 D가 "어, 우리도 영화포스턴데……." 하였다. 지금까지 발표를 시키기 전에는 거의 말이 없었던 G와 D는 공동화 작업을 통하여 상대방과의 상호작용을 통한 의견 교환 및 조율 그리고 타인을 도와주고 배려해 줄 수 있는 경험을 하였다 ([그림 5-5] 참조).

⑨ 9회기: 밀가루 반죽

자유로운 내면표출, 자기감정과 의사표현을 목표로, 하얀 밀가루에 각자가 좋아하는 색을 넣어 반죽을 하게 하였다. 어떤 것을 만들라고 하지 않고 그저 하고 싶은 대로 하라고 하였다.

시작 부분에서는 대부분의 아동이 처음 해 보는 작업이라 매체활용도가 낮아 힘들어하였으나, 집단지도자가 먼저 시범을 보이자 A 아동은 밀가루 반죽을 치대고, 문지르고, 비비면서 자신의 내면에 있는 부정적인 감정을 표출하고는 "나쁜 놈, 언젠가는 복수하고 말 거야."라며 자신의 오빠를 원망하며 일어서서 밀가루반죽을 힘껏 바닥에 내리쳤는데, E가 "진짜 시원하겠다. 나도 한번 해 보자." 하고는 밀가루반죽을 힘껏 내리쳤고, 다른 아동들도 따라 하였다. 두 집단으로 나누어 밀가루 딱지치기를 하였는데 A와 E가 너무 흥분하여 마무리하는 데 시간이 걸렸다.

⑩ 10회기: 가족이야기

자유로운 내면표출, 자기감정과 의사표현을 목표로 "우리 가족이 무언가를 함께 하고 있는 그림을 그려 주세요. 현재 같이 살고 있는 가족을 그려야 합니다."라는 지시에, 아동들은 가족 그림을 그리는 것에 많은 고민을 하였다. 그리고 시작하는 데에도 시간이 많이 소요되었고 지우개를 자주 사용하였다. B와 C는 할아버지를 누워 계시는 모습으로, 할머니는 부엌에서 일하는 모습으로 표현하였고, C를 제외한 집단원은 가족이 각자의 일로 바빴다. 모든 아동이 가족과 소원한 관계임을 나타냈고, A는 그림에 엄마가 없으며 B와 C는 부모가 빠져 있고 B와 I는 가족의 구역을 확실히 나누어 놓았다. I는 자신의 그림을 보며 “음, 우리 가족이 너무 바쁘구나. 생각을 좀 해봐야겠어.” 하였고, C는 “할머니가 너무 힘들어 보인다. 내가 좀 도와 드려야지.” 하며 웃었다.

⑪ 11회기: 땅따먹기

자유로운 내면표출, 자기감정과 의사표현, 협동심 · 인내심 · 배려심을 목표로, 두 집단으로 나누어 게임을 하였는데 B와 E가 싸움을 하게 되었다. 지금까지 집단지도자 앞에서 보여 주던 모습과는 너무도 다른 모습이었다. 어린 나이지만 성장과정에서 생겨난 방어가 너무도 강하다는 것을 알았다. 이번에도 B의 눈물에 E가 먼저 사과를 하였고 B 역시 사과를 하였다.

⑫ 12회기: 동물가족화

[그림 5-6] G의 동물가족화

자유로운 내면표출, 자기감정과 의사표현을 목표로, “우리 가족을 생각하면 떠오르는 동물을 그려 주세요. 할아버지는 어떤 동물로 표현할 수 있을까요, 또 할머니는 어떤 동물로 표현할 수 있으며, 나는 어떤 동물과 닮았을까요, 우리 가족을 동물로 표현해 주세요.”라고 말하고, 가족의 성격이나 특징에 대해 생각해 보고 비슷한 동물을 그림으로 그리게 하였다.

A는 아빠를 곰으로 표현하고 “안 때리면 잘해 주는 거지 뭐.”라고 하며 “엄마는 없어요. 사고가 나가지고 엄마랑 이혼했어요.” 하며 우울한 표정을 지었다. 하지만 곧 삼촌과 사촌들 이야기를 하며 신나 하였고, H는 색깔별로 그림의 제목을 적으며 집단 지도자에게 자주 질문을 하였다. 할머니에 대한 동물을 붙일 때 “말이 없는 사람은 어떤 동물인가요? 할머니는 생각나는 동물이 없어요.” 하며 고민스러운 표정을 지었고 또 예전에 엄마는 다리를 다쳤는데 원숭이 같다고 하고 아빠는 무서운데 어떤 동물이 좋으냐고도 물었다. G는 먼저 사자를 그려 큰 누나라고 하고 “누나는 잘 꼬집어요.”라며 말하고 아주 작은 토끼를 그리고 자신이라고 하였다([그림 5-6] 참조).

⑬ 13회기: 내가 살고 싶은 집

구체적인 희망을 갖도록 하기 위해 자신이 앞으로 살고 싶은 집을 상상해서 그리도록 하였다. 두 집단으로 나누어 서로 의논하여 내가 살고 싶은 집을 그리고 꾸며보라고 하였다. 한 집단은 E가 주도하여 집을 그리기 시작하였고 또 다른 집단은 B가 주도하여 집을 그려 나갔다. E의 강압적인 지시에 그 집단의 아동은 작업에서 빠져 나와 장난을 쳤고, 혼자서 작업을 해야 했던 E는 집단지도자에게 불만을 토로했다. B의 주도로 시작한 집단은 D가 의견을 제시하고 아동이 받아들여 작업을 하고 또 J가 의견을 제시하며 작업을 마쳤는데 모두가 만족해하였다.

⑭ 14~15회기: 도자기

자유로운 내면표출, 자기감정과 의사표현, 협동심, 인내심, 배려심을 목표로, 도자기 흙을 보여 주며 "오늘은 이 흙을 가지고 두 집단으로 나누어 각 집단이 의논해서 무엇을 만들려고 합니다."라고 말하자, "손톱에 끼면 어떡해요?" 하고 G가 작은 소리로 물었고, H가 "물로 깨끗이 씻으면 되지요.. 선생님." 하였다. A와 E가 "빨리 시작 하죠." 하며 집단을 나누어 앉았다.

두 집단으로 나누어진 집단원은 의논보다는 도자기 흙을 먼저 치대고, 문지르고, 비비면서 몰입하였고 B는 땀을 흘리면서도 미소가 떠나지 않았다.

어느 정도 시간이 지나자 집단원은 자신이 만든 것을 함께 이야기하며 서로 붙이기도 하고 옆에 세우기도 하며 장난을 치고 역할놀이를 하기도 하였다. "선생님, 우리는 지금 피자를 만들고 있어요."라고 C가 말하자 H가 "우리가 같이 만들어서 아주 아주 맛있는 피자가 나올 거예요." 하였다.

⑮ 16회기: 풍경구성법

집단원이 풍경화를 그리고 싶은데 어떤 것을 그려야 할지 모르겠다며, 집단지도자에게 도움을 청해 와 풍경구성법에 나오는 강, 산, 밭, 길, 집, 나무, 사람, 꽃, 동물, 돌 등을 그리게 하고 마지막에 더 그리고 싶은 게 있으면 그려 넣도록 하였다. F의 그림은 축구공처럼 보여서 물어보니 "선생님이 말씀하신 거예요."라고 하였고, G는 "열심히 그렸는데요." 하며 집단지도자의 눈치를 봤다. 전체적으로 다른 집단원이 그림을 색칠할 때 그 집단원에게 물어보고 색칠을 하였다. G는 여전히 실수를 하여 집단원에게 비난을 받을까 봐 걱정을 하였다.

⑯ 17회기: 방학이야기

종이를 6등분하여 방학 동안에 있었던 일을 그림으로 그리거나 또는 글로 써 보도록 하였다. 집단원은 학교나 공부방, 성당에서 가는 캠프 외에 가족과 보낸 시간은 전혀 없다고 하여 가족과의 소원한 관계를 보여 주었다. 부모님은 언제나 바쁘시고 할아버지와 할머니는 항상 편찮으시며, 나이 많은 형이나 누나는 자신들과 놀아 주지 않는다고 했다. H는 "○○가 같이 놀아 주었어요." A는 "이제는 같이 놀자 해도 내가 안 놀아 줄 거예요." 하며 침울해하였다. G는 "학교 가면 엄마하고 아빠가 싸우는 거 안 봐도 되는데 방학 때는 더 힘들어요." 하며 눈물을 글썽였다([그림 5-7] 참조). 집단원은 고개를 끄덕이며 "그래도 공부방이 있어서 좋아요." 하며 웃었다.

⑰ 18~19회기: 내가 좋아하는 것, 싫어하는 것

찰흙으로 좋아하는 사람에게 줄 선물을 만들어 봄으로써 자신이 무엇을 좋아하는지 분명히 알고 자신에게 가장 친밀한 대상을 구체적으로 확인해 보는 작업이었다. 또한 싫어하는 것에 대해서도 그림이나 글로 표현하였다. I는 찰흙을 뭉쳐 책상에 내리치면서 반죽하였는데 아주 활동적인 모습이었고 H와 케이크를 만들려다 실패하였는데도 재미있어 하며 몇 번을 다시 시도하다가 피자를 만들었다. "이거 힘들구나. 긁적긁적." 하고 혼자 중얼거리기도 하였다. B는 돌아가며 색칠을 시작할 때 "이것들 우리 할머니 줄 거니까 너희들 장난하지 말고 잘 칠해." 하며 집단원들을 둘러보았다([그림 5-8] 참조).

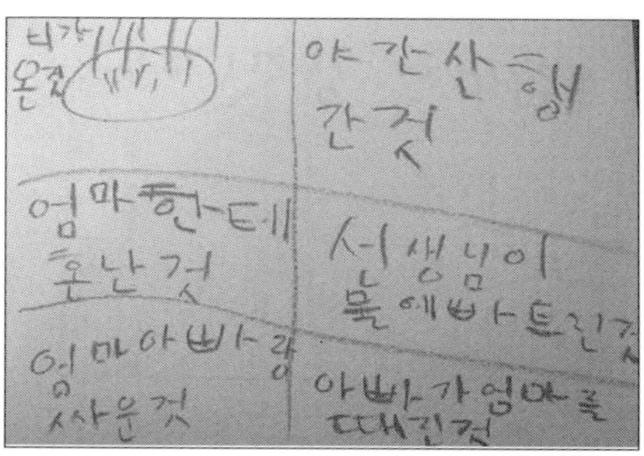

[그림 5-7] G의 방학이야기

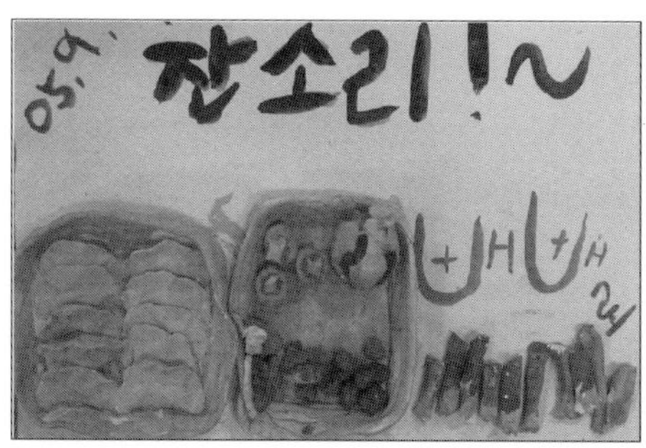

[그림 5-8] B의 내가 좋아하는 것, 싫어하는 것

A와 G는 함께 작업을 하며 서로 잘 한다고 칭찬을 하였고 그 소리에 다른 집단원도 쳐다보며 잘했다고 얘기해 주었다. 작업을 마치고 정리를 할 때 E가 B에게 "네가 할머니, 할아버지하고 사는 거 미술치료하면서 알았다. 할머니 수박 좋아하시니?" 하며, 자신이 만든 수박을 주자 B는 웃으며 고맙다고 말했다. 집단원은 칭찬이 G에게 힘이 된다는 것을 알고 칭찬을 아끼지 않았다.

⑱ 20회기: 빈 통 꾸미기

하얀색의 빈 요구르트 통을 집단원과 의논하여 새로운 모습으로 다시 창작해 자기 자신을 새롭게 정립하는 기회를 가졌다. 풀을 쓰는 과정에서 넉넉하게 짜서 미끄러지는 느낌을 재미있어 했고, 그림을 그리듯 풀칠을 하기도 했다. 한 집단은 성벽을 쌓았고, 다른 집단은 통인형을 만들었다.

I가 "모두 벌거벗고 있어서 옷을 입혀 줄 거예요."라고 말했고, C는 "얼굴도 만들어 주고 머리도 만들어서 새롭게 태어나게 할 거예요."라고 했다. B는 "우리가 생명을 주는 거예요." D는 "얘들은 우리 덕분에 세상에 새로 태어나는 거예요." 하며 아주 기뻐하였다. 다른 집단의 G가 "우리도 생명을 주자." 하고 말하자, E가 "우리는 그냥 우리가 할 수 있는 걸 하는 거야." 하며 성벽 쌓는 작업을 계속하였다. C가 계속 장난을 쳐 작품을 망치다가 B에게 혼이 났다. E가 속한 집단이 작업하는 것을 어려워하자, B가 E를 보며 "좀 도와줄까?" 하였고, E는 "나중에도 잘 안되면……."이라고 답했다.

⑲ 21회기: 추석이야기

추석을 지내고 첫 시간이라 추석에 있었던 일들을 그림으로 그리고 이야기를 나누었다. 집단원은 용돈 받은 것을 제일 기분 좋았던 일이라 하고 그 외에는 다른 날과 똑같았다고 했다. D와 I, H는 "가족들이 모이는 날은 휴일이니까 모두 잠자기 바빠요." "엄마하고 아빠가 집에 있는 게 더 힘들어요."라고 하였다. F는 "그래도 먹을 게 많아서 좋았어요." G는 "이번에는 엄마하고 아빠가 안 싸웠어요." 하며 웃자, A가 "엄마, 아빠 다 있는 사람은 좋겠다."라고 하였고, B가 "그렇다고 좋을 건 뭐 있냐? 만나면 싸우는데……." 하며 말을 돌렸다.

⑳ 22회기: 내가 만들고 싶은 것

자신감 기르기, 친구와 상호작용을 통한 사회성 향상을 목표로, 평소에 내가 만들고 싶은 것을 만들어 집단원과 나누어 가지는 시간을 가졌다([그림 5-9] 참조). F는 피자와 햄버거를 받고 아주 기뻐하였으며, D는 김밥을 만드는 것만으로도 기분이 좋다고 했다. 경제적인 어려움을 많이 경험해 본 집단원은 자신의 물건을 친구들과 나누어 주고받았다. 아동들은 자연스럽게 상호작용을 통하여 사회성을 향상시킬 수 있는 경험을 하게 되었다. 특히 잘 만든다고 집단원에게서 많은 칭찬을 들은 A와 G가 여러 가지를 만들어 집단원에게 나누어 주며 기뻐하였다.

㉑ 23회기: 자화상

정체감 형성, 친구와 상호작용을 통한 사회성 향상을 위해 자신의 발모양을 본뜨고 그 모양에다가 현재 자신의 모습과 미래의 모습을 생각하고 색종이를 찢거나 오려서 붙이게 하였다([그림 5-10] 참조). 아동은 자신의 발모양을 보며 본을 뜰 때의 느낌을 나누었다. H는 자신의 발을 이렇게 자세히 보는 것은 처음이라고 하였다. A와 G는 발모양이 예쁘다는 친구들의 말에 얼굴을 붉히며 좋아하였다. E가 "내 발이 아빠 닮았대요."라고 하자 집단원들도 부모를 닮았다, 조부모를 닮았다, 사촌하고 똑같다 하며 무척 즐거워하였다.

[그림 5-9] F의 내가 만들고 싶은 것

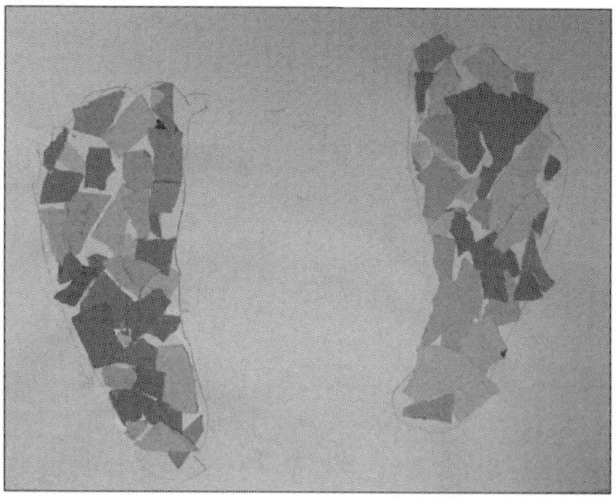

[그림 5-10] H의 자화상

㉒ 24~25회기: 곡물 콜라주

친구와의 상호작용을 통한 사회성 향상을 목표로, 곡물 콜라주를 두 집단으로 나누어서 실시하였다. "서로 의논하여 주제를 정하고 작업을 하는데, 이렇게 커다란 전지에, 이렇게 조그마한 콩과 쌀을 부치려면 어떻게 해야 할까요?" 라고 말하면서도 집단지도자는 은근히 걱정이 되었다. 그러나 집단지도자의 걱정과는 달리 집단원은 커다란 전지에 작은 쌀과 콩으로 가득 채우는 작업에 몰입하였다([그림 5-11] 참조). 집단원은 스스로 할 부분을 정하고 그 부분을 다 마쳤을 때 서로 칭찬해 주었다.

㉓ 26회기: 장점이야기

손가락 장점 적기는 자존감이 약한 집단원이기에 단점은 생각나는 것이 많은데 장점은 모두가 어렵다고 하였다. 특히 G가 가장 힘들어하였다. 하지만 이번 작업을 통해 집단원 사이에 서로 지지 및 강화(시작을 못하고 계속 머뭇거리는 G에게 B가 친구에게 양보를 잘한다, 동생들과 잘 놀아 준다 하였고 E도 친구들을 잘 도와준다, 청소를 잘한다 등의 장점에 대해 지지해 줌)를 주는 것을 보고 또래관계가 많이 나아졌음을 알 수 있었다.

㉔ 27~28회기: 우리 집이에요

두 집단으로 나누어 빈 상자를 이용하여 집을 짓게 하여 자신이 살고 싶은 집을 상상하도록 하며 구체적인 희망을 갖도록 하고, 상상하는 가운데 창의력도 길러지고, 막연하고 불안하게 사는 무력감에서 벗어나 삶을 긍정적이고 적극적으로 바라볼 수 있도록 하기 위한 것이었다. 바라는 것을 막연하게 생각만 하고 있으면 허상이 될 수 있지만 그것을 구체화시킬 때 긍정적인 힘이 발휘될 수 있기 때문이다.

두 집단의 아동은 한 명도 소외시킴 없이 서로 토론을 하고 집을 짓기 시작하였다. E가 G를 적극적으로 참여시켜 작업을 하였고, B는 E와 의견을 많이 주고받았으며, H와 I는 언니들의 얘기를 듣고 따라하였다.

㉕ 29회기: 소원이 자라는 나무

집단원의 현재의 마음과 미래의 마음을 이야기 한 뒤에 열 장의 종이에 자신의 소원을 한 가지씩 적게 하고 그 종이를 가지고 나무를 완성한 뒤에 집단원이 원하는 색을 넣은 분무기로 나무에 물을 주었다([그림 5-12] 참조). 소원이 적힌 종이에 색깔이

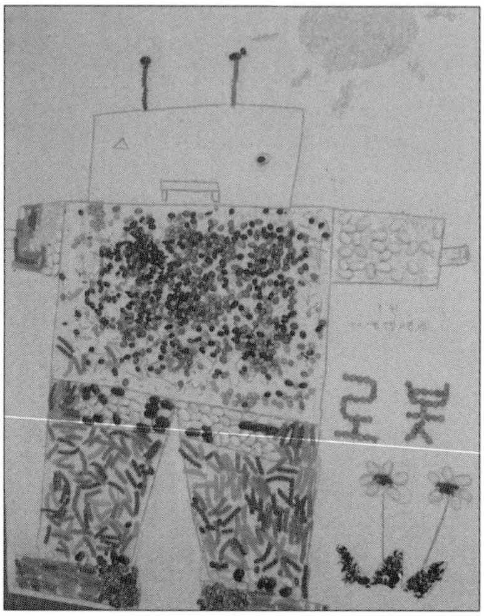

[그림 5-11] 곡물 콜라주

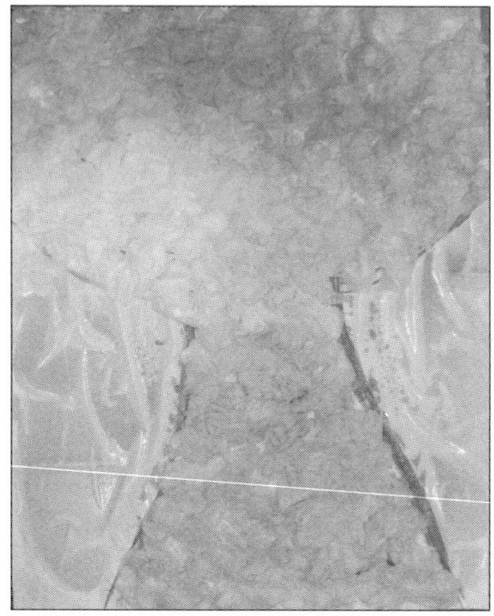

[그림 5-12] 소원이 자라는 나무

입히자, B가 "선생님, 장래희망은 말로 해도 되지만 소원은 말로 하면 안 이루어진대요." 하자 I가 "맞아요. 선생님. 소원은 자기 혼자만 알고 기도를 해야 이루어진대요." 하였다. A가 "잘 자라도록 물을 많이 많이 줘야지." 하며 종이가 흠뻑 젖도록 물을 뿌렸다. F가 "형, 물 너무 많이 줘도 나무가 죽는다. 조금만 줘라." 하며 A를 말렸다. G가 분무기 사용하는 것을 힘들어하자 E가 도와줬다. H는 "선생님 소원이 잘 자랄까요?" 하며 기대에 찬 표정으로 작품을 바라보았다.

(6) 결 과

① 집단미술치료가 저소득층 아동의 또래관계에 미치는 효과

협동작업중심의 집단미술치료가 저소득층 아동의 또래관계에 미치는 효과를 알아보기 위하여 사전, 사후 또래관계척도 점수 결과를 대응표본 t-test로 검증한 결과 또래관계 점수 전체($t=-16.00$, $p<.001$)는 유의한 차이가 있었으며, 하위영역별에서는 사회적 지지($t=-11.97$, $p<001$)와 우의($t=-3.39$, $p<.05$)에서 유의한 차이가 있었다.

즉, 사전검사보다 사후검사에서 점수가 증가하여 또래관계가 향상되었으며, 특히 사회적 지지와 우의에서 또래관계가 원만하게 되었다. 따라서 여러 사람이 상호 협력하여 완성해 나가는 협동작업중심의 집단미술치료가 저소득층 아동의 또래관계에 효과가 있었음을 알 수 있다.

② 집단미술치료가 사회성에 미치는 효과

협동작업중심의 집단미술치료가 저소득층 아동의 사회성에 미치는 효과를 알아보기 위하여 사전, 사후 사회성척도 점수 결과를 대응표본 t-test로 검증한 결과 사회성 점수전체($t=-3.29$, $p<.05$)는 유의한 차이가 있었으며, 하위영역으로 협동성($t=-4.40$, $p<.01$)이 유의한 차이가 있었다.

즉, 사전검사보다 사후검사에서 점수가 증가하여 사회성이 향상되었으며, 특히 협동성에서 많은 진전이 있었다.

이 연구의 결과 집단원은 또래의 관심과 인정을 받음으로써 자신감이 생기고, 협동작업을 통해 서로에 대한 이해와 수용을 많이 하게 되었으며, 또래관계에 적응하면서 사회성이 향상되었다. 따라서 여러 사람이 집단에 참여하게 되는 집단미술치료는 저소득층 아동의 대인관계를 향상시키고 또래들과 상호 작용하는 기회를 증가시켜 또래관계와 사회성 발달에 도움이 되었다고 할 수 있다.

3) 아동 미술의 발달단계

아동들은 자신의 그림 속에서 사물이나 사실을 있는 그대로 객관적으로 나타내기보다는 사물에 대한 자신의 경험이나 주관적인 느낌을 주로 표현한다. 그러므로 아동들의 그림은 예술적인 측면에서보다는 그들 내면세계를 진실하게 표현한 것으로서 중요한 의미를 지닌다고 할 수 있다.

이러한 점에서 다양한 연령의 아동들의 그림을 통해 아동이 자신을 어떻게 표현하는지에 대해서 아는 것은 아동의 그림을 이해하는 데 있어서 필수적인 부분이라고 할 수 있다. 이러한 아동 그림에 대한 이해는 치료사들에게 인지적, 발달적 또는 신체적 문제를 가진 아동, 삶의 위기나 정서적 혼란을 경험한 아동들을 치료할 때 특히 도움이 될 수 있을 만한 준거를 제시해 줄 것이다.

그러므로 여기에서는 아동 그림의 발달단계에 대한 여러 학자들의 연구를 간단하게 살펴본 후, 아동 미술 표현에 대해 가장 잘 알려진 Lowenfeld(1947)의 이론을 중심으로 살펴보고자 한다.

(1) 아동 그림의 발달단계

1800년대 후반과 20세기 초에 걸쳐 아동의 미술 표현에 관심을 가진 연구자들은 그림 발달에서 관찰된 단계들을 기술하기 시작했다. 이러한 초기 연구들은 아동이 일반적으로 다음의 세 단계의 그림 발달 단계를 경험한다고 결론지었다(김동연 외, 2003).

- 난화기(scribbling stage): 선을 조직적으로 여기저기에 그리고 후기에는 선과 원 모양을 한 덩어리의 형태로 긁적거림
- 도식기(schematic stage): 사람이나 사물, 주위 환경을 표현할 수 있을 정도로 도식이 발달됨
- 사실기(naturalistic stage): 사실적이고 실물에 가까운 세부묘사도 할 수 있음

이러한 초기 연구는 그림 발달 단계에 대한 좀 더 세부적인 정보를 확립시키고 좀 더 특별한 정보에 대한 촉매제 역할을 하였다. Burt(1921)는 아동 그림의 발달단계를 다음의 7단계로 구분하였다.

- 난화기(2~3세): 긁적거리는 낙서를 통하여 그림을 그림
- 선화기(4세): 하나의 선이 나타나며 사람과 동물을 표현하는 기본 틀 형성
- 서술적 상징기(5~7세): 자신의 주변 환경에서 자신들이 본 것 그림
- 서술적 사실기(7~9세): 시각적인 그림보다는 개념적인 그림, 즉 자신이 눈으로 본 사실보다는 이미 경험하여 나름대로 알고 있는 개념과 느낌 그림
- 시각적 사실기(9~11세): 주위 환경 및 자연현상에 관심을 갖고 이를 그림으로 표현하고자 함
- 억제기(11~14세): 시각의 발달로 눈으로 발견한 대상들을 사실적으로 닮게 그리지 못하는 데 불만을 느끼는 시기로 비교적 미술표현이 침체되는 시기
- 예술기(14세 이후): 예술적 재능을 꽃피울 수 있는 시기

가장 잘 알려진 것으로는 아동 미술 표현에 대한 전체적인 내용에 대해 다룬

Lowenfeld(1947)의 연구다. 많은 미술교사들과 치료사들, 특히 미술치료 분야에서는 여전히 Lowenfeld의 단계를 아동의 미술 발달 수준을 측정하는 기준으로 사용하고 있다. 그는 미술을 통한 아동의 성장이 사고를 조직하는 과정과 인지능력의 발달과 유사하다고 믿었다. 이와 같은 의미로 미술 표현의 많은 부분에서 운동기술이나 지각력, 언어, 기호조직화, 감각력, 공간적응력 등 아동의 능력에 대한 표시가 나타난다고 했다. 그의 연구는 그림 발달을 주요한 6단계, 즉 난화기, 전도식기, 도식기, 또래 집단기, 의사실기, 결정기로 나누었다.

김정(1979)은 한국 아동들의 성장발달을 기초로 하여 7단계, 즉 신생아기(0～3세), 난화기(3～5세), 전도식기(5～7세), 도식기(7～9세), 여명기(9～11세), 의사실기(11～13세), 사춘기(13～15세)로 구분하고 있다. 이러한 김정의 7단계는 Lowenfeld의 6단계보다 더 어린 연령층인 신생아기가 첨가되었다. 김정의 연구는 한국적 문화, 종족 등의 차이에서 다른 나라의 아동과 차이가 있음을 보여 준다. 특히 한국 아동의 뛰어난 발달과정은 서양에 비해 1～2년 정도 빠르며, 특히 뛰어난 손재주를 지니고 있음을 가장 한국적인 특성으로 설명하고 있다.

다음은 아동 그림의 발달 단계를 Lowenfeld(1947)의 이론을 중심으로 살펴보고자 한다(김동연, 최외선, 2002).

① 난화기(The Scribbling Stage: 2～4세)

난화(Scribble)는 미분화 또는 유아들이 그린 착화의 상태를 말한다. 아무렇게나 그리기, 긁적거리기, 마구 그리기 등의 표현도 쓰고 있으나, '낙서 형태의 즐겁게 그리는 놀이' 의 성격으로 이해하는 것이 바람직하다.

심리학에서는 18개월 또는 2세쯤에 시작하는 이 난화를 기능적 쾌락이라고 하며, 유아 초기의 근육운동 지각의 경험이라고도 한다. 정신분석학에서는 무의식적인 표현으로서 부모의 관심을 끌려는 욕구가 심층에 작용한다고 보고 있다.

난화의 발달단계는 첫 단계가 마구 그리는 난화기(disordered scribbling)로 종이가 아니더라도 담벼락, 유리창, 방바닥 등에 닥치는 대로 그리는 경우다([그림 5-13] 참조). 둘째 단계는 조절된 난화기(controlled scribbling)로 자신의 동작과 종이 위에 나타나는 어떤 표현과의 사이에 관계를 발견하여 자신이 시각적으로 통제를 하는 단계로 선들을 수평, 수직, 원 등으로 반복해서 그릴 수 있게 된다([그림 5-14] 참조). 셋째 단계는 이름을 붙이는 난화기(naming scribbling)로 성인이 볼 때는 도저히 엄마라고 볼 수 있는 형태가 아니더라도 어느날 아동은 난화에 이름을 붙이게 된다. 움직임 자체에 만족했던 아동은 이제 자신의 주변세계와 자신의 움직임을 관련시키고 있다. 즉, 근육운동, 지각적 사고에서 시각에 의한 상상력이 풍부한 사고로 변한 것이다([그림 5-15] 참조).

난화기에는 성인의 강요에 의한 작업은 발달을 저해하므로 난화를 자유롭게 하도록 격려해야 한다. 이 시기의 색체 지도는 자신의 표현과 도화지를 구별할 줄 알게 하는 것이 중요하므로 강한 대비의 조합(흰 종이에 검은색 크레파스 등)이 필요하다. 그러나 색채보다는 선과 형태의 창조를 할 수 있는 기회가 더 중요하며 근육운동과의

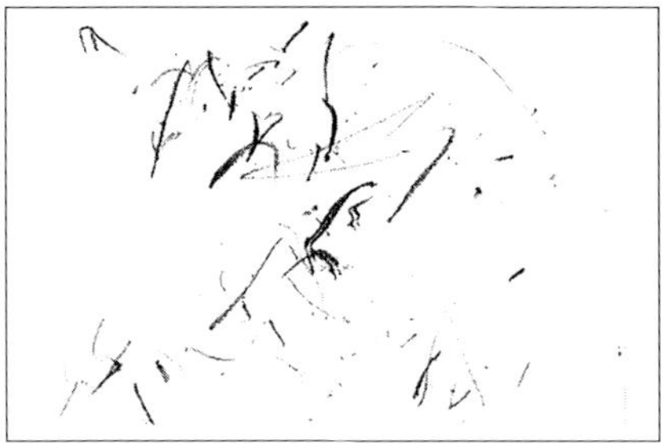

[그림 5-13] 무질서한 난화의 예
(정명주 외, 2003, p. 38)

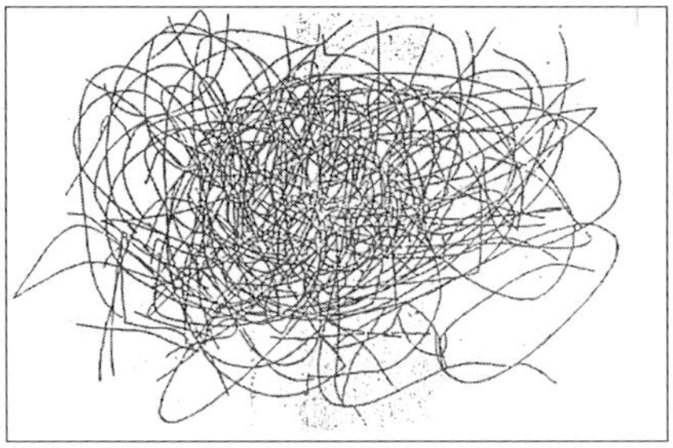

[그림 5-14] 조절된 난화의 예

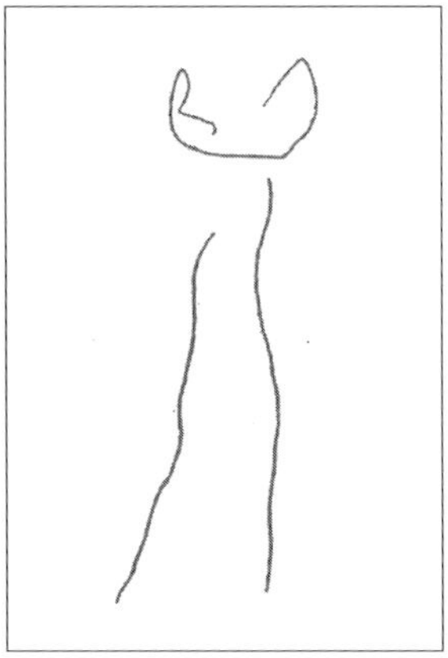

[그림 5-15] 난화에 엄마라는 이름을 붙인 예

협응능력을 발달시키고 환경과 그림이 관계를 맺도록 지도하는 것이 좋다.

② 전도식기(The Preschematic Stage: 4~7세)

전도식기에는 단순한 미술적 행동이 자아와 환경을 의식함으로써 어느 정도 상징성을 지닌 표현들로 나타나는 시기다. 손으로 원을 그리거나 하는 행위를 통해서 자신이 의식하는 사실을 자신감을 가지고 표현하며 동시에 거기에 상징화된 내용을 부모나 주위의 사람들에게 제시하는 듯한 자세를 보인다. 즉, 사실적 표현이 난화기에 사용했던 상징에서부터 시작되며, 그 첫 상징은 '사람'으로 표현된다. 아동이 그린 사람은 매우 단순한 형상으로 표현되는데 전형적으로 머리, 다리가 있는 사람의 모습([그림 5-16] 참조)이 나타난다. 특히 머리-다리 표현은 아동화와 외부세계의 가장 중요한 부분과의 관계를 설정하는 첫 단계다. 이를 통해서 아동은 새로운 개념을 형성하게 되며, 다양한 형태의 표현과 개인적인 독특한 표현 양식이나 도식을 형성하게 된다. 전도식기는 자아와 타아가 혼합되고 있는 자기중심적 단계로서 아동화 발달의 전환기라고 할 수 있다

이 시기의 아동의 작품에서 공간표현을 볼 수 있다. 이 공간 표현은 사실적인 것과 관계없이 자신에 대한 관계의 중요도에 따라 물체를 배치한다. 물체의 크기도 아동이 주관적으로 느끼는 물체의 중요도에 따라 크기가 결정된다. 이러한 사실은 아동이 객관성이라는 개념을 획득하지 못했다는 것과 아동의 자기중심적 경향을 그대로 나타낸 것이라 할 수 있다.

[그림 5-16] 곰과 원숭이, 인간을 나타낸 난화 형태의 그림

전도식기에는 아동에게 주어지는 동기부여가 중요하며, 이것을 아동의 경험과 결부시켜 지도하는 것이 좋다. 특히 자기의 신체개념을 먼저 인식시킨 후 자신에게 직접 관련된 주제를 표현하게 한다. 예를 들면 나와 나의 가족, 나는 꽃을 꺾고 있다 등의 주제가 좋다. 사용하는 재료는 너무 많은 것을 한꺼번에 경험시키는 것은 좋지 않다. 흡습력이 있는 종이(흡습력이 없는 종이는 형태구성이 불가능하다)나 거친 털이 있는 붓, 농도가 진한 템페라 물감 등 자유로운 표현매체가 좋다. 크레용과 찰흙은 입체 재료로서 좋으며, 색연필, 콜라주 재료, 색종이도 기본 재료 다음으로 많이 사용한다.

③ 도식기(The Schematic Stage: 7~9세)

도식기는 형태개념을 성취하는 단계로 사물에 대한 일정한 개념을 찾을 수 있는 능력과 판단이 생기게 되므로 설명적이고 독자적인 표현방법이 나타난다. 도식(schema)이란 의도적인 경험으로도 변화시키지 못할 정도로 계속 반복해서 이루어진 아동의 개념이라 할 수 있다. 특정한 방식으로 사람을 그리기 시작한 아동은 반복해서 거의 똑같은 모습의 사람을 그리기를 계속한다. 그러나 도식의 이탈현상도 나타나는데 아동화에서 중요한 부분의 과장, 무시와 생략, 상징의 변화 등이 이탈의 한 예다.

도식기의 공간표현은 기저선(base line)의 등장이다. 기저선에 대하여 아동들은 땅과 기저선을 동일시하며, 기저선과의 대응으로 하늘선(sky line)을 그리는 경우도 많다. 모든 물체는 기저선에 수직으로 선 것으로 배열되는데, 만약 기저선이 도화지와 평행이 아니라 사선이라면 그 기저선과 수직이 되게끔 물체를 세우는 것도 특징이다. 그리고 도화지 윗부분에 나타난 물체들을 거꾸로 그리기도 하며 시 공간의 동시표현(space and line representation), 즉 다양한 시간 속에서 발생한 것을 하나의 그림 공간 안에 표현하기도 한다([그림 5-17] 참조).

이 시기의 또 다른 표현 특성은 투시법(X-ray)에 의한 비시각적인 표현 방법을 들 수 있다. X-ray식 표현은 아동이 외부보다 내부가 더 중요할 때 표현하는 것으로서 물체의 내부와 외부를 동시에 나타낸다([그림 5-18] 참조). 이 시기의 그림의 색채는 아동이 대상과 색채가 상호관계가 있음을 알게 됨으로써 같은 대상에 같은 색을 반복해서 채색한다.

도식기의 미술매체 중 찰흙은 개념발달을 시키는 아동에게 적합한 재료로 평가받

[그림 5-17] 동시적 표현의 예: 이집트 벽화

[그림 5-18] 투시적 표현의 예

고 있으며 포스터물감, 템페라물감의 질감과 농도는 이 시기의 아동들이 형태나 공간, 색체의 개념을 발견하고 반복을 통해서 자신의 도식을 개발시키는 데 좋은 재료다.

④ 또래집단기(The Gang Age: 9~11세)

또래집단기의 아동들은 환경에 대한 인식과 감수성이 발달하면서 자기의식이 확대되고 사회, 또래 집단에 소속되고자 하는 욕구가 발생하고 작품에 자아의식과 성(性)의 차이를 나타낸다. 이러한 인물표현의 경우 드레스, 양복 등 의복에서 많이 나타난다.

또래집단기는 도식적 표현에서 사실적이며 객관적인 표현의 경향으로 변하여 가며, 기저선 개념에서 벗어나 위에서 보는 것이 가능해지며, 공간표현에 있어서도 자기중심적인 나열식의 단조로움에서 탈피하여 중복 표현이 나타난다. 표현양식에서도 점차 시각적 인식이 발달하면서 정서를 표현하는 데 더 이상 과장이나 생략, 이탈 등을 사용하지 않고, 어떤 것을 표현하기 위해서 다른 표현방법을 모색하기 시작한다. 또한 색체 면에서 도식적인 색체와 대상관계에서 벗어나 특징적인 색체를 사용하여 표현하기 시작한다. 어떤 아동은 하늘의 파란색과 강의 파란색이 다르다는 것을 알게 된다.

이 시기의 아동들은 기하학적인 선과 기저선 사용을 탈피하고 사실적인 묘사를 위해 선을 사용하는 데까지 발달되어 간다. 물감을 잘 사용할 수 있게 되어 농도를 조절하기도 하며, 크레용의 옆면을 사용하기도 한다. 이 단계 동안에 아동은 세부적인 면에 더욱 관심을 가져 거친 붓과 가는 붓을 함께 사용한다. 아동의 욕구에 부합되는 재료를 선택하도록 하는 것이 가장 좋으며 재료 자체의 성질상 제한적이거나 방해가 되는 것을 배제해야 한다. 특히 이 시기에는 협동 작업을 가능하게 하는 색종이와 다양한 입체표현을 위한 찰흙이 가장 좋은 기본적 매체다.

⑤ 의사실기(The Pseudo-Naturalistic Stage: 11~13세)

이 시기는 논리의 시기로서 아동은 지성에 눈을 뜨고 더욱 넓은 세계와 미래에 대한 관심이 확대되어 간다. 그래서 미술활동에 있어서도 표현과정보다 작품의 완성도를 생각하며, 인물의 표현 역시 성적 특성들을 과장해서 표현하기도 한다. 이미 그림을 충분히 사실적으로 그릴 수 있기 때문에 대상의 세밀한 부분까지 그리는 것이 가능하며, 미적 표현에 있어서도 정교함이 증가한다.

의사실기로 들어서면서 시각적인 자극에 반응하는 아동과 비시각적(촉각적)인 정서적 경험에 기울어지는 아동이 나타난다. 즉, 아동은 시각적 자극을 더 선호하는 아동과 주관적 경험에 대한 해석에 더 관심을 가지는 아동으로 분류된다. 시각적인 자극을 더 선호하는 아동은 멀리 있는 대상을 작게 그리는 원근법적 해석과 함께 3차원적인 특징을 가진 공간에 대한 관심, 대지의 조건에 따라 달라지는 색과 명암의 차이,리듬, 균형을 통한 느낌이 표현되는 미적 기능을 중요시한다. 한편 비시각적(촉각적) 경험을 선호하는 아동은 기저선을 다시 등장시켜 표시하게 된다. 새로운 기저선의 표현은 공간표현의 3차원적인 경향이 시각적 지각의 영역에 있는 것처럼 이런 비시각적인 표현영역에도 존재하는 것이며 더욱 의식적인 비시각적 미술표현의 대표적인 것이라고 볼 수 있다. 그리고 주로 색에 대한 자신의 정서적인 반응에 크게 의존한다.

인물표현에 있어서도 사춘기를 전후한 신체의 변화와 함께 성적 특성들을 과장하여 표현하기도 한다. 시각형은 인물화를 그릴 때 좀 더 사실적으로 표현하며 점차 빛의 변화에 민감해질 것이다. 시각형은 전체와 그것이 변화하는 효과에 관심을 갖는 반면 비시각형은 정서적으로 흥미 있는 세부에 더욱 관심을 갖는다.

디자인에 있어서는 시각형은 색채도식, 리듬, 균형을 통한 느낌에 의해 표현되는 미적 기능에 접근한다. 반면에 비시각형은 점차 재료를 직접 작업하고 그 재료를 기능적으로 사용하거나 정서적인 추상에 더 큰 관심을 보인다.

입체표현에서도 시각형은 형태와 모양의 변화에 신경을 쓰며, 전체에서 세부로 표현해 들어가는 분석적인 방법을 구사하는 것으로 볼 수 있다. 비시각형은 부분을 만들어서 결합하는 종합적인 방법을 주로 사용하며 정서적으로 의미 있는 세부와 관련되어 있다.

2. 발달장애아동 미술치료

발달장애는 인생초기에 나타난다. 그래서 노화로 인해 생기는 장애, 성인기의 외상, 물질의존 및 정신병 등은 이 범주에 포함되지 않는다. 최근 발달장애에 대한 정의는 서비스보다는 지원을, 분류보다는 기능성을, 의존보다는 독립성을, 분리교육보다는 통합교육을 강조하고 있다(Bradley, 1992).

국내에서도 발달장애(developmental disabilities)라는 용어가 특수교육, 의학, 심리학, 사회복지학 등 여러 학계에서 널리 사용되고 있지만 아직 일치된 견해가 없는 실정이다. 즉, 현재 발달장애 관련 서적들이 많이 발간되고 있지만 발달장애의 개념이 무엇이고 발달장애아는 누구를 지칭하는지에 대한 분명하고 일관적인 견해가 부족하다(윤치연, 2003).

세계보건기구(World Health Organization)가 공인하는 국제질병 및 건강문제분류(International Classification of Disease and Health Problems, 10th ed; ICD-10, 1992)에서는 '심리적 발달장애' 라는 항목에서 발달장애라는 용어를 사용하고 있다. ICD-10에서는 심리적 발달장애를 특정 말/언어 발달장애, 특정 학업기술 발달장애, 혼합형 품행/정서장애, 아동기 발병형 정서장애, 사회성 기능장애, 틱장애, 기타 정서 및 행동장애 등으로 분류하고 있다.

1) 정신지체아동

(1) 정신지체의 정의

미국정신지체협회(American Association of Mental Retardation, AAMR)는 1992년도 연차회의에서 기존에 명시되어 있던 정신지체의 정의를 수립하면서, 어떤 지원이 요구되는 아동이라고 기술하였다. AAMR에서 제시한 정의는 다음과 같다.

- 현재의 기능수행에 상당한 한계가 있음을 의미한다.
- 이는 지적 기능 수행이 평균보다 유의하게 낮다.
- 동시에 이와 관련 있는 한계로서 적용할 수 있는 다음과 같은 적응 기술 영역, 즉 의사소통, 자기보호, 가정생활, 사회기술, 지역사회 활용, 자기관리, 건강 및 안전, 실용학문, 여가 작업 중 두 가지 이상의 영역에서 한계가 있는 것으로 특징지어진다.
- 정신지체는 18세 이전에 발병한다. 이 정의의 주요 세 가지 요소는 유의하게 평균 이하인 지적 기능, 적응적 제한성 그리고 발달기 동안에 야기되는 것이다. 우리나라 특수교육법 시행령에서는 정신지체아를 "지능 검사 결과 지능지수가 75 이하며 적응행동에 결함을 지닌 자"라고 규정하고 있다. 정신지체의 지적 기능의 정도에 따라 교육가능급 정신지체(IQ 50~75), 훈련가능급 정신지체(IQ 25~50), 보호급 정신지체(IQ 25이하)로 교육적 목적에 의해 분류하고 있다.

나아가서 정신지체에서 요구되는 발달 지원의 수준을 다음과 같이 네 가지로 분류하였다.

① 간헐적(intermittent) 지원이 필요한 정신지체

'필요에 따른' 지원으로 항상 지원을 필요로 하는 것은 아니며, 인생의 전환기(예, 실직 또는 심각한 질병으로 인한 위기 상황)에 단기적인 지원 등과 같은 일시적인 필요에 따른 지원이다. 제공하는 지원의 강도가 높을 수도 있고 낮을 수도 있다.

② 제한적(limited) 지원이 필요한 정신지체

시간에 걸쳐 일관적인, 그러나 간헐적이 아니라 시간 제한적인 지원강도로, 더욱 강도 높은 지원 수준보다는 적은 수의 지원 인력과 적은 비용이 들 수 있다(예, 시간 제한적인 고용 훈련 또는 학교에서 성인기로의 전환을 위한 지원).

③ 확장적(extensive) 지원이 필요한 정신지체

적어도 몇몇 환경(직장 또는 가정과 같은)에서 시간 제한적이 아닌(예, 장기적 지원, 장기적인 가정생활 지원) 정기적인(예, 매일) 지원 수준을 말한다.

④ 전반적(pervasive) 지원이 필요한 정신지체

지속성과 높은 강도로 전반적 환경에 걸쳐서 제공되며, 잠재적으로는 삶을 유지하기 위해 필요한 것을 특징으로 지원수준, 확장적이거나 시간 제한적인 지원보다 전형적으로 더 많은 수의 지원인력과 더 많은 개입을 필요로 하는 지원이다.

(2) 정신지체아동의 행동특성

정신지체는 지능의 발달과 적응행동에서 특별하게 지체되며 단지 천천히 느리게 발달하는 것이지 중단을 의미하는 것은 아니다. 정신지체의 정도는 매우 중요하며 그 지체 정도에 따라 행동과 능력이 다양한 수준에서 제한받게 된다. 단지 학습에만 문제를 가지고 있는 경도 정신지체아부터 다른 환경에 적절히 적응하지 못하거나 이동할 수 없을 정도로 심각한 최중도 정신지체까지 존재한다. 아주 초기의 적절한 조치는 아동 발달의 장애를 줄일 수 있다.

정신지체아동의 행동특성을 살펴보면 다음과 같다.

- 개인적으로 측정한 지능검사에서 지능지수가 대략 70 또는 그 이하로, 지적 기능이 현저하게 평균 이하다.
- 대화, 자기 보호, 집안생활, 사회적 기술, 여가활동, 학문적 기술 등에서 의미 있는 손상을 보인다.
- 집이나 학교 또는 지역사회에서 어려운 지시를 이해하거나 따르는 데 어려움을 겪는다.
- 단기, 장기기억의 손상을 보인다.
- 사고가 경직되어 있거나 추상적 추리능력이 손상되어 있다.

- 빈번하게 서투른 판단을 하고 사회적 행동의 선행사건과 결과에 대해 제한된 이해와 동료와의 상호작용의 결여로 인하여 결과적으로 사회적 기술이 약하다.
- 통찰력이 부족하고 경험과 과거의 실수에서 배우는 데 있어서 반복되는 실패를 경험한다.
- 빈번하게 자기욕설(예, 나는 너무 멍청하다)을 사용하는 것을 볼 때 낮은 자기 존중감을 가지고 있다고 본다.
- 행동의 결과를 고려하지 않는 행동이 반복된다.

(3) 정신지체아동과 미술치료

정신지체아동의 미술치료에는 크게 두 가지 방향을 설정할 수 있다. 첫 번째는 다양한 미술활동을 통해서 아동의 지체된 발달을 촉진시키는 데 있다. 따라서 교육적인 의미가 더 강하다고 말할 수 있다. 두 번째는 장애특성으로 인한 다양한 심리적 정서적 문제를 안게 되므로, 다양한 부적응 행동이 발생하게 된다. 이러한 부적응 행동 소거를 목표로 미술치료를 진행할 수 있다. 그리하여 발달장애아동 미술치료에 있어서는 아동의 장애특성의 이해는 물론 문제행동의 성격, 원인 등을 잘 파악하여 미술치료 방향과 과제를 설정하고 나서 치료에 임하는 것이 좋다.

정신지체아동의 경우에는 다양한 심리적 문제뿐만 아니라 시지각의 발달에 장애가 있어서, 특히 미술장면에서 지장을 초래하게 됨으로써 정신지체아의 미술표현의 특성을 이해하고 지도하는 것이 중요하다.

일반아동의 경우에는 3세 6개월～7세 6개월까지 시지각 발달이 매우 급속하게 이루어진다. 그러나 정신지체아동들은 시지각이 매우 지체되어 있어 사물의 인지와 또 사물 간의 공간관계 지각 등에 어려움이 있고 외부세계의 현상을 왜곡된 형태로 받아들이기 때문에 언제나 불안정하고 불확실한 세계 속에서 살고 있다. 또한 과업을 수행하는 일도 서툴고 운동과 놀이에도 잘 적응하지 못하는 특징이 있다.

정신지체아동의 경우에는 시지각발달의 하위영역, 즉 시각-운동협응, 도형-배경지각, 항상성지각, 공간위치지각, 공간관계지각 등 다섯 가지 영역에 장애를 가지고 있으며, 이는 아동의 미술활동뿐만 아니라 발달에 저해요인이 되며 나아가서 학습지체를 유발하게 한다. 따라서 정신지체 아동의 미술지도에 있어서는 정신지체아동의 시지각 특성을 반드시 이해하고 아동의 수준에 맞는 프로그램을 계획하여 실천하는 것이 중요하다.

정신지체아동 중 경도정신지체(교육가능급정신지체)는 조형활동이 가능한 것으로 알려져 있으며 미술표현활동의 특징은 다음과 같이 정리할 수 있다.

- 성장의 속도는 느리지만 정상적인 성장패턴을 보여 준다.
- 단조롭고 원시적인 형태를 가지지만 손의 운동기능은 뒤지지 않는다.
- 형태나 주제가 고착적이고 반복적인 표현에 빠져있으며 실험적인 태도를 보여 주지 못한다.
- 공간의 전체적인 특성을 보지 못하고 전체적 공간개념이 극히 결여되어 있는데, 이것은 주변 활동을 지각하는 데 있어 좀 더 확대된 연상능력과 활력이 부족함을 말해 준다.
- 촉각적 형태의 경험에 치우치는 경향이 있다. 즉, 표현공간에 있어서 자기의 신체를 기준으로 한 시각 중심이다.
- 입체적 표현에서 부분이 분해된 통일성 없는 부분적인 방법을 쓴다.
- 그림에서 공간 길이의 표현이 결여되어 있다.
- 선화에 있어 강하고 시작과 끝이 불확실한 애매한 선 처리를 한다.
- 특정의 경험으로 동기화하면 형태를 감정적으로 과장, 누락, 왜곡한다.
- 색채를 지극히 감정적으로 사용한다.
- 촉각적이고 온통 감각적인 의식을 표현한다.

이상과 같이 정신지체아동은 미술활동에 있어서 정상아동과 비교할 때 발달의 속도가 느리고 그 수준이 낮지만 기본 발달패턴은 크게 다르지 않다고 보아야 할 것이다. 따라서 기초적이고 지속적인 지도 전략을 필요로 한다.

다시 말하면, 이들은 지적장애와 적응행동에 결함을 지니고 있으므로 기본적인 기능배양에 역점을 두어야 하며, 프로그램에 있어서 인지적, 발달적, 행동적 접근을 적용함이 바람직하다. 미술지도의 구성에 있어서 정신지체아동들은 천천히 학습한다는 사실을 인식해야 한다. 아울러 짧은 시간에 중요한 기능과 개념에 초점을 맞추어 실패감을 느끼지 않게 하는 것이 중요하다. 또한 피드백을 통하여 아동을 격려하고 긍정적으로 강화를 해야 한다.

(4) 정신지체아동의 미술치료 사례(이근매, 오순이, 2004)

① 대상

1 대상의 특성

대상아동은 초등학교 4학년에 재학 중이나 문자를 해독하지 못한 교육가능급 정신지체아동 P 군이다. 어머니와 여동생과 함께 입실하였으며 어머니가 인사를 시키자 '열중셧, 차렷, 경례' 하고 외치며 인사를 하였다. 인사를 마치고 연구자가 어머니와 상담하는 중에 대상아동(P 군)은 주위를 마구 돌아다녔다.

대상아동은 K-WISC에 의한 결과 IQ 56으로 나타났으며 행동특성은 〈표 5-3〉과 같다.

표 5-3 대상아동의 특성

행동특성 (부모관찰)	학교에서	- 교과목에 대한 이해가 부족하고 흥미가 없다. - 주변정리가 안 되어 친구들에게 놀림감이 된다. - 판서한 것을 옮겨 적지 못한다. - 선생님의 말씀을 전달하지 못한다.
	가정에서	- 책가방 정리를 못하여 어머니가 확인해야 한다. - 컴퓨터 게임에 지나치게 집착한다. - 친척들에게 전화를 자주한다. - 여동생에게 의지하지만 때로는 손찌검을 하기도 한다. - 생활에 질서가 없고 정리정돈이 되지 않는다. - 날짜와 시간개념이 없다. - 어리광을 잘 부린다. - 손톱을 물어뜯는 습관이 있다.
	그밖의 장소에서	- 놀이터에서 순서를 기다리거나 양보하는 것을 모른다. - 상가주변 게임기에 매달려 있다. - 어둡기 전에 귀가의무를 모른다. - 거친 말을 쉽게 배우고 사용한다.

기초조형활동 수행수준은 연구자가 직접 제작하여 진단하였다. 대상아동의 기초조형활동 수행수준은 〈표 5-4〉와 같다.

표 5-4 기초조형활동 수행수준

기초조형 요소	표현특징	
선	개념	선에 대한 개념은 알고 있으나 직선과 곡선의 정확한 의미는 모른다.
	표현	직선 · 곡선의 순으로 지시하였으나 주의력을 상실하고 무의미한 선을 그렸다.
	형태	선의 형태는 비교적 곧게 그린 선도 있으나 대부분 바른 직선이나 곡선이 아니고 형태가 많이 왜곡되어 있었다.
	속도	20~30초 사이
면	개념	면에 대한 정확한 개념을 모른다.
	표현	동그라미 · 세모 · 네모의 순으로 지시하였으나 주의력을 상실하고 아무 도형이나 그렸다.
	형태	면의 형태는 자유분방하였고 세모는 빠트렸고 동그라미는 그렸으나 동그라미 안에 두 개의 동그라미를 그려 넣었으며 네모는 직사각형으로 그렸으나 비교적 바른 모양이었다.
	속도	35~40초 사이
형	개념	형에 대한 개념을 모른다.
	표현	감, 사과, 오이, 고추, 호박을 보여 주고 "맛있는 과일을 그려 보자."라고 지시하였으나 동그라미 두 개를 그렸다.
	형태	동그라미 하나와 작은 동그라미를 그렸는데 세부표현이 생략되어 있다.
	속도	15~20초 사이

이 연구대상의 시지각 발달검사에 의한 사전검사의 결과는 다음의 〈표 5-5〉와 같다. 아동의 시지각 발달 수준은 생활연령에 미치지 못할 정도로 지체되어 있으며, 하위영역 중에 특히 형의 항상성지각(PC)이 다섯 가지 영역 중에 가장 낮은 것으로 나타났다.

표 5-5 시지각발달 검사의 사전점수

검사 / 영역	점 수	지각 연령
시각-운동협응(VM)	17	7:00
도형-소지변별(FG)	14	5:08
형의 항상성지각(PC)	3	3:06
공간위치지각(PS)	6	5:08
공간관계지각(SR)	3	4:10

[2] 생육사

대상아동은 8년 9개월 된 남아(P 군)로 일반 초등학교 4학년에 재학 중이며 1남 1녀 중 장남이다. P 군의 어머니에 의하면 임신했을 때 별다른 이상이 없었고 3.4kg으로 정상 분만하였다. 아동은 6개월이 되었을 때 딸랑이를 주면 손은 뻗치지만 제대로 잡지 못하고 떨어뜨렸고, 9개월이 되어도 혼자 앉는 것에 어려움이 있는 등 다른 아동에 비해 전반적으로 느린 편이었다. 3세 때 간질이 발작하여 병원처방으로 현재까지 간질약을 복용하고 있다.

놀이방과 어린이집을 다닐 때까지도 지체되었다는 것을 알아차리지 못하고 아동이 단순히 발달이 조금 늦은 것으로 생각하고 별다른 조기교육을 받지 못한 상태로 초등학교에 입학하게 되었다.

[3] 호소문제

학교에 입학하면서부터 학습에 어려움을 겪게 되었는데 읽기, 쓰기뿐만 아니라 특히 셈하기 능력이 저조하였고 주의가 산만하여 학교생활에 지장이 많았다. 그 후에 장애전문 어린이집이나 학원에 다니고 있지만 별다른 진전이 없었다.

② 치료목표

- 시지각 발달을 촉진시켜 문자학습을 향상시킨다.
- 시지각 발달 촉진을 위해 정신지체아동의 미술치료 프로그램을 개발한다.

③ 사정도구

1 기초조형활동 분석표

이 연구의 기초조형활동 수행수준을 진단하기 위하여 연구자가 직접 제작한 기초조형활동 분석표를 사용하였다.

2 시지각 발달검사(DTVP)

이 연구에서 정신지체아의 시지각 능력을 알아보기 위한 사전/사후 검사로 여광응(1989)이 번안한 Frostig의 시지각발달검사(Developmental Test of Visual Perception; DTVP)를 사용하였다.

시지각 발달 검사의 목적, 적용범위, 내용을 살펴보면 다음과 같다.

- 검사의 목적: 시지각 기능장애를 정확하게 진단하기 위해 개발된 것으로서 시지각 능력의 개선 및 발달을 위한 지도 훈련프로그램의 활용을 목적으로 한 평가 도구다.
- 적용범위: 정신연령 3~8세까지의 유치원 아동 및 초등학교 1학년 아동과 정신지체, 시각장애, 학습장애 등의 특수아동까지 널리 활용된다.
- 검사내용: 다섯 가지 하위영역으로 구성되어 있는데 〈표 5-6〉에 구체적으로 나타내었다.

표 5-6 시지각발달 검사의 내용

영역	주요내용	문항	원점수
시각-운동협응(VM)	보조선 따라 줄긋기 보조선 없이 줄긋기	16	30
도형-소지변별(FG)	혼합된 도형 중 특정 도형 찾기	8	20
형의 항상성지각(PC)	여러 기하도형 중 같은 도형 찾기	4	17
공간위치지각(PS)	방향이 회전 역전된 도형의 구별	8	8
공간관계지각(SR)	점들을 연결하여 같은 형태를 만듦	8	8

표 5-7 대상아동의 미술치료 프로그램

단계			회기	주요과제
전기	매체경험 단계		1	손 본뜨기, HTP
			2	사람의 모습 오려붙인 후 색칠하기
			3	핑거페인팅
			4	데칼코마니
			5	잡지로 우리 집 꾸미기
			6	과일 도장 찍기
후기	기초 조형 활동 단계	점	7	먹으로 점 찍기
			8	물감으로 점 찍기
		선	9	선 그리기
			10	점과 점을 연결하여 짧은 선 그리기
			11	점과 점을 연결하여 긴 선 그리기
			12	점과 점을 연결하여 곡선 그리기
			13	점과 점을 연결하여 복잡한 선 그리기
			14	수수깡으로 만든 모형 보고 그리기
			15	색철사로 만든 모형 보고 그리기
		면	16	점과 점을 연결하여 도형 그리기
			17	도형 안에 선 그리기
			18	도형판에 스폰지로 찍기
			19	도형판에 색종이 콜라주
			20	전통문양에 색 그리기
			21	도형 틀에 지점토로 도형 만들기
		형	22	도형으로 만든 모형 보고 그리기
			23	모형 형태 그리기
			24	스프레이 뿌려서 모양 나타내기
			25	지점토 연결하여 사각형 만들기
			26	종이컵을 이용하여 화분 만들기
			27	실제사물 형태 그리기
			28	보고 나타내기-자연물, HTP
			29	보고 나타내기-인공물
			30	보고 나타내기-움직이는 사람 꾸미기
			31	보고 나타내기-사람 그리기

④ 미술치료 프로그램 과정

아동의 시지각 발달에 대한 사전검사 결과, 아동의 시지각 발달이 같은 또래아동에 비해 지체되어 있을 뿐만 아니라 사물에 대한 인지가 부족하여 표현이 풍부하지 못하였고 형과 색에 대한 개념이 없어서 색칠이 제대로 되지 않았다. 따라서 아동에게 시지각 능력을 향상시켜 주기 위한 구조적인 미술프로그램을 구성하였다. 전기에는 능력수준을 진단하고 기초적인 다양한 프로그램으로 흥미를 유발하여 즐겁게 프로그램에 접근할 수 있도록 할 뿐만 아니라 매체의 사용기법을 알게 하여 익숙하게 활용할 수 있도록 하였으며 후기에는 아동의 능력수준을 고려한 기초조형을 통한 미술치료 프로그램으로 시지각 능력을 향상시킬 수 있도록 구성하였다. 연구대상에게 실시한 미술치료 프로그램은 앞의 〈표 5-7〉과 같다.

미술치료 프로그램의 진행방법에 있어서 몇 가지 원칙을 정하였다.

- 프로그램 진행 시 각 단계에서 시행횟수는 제한하지 않고 학습목표의 80%에 도달할 때까지 반복 실시한다.
- 프로그램이 일찍 끝났을 경우 아동이 원하는 미술활동을 할 수 있도록 한다.
- 아동이 흥미를 잃거나 싫증을 낼 때 강화자극으로 제 1단계는 원하는 활동, 즉 게임이나 놀이를 하게 해 준다. 제2단계는 스티커, 칭찬, 격려 등을 해 주고 마지막으로는 사탕, 스낵 등 간식을 준다.

치료기간은 2001년 7월 5일부터 10월 19일까지 주2회 50분씩 총 31회기 동안 C 시내 외곽에 위치하고 있는 미술치료실에서 실시했다.

⑤ 미술치료 프로그램 진행과정

본 연구는 기초조형중심의 미술치료프로그램이 교육가능급 정신지체(Educational Mental Retardation; EMR)아동의 시지각 발달에 미치는 효과를 알아보기 위한 사례연구로서 미술치료 진행과정에 따른 시지각적 표현의 변화, 미술치료에 의한 시지각 발달의 변화는 다음과 같다.

① 미술치료 진행과정에 따른 시지각 변화

치료전기(1~6회) 6회기 동안 아동과 연구자의 친밀감 형성과 매체에 대한 경험을 주된 목표로 하였다. 1회에서 6회까지의 과제에 있어서 연구자가 먼저 작업의 진행과정을 해 보인 뒤 아동이 따라 할 수 있도록 하였다.

1회기 손 본뜨기에 있어서는 주의 집중이 짧고 산만하여 조금 그리다가 싫증을 내며 다른 종이로 옮겨 가서 다시 그리기를 4회 정도 반복하였으나 손의 형태가 잘 나오지 않다가 5회 반복했을 때 손 본뜨기가 가능하였다.

2회기에서는 가위질이 서툴러서 사람이 그려진 프린트물을 제대로 오리지 못하자 오리기를 거부하였다.

3회기 핑거페인팅을 할 때는 특별한 기술을 필요로 하지 않았으므로 즐겁게 활동하였다.

4회기부터는 연구자의 모델링에 집중하는 빈도가 높아졌으나 스스로 과제를 수행하지 못하여 연구자의 도움을 받으며 완성하였다. 5회기에서는 잡지그림으로 우리 집을 꾸미는 데 2회기에서처럼 가위질이 서툴러서 사물의 형상을 바르게 오리지 못하였다. 6회기 과일도장 찍기에서는 연구자가 만들어 준 과일도장으로 수채화물감을 묻혀서 찍는 활동이었는데 찍혀 나온 모양을 보며 즐거워하였다.

치료 후기 7회기에는 먹으로 점찍기 과제에서 점에 대한 개념을 설명해 주고 연구자가 실제로 점을 찍어 보였으나 아동은 스스로 해 보려는 적극적인 반응을 보이지 않았다. 그러나 연구자가 화선지에 점 찍기를 해 보이면서 "참 재미있다." 하고 아동에게 반응하도록 계속적으로 촉구하자 마지못해 따라 하기 시작했다. 처음에는 작은 점을 천천히 찍다가 점점 크고 활발하게 찍었다.

8회기인 수채화물감으로 점 찍기에서는 수채화물감을 이것저것 섞어서 탁한 색으로 잔뜩 만들어 놓기도 하고 지나치게 많은 양의 물감을 짜놓고 뭉개는 것에 즐거움을 느끼는 반면, 점 찍는 과제에는 그다지 흥미를 보이지 않았다.

9회기 때는 그려진 여러 가지 선 위에 비닐을 올려놓고 선그리기를 실시하였는데 처음에는 성급히 서두르며 모형선과 상관없는 선을 마구 그리다가 2회 반복해 그린 후 3회째는 모형선에 맞는 선을 그릴 수 있었다. 그러나 곡선이나 각진 선 등 여러 가지 다양한 선을 그릴 수 없었으며, 직선을 제외한 선들은 구불구불하여 선의 형태가 불안정하였다.

10회기에는 스티커를 이용하여 점과 점을 연결하여 짧은 선을 그리는 과제를 실시하였는데 직선의 형태가 곧지 않고 휘어져 있으며 시작점과 끝점을 혼돈하여 연구자가 손가락으로 짚어 주어야 선을 그을 수 있었다.

11회기에는 시작점과 끝점을 연결하는 데 어려움이 약간 감소하였고 13회기에는 복잡한 선을 연결하는 과제임에도 불구하고 시작점과 끝점을 연결할 수 있었다. 뿐만 아니라 아동이 점들을 연결하여 선을 그을 때마다 연구자가 박수를 치며 칭찬을 해 주자 자신감이 고취된 듯 적극적으로 활동에 임했다. 칠판으로 옮겨서 과제를 실시하였는데 여러 번 반복하면서 선을 점점 더 길게 그릴 수 있게 되었으며, 과제를 수행할 때마다 "선생님 박수쳐 주세요." 하고 연구자에게 격려받기를 원하였다. 헤어질 때는 "선생님, 다음 시간에 다시 해요."라고 말할 정도로 이 과제에 흥미를 보였다.

14, 15회기는 모형을 보고 선을 그리는 활동이었는데 새로운 과제이기 때문에 간단한 모형은 잘 따라 했으나 모형이 복잡해지자 어려워하고 제시된 모형대로 나타내지 못했다.

16회기에는 점과 점을 연결하여 선을 만들고 선과 선을 연결하여 면을 만들 수 있다는 개념을 설명하였다. 귀담아 듣지 않다가 연구자가 점을 붙여 주는 대로 선 긋기를 하다가 도형이 만들어지자 흥미를 갖고 과제를 완수하였으며 스스로 점을 찍어가면서 선을 그을 수 있었다.

17회기 선 그리기 과제에서는 선을 그리는 것에 대한 자신감이 향상되어 침착한 태도로 도형을 그리고 그 안에 선을 그려 넣었는데, 동그라미 안에 그린 선보다 세모 안에 그어진 선은 비교적 반듯한 형태를 보여 주었으며 선이 매우 안정적으로 발전된 형태를 보여 주었다.

18회기에는 연구자가 도형 판을 만들어서 물감을 스펀지로 찍어서 도형을 만들자 흥미를 가지고 과제를 완수하였다.

19회기에는 도형이 그려진 모형 종이 밑에 먹지를 대고 도형을 그린 뒤 오려내어 도형판 위에 붙이기를 했는데, 가위질이 서툴러서 연구자의 도움을 받으며 활동하였다. 도형을 변별하여 붙이는 데 동그라미, 세모, 네모는 어려움이 없었으나 동그라미를 4등분한 도형은 좌우 구별이 어려웠다.

20회기 판화기법을 응용한 전통문양에 색 그리기는 자신이 색칠한 모양이 찍혀 나오자 매우 즐거워하면서 활동할 수 있었다.

21회기에는 도형 틀에 지점토를 메워서 형태를 만드는 과제였는데 지점토를 누르는 힘과 조작하는 능력이 부족하여 힘들고 지루해하였다.

22~23회기에는 모형을 보고 따라 그리기를 했는데 14회기 때보다는 선과 모양 그리기 등 표현능력이 향상되어 자신감 있게 그려 나갔다

24회기에는 도형모양을 만들어 붙인 후 스프레이를 뿌리는 작업을 하면서 종이에서 도형모양을 떼어낼 때마다 종이의 흰 부분이 모양으로 나타나는 것을 보며 '와!'라는 소리를 내면서 즐거워하였다.

25회기에서는 점들이 모여 선이 되고 선이 모여 형을 이루는 개념을 설명하면서 지점토를 동그랗게 말아서 점을 만들고 그 점을 선모양의 성냥개비로 연결하면서 형으로 만들어진다는 것을 보여 주면서 함께 활동했는데, 연구자의 말을 흉내 내면서 열심히 활동하였다. 지점토와 지점토를 연결하는 데 제대로 연결은 되지 않았지만 점, 선, 면의 유기적인 관계에 대해 관심을 보였다.

26회기에 지점토로 화분 만들기를 했는데, 25회기 수업과 연관성을 띠고 있었기 때문에 지점토 덩어리를 이쑤시개에 꽂는 작업을 쉽게 이해했으나 바르게 연결하는 데는 여전히 어려움이 있었다.

27회기부터는 실제사물에 접근하여 그리기를 했는데 표현에 있어서 선의 형태가 매우 안정적이며 사물의 특징도 비교적 처음보다는 자세하게 나타나 있었다.

28회기 나무그림은 실제로 밖으로 나가서 나무를 보고 만지고 느끼게 해 준 뒤 그림을 그리게 했는데 나무기둥이 그려지고 나무기둥에서 가지가 분리되어 나왔다. 치료초기 HTP의 나무그림에서 보여 준 형태보다 표현능력과 사물에 대한 개념이 많이 발달되었음을 알 수 있다.

미술치료 진행과정에 따른 시지각 변화를 전체적으로 요약해 보면 〈표 5-8〉과 같다.

표 5-8 P 군의 회기별 시지각 변화

회기	활동영역	시지각 변화
1~17 회기	선 그리기	• 9회기: 직선은 스스로 그을 수 있으나 곡선과 각진 선 등 여러 가지 다양한 선을 능숙하게 그릴 수 없으며 직선을 제외한 선들은 구불구불하여 선의 형태가 불안정했으며 그릴 때 그리기 도구를 여러 번 떼었다가 그렸다. • 17회기: 도형 안에 선 그리기는 구불거림이 감소하여 안정적으로 변하였다.
	점과 점을 연결하여 선 그리기	• 10회기: 직선의 형태가 곧지 않고 휘어져 있으며 시작점과 끝점을 혼돈하여 연구자가 손가락으로 짚어 주어야 선을 그을 수 있었다. • 11회기: 시작점과 끝점을 연결하는 데 어려움이 약간 감소하였으나 선이 중간에 자주 끊어졌다. • 13회기: 복잡한 점과 점을 연결하는 데도 불구하고 점을 연결하는 데 혼란스러움이 감소되었다. • 16회기: 스스로 점을 찍어 가며 선을 그을 수 있었다.
	보고 그리기	• 14회기: 모형이 단순한 것은 쉽게 보고 그릴 수 있으나 모형의 형태가 복잡해질수록 좌우, 상하의 구별을 어려워하였으며 형태를 보고 '같다, 다르다' 를 구분할 수 없었다. • 15회기: 좌우, 상하의 구별은 여전히 어려웠으나 '같다, 다르다' 를 판별하는 능력은 향상되었다.
18~31 회기	형태 그리기	• 23회기: 그리기 도구가 모형의 테두리에 밀착되어 안정되게 형태를 그렸으나 모형의 형태가 왜곡되었다. • 27회기: 실제사물의 형태를 그리는 데 바른 모양으로 그렸다.
	만들기	• 25회기: 점토와 점토를 성냥개비로 연결하는 데 바르게 연결하지 못하여 어긋났으며 연구자의 도움을 필요로 했다. • 26회기: 점토와 점토를 연결하는 부분에 있어서는 연구자의 도움 없이 점토를 이을 수 있었다.

② 평가도구에 의한 시지각 결과

기초조형을 통한 미술치료가 P 군의 시지각 발달에 미치는 효과를 원점수로 비교해 보면 〈표 5-9〉과 같다.

〈표 5-9〉에 나타난 바와 같이 미술치료프로그램이 P 군의 시지각 능력 향상에 미친 효과에 있어서 원점수를 비교해 보면 사전검사에서 시각-운동협응(VM)이 17점, 도형-소지변별(FG)이 14점, 형의 항상성 지각(PC)이 3점, 공간위치지각(PS) 6점, 공간관계지각(SR)이 3점으로 시각-운동협응(VM)이 가장 크게 발달한 영역으로 나타

표 5-9 P군의 시지각발달 검사의 원점수 변화

영역 \ 검사	점수	
	사전	사후
시각-운동협응(VM)	17	22
도형-소지변별(FG)	14	14
형의 항상성지각(PC)	3	6
공간위치지각(PS)	6	7
공간관계지각(SR)	3	5

났으며, 형의 항상성 지각(PC)과 공간관계지각(SR)이 가장 낮은 점수로 장애가 가장 심각한 영역으로 나타났다.

사후검사의 결과 시지각 영역별 발달 정도는 시각-운동협응(VM)이 5점 향상되어서 22점, 형의 항상성 지각(PC)이 3점 향상되어서 6점, 공간위치지각(PS)은 1점이 향상되어서 7점, 공간관계지각(SR)은 2점이 향상되어서 5점이 되었으나, 도형-소지변별(FG)은 동일한 점수로 변화가 없었다.

P 군의 가장 발달된 시지각 능력은 사전검사와 마찬가지로 시각-운동협응(VM) 영역이며 발달의 정도도 가장 크게 나타났으며, 형의 항상성 지각(PC)이 사전검사와의 차가 3점으로 시각-운동협응(VM) 다음으로 발달이 컸다.

기초조형을 통한 미술치료가 P 군의 시지각 발달에 미치는 효과를 지각연령으로 비교해 보면 〈표 5-10〉과 같다.

표 5-10 P 군의 시지각발달 검사의 지각연령 변화

영역 \ 검사	지각 연령	
	사전	사후
시각-운동협응(VM)	7:00	9:04
도형-소지변별(FG)	5:08	5:08
형의 항상성지각(PC)	3:06	4:03
공간위치지각(PS)	5:08	6:06
공간관계지각(SR)	4:10	5:09

지각 연령에서도 시각-운동협응(VM)은 7년에서 9년 4개월로 2년 4개월이나 향상되었고, 형의 항상성지각(PC)은 3년 6개월에서 4년 3개월로 9개월이 향상되었다. 또한 공간위치지각(PS)은 5년 8개월에서 6년 6개월로 10개월이 향상되었으며, 공간관계지각(SR)은 4년 10개월에서 5년 9개월로 11개월이 향상되었으나 도형-소지변별(FG)는 변화가 없었다.

⑥ 결과

이 연구는 EMR아동을 대상으로 기초조형 중심의 미술치료 프로그램이 시지각 발달에 미치는 효과를 알아보고자 하였으며 미술치료 프로그램이 시지각 발달에 미친 효과는 다음과 같았다.

첫째, 기초조형 중심의 미술치료 프로그램이 EMR 아동의 회기별 활동에 있어서 시지각에 미치는 효과가 있었는가를 분석한 결과 기초중심 미술치료 프로그램 실시 후에 시지각이 향상되었다.

둘째, 기초조형 중심의 미술치료 프로그램이 EMR 아동의 시지각 발달에 미치는 효과를 평가도구를 통하여 분석한 결과, 시지각 발달에 효과가 있었다. 하위영역별로 살펴보면 도형-소지변별기능을 제외한 시각-운동협응, 형의 항상성, 공간위치지각기능, 공간관계지각기능에 효과가 있었으며, 특히 시각-운동협응 기능이 사전검사에서 가장 발달된 영역이 사후검사에서도 가장 발달된 영역으로 나타났고 발전의 정도가 다른 영역보다 높았다. 하위영역별로 시지각의 변화를 살펴보면, 시각-운동협응 기능영역에서는 치료 초기에는 눈과 손의 협응력이 떨어져서 선 긋기가 불안정하고 점과 점을 연결하는 선 긋기는 보조선 밖으로 선이 벗어난다거나 선이 끊기는 등 어려움이 많았는데 치료 후에는 선이 매우 안정되었다. 도형-소지변별기능 향상에 변화가 없었으며 형의 항상성 지각기능영역에서는 동그라미와 사각형 그리고 삼각형에 대한 지각은 거의 가능하지만 복잡하게 여러 가지 도형이 그려진 과제에는 여전히 혼란스러워하지만 치료 전보다는 형에 대한 항상성 지각이 향상되었다. 공간위치지각 기능영역에서는 위치가 같은 모양을 찾는 것은 용이하게 지각하였지만 다른 모양을 찾는 것은 약간의 어려움이 남아 있었다. 공간관계지각 기능영역에서는 치료 전보다 형태를 분석하는 능력이 많이 향상되었으나 복잡한 선을 지각하는 데는 어려움이 많이 남아 있었다.

이상의 결론을 통해 기초조형을 통한 미술치료 프로그램이 EMR아동의 시지각 발달에 효과가 있다는 것을 알 수 있다.

이 연구를 통하여 정신지체아동과 미술활동을 해 나가는 데 있어, 많은 부분에서 능력의 제한을 갖고 있으나 치료사나 교사가 이를 보완하고, 잠재되어 있는 능력을 개발시킨다면 EMR 아동의 시지각발달은 물론 후속학습능력도 향상시킬 수 있을 것이다. 따라서 EMR 아동의 개별적인 능력수준을 고려한 미술매체와 미술치료 프로그램을 다양하게 개발시키기 위한 노력과 연구가 필요하다.

2) 학습장애아동

(1) 학습장애의 정의

학습장애에 대한 정의에 있어서 가장 영향력이 있는 정의의 하나인 IDEA(미국장애인교육법)에서는 특정학습장애(specific learning dosability)를 다음과 같이 정의하고 있다.

구어나 문어를 이해하고 사용하는 것과 관련된 한 가지 이상의 기본 심리과정상의 장애로 듣기, 생각하기, 말하기, 읽기, 쓰기, 철자 혹은 수학계산 등에서 불완전한 능력을 보인다. 이는 지각장애, 두뇌손상, 미세뇌기능장애, 난독증, 발달성 실어증 등과 같은 상태를 포함한다. 그러나 일차적으로 시각/청각/운동장애, 정신지체, 환경/문화/경제적 결핍으로 인해 학습문제를 지닌 아동들은 포함하지 않는다.

DSM-IV(American Psychiatric Association, 1994)에 따르면 학습장애는 읽기장애, 산술장애, 쓰기장애, 달리 분류되지 않는 학습장애 등으로 세분화되어 있으며 그 진단기준은 다음과 같다.

① 읽기장애

A. 읽기의 정확도 또는 이해 능력을 평가하기 위해 개별적으로 실시된 표준화 검사에서, 읽기 성적이 개인의 생활연령, 측정된 지능 그리고 나이에 적합한 교육에 비해 기대되는 정도보다 현저하게 낮다.

B. 기준 A항의 장애가 읽기 기술이 요구되는 학업의 성취나 일상생활의 활동을 현저하게 방해한다.
C. 만약 감각 결함이 있다면, 읽기 장애는 통상적으로 감각 결함에 동반되는 정도를 초과해서 심한 정도로 나타난다.

부호화할 때 주의할 점은 만약 일반적인 의학적(예, 신경학적) 상태 또는 감각 결함이 있다면 이는 축 3에 기록한다.

② 산술장애

A. 개별적으로 실시된 표준화 검사에서, 산술능력이 개인의 생활연령, 측정된 지능 그리고 나이에 적합한 교육에 비해 기대되는 정도보다 현저하게 낮다.
B. 기준 A항의 장애가 계산에 요구되는 학업의 성취나 일상생활의 활동을 현저하게 방해한다.
C. 만약 감각결함이 있다면 산술 능력 장해는 통상적으로 감각 결함에 동반되는 정도를 초과해서 심한 정도로 나타난다.

부호화할 때 주의할 점은, 만약 일반적인 의학적(예, 신경학적) 상태 또는 감각 결함이 있다면 이는 축 3에 기록한다.

③ 쓰기장애

A. 개별적으로 실시된 표준화 검사(또는 쓰기 기술 기능 평가)에서 쓰기 능력이 개별인의 생활연령, 측정된 지능 그리고 나이에 적합한 교육에 비해 기대되는 정도보다 현저하게 낮다.
B. 기준 A항의 장애는 쓰기능력(예, 문법적으로 올바른 문장과 체계적인 문단을 쓰는 것)이 요구되는 학업의 성취나 일상생활의 활동을 현저하게 방해한다.
C. 만약 감각 결함이 있다면, 쓰기장애는 통상적으로 감각 결함에 동반되는 정도를 초과해서 심한 정도로 나타난다.

부호화할 때 주의할 점은, 만약 일반적인 의학적(예, 신경학적) 상태 또는 감각 결함이 있다면 이는 축 3에 기록한다.

앞에서 제시한 다양한 정의들을 근거로 학습장애 조건으로 제시된 내용은 다음과 같이 요약될 수 있다.

첫째, 학습장애는 중추신경계 기능장애로 인해 일어난다. 학습장애를 이론상으로 이해하게 된 것은 1930년에서 1940년대 사이 뇌손상아에 대한 연구를 하면서부터 시작되었다. Stauss는 뇌에 손상을 입은 아동은 지각, 사고, 행동 등에 큰 장애를 입기 쉬워 읽고, 쓰고, 계산하는 능력이 뒤진다는 것을 입증하였다. 많은 이론가들은 학습장애의 원인을 중추신경계의 역기능이나 뇌손상 때문이라고 보았는데, 이와 같은 병리학적 강조는 주로 의사들 사이에 성행하였다. 그러나 교육계에서는 학습장애아들에게 실제로 문제가 되는 것은 병리학적인 것이 아니라 행동유형이 더 큰 문제가 된다고 보게 되었다. 따라서 오늘날은 학습장애아의 지각, 인지, 운동문제 및 기술 등을 중시하게 되었고 팀 접근에 의한 개개 학습장애아에게 적합한 심리교육 프로그램 개발을 위해 노력하고 있다.

둘째, 학습장애 주원인은 개인의 내적 문제이며 감각손상, 정신지체, 정서장애 등에 의한 것은 아니다.

셋째, 학습장애는 문화적 차이, 심인성 요인 등에 의하지 않으며, 발달연령과 능력수준에 적합한 학습경험을 하고서도 ① 언어(구어 및 문어)의 습득과 활용, ② 듣기와 듣고 이해하기, ③ 쓰기(철자법 및 문어적 표현), ④ 읽기와 독해력, ⑤ 수학적 계산과 수학적 추론, ⑥ 주의집중력, ⑦ 기억, ⑧ 사고, ⑨ 협응력, ⑩ 사회성 및 정서적 성숙 등과 같은 영역에서 어려움을 겪는다.

(2) 학습장애아동의 행동특성

학습장애아동은 여러 가지 일차적인 장애특성으로 인하여 다음과 같이 여러 가지 부수적인 사회적 결함을 갖게 된다.

먼저, 적당한 지적 잠재력을 가지고 있으면서도 반복해서 학업에 실패를 거듭하기 때문에 낮은 자기개념 및 자기확신감 결여로 발전되고 이들을 수반한 행동패턴을 갖게 될 위험에 처한다.

둘째, 학습장애아동들은 사회적 상황에서 정보를 처리하고 통합하는 과정에서 그리고 그 정보에 대해 적절히 반응하는 데 심한 어려움을 나타낸다.

셋째, 말의 조음과 사회적 상호작용 간에는 통합적인 관계가 있기 때문에, 대다수 학습장애아동들은 언어적 섬세함이 결여되거나 동시에 일어나는 행동으로 동료와 부정적인 상호작용을 하는 등 대인관계 문제를 초래한다. 또한 격언, 우화, 미신 등을 이해하는 데 어려움을 가지는 것으로 보이며 흔히 이런 언어매개를 잘못 이용하거나 부적절하게 적용한다.

넷째, 학습장애아동은 의사소통기능에 장애를 나타내며, 이것은 낮은 자기개념과 서투른 사회적 모습을 초래하는데, 이와 함께 자신의 동료나 교사의 눈에 낮은 존중감으로 비춰지게 된다.

이상과 같이 학습장애아동은 그들의 장애특성으로 인하여 사회적 환경에서 적응하는 능력이 떨어지며, 부정적인 상황에 자주 직면하게 됨으로써 심리적으로 점점 더 위축되며 불안, 우울함을 느끼게 된다.

(3) 학습장애아동과 미술치료

학습장애 아동의 특성에 맞는 미술활동은 그들의 문제를 해결하는 데 기본적인 치료방법이 될 수 있다.

운동발달이 열악하거나 지체된 위축증의 아동은 미술활동을 하기 전에 먼저 활동적인 내용의 학습이 선행되어야 한다. 과잉행동아동은 쉽게 주의가 산만해져서 학습에 문제를 초래하므로 체계적이고 조화로운 자극을 제공할 수 있는 교실환경의 구성이 요구된다. 또한 사회성 발달에 문제가 있는 아동은 부정적인 자아개념을 지니고 있어, 그들의 신체개념이 지체되거나 왜곡되어 있는 경우가 많다. 지각장애아동은 전체적인 배경(윤곽)은 잘 보지만 부분을 잘 놓치곤 한다. 반면에 도형-배경 지각에 문제가 있거나 배경을 보는 데만 문제를 가지기도 한다.

많은 학습장애아동들이 부정적인 신체상과 자아개념을 가지고 있다. 그래서 미술학습내용에는 신체개념과 자아개념 발달을 돕는 것들이 포함되어 있다. 또한 시각적으로 사물을 인식하는 능력과 한 물체와 다른 물체를 변별하는 능력을 길러 주는 내용이 포함된 미술활동과 기초적인 그림 그리기와 색칠하기는 아동의 시각화에 중요한 활동이라고 말할 수 있다.

3) 자폐성 아동

(1) 자폐성 아동의 정의

미국자폐학회, 미국정신의학회에서 제시한 정의와 진단기준을 살펴보면 다음과 같다.

① 미국자폐학회(Autism Society of America, 1994) 정의

자폐증은 만 3세 이전에 전형적으로 발생하며 일생동안 지속되는 아주 심한 중증 발달장애다. 뇌기능에 영향을 주는 신경학적 장애의 결과로 발생하는 자폐증 및 행동 증상은 1만 명당 약 15명 발생한다. 자폐증은 여성보다는 남성에게서 4배 더 많다. 자폐증은 세계의 전 지역, 모든 인종 및 사회적 배경에서 발견되고 있다. 아동의 심리적 환경이 자폐증을 일으킨다는 요인은 밝혀진 바 없다. 자폐증의 행동 증상들은 다음과 같다.

- 신체적, 사회적 및 언어 기술의 발달이 곤란하다.
- 감각에 대해 비정상적으로 반응한다. 감각이나 반응들이 동시에 혹은 어느 하나가 영향을 받는다(예, 시각, 청각, 촉각, 균형, 냄새, 맛, 아픔에 대한 반응, 아동이 자신의 신체를 다루는 방식 등).
- 언어 발달이 지체되고 있으나 특별한 사고 능력이 있다.
- 사람, 대상 및 사건들을 관련시키는 방법이 비정상적이다.

② 미국정신의학회(2000)의 정의

미국정신의학회(2000)의 DSM-IV-TR에서는 자폐장애(autistic disorder)를 유아기나 아동기에 발생하는 전반적 발달장애의 한 형태로 구분하고 있다. 여기에서는 '전반적 발달 장애' 란 여러 발달 영역-사회적 상호작용기술, 의사소통기술 및 상동행동, 흥미, 활동-에서의 아주 심한 전반적 손상으로 특성지어지며, 이러한 상태를 나타내는 질적 손상이 개인의 발달수준이나 정신연령에 비해 두드러지게 이탈되어 있

는 장애로 정의하고 있다. DSM-IV-TR에 나오는 자폐장애의 진단 기준은 〈표 5-11〉과 같다.

표 5-11 DSM-IV-TR의 자폐증 진단 기준

1. (1), (2), (3)의 항목에서 전체 6개 이상 일치되어야 하며, 적어도 (1)에서 2개 (2)와 (3)에서 1개씩 일치되어야 한다.

(1) 다음 문항에 적어도 2개 이상 나타나는 사회적 상호작용의 질적 손상
① 사회적 상호작용을 하는 눈맞춤, 얼굴표정 신체동작 및 몸짓과 같은 여러 가지 비언어적 행동에서의 뚜렷한 손상
② 발달 수준에 맞는 또래관계 형성 실패
③ 타인과의 즐거움, 흥미 혹은 성취감을 자발적으로 나누지 못함
④ 사회적 혹은 정서적으로 서로 반응을 주고받는 상호관계 부족

(2) 다음 문항에서 적어도 1개 이상 나타나는 의사소통의 질적 손상
① 구어발달의 지연 혹은 전반적인 구어 결여(몸짓이나 동작과 같은 대체 의사소통양식을 보충하려는 시도를 하지 않음)
② 적절한 말을 가지고 있지만 다른 사람과 대화를 시작하거나 지속하는 능력 부족
③ 상동적이고 반복적인 언어사용 혹은 특이한 언어 사용
④ 발달 수준에 적절한 사회적 모방놀이나 다양한 자발적 상상(make-believe)놀이 결여

(3) 다음 문항에서 적어도 1개 이상 나타나는 제한적이고 반복적이며 상동적인 행동, 흥미 및 활동
① 관심이나 초점이 비정상적이고 한가지 이상 상동적이고 제한적인 흥미에 몰입
② 특정의 비효율적인 틀에 박힌 일(routines)이나 반복적 습관(rituals)을 융통성 없이 고수
③ 상동적이고 반복적인 운동 버릇(mannerism)(예, 손과 손가락 돌리기나 꼬기, 복잡한 전신운동 등)
④ 사물의 부분들에 지속적인 몰입

2. 다음 영역 중에서 1개 이상이 3세 이전에 지연되거나 비정상적인 기능
(1) 사회적 상호작용
(2) 사회적 상호작용에 사용되는 언어
(3) 상징 혹은 모방놀이

3. 이런 문제가 Rett장애나 소아기 붕괴장애로 설명되지 않음

(2) 자폐성 아동의 행동특성

많은 연구자들은 대부분의 자폐성 아동은 많은 문제행동을 지니고 있으며 이는 발달에 막대한 지장을 초래하는 것으로 보고하고 있다. 자폐성 아동이 나타내는 문제행동을 살펴보면 다음과 같다.

① 물리적 환경에 대한 비정상적인 반응

자폐아의 양육자가 최초로 '이상하다' 고 생각하는 아동의 특성 중 하나인 말을 하지 못하거나 이름을 불러도 반응하지 못하는 점에서 종종 청각장애를 의심하는 경우조차 있다(이근매, 1993). 행동관찰에서도 흔히 발견되는 일이지만 자기가 좋아하는 사물을 보거나, 즉 자동차 바퀴를 반복하여 돌리거나 주시하는 행동을 하는 경우에는 바로 옆에서 일어난 큰 소리에 대해서도 전혀 반응을 나타내지 않으며 주위 사람의 움직임에도 사람이 없는 것처럼 무관심한 경우가 많다. 그러나 다른 한편으로는 희미한 소리에 민감한 반응을 나타낸다든지 좋아하는 TV선전이 시작되면 다른 방에서라도 뛰쳐나온다. 이와 같이 민감성과 둔감성을 함께 가지고 있는 것 같이 보인다.

② 언어적인 면의 이상

일상적인 말의 이해가 곤란할 뿐 아니라 언어발달이 늦다든지 아니면 발달하는 경우라도 반향어, 대명사 반전, 혼잣말, 미숙한 문법적 구문의 사용 및 추상어를 사용하는 일이 불가능한 특징이 있다.

③ 시선회피 및 사회적 접촉의 결여

자폐아의 경우에는 발달과정에서 기대되는 사회성 발달에 있어 두드러진 결함을 갖고 있는 것으로 알려져 있다. 자폐아의 발달 초기 단계에는 가장 기본적인 모자관계조차도 잘 발달되지 않는다. 강위영과 윤점룡(1992)은 유아기의 자폐아는 부모에게서 신체적인 평안함을 추구하지 않으며 안기려고 하지 않는다고 말했다. 어머니와의 정서적인 관계가 나쁘다든가, 눈 맞춤을 잘하지 않으며 낯가리기가 확실하지 않았다고 보고된다. 그러나 점차 가족이나 친숙한 사람에 대해서는 회피하거나 도피하는 경향은 약해지고 일시적으로 어머니와 공생적 관계가 생기는 경우가 많다.

자폐아가 보이는 시선회피를 포함한 인간에 대한 회피경향은 어쩌면 자폐아가 사람을 위협적인 존재로 느낀다고 가정할 수 있다. 발달 초기의 단계에 있어서 사람에 대한 두려움은 영속적인 대인관계 장애를 유발하게 된다. 이로 인하여 대인관계에 따른 공감성, 팀워크에 따른 역할, 경쟁 등 협동 활동에 필요한 능력의 발달이 곤란하게 된다.

④ 변화에 대한 저항행동

많은 자폐아는 변화에 대한 적응을 거부하고 새로운 사물에 대하여 거의 흥미를 나타내지 않는 특성이 있다. 아동 자신이 주위 사물의 행동에 의식적인 동작을 고집하는 경우가 있으며, 동일 환경과 장난감 혹은 사람들에 대한 병적인 집착 행동을 나타내기도 한다. 예를 들면, 항상 정해진 길만 고집하거나 정해진 순서대로 행동하기를 고집하며 물건이 항상 정해진 장소에 있기를 고집하는 행동, 장난감이나 사물을 나열하여 언제까지나 그대로 있기를 고집하는 행동 등을 말한다. 또한 본래의 기능을 무시하고 특정의 대상 및 어떤 종류의 특징에 골몰하는 행동, 즉 자동차를 밀고 놀기보다는 바퀴만 돌린다든지 야쿠르트 병의 상표를 병적으로 주시하는 행동 등이 있다. 음식에 있어서도 새로운 것을 먹으려 하지 않고 같은 음식만 먹거나 항상 정해진 컵에 물을 마시려는 등의 특성이 있다.

이러한 자폐아의 장소와 사물에 대한 변화에 대한 저항행동은 아동에 따라 다양하게 발생되는데, 변화에 대해서 심한 흥분과 분노발작을 일으키며 새로운 것을 배우려고 하지 않는 아동도 있다.

⑤ 상동행동

자폐아의 치료교육 현장에서 다루기 어려운 문제행동의 하나로 상동행동을 들고 있으며, 많은 치료교육자들은 상동행동으로 인한 치료교육의 어려움을 호소하고 있다. Lovaas 등(1971)은 상동행동이 무목적적으로 일어나며 자기 자극적이라고 설명했다. 상동행동은 리듬 있게 몸을 앞뒤 좌우로 흔들기, 팔과 손을 흔들기, 손뼉치기, 반복하기, 아래위로 뛰기, 회전하며 손뼉치기, 빨리달리기 등으로 나타나며, 또한 물건을 이용하여 두드리기, 냄새 맡기, 돌리기, 흔들기 등의 행동을 반복하여 나타내는 자기 자극행동이라고 말할 수 있다.

상동행동의 유형에 대한 견해로서 정적인 강화에 의한 사회적 강화행동에 의해 지속된다고 보는 견해와 상동행동을 함으로써 외계의 자극 · 작용에 대한 차단효과, 즉 아동이 처해 있는 상황에서 회피할 수 있다는 부적 강화로서 지속된다는 두 가지 입장이 있다.

⑥ 자해행동

중증정신지체와 자폐증 등 비교적 심한 발달장애를 나타내는 아동에게 자주 관찰되는 문제행동의 하나로 자해행동(Self-injured Behavior)을 들 수 있다. 자해행동이란 벽이나 마루, 기타 책상 등에 자신의 머리를 박거나 팔로 친다든지 혹은 자신의 주먹으로 머리나 얼굴을 때린다든지, 자신의 신체를 물거나 꼬집는 행동 등 신체에 상처나 변형을 줄 정도로 강렬한 자기자신에 대한 공격행동을 말한다.

⑦ 모방행동의 문제

모방은 아동의 사회성 발달에 있어서 매우 중요하다. 또한 여러 상황에서 적절하고 다양한 운동과 언어적 행동을 습득하게 하는 데 있어서 매우 중요한 역할을 한다. 아동은 초기 몇 년 동안 많은 언어적, 비언어적 행동을 배운다. 사물을 이용한 모방이나 '도리도리', '잼잼' 등의 다양한 신체동작모방을 시초로 아동은 점차 부모, 형제, 친구 등의 행동을 모방하고 습득하게 된다.

그러나 대부분의 자폐아는 주위 사람들의 행동을 관찰하지 않거나 혹은 관찰해도 모방하지 않는다. 혼자서는 손뼉을 치거나 바이바이 등을 할 수 있어도 좀처럼 따라하지 않는 특성이 있다. 또한 전형적으로 물건을 다루는 데 있어서는 뛰어난 기능을 가지고 있지만 행동을 모방하는 과제에 있어서는 매우 열악하다. 1세 이전부터 도리도리, 잼잼, 바이바이 등 동작모방을 전혀 따라 하지 않은 아동이 있는 반면에, 1세 전에 이러한 행동을 보였다가 1세 이후에 점차 소실된 경우의 아동도 있다.

많은 연구자들은 자폐아의 이 모방능력의 결여가 전반적인 발달을 저해하는 요인의 하나가 되고 있다고 지적하고 있으며 모방행동을 이끌어 가는 것이 자폐아의 발달 프로그램의 주된 과제 중의 하나가 되고 있다.

⑧ 부적절한 정서

자폐아는 일반적으로 상황과 관계없이 감정을 표현하는 경우가 많은데, 즉 사건의 전후관계에 부적절한 감정을 자주 표현한다. 예를 들면, 맞았거나 상처를 입었을 때 웃거나 통제할 수 없이 깔깔거린다. 동시에 이유 없이 울거나 화를 낸다. 반면에 어떤 아동은 즐거움이나 슬픔 등의 감정표현을 전혀 하지 않는 아동이 있다. 또한 공공장소나 상황에 부적절한 두려움을 나타내기도 한다. 이들은 특정한 사물, 색 등에 대해 두려워하나 복잡한 거리를 지나가거나 매우 높은 곳에 오르는 것에 대해서는 두려움 없이 행동하기도 한다.

⑨ 언어발달장애

자폐아는 여러 가지 특이한 증상을 나타내고 있다. 그중에서도 자폐아가 나타내는 심한 증상의 하나로서 언어발달의 장애를 들 수 있다. 자폐성 아동의 언어문제는 거의 모든 아동에게 나타나며 표현언어를 유용하게 사용하지 못할 뿐 아니라 언어가 발달한 경우라도 여러 면에서 언어 이상이 있다는 사실은 널리 알려져 있다.

고바야시 시게오 등(1996)에 따르면 표출언어장애로서 자폐성 아동은 언어발달장애가 있으며, 반향어, 혼잣말, 대명사역전, 기능어사용곤란, 추상어의 학습곤란성, 억양의 결여와 리듬의 이상 등의 표출언어의 장애뿐만 아니라 수용언어의 장애가 있다고 보고하고 있다.

(3) 자폐성 아동과 미술치료

자폐성 아동의 경우에는 아동의 인지적 · 사회적 · 정서적 결함이 학습이나 발달에 장애를 가져오며, 이는 미술활동에 있어서도 마찬가지다. 특히 자폐성 아동의 다양한 문제행동 특징들은 그들이 새로운 것을 학습하여서 표현하거나 그들의 환경과 자신과의 관계, 공간관계 등을 표현하는 데 방해가 되는 요소들이다. 자폐성 아동 중에는 시지각 능력이나 인지능력이 어느 정도 있고 또는 계속적인 치료교육을 받아왔음에도 불구하고 정상적인 미술활동을 기대하기 어려운 아동이 많다. 그러므로 이들 개인의 현재 상태를 고려하여서 표현활동을 체계적으로 지도할 프로그램이 별도로 요구된다.

특히 인지능력이 양호한 자폐성아동의 경우, 문자는 읽고 쓰는 데 그림을 전혀 그리지 못하는 아동 혹은 부모나 교사가 지시하는 것을 완전히 무시하고 자신이 좋아하는 것만 그리는 아동에게는 점토를 이용해서 사물 만들기를 한 뒤 보고 그리기를 통해서 다양한 사물그리기와 그림그리기로 넓혀 나가는 것이 중요하다. 그리고 사물구성, 공간구성, 인물구성 I(얼굴), 인물구성 II(몸통 및 전체상), 주제화 구성으로 진행하는 것이 아동에게는 받아들이기가 쉽다.

각 과제별 실시절차는 다음과 같다.

① 사물구성 실시절차

사물구성 실시는 아래와 같이 순서대로 진행하며 지도방법은 행동형성법에 의해 실시한다.

- 먼저 교사가 점토를 만들어 보인다.
- 아동이 그것을 보고 따라 만든다.
- 교사가 점토로 만든 것을 보고 그린다.
- 교사가 보고 그리는 행동을 아동이 그대로 따라 한다.
- 언어지시로 점토로 사물을 만든다.
- 언어지시로 점토로 만든 사물의 그림을 그린다.

② 공간구성

사물구성 실시절차와 동일하나 사진을 찍어서 아동에게 보여 주고 각 공간의 내용물을 점토로 만들어서 배치한 뒤 아동이 보고 그리도록 한다.

③ 인물구성(얼굴)

사물구성 실시절차와 동일하나 남녀상에 있어서는 남녀의 다양한 사진과 그림을 사용하여 보고 만들기, 보고 그리기, 언어지시에 따라 스스로 그리기 순으로 진행한다.

④ 인물구성(몸통 및 전체상)

인물구성(얼굴) 실시절차와 동일하나 인형을 모델로 사용하여 보고 만들기, 보고 그리기, 언어지시에 따라 스스로 그리기 순으로 진행한다.

⑤ 주제화 구성

예시 1, 2는 사진을 찍어서 아동에게 보여 주고 그림을 그리게 한다. 예시 3은 가정에서 그 전날 또는 오기 직전에 있었던 일을 회상해서 그리게 한다.

이상과 같은 진행과정은 자폐성 아동뿐만 아니라 학습장애 아동에게도 효과적일 수 있으며, 시지각은 발달되어 있으나 그리기가 곤란한 모든 아동들에게 의도적이고 체계적인 프로그램의 도입은 어려움을 해결해 줄 수 있으리라 생각된다.

4) 정서 · 행동장애아동

(1) 정서 · 행동장애아의 정의

먼저 우리나라의 정서 · 행동장애아의 정의는 1994년 12월 공포된 개정 특수교육진흥법상에 나와 있는 내용을 근거로 할 수 있는데 특수교육 대상자의 진단, 평가, 심사 및 선정 기준에는 정서장애를 지닌 특수교육 대상자를 다음과 같이 규정하고 있다.

- 지적 · 신체적 혹은 지각적인 면에 이상이 없는데도 학습성적이 부진한 경우
- 동료나 교사들과의 대인관계에 부정적인 문제가 있는 경우
- 정상적인 환경에서 부적절한 행동이나 감정을 나타내는 경우
- 늘 불안해하고 우울한 기분으로 생활하는 경우
- 학교나 개인문제에 연관된 정서적인 장애 때문에 신체적인 통증이나 공포를 느끼는 경우
- 지적 능력과는 상관없이 생후 30개월 이전에 나타나는 발달장애 증후군에 속하는 자로서 감각적 자극에 대한 반응, 인지능력, 언어, 대인관계 그리고 사물이나 사건 처리능력에서 결함이나 자폐성 경향을 나타내는 경우

이상과 같이 주요내용은 6항목으로 나뉘고 정서 · 행동장애의 기준은 '다음 특성 중 한 가지 이상의 증상을 지니며, 장기간 심하게 그 증상을 나타내는 자' 를 말한다.

(2) 정서 · 행동장애아의 발생과 지속

정서 · 행동장애는 어떠한 메커니즘에 의해 발생하는가? 또한 그것이 왜 일시적이거나 때로는 만성화되어 가는가? 또한 왜 만성화되면 지도가 곤란해지는가? 이러한 문제를 명백하게 하는 것이 우선 중요한 일이다. 따라서 다음에 정서 · 행동장애의 발생과 지속에 있어서 세 가지 타입으로 나누어서 설명해 보고자 한다.

① A 타입의 정서 · 행동장애

원인이 심인성, 즉 친자관계를 중심으로 한 환경요인으로부터의 압력에 의해 발생해서 유지되고 있는 것으로 생각되는 경우, 다시 말해 당연히 아동자신의 발달단계에서 발생되는 행동인데도 불구하고 부모가 아동을 이상으로 진단하여 계속적으로 영향을 미침으로써 정서 · 행동장애로 되는 경우를 말한다.

A 타입 정서 · 행동장애는 원래 정상인 반응이었던 것을 주위의 '이상이 아닌가' 하는 진단이 선행하여 그 진단이 원래의 원인이 된 것이라고 말할 수 있다.

② B 타입의 정서 · 행동장애

주위의 자극에 의해 아동이 압력을 받아서 그것이 주원인이 된 최초의 행동이상이 유발된 경우, 즉 두 가지 경우를 생각할 수 있다.

첫째, 최초에 행동이상을 유발시켰다고 생각되는 자극은 지속해 있지 않고, 그것과는 관계없는 행동이상이 지속하거나 때로는 악화되어 나가는 경우가 있다.

둘째, 최초에 행동이상을 유발시켰다고 생각되는 자극이 그 후까지 지속하고 있는 경우다. 최초에 행동이상을 부가시킨 원인은 지속하고 있으며 환경에서 자극이 부가되어 고착된 경우라고 말할 수 있다.

③ C 타입의 정서 · 행동장애

기질적, 즉 신체적 기초가 있어서 행동이상이 문제가 되는 경우, 예를 들면 아동에게 뇌손상이 있어서 '차분하지 못하다', '충동적이다' 라고 하는 행동이상이 있다고 하자. 이 경우에는 본래의 행동이상이 아동의 뇌손상이라고 하는 기질성의 원인에 의해 유발된 것인데도 불구하고 주위에서 '문제행동' 으로 받아들이게 된다. 그 때문에 주위에서 그 행동이 발생되지 않도록 아동에게 자극하여 스트레스를 주어서 사회성 결여라는 2차적인 문제를 초래하게 된다.

(3) 정서 · 행동장애아의 분류 및 특성

정서 · 행동장애의 분류체계는 오래 전에 Quay(1979)가 양적 분류와 질적 분류의 두 부류로 크게 나누었다. 질적분류체계는 주로 정신내면의 주관성에 따른 임상관찰에 의존하는 경우로 그 대표적인 예는 미국정신의학회의 정신장애분류체계다.

양적분류체계는 서로 근접한 상관행동들을 특징적 행동양상으로 분석, 개별 단위화한 차원적 분류도식이다. 이 경우의 분류는 특정행동의 직접관찰에 의하여 상호절충적 정점을 바탕으로 객관적인 구획이 이루어지므로 치료교육 현장에서의 적용이 질적분류에 비하여 객관적으로 이루어질 수 있다(이상복, 이상훈, 1998). 다음에 Quay의 양적분류체계 중심으로 그 특성을 살펴보고자 한다.

① 행위장애

일반 아동도 싸우고 때리고 소리를 지르고 또 대부분의 일탈된 아동들이 나타내는 행동을 하지만, 행위장애 아동은 그 정도가 매우 심한 공격적 행동을 표출한다. 그들은 또래에게 인기가 없고 외형적 행위장애 아동은 죄책감 없이 다른 아동을 고의적으로 괴롭힌다. 이런 아동들이 나타내는 사회화되지 않은 공격적 행동은 신체적 또는 언어적 공격성으로 특징지어진다.

- 신체적 · 언어적 공격: 다른 사람들과 싸움, 난폭함, 버릇없고 무례함
- 불순종: 반항, 부정적, 비협조적, 불복종
- 방해: 관심 끌기, 떠들썩함, 산만함
- 자기통제 부족: 울화 터트리기, 쉽게 흥분, 화를 잘 냄, 무책임
- 대인관계 손상: 불성실, 거짓말을 잘함, 냉담함

② 사회화된 공격성

정상아동보다 심한 정도의 공격적인 행동을 한다. 그러나 행위장애 아동과 다르게 이들 아동들은 그들 또래들에게 인기가 있고, 그들의 비행 하위문화의 규준과 규칙을 준수한다.

그러나 사회화된 공격성을 나타내는 아동들은 전문적인 비행인은 아니다. 사회화된 공격행동은 행위장애보다 덜 흔하며 아동기, 청년기 이후에 더 빈번하게 발생한다.

③ 주의력 결함/미성숙

학습장애 범주에 속하는 아동들이 경험하는 문제와 비슷한 문제를 가진다. 그들의 문제들은 인지적이고 통합적인 것이며, 그들은 충동통제와 좌절에 대한 인내심뿐만 아니라 사고 과정과 기억에서 문제를 경험한다. 그들은 시 · 청각자극을 조직하고 해석하는 데 어려움을 가지며 감정이 쉽게 자주 변하고 종종 무력감을 나타낸다.

이들의 결함은 종종 학습결함으로 개념화되어지고, 행동은 어린 아동들의 행동과 유사하다. 주의력 결함/미성숙과 관련된 행동특성은 다음과 같다.

- 주의집중시간이 짧음
- 협응 미숙
- 공간주시, 백일몽
- 수동적, 주의력 결핍
- 기능이 둔함, 졸기, 무관심
- 부주의, 집중력 부족
- 일을 완수하지 못함
- 단정치 못함

④ 불안/위축

전형적으로 자기 의식적이고 과잉반응을 하고 종종 사회기술에 결함을 가진 것으로 특징지어진다. 그들은 환상에 빠져들고, 사회적으로 고립되며, 우울과 공포를 느끼고 정상활동에 잘 참여하지 못하며 신체적 질환을 호소한다. 불안 · 위축과 관련된 행동 증후군은 다음과 같다.

- 열등감과 성공 기대가 낮음
- 자의식적
- 쉽게 당황함

- 소심함
- 불안과 두려움
- 사랑을 받지 못한다는 감정
- 우울
- 실패의 두려움 때문에 새로운 일을 꺼림
- 과민 반응

⑤ 정신증적 행동

병리학적으로 심한 정도에 속한다. 자신과 현실에 대한 태도가 전반적으로 손상되어 있다. 이러한 아동들이 경험하는 손상 정도는 세계와 자신의 상황 또는 자기 자신에 대한 표현으로 할 수 있다고 한다. 대개 손상은 일상생활을 방해하고 관찰자가 이해할 수 없을 정도로 심각하다.

비록 광범위한 정신증적 차원의 분류가 유용하다는 말이 완벽하지는 않지만, 아동기의 분리된 두 가지 정신증 영역이 있다는 임상적 증거는 확실하다. 즉, 아동기 자폐증과 아동기 정신분열증이다.

자폐증	정신분열증
• 친족 간에 거의 발생하지 않는다. • 망상과 환각이 나타나지 않는다. • 증상이 지속된다. • 25%가 간질을 일으킨다.	• 흔히 친족 간에 발생한다. • 망상과 환각이 자주 나타난다. • 정신병적 행동이 정상행동을 방해한다. • 대부분 대상아동들이 간질을 일으키지 않는다.

⑥ 과잉행동

종종 과잉행동, 주의력 결핍 장애, 과잉행동을 동반한 주의력 결핍 장애라고 불린다. 그리고 그들의 문제들은 빈번하게 과잉행동과 관련되어 있다. 이러한 과잉행동에 대한 설명은 다양하지만, 그들의 문제들은 전형적으로 불안정하고 예측할 수가 없으며 주의가 산만하고 충동적이고 성급하고 파괴적인 행동으로 특징지어진다.

정서 · 행동장애아 중에서 주의력 결핍 과잉행동장애(ADHD), 틱장애에 대해 살펴보고자 한다.

[1] ADHD 아동

A. 정의 및 진단기준

학령 전기나 학령기 아동들의 활동적이고, 충동적이며, 주의 깊지 못하고, 때로는 지시에 잘 따르지 못하거나 주어진 과제를 끝까지 수행하지 못한다 해도 그다지 놀라운 일로 생각되지 않으며, 정상적인 행동발달의 일부라고 간주할 수 있다. 그러나 또래 아동에 비해 주의집중 시간이 너무 짧고 활동 수준이 너무 심하거나 충동 통제가 전혀 이루어지지 않는 아동의 경우 주의력결핍 과잉행동장애(Attention Deficit Hyperactivity Disorder; ADHD)를 의심해 볼 수 있다.

DSM-IV-TR(APA, 2002)에 의한 진단 기준은 다음과 같다.

1. (1) 또는 (2) 가운데 한 가지

(1) 부주의에 관한 다음 증상 가운데 여섯 가지(또는 그 이상) 증상이 6개월 동안 부적응적이고 발달 수준에 맞지 않는 정도로 지속된다.

〈부주의〉

- 흔히 세부적인 면에 대해 면밀한 주의를 기울이지 못하거나, 학업, 작업 또는 다른 활동 에서 부주의한 실수를 저지른다.
- 흔히 일을 하거나 놀이를 할 때 지속적으로 주의를 집중할 수 없다.
- 흔히 다른 사람이 직접 말을 할 때 경청하지 않는 것으로 보인다.
- 흔히 지시를 완수하지 못하고, 학업, 잡일, 작업장에서의 임무를 수행하지 못한다(반항적 행동이나 지시를 이해하지 못해서가 아님).
- 흔히 과업과 활동을 체계화하지 못한다.
- 흔히 지속적인 정신적 노력을 요구하는 과업(학업 또는 숙제 같은)에 참여하기를 피하고, 싫어하고, 저항한다.
- 흔히 활동하거나 숙제하는 데 필요한 물건들(예: 장난감, 학습과제, 연필, 책 또는 도구)을 잃어버린다.
- 흔히 외부의 자극에 의해 쉽게 산만해진다.
- 흔히 일상적인 활동을 잊어버린다.

(2) 과잉행동-충동에 관한 다음 증상 가운데 6가지(또는 그 이상) 증상이 6개월 동안 부적응적이고 발달 수준에 맞지 않는 정도로 지속된다.

〈과잉행동〉

- 흔히 손발을 가만히 두지 못하거나 의자에 앉아서도 몸을 옴지락거린다.
- 흔히 앉아 있지 못하고 요구되는 교실이나 다른 상황에서 자리를 떠난다.
- 흔히 부적절한 상황에서 지나치게 뛰어다니거나 기어오른다(청소년 또는 성인에서는 주관적인 좌불안석으로 제한될 수 있다).
- 흔히 조용히 여가 활동에 참여하거나 놀지 못한다.
- 흔히 '끊임없이 활동하거나' 마치 '자동차(무엇인가)에 쫓기는 것' 처럼 행동한다.
- 흔히 지나치게 수다스럽게 말을 한다.

〈충동성〉

- 질문이 채 끝나기 전에 불쑥 대답한다.
- 순서나 차례를 기다리지 못한다.
- 흔히 다른 사람의 활동을 방해하고 간섭한다(예, 대화나 게임에 참견한다).

2. 장애를 일으키는 과잉행동-충동성 또는 부주의 증상이 7세 이전에 나타난다.
3. 증상으로 인한 장애가 두 가지 또는 그 이상의 장면에서 존재한다(예, 학교 또는 작업장이나 가정에서)
4. 사회적, 학업적, 작업적 기능에 임상적으로 심각한 장애가 초래된다.
5. 증상이 광범위성 발달장애, 정신분열증, 또는 기타 정신증적 장애의 경과 중에만 발생하지 않으며, 다른 정신장애(예, 기분장애, 불안장애, 해리성장애, 인격장애)에 의해 잘 설명되지 않는다.

B. 행동특성

- 짧은 주의집중; 일관된 하나에 주의를 유지시키기 어렵다.
- 외부자극에 의해 쉽게 주의가 분산된다.
- 타인의 말을 귀담아 듣지 않는다는 인상을 준다.
- 다른 사람의 지시나 학교 숙제, 집안일, 책임 있는 일 등을 적절한 방법으로 마무리 하는 데 실패를 반복한다.

- 잘 잊어버리는 특성이 있으며, 특히 세부사항에 주의를 기울이지 못하고, 어떤 일을 실시할 때 필요한 것들을 잘 잃어버린다.
- 에너지가 과다하며, 가만히 앉아 있기 어려울 정도로 침착하지 못하고 지나치게 말이 많거나 큰소리를 내는 등의 충동성을 가진다.
- 집단상황에서 자신의 순서를 기다리는 것, 질문이 끝나기도 전에 불쑥 대답을 해 버리는 것, 다른 사람의 일을 빈번하게 방해하는 것 등의 충동성을 가진다.
- 파괴적, 공격적이며 부정적인 주의집중 행동을 빈번하게 보인다.
- 부주의하거나 잠재적으로 위험한 활동을 하는 경향이 있다.
- 자신의 잘못을 다른 사람에게 책임 전가하는 행동을 보이며, 자신의 행동에 대해서 책임을 지는 행동이 미숙하고 어려워한다. 경험을 통해서 배우는 것 또한 어렵다.
- 낮은 자기 존중감과 서투른 사회적 기술을 갖는다.

불안 · 위축을 하나의 원인으로 나타나는 틱 장애의 특성에 대해서 살펴보면 다음과 같다.

② 틱 장애 아동

A. 정의 및 분류

기질적으로는 어떤 이상이 없는데도 불구하고, 예를 들면 무의식적으로 안면근육을 삑삑 움직인다든지, 눈을 깜빡이거나 얼굴을 찡그리며, 머리를 빈번하게 흔드는 등의 기묘한 동작을 일반적으로 틱이라고 부르지만 그 증상은 다양하다.

틱은 과도한 정서불안정이나 심신긴장을 배경으로 하여 근육이 자연히 급격한 불수의 운동을 일으키는 행동장애의 하나라고 볼 수 있다. 일시적으로 억제는 할 수 있으나 자신의 의사와는 상관없이 나타난다.

Kanner는 틱을 "일견, 무목적으로 발생하며 불수의적으로 반복되는 정해진 근육의 급격한 운동이다."라고 보고하고 있다. DSM-IV에 따르면 뚜렛장애, 만성운동 또는 음성틱장애, 일과성 틱장애, 달리 분류되지 않는 틱장애가 포함되어 있다. 틱은 갑작스럽고 빠른, 반복적, 비율동적, 상동증적인 운동 또는 음성이 나타나는 것이다.

모든 형태의 틱은 스트레스에 의해 악화되고, 차분하게 활동(독서하기, 바느질하기)하는 동안에는 감소된다. 틱은 대개 수면 중에 현저하게 감소된다. 틱에는 그 경계가 잘 정의되지는 않지만 다음과 같이 운동틱과 음성틱의 양상이 있으며 단순형과 복합형으로 분류될 수 있다.

- 운동틱(motor tic)의 양상
  - 단순운동: 눈깜박임, 목을 경련하듯이 갑자기 움직이기, 어깨 움츠리기, 얼굴 찡그리기, 기침하기 등으로 나타난다.
  - 복합운동: 다양한 얼굴의 움직임, 팔이나 머리의 몸짓, 뛰어오르기, 만지기, 발구르기, 대상의 냄새맡기, 자해행동(뺨을 때리거나 팔을 무는 등의 행동) 등이 나타난다.
- 음성틱(Vocal or phonic tics)의 양상
  - 단순음성: 헛기침하기, 꿀꿀거리기, 킁킁거리기, 콧바람불기, 짖기 등의 소리로 표현한다.
  - 복합음성: 관계없는 단어나 구절을 반복하기, 반향어, 외설증(사회적으로 용납되지 않는 흔히 외설적인 단어 사용하기) 등이 나타난다.

나아가서 일반적으로 틱은 그 원인에 의해 간질이나 신경질환 등의 기질적 원인으로 발생하는 기질성 틱과 어떤 기질적 이상 없이 발생하는 심인성 틱으로 크게 나눌 수 있다.

기질성 틱의 경우는 의학적 치료도 병행해야 한다. 또한 틱은 그 증상을 의도적으로 일시 제지가 가능한가의 여부에 따라 5~6세 아동에게 흔히 볼 수 있는 손가락빨기나 손톱깨물기 등의 이상습관과는 다르다.

B. 행동특성

틱의 전체적인 특징과 경향을 이상습관과 비교하여 살펴보면 다음의 〈표 5-18〉과 같다.

표 5-18 틱과 이상습관의 특징 비교(Kanner)

틱	이상습관
1. 자동적이고 무의도적으로 나타난다.	1. 자각이 조금 높은 수준에서 나타난다.
2. 갑자기 아무런 준비 없이 나타난다.	2. 조금 천천히, 그리고 비교적 복잡하고 생각이 첨가된 준비를 동반하다.
3. 2, 3초밖에 지속하지 않는다.	3. 지속시간에 제한은 없다.
4. 일정 범위 내에서 근육군이 삐꺼덕거린다.	4. 적어도 신체의 두 부분의 결합에 의해 지속된다.
5. 처음에는 목적이 있었어도(표현적 혹은 방위적) 자동화된 뒤에는 무목적적이다.	5. 목적이 있는 것처럼 보인다. 예를 들면 물어뜯기 자체가 요구목표가 되며, 그것이 일반적으로 지각될 뿐 아니라 쾌감을 동반하게 된다.
6. 반복되는 증상의 지속시간, 정도 경과가 항상 동일하다.	6. 반복되는 증상의 지속시간, 정도, 경과가 변화한다.
7. 틱이 시작되면 그것을 중단시킬 수가 없다.	7. 증상은 어떤 단계라도 중단시킬 수가 있다.
8. 본인에게 틱이 불가항력이고 문제될 수 없는 것으로 느끼며 따라서 책임이 없는 것으로 받아들여지고 있다.	8. 습관은 본인에게 책임이 있으며 의지로 통제할 수 있다고 느끼고 있다.
9. 신체부위에 주종의 관계가 그다지 없다.	9. 신체부위에 주종의 관계가 있다.
10. 무의도적인 부분적인 인격장애로 볼 수 있다.	10. 인격 전체의 행동장애로 볼 수 있다.

C. 원인

일상생활 속에서 인간은 어떤 불안을 느끼거나 과도한 긴장상태에서 몰두하였을 때 무의식적으로 안절부절못하거나 신체의 일부를 움직여서 그 불안과 긴장을 완화하려고 하는데, 이러한 무목적인 동작이 틱에 해당된다고 볼 수 있다.

즉, 틱의 배경에는 강한 심리적 갈등과 정서적 긴장이 있으며 그것들을 완화하거나 혹은 그것에서 도피하는 수단으로서 틱 행동이 발생된다. 따라서 그와 같은 행동을 함으로써 갈등과 긴장이 경감되고, 틱 증상은 점차 악화되어 지속된다. 나아가서 그와 같은 행동이 강화인자가 되어 점차 습관적이고 무목적인 반응으로 되어 지속된다. 內山(우치야마, 1982)는 틱은 불안 등의 경감을 위한 조건성 회피반응으로 볼 수 있다고 설명하고 있다.

두 번째로는 틱의 배경이 되고 있는 심리적 갈등이나 정서적 긴장을 주된 원인으로 들 수 있다. 아동의 경우에는 부모나 교사 등의 아동에 대한 양육 및 태도에 의해 발생되는 경우가 많다. 즉, 예의나 면학 등의 제 문제에 따른 친자 간의 갈등이나 긴장, 일상생활에 따른 어머니의 과도한 간섭, 가정내의 인간관계의 불화 등을 들 수 있다.

한편, 성인의 경우에는 타인이 자신을 어떻게 생각할까에 대해 지나치게 염려하여 신경질적이 되거나 자신을 잘 보이기 위하여 발생하는 긴장 등이 틱의 원인이 되는 경우가 많다. 나아가서 틱이 발생되기 쉬운 성격으로서 차분하지 못하거나 과민한 반응을 나타내는 등의 신경증적 경향이 강한 점이 지적되고 있다.

D. 치료기법

틱의 치료기법을 크게 다음과 같이 두 가지로 나눌 수 있다.

- 틱을 배경으로 하고 있는 어떤 심리적 갈등과 긴장의 제거에 초점을 둔 간접적 기법: 아동틱의 경우에는 어머니의 아동에 대한 지배적인 태도가 아동의 욕구불만의 원인이 되는 경우가 많다. 아동의 심리적 갈등을 제거하기 위하여 부모 특히 어머니의 과도한 간섭을 조절하기 위한 부모상담을 통하여 아동 주위의 환경을 조작한다. 이와 아울러 놀이치료, 미술치료 등을 통하여 아동의 그동안 내재된 욕구불만을 발산시켜 주는 것이 효과적이다.
- 틱 증상 그 자체를 직접 제거하는 직접적 기법: 이 치료기법으로 행동치료 기법의 하나인 조건제지법을 들 수 있다. 이 절차는 상당히 간단하다. Hull의 '행동원리' 에 그 이론적 근거를 두고 있다. 이 치료기법은 아동에게 문제행동이나 이상 습관을 의도적이고 연속적으로 일정 시간 동안 반복시킴으로써 부적응행동 혹은 이상습관을 제거하려는 방법이다. 예를 들면, 틱 아동에게 틱 증상을 일정 시간만 의도적으로 혹은 의식적으로 반복시킨 뒤, 일정시간 휴식시키는 과정을 반복시키는 것이다.

E. 출현율

틱은 일반적으로 성인보다 아동에게 많이 발생하는 경향이 있다. 그리고 Boncour의 연구에 따르면(2~13세까지) 2~4세까지 15%, 4~5세까지 5%, 5~6세까지 3%,

표 5-19 틱의 출현율(연령별)

연령(세)	남성	여성
7	27	27
8	23	19
9	39	25
10	19	27
11	14	28
12	50	29
13	11	7

7~13세까지 출현율은 〈표 5-19〉와 같다. 남녀 차에 의한 것은 학자에 따라 다르다.

(4) 정서 · 행동장애아동과 미술치료

정서 · 행동장애아동의 경우는 그들의 행동 특성을 파악하는 것이 중요하다. 그리하여 부적절한 행동을 감소시키고 바람직한 행동증가를 위한 프로그램을 계획하여 가정에서도 함께 실천해 나가게 한다.

예를 들면, 정서 · 행동장애아동 중 특히 위축된 아동이 있다. 이러한 아동들은 미술활동 초기에 쉽게 당황하거나 거부감을 지니게 되므로 자신감을 심어 주기 위해 과제를 작은 단계로 나누어 실시할 필요가 있다.

이와 함께 아동의 행동특성에 따른 미술매체의 사용과 방법을 구안하여 실시하여야 한다. 또한 위축아동의 패턴 중에서 전혀 아무것도 하지 않으려고 하며 의욕이 없이 가만히 앉아 있는 아동들도 있다. 이런 아동은 화지 크기나 매체 제시에 신중을 기해야 한다. 너무 큰 종이나 강렬한 색상, 활동적인 매체 등을 제시하여 아동을 당황하게 만들 수 있기 때문이다. 경우에 따라서는 화선지를 색종이 크기로 잘라서 건네는 것이 효과적이다. 도입에 있어서는 비눗물 거품내기나 파스텔 문지르기, 상호색채분할법 등으로 어느 정도 의욕과 흥미가 생긴 뒤 프로그램을 진행하는 것이 좋다. 지나친 미술활동의 강요와 치료사의 적극적인 행동과 언어적인 질문 등은 아동을 더욱 위축시킬 수 있으므로 삼가한다.

이와 반대로 공격성이나 과잉행동아동들은 지도 시 먼저 그 원인을 찾아보는 것이 좋다. ADHD와 같이 아동 기질상의 문제로 발생되는 문제행동과 환경에 대한 욕구불만, 즉 부모의 양육태도에 대한 문제로 발생하는 행동문제에 대한 처치는 달리 해야 할 필요가 있기 때문이다. 이러한 아동들은 도입에 있어서 점토 찍기, 뜯기, 자르기를 통하여 먼저 치료사와 친화관계를 형성하면서 착석유지와 모방행동을 형성시켜야 한다.

그 다음 단계로 다양한 미술활동을 통하여 주의집중을 지속시키고 과제에 대한 흥미를 유발시킨다. 그리하여 다양한 작품을 형성하고 실천표 작성 등을 통하여 스스로 문제행동을 인식하고 수정해 나감으로써 자존감을 회복하고 현실에 적응하는 능력을 배양해 나간다.

그런데 공격성이 있는 아동들은 미술활동을 하기 전에 재료들을 파괴하는 경우가 많다. 이때는 찰흙과 같은 매체를 통해서 공격성을 표출시키고 이완해 줄 수 있다. 과잉행동아동들은 주의집중시간이 짧고 한꺼번에 여러 가지 작품을 만들려고 한다.

그리하여 한 번에 한 가지씩 끝낼 수 있는 단순한 과제를 제공해 주면서 활동을 시킨다. 과잉행동이나 충동성이 강한 아동들은 에너지를 감소시키는 것이 필요하므로 활동성이 많은 작업이나 종이 찢기, 반복적인 활동인 모자이크 활동 등도 좋다.

5) 언어장애 아동

(1) 언어장애의 개념

사람이 동물과 구별되는 하나의 특징으로 언어를 들 수 있다. 언어능력은 타인의 의사를 이해하고 자신의 생각을 적절하게 전달할 수 있는 방법 중에 가장 중요하므로 사회생활을 영위하는 데 필수적인 매체다. 그러나 자신의 생활을 말로 표현할 수 없거나 타인의 말을 이해할 수 없다면 사회의 일원으로 생활하는 데 심각한 문제가 야기된다. 사람은 태어나면서부터 언어를 배우기 시작하는데 이과정은 실제로 매우 복잡한 과정을 밟아야 한다.

즉, 언어를 습득하기 위해서는 첫째, 신체적인 발달이 정상이어야 한다. 둘째, 말소리를 산출하기 위한 호흡기관, 발성기관, 조음기관의 근육운동이 정상적으로 발달하여야 한다. 셋째, 이러한 기관들로부터 감각을 받아들이는 신경통로들이 정상이어야 한다. 넷째, 언어를 담당하고 있는 뇌의 중추신경계가 정상이어야 한다. 다섯째, 말소리를 들을 수 있는 청각과 구강 내의 촉각과 위치감각 등이 정상이어야 한다.

즉, 말소리의 형태, 말소리 배합의 규칙들, 낱말과 각 낱말의 의미 저장 및 낱말 상호 간의 결합 규칙들(구문적 문법규칙들). 화용론의 규칙들, 언어와 관련된 근육을 조작하는 프로그램 등이 정상적으로 작용하여야 한다.

이러한 사항에 문제가 발생하는 경우 의사소통에 문제, 즉 언어에 장애가 올 수 있다. 일반적으로 '언어장애' 란 말이 다른 사람의 말과 차이가 나서 말 자체에 주의를 끌게 하거나, 의사소통을 방해하거나, 또는 말을 하는 사람이나 듣는 사람을 괴롭히는 원인이 될 때, 그 말은 장애가 있다고 한다.

① 사전적 정의

인간은 말(언어표상)로 의사를 교환하고 있는데, 의사소통이 잘 되지 않는 경우를 넓은 뜻으로 언어장애라고 한다. 말에는 형식면인 음성과 내용면인 의미의 두 측면이 있는데, 커뮤니케이션은 말하는 사람이 말을 하고 듣는 사람이 그것을 받아들이는 것으로 성립된다.

② ASHA(American Speech-Language Hearing Association)의 정의

언어장애란 "구어, 문어 혹은 다른 상징체계의 사용과 이해에 있어서의 장애로, 이 장애는 언어의 형식면(음운론, 형태론, 구문론)에서의 장애, 언어의 내용면(의미론)에서의 장애 그리고 의사소통에 있어서의 기능면(화용론)의 모든 장애를 포함한다." 라고 정의한다.

(2) 언어장애의 유형

언어장애란 말을 듣고 청취하는 능력, 말을 만드는 능력과 구사하는 능력에 심한 장애를 보임으로써 정보를 전달하는 사람과 수용하는 사람 사이에 정보 전달이 원만치 않은 경우를 말한다. 언어장애는 용어의 정의에 있어서 말의 장애로 정의하는 경우가 많다.

언어장애는 크게 구어, 언어, 의사소통측면, 원인별 측면, 형태론적 측면으로 나

누어 분류될 수 있다. 여기에서는 대표적인 언어장애의 유형을 살펴본다.

① 조음장애

흔히 발음장애라고도 한다. 발음이 불분명하여 무슨 말을 하는지 알아듣지 못하는 경우다. 예를 들어, 사과를 아과로 하는 등 소리를 생략하기도 하고, 수박을 뚜박이라고 하는 등 다른 소리로 대치하기도 한다. 또한 나팔을 날팔이라고 군더더기 소리를 첨가하기도 한다. 이런 현상으로 인하여 집, 학교 그리고 일상생활에서 친구나 어른들이 아동의 발음을 알아듣기 어렵다.

이러한 조음장애의 원인은 뇌성마비 등으로 발음기관의 일부가 마비되어서 특정한 발음을 잘 내지 못하게 됨으로써 나타난다. 또한 정신지체가 원인이 되어 발달지체로 언어발달이 지체되어 발음을 만드는 능력이 미성숙하여 초등학생이 되어도 유아적인 발음이 그대로 고착된 경우를 들 수 있다. 그밖에 정서적인 문제로 언어발달지체가 지속되면서 유아적인 발음이 그대로 고착되어 나쁜 발음을 듣고 스스로 교정할 수 있는 능력이 떨어진 경우도 있다.

② 유창성장애(말더듬)

말더듬은 같은 말을 반복하거나 말을 길게 연장시켜서 의사소통에 지장을 주는 경우다. 말더듬 현상이 심해지면 입이나 턱 근처의 안면 근육이 떨리거나 말이 빨리 나오지 않아서 지나치게 고통스러워하게 된다.

일반적으로 3~4세경에 정상 언어발달단계 중 급속한 언어 발달로 인하여 적절한 단어들이 빨리 떠오르지 않아서 말더듬 현상이 나타나기도 하며, 어느 정도 어휘력이 늘어나고 적절한 상황에 맞게 단어를 표현하는 능력이 생기게 되면 저절로 더듬는 현상이 없어진다. 그러나 이 시기에 부모가 지나치게 주의를 주거나 야단을 치면 아동이 위축되거나 스스로 말더듬을 인식하게 되면 더욱 악화될 수 있다.

그밖에 말더듬의 원인은 정서적인 긴장, 몹시 당혹스러운 사건이나 스트레스 등에 민감한 영향을 받아 일어날 수도 있다. 특히 아동의 경우에는 앞에서 언급한 이유 이외에도 지나치게 엄격한 가정환경이 정서적인 긴장을 느끼게 하며 말더듬으로 나타날 수도 있다.

그러므로 말더듬의 언어지도 시에는 심리적인 문제를 전문으로 담당하는 치료사와 긴밀한 관계를 맺고 상호 협조해야 한다. 또한 가정에서는 편안한 마음으로 의사 표현할 수 있는 환경을 만들어 주며 말더듬는 것에 지나치게 예민하게 반응하지 말아야 한다.

③ 음성장애

목에 있는 후두안의 성대에 이상이 생겨서 원천적으로 말소리의 산출이 어렵거나 성대를 과용 또는 남용함으로써 말소리가 비정상적으로 나오는 경우를 음성장애(발성장애)라고 한다. 음성장애 유형에는 음도장애(비정상적 높낮이, 단음도, 이중음성), 강도장애(실성증), 음질장애(과비성, 무비성, 거친음성, 숨찬음성, 목쉰음성) 등이 있다. 일반적으로 기질적인 문제가 음성장애의 원인이 되기도 하지만 아동의 경우에는 심리적인 문제로 발생될 수 있다.

④ 실어증

실어증은 뇌졸중, 교통사고 등으로 언어에 관여하고 있는 뇌영역에 손상을 입으면 언어의 의미를 이해하고 체계적으로 언어를 표현하는데 문제가 나타난다. 뇌의 어느 부분을 다쳤느냐에 따라서 언어문제가 나타나는 유형이 다르다. 예를 들면, 언어이해력은 정상이나 표현언어가 유창하지 못하며 발음문제가 많이 나타나는 경우가 있다. 또 다른 경우에는 말이 유창하고 발음에도 문제가 없고 체계적으로 언어표현도 가능하나 언어 이해의 많은 문제를 보여서 말의 뜻을 잘 이해하지 못하여 상황에 맞지 않게 엉뚱한 말을 하는 경우도 있다.

⑤ 언어발달지체

언어발달지체란 정상아동의 언어수준과 비교해서 6개월~1년 이상 느린 경우를 말하는데 언어이해력 및 표현력이 떨어진다. 정신지체아동에게서 대표적으로 나타나며 뇌성마비, 자폐, 학습장애, 청각장애 아동에게도 공통적으로 나타난다.

(3) 언어장애아동과 미술치료

사람은 태어나서 성인이 될 때까지 신체적, 인지적, 언어적, 사회적인 영역 등이 일정한 단계를 통해 발달해 나간다. 이 모든 영역들은 서로 영향을 미치며 상호관계

속에서 성장해 나간다. 특히 언어란 우리 일상생활에서 아주 중요한 부분으로서 성장기에 있는 아동의 지적, 사회적, 정서적 발달에 큰 영향을 줌으로써 유 · 아동의 언어발달은 중요하다(송춘만, 유효순, 1989). 즉, 일반적으로 아동들은 언어발달과 아울러 의사소통 능력이 향상되면서 사회성 등의 전반적인 발달이 도모된다.

그런데 어떤 아동들의 경우 정상적인 아동이 배우는 문법적인 구조나 말 등을 일정 기간이 지났음에도 습득하지 못할 뿐 아니라 정상적이 아니거나 틀린 구조를 지속해 나가는 언어장애를 나타내는 경우가 있다. 또는 단지 정상아동들이 언어-말을 습득하는 내용을 같은 순서에 따라 습득하되 오직 습득의 속도가 정상아동들보다 느린 언어발달지체현상을 나타내는 경우가 있다. 즉, 그 아동이 가진 정상 연령 수준과 비슷한 이해 산출 수준을 가지며 구문론, 형태론, 의미론, 화용론, 음운론에 있어서 어휘의 제한, 문장의 단순함을 가지는 등 전체적으로 언어발달이 뒤처져 있으나 일반 아동의 언어발달 과정을 따른다(권도하, 1994).

이러한 언어지체는 환경적인 압박과 이에 연유한 심리적인 부담을 줄 수 있고 이로 인하여 지체 현상이 언어장애로 악화되는 경우가 흔히 있다고 한다(이승환, 1990). 유아의 언어발달지체는 사회성 결여를 가져올 수 있으며 나아가서 전반적인 발달에도 영향을 줄 수 있다(이근매, 1995). 또한 일반적으로 신체 발달과 언어 발달은 평행적인 관계를 나타내지만 신체 발달은 아무런 이상이 없는데도 불구하고 언어 발달만이 지체되는 경우도 있다. 즉, 부적절한 주위 환경과 아동의 정서적인 문제는 아동의 언어발달지체의 원인이 될 수 있다. 특히 이러한 경우에는 아동의 언어발달지체가 사회성 결여를 가져올 수 있으므로 언어발달을 촉진시키는 것이 필요하다(국미경, 1994).

그리하여 많은 연구자들은 언어장애는 물론 언어발달지체를 보이는 아동들에게 가능한 한 조기에 치료적인 조치를 취하는 것이 효과적이라며 그 중요성을 언급해 왔다(송춘만, 유효순, 1989). 그 방법적인 면에 있어서도 기본적으로는 언어지도가 이루어져야 하며 동시에 심리적인 면도 고려하여 지도하는 것이 효과적인 것으로 알려져 있다(이근매, 1995 재인용). 즉, 이미 언어 발달이 지체되어 있는 경우에는 적절한 환경요인을 구성하는 동시에 직접적인 언어 훈련과 아울러 부적절한 환경 속에서 잠재된 아동의 욕구불만을 발산시켜 줄 수 있는 치료적인 조치가 필요하다는 것이다.

미술치료는 언어 이외의 차원에 대해 접근하므로 언어에 문제가 있는 대상자들에게 유용하게 적용될 수 있다(한국미술치료학회, 2001). 따라서 미술치료는 장애아동의 심리적, 인지적 발달에 도움을 줄 수 있고, 언어발달지체아동의 언어능력 향상 및 문제행동 개선뿐만 아니라 전반적인 발달에도 도움을 준다.

직접적인 언어치료를 통해서 언어발달을 향상시키는 방법도 있으나, 미술치료를 통해서 아동의 욕구불만을 발산시키고 나아가서 자존감을 향상시킴과 동시에 언어치료를 실시하는 것이 효과적이라 생각된다. 언어발달지체아동에게 많이 활용되는 미술치료기법은 정서 · 행동장애아동이나 학습장애아동의 자존감 향상을 위한 것과 동일하다.

제6장 청소년 미술치료

이 장에서는 청소년기에 나타나는 특징 및 발달과업을 살펴보고, 청소년기의 가장 중요한 발달과업인 자아정체감 발달과 청소년기에 나타날 수 있는 부적응행동에 관련된 사례를 중심으로 살펴보고자 한다.

1. 청소년기의 특성

청소년기(adolesence)는 학령기가 끝나는 12, 13세에서 성숙이 완료되는 18~21, 22세까지를 말한다. 이 시기의 청소년은 성적으로 성숙해지고 생리적으로 급성장하는 시기며 지적, 정서적, 신체적 제반 특성이 미성숙한 상태에서 성숙한 상태로 변화되어 가는 단계로서 개인의 사회와의 적응, 인생의 성패가 달려있는 중요한 발달상 과도기(transition age)다. 한편 자아정체감과 역할혼미의 갈등을 겪으며 '자아' 를 찾고자 노력한다. 인지적으로 형식적 조작의 사고를 하게 되어 가능한 모든 대안을 통해 문제를 해결할 수 있고 구체적 사물에 의존하지 않고 가설적 사고를 할 수 있으며 자신에 대해 깊은 추리와 탐색을 하게 된다.

정서적으로 질풍노도기(storm and stress period)로 표현하기도 하며 부모에게서 심리적으로 독립하기를 원하고 자율성을 추구하는 심리적 이유기(psychological weaning period)라고도 한다.

이와 같이 청소년기는 빠른 신체적 성장과 성적인 발달, 교우 관계망의 실질적인 확장, 인지 능력의 증대 등을 포함하는 변화를 수반하는 시기다(Jaffe, 1998; Pestrak & Martin, 1985). 그러므로 청소년을 정확하게 이해하기 위해서는 발달의 다양성과 복잡성, 그리고 맥락성을 함께 고려하는 자세가 필요하다(Rice, 1999; Michael, 1997 재인용).

이 시기에 나타나는 인지, 정서발달의 특징 및 청소년기의 중요한 발달과업인 자아정체감에 대하여 구체적으로 살펴보면 다음과 같다.

1) 인지발달

Piaget에 따르면 청년기는 지적 발달단계에 있어서 형식적 조작기(formal operational stage)에 해당한다. 형식적 조작적 사고는 복합적인 문제를 해결하고 미래를 설계하는 데 필요한 추리의 유형으로 청소년으로 하여금 지적 발달이 완숙되어 추상적이고 가설적인 상황에 대해 추론하게 한다. 즉, 이 시기의 청소년들은 논리적 사고를 표현하는 데 구체적인 사물이나 대상에 의존하기보다는 언어적 주장을 할 수 있으며 추상적 개념을 사용하여 논리적으로 사고할 수 있는 능력이 생긴다.

또한 그들은 현실을 넘어서 미래의 가능성에 대한 사고까지도 할 수 있다. 미래를 생각하고 살아간다는 점에서 청소년 시기에는 자기와 인생에 대한 생각으로 꽉 차 있으며 미래의 자기와 사회에 대한 계획을 생각하며 현대의 상황을 넘어 앞으로 다가올 상황에 대한 생각을 하게 된다. 뿐만 아니라 청소년들은 이상주의적 사고를 한다. 자신과 다른 사람이 이상적이었으면 하는 생각을 하고 이 이상적 기준에 맞추어 자신과 자신의 부모 및 다른 사람을 비교하기도 한다.

청소년은 자아의식적인 경향을 보인다. 청소년의 자아중심성은 이상주의, 사회의 규범에 대한 회의, 그리고 자신의 경험과 안목은 특별하다는 생각 등을 지적할 수 있으며, 대표적으로 개인적 우화(personal fable)와 상상의 청중(imaginary audience)를 들 수 있다(Elkind, 1978).

개인적 우화는 어떠한 사건을 자신에게 적용할 때에는 세상에 존재하는 일반적인 확률을 무시하거나 왜곡시키는 것을 말한다. 예를 들면, 약물을 복용하면 중독현상이 나타날 수 있으나 약물을 많이 복용해도 자신에게는 중독현상이 없을 것이라고 생각하는 것이다. 이외 음주운전이나 폭주, 10대의 성행위 등도 개인적 우화의 대표적인 예로 들 수 있다.

상상의 청중은 청소년들이 실제로 존재하는 청중이 아닌 가상 속에서의 청중을 만들어내고 그들이 자신에게 주의를 집중하고 있다고 믿는 현상을 말한다. 즉, 자신을 지켜보고 있다고 생각하는 타인이 상상의 청중이다. 이와 같이 청소년들은 자신이 타인의 관심의 초점이 된다고 생각한다. 그리하여 상상적 청중을 위해 많은 에너지를 들이며 타인은 전혀 의식하지 않음에도 불구하고 자신의 작은 실수로 갈등을 느끼고 힘들어한다. 이러한 비현실적 사고는 청소년들로 하여금 자신의 건강과 안전을 위험에 빠뜨리게 한다.

2) 정서 발달

정서란 어떤 자극에 대하여 강한 동요상태에 빠졌을 때 생리적 변화와 표출운동을 수반한 강한 감정을 말한다. 청소년기는 다른 시기보다 감정적 기복이 강하고 불안정한 정서적 변화를 경험하는 것으로 질풍노도의 시기라고 하였으나 점차 자기애(narcissism)상태 또는 자기중심성(egocentrism)에서 벗어나 정서적으로 성숙된다.

청소년기에는 내분비선이나 신체적 구조의 변화, 그리고 사회적 요인의 변화로 말미암아 청소년들은 아주 민감하고 감상적이며 통제불능의 성적 감정을 일으키며, 신체적 자아에 대한 불안감과 긴장감 나아가 정서적 불안감을 가져오고, 기성세대와 기존사회에 대한 반발심과 욕구불만을 가지는 등 정서적으로 급격한 변화를 가져온다. 이와 같은 청소년기의 정서적 변화를 살펴보면 다음과 같다(한상철, 2004).

첫째, 청소년 초기에는 지적인 바탕 위에 성적 충동을 강하게 경험하게 되므로 그들의 정서는 성적인 색채를 띤다. 급격한 신체적 · 성적 성숙과 더불어 성에 대한 의식과 이성에 대한 관심이 높아지지만 수치심을 강하게 보이고 이성에 반발하며 주위 사람에게 허세적인 반응을 보이는 등 이중적 정서를 표출한다. 또한 청소년들은 지식을 구하려는 정열은 높으나 아직도 논리적으로 문제를 해결하지 못하며 공상적 이상과 동경에 몰입하며 자신의 공상 속에서만 만족을 추구하려고 한다. 그리고 자아의식이 높아지면서 고독을 원하고 또한 고독에 빠지기를 즐긴다.

둘째, 청소년기 중기의 정서는 초기보다 강렬해지지만, 직접적인 표출을 억제하는 경향이 높다. 이러한 억압으로 인하여 자기혐오와 열등감을 가지게 되며, 이것은 내면적인 침울이나 정서의 불안정을 고조시키는 요인이 되기도 한다. 한편 자아의식이 강해지면서 독선적이고 우월을 과시하고 현실을 부정하고 혐오하는 경향이 짙게 나타난다.

셋째, 청소년기 후기로 접어들면서 정서적으로 성숙됨에 따라 기본적인 욕구 · 양심 · 이상과 현실과의 관계를 균형 있게 조절할 줄 알게 되어 정화되고 세련된 안정적인 정서상태를 나타낸다.

3) 자아정체감 발달

청소년기 사회적 발달의 중요한 특징은 자아정체감의 확립이다. 청년기에 와서는 '나는 진정 무엇이며, 가치 있다고 여기는 것은 무엇인가? 장차 무엇을 하며 살 것인가?' 등에 대한 답을 찾으며 자신의 존재에 대한 의미를 발견하고자 노력한다.

자아정체감은 개인의 독특성에 대한 의식적 지각이며, 성격의 연속성이고 일관성을 유지하려는 무의식적 노력을 뜻한다. 동시에 집단구성원과 그들의 이상 또는 이념과의 결속성 등을 의미하기도 한다. 그러므로 정체감이 강하다는 것은, 타인과 같은 가치나 동기 또는 흥미 등을 가졌다 해도 타인과는 다른 사람이며, 독특한 개인으로서 자기일관성 또는 전체성을 지님을 의미한다.

정체감 성취가 이루어진 청소년은 자신감과 성취의욕이 높으며 인지능력과 과업수행능력도 높다. 그리고 대인관계가 원만하고 융통성이 뛰어나며 유머감각이 우수한 것으로 보고되고 있다. 이들은 심리적으로 안정되며 독자적인 삶을 개척해 나갈 수 있는 용기와 책임의식을 가지고 집단리더로서 충분한 자질을 발휘하며 또래들의 부정적 영향에 쉽게 유혹되지 않는다(한상철, 2004).

한편 Erikson은 청소년기에 들어서면서 내적 충동의 질적 양적 변화가 일어나며, 아이도 성인도 아닌 주변인으로서의 존재적 특징으로 말미암아 양가적인 사회적 요구와 선택을 강요받게 되며, 동일시 대상의 변화 등이 청년들에게 혼란의 근원이 된다고 보아 정체감을 형성하는 대신 역할혼미(role confusion)가 올 수도 있다고 했다.

청소년기에 자아정체감 성취를 촉진시킬 수 있는 방법은 체험과 경험교육이 가장 효과적이므로, 다양한 체험활동과 모험활동, 여가활동, 대인관계의 양적 질적 확대, 여행, 독서 등은 권장할 만하다.

2. 청소년 미술치료 사례 I(원희랑, 2005)

청년기는 급격한 신체적, 생리적 변화와 더불어 획기적인 성적 변화가 일어나며 청소년기의 가장 두드러진 특징으로 자아정체성의 확립과 독립의 요구에 따른 '심리적 이유기' 현상이 나타난다. 그리하여 청소년들은 많은 심리적 갈등과 적응상의 문제점을 가지게 되며 자기 자신을 재인식하게 되고 정서적으로 불안을 경험하게 된다. 이러한 불안이나 현실세계에서 도피하기 위해 성적 관계, 음주, 흡연 등 약물을 사용하는 수도 있다. 그러므로 올바른 지도를 통하여 신체적, 심리적 제 문제에 잘 적응해 나가도록 해 주어야 한다.

이 장에서는 청소년기에 주로 나타나는 청소년 약물중독에 관한 사례인 약물남용 청소년의 문제행동감소와 대인관계 개선을 위한 집단미술치료(원희랑, 2005)를 중심으로 살펴보고자 한다.

1) 연구대상

연구의 대상은 ○○시 소재 보호관찰소에서 유해화학사범으로 보호관찰을 받고 있는 약물남용청소년 16명이었다. 연령은 14～19세로 제한하고 초범과 재범 각각 8명씩 포함되었다. 대상자의 구체적 특성은 다음의 〈표 6-1〉과 같다.

표 6-1 대상자 특성

이름	나이	경력	가족상황	특 성
A	17세	초범	계부, 모, 형	열등감이 강하고 매우 불안해함. 계부와의 갈등 심함(정신병원에 입원시키려 함). 눈 맞춤이 안 되고 의사표현 거의 없음. 매우 말랐음. 친구로부터 분리되지 않음. 비행과 주의집중 문제가 가장 높음
B	18세	재범	부, 모, 형, 형	의사 표현이 정확함. 대인관계 소극적. 가족역할은 좋으나, 자신감이 없고 불신감 있음. 부모의 통제 적음. 주의집중문제와 우울/불안이 가장 높음
C	18세	초범	계부, 모, 동생	의사표현이 없고 매우 위축됨. 대인관계 두려워함. 사고의 문제가 매우 높음. 자신감 없음. 위축과 사고의 문제가 가장 높음
D	19세	사범	계부, 모,	가스흡입 중 폭발로 화상을 입음. 자신감 없고 재범에 대해 스스로 매우 불안해함. 언어표현이 적으며 의존적임. 가족에 대한 언급을 회피(모의 동거남에 대해 부정적임). 위축과 사고의 문제가 가장 높음
E	17세	재범	부, 모, 누나	아버지에 대한 거부가 심하고 자기표현 및 대인관계에 매우 소극적임. 표정 없음. 우울. 자기애적 경향 강함. 비행과 위축이 가장 높음
F	16세	삼범	부, 형	가족기능이 약하고 자존감 낮으며 표정이 없고 대인관계에 무관심함. 위축과 우울함. 자기표현 및 언어적 표현 거의 없음. 비활동적임
G	18세	초범	부, 누나	부모 이혼으로 인해 부에 대한 분노가 강함. 언어가 지나치게 많아 불안과 주의산만을 보임. 주장과 지배성이 강함. 타인을 놀리거나 공격함. 자기애적 성향 강함. 비행과 공격성이 가장 높음
H	17세	초범	부, 모, 동생	부모에 대해 긍정적임. 자기 표현 못함. 모든 의사결정시 의존적임. 잠시도 가만히 있지 못하고 움직이며 불안해함. 또래에 대한 의존성 강함. 위축과 비행이 가장 높음
I	17세	초범	부, 모, 동생	가족 기능 좋으나 엄마의 지나친 간섭에 대해 부정적임. 의존적이며 열등감이 강함. 자기애적 성향 강함. 신체증상과 비행이 가장 높음
J	18세	삼범	조모, 동생,	가족 기능 약하고 매사에 부정적임. 불안을 많이 보이며 집중하지 못함. 자기 표현을 꺼리나 대인관계에 적극적임. 비행과 사고의 문제가 가장 높음
K	14세	초범	부모	모든 관계에 부정적이고 반항적임. 부에 대한 인식이 부정적이며 또래관계에 몰입함. 치료자에게 공격적이고 비협조적임. 언어적 공격과 저항 심함. 주의집중이 잘되지 않음. 우울과 비행이 가장 높음
L	18세	재범	모 누나	가족 관계 소원함. 언어적 표현이 많아 불안을 보임. 부에 대한 거부 강함. 매사에 부정적이고 비협조적임. 비행과 사회적 미성숙이 높음
M	14세	재범	부모 누나	가족에 대해 부정적이며, 특히 부에 대한 거부감 강함. 언어표현이 많고 두서없으며 대인관계 서툶. 비현실적이고 매우 충동적임. 비행과 우울이 가장 높음
N	19세	재범	부모 누나	의사 표현이 좋으나 매우 방어적이며 공격적임. 언어표현이 많고 우울과 불안이 있다고 자기보고함. 갈등을 두려워함. 여자와 동거 중임. 자기과시적이며 주의집중문제와 공격성이 가장 높음
O	19세	초범	부모 누나	의사표현이 없고 매우 내성적이며 강박적 경향 보임. 매사에 방어가 강하며 가족과 소원함. 대인관계에 거부적임. 또래관계에 집착함. 비행과 공격성이 가장 높음
P	18세	초범	부모	언어 표현이 없고 부모와 자신에 대한 부정적 감정 보임. 대인관계에 매우 소극적임. 목소리가 작고 톤이 낮음. 우울성향 보임. 사고의 문제와 위축이 가장 높음

2) 치료목표

치료목표는 집단미술치료가 약물남용청소년의 문제행동 감소와 대인관계 개선에 미치는 효과를 알아보는 것이다. 치료목표를 달성하기 위해 설정한 구체적인 연구문제는 다음과 같다.

- 집단미술치료가 약물남용청소년의 문제행동 감소에 효과가 있는가?
  - 집단미술치료가 약물남용청소년의 집단별 문제행동 감소에 효과가 있는가?
  - 집단미술치료가 약물남용청소년의 영역별 문제행동 감소에 효과가 있는가?
- 집단미술치료가 약물남용청소년의 대인관계 개선에 효과가 있는가?
  - 집단미술치료가 약물남용청소년의 가족관계 개선에 효과가 있는가?
  - 집단미술치료가 약물남용청소년의 또래관계 개선에 효과가 있는가?

3) 사정도구

(1) 청소년 자기행동 평가척도

청소년 자기행동 평가척도(Korean-Youth Self Report; K-YSR)는 Achenbach(1991)가 제작한 YSR(Youth Self Report)을 오경자 등(2001)이 한국판으로 표준화한 행동평가 도구다.

이 검사는 모두 119개의 문항으로 구성되어 있다. 문제행동증후군 척도는 위축, 신체증상, 우울/불안, 사회적 미성숙, 사고의 문제, 주의집중문제, 비행, 공격성, 자해/정체감 문제, 내재화 문제, 외현화 문제, 총문제행동 등 12개의 영역으로 총문제행동, 내재화문제, 외현화문제의 경우 63T(상위 90%tile)를 임상판별 기준으로 제시하였다. 또한 각 문제행동증후군 영역에서는 70T(상위 93%tile)를 임상판별 기준으로 삼을 수 있다고 하였다.

(2) 동적가족화

동적가족화(Kinetic Family Drawing; KFD)는 가족이 무엇인가 활동을 하는 그림을 그리도록 하여 가족과 자신 및 타인에 대한 인식과 태도를 검사하는 도구다.

이 연구에서는 Layton(1984)이 개발한 채점기준을 사용하였으며, 가족구성, 인물상의 크기, 거리, 물리적 경계, 방향, 내용, 상동형, 신체왜곡, 건강척도로 나누어 총 157개 항목에 대해 존재, 부존재(2점 척도)로 채점한다. 건강척도를 제외한 영역들은 문제지표다(한국미술치료학회, 2001).

(3) 집단그림

소집단이 함께 한 장의 종이에 그림을 그리게 하는 방법이다. 자발성 정도, 의사소통 형태, 상호작용, 할당된 역할, 협동성 등을 평가할 수 있다. 그리는 위치와 내용, 공간활용, 그림 순서, 의사소통 등을 관찰하여 분석한다. 이 연구에서는 Landgarten(1987)이 제시한 관찰 항목을 토대로 분석하였다.

4) 집단미술치료 프로그램

약물남용청소년 집단은 표현력이 약하고 에너지 수준이 낮으며 집단원 간의 상호작용에서 소극성을 보이므로 주제나 매체를 치료자가 제공하는 구조화된 프로그램을 적용하였다.

내용에서는 Springham(1998)의 주장을 받아들여 약물에 초점을 맞추는 것이 아니라 각 개인들의 문제에 초점을 맞추었다. 또한 집단원 간의 개인차와 보편성을 쉽게 인식하게 하기 위하여 각 활동에서는 개인작품과 협동작품 제작을 고르게 배치하였다.

프로그램은 다음과 같이 구성하였다.

첫째, 초기, 중기, 후기로 나누었다. 초기는 사전 면접과 라포 형성과 매체 탐색, 프로그램에 대한 이해 등을 목표로 하였다. 중기는 본격적인 치료과정으로서 약물대용으로서의 놀이와 승화의 경험, 자기 및 가족에 대한 인식과 표현, 공격성과 불안 및 분노의 표출, 현실감 증진 및 문제해결 능력 향상, 타인 앞에서의 자기표현과 개인차에 대한 이해, 상호작용에 대한 경험과 이해 등을 목표로 하였다. 후기는 성취감을 경험하고 집단의 변화를 인식하여 대인관계에 대한 자신감을 회복하는 데 목표를 두었다.

둘째, 회기별 미술활동에서는 청소년기는 자신의 작품이 미숙함을 비판적으로 인식하고 표현하는 데 두려움을 느끼는 시기이므로 스스로 적절한 표현방법을 발견하도록 돕는 데 중점을 두었다(서울교육대학교 미술교육연구회, 1998).

이에 따라 초기에는 콜라주와 같은 간단한 활동에서 자신감을 갖도록 하고 중기, 후기로 갈수록 탈 만들기와 같은 표현과 창의력, 매체를 다루는 능력 등이 요구되는 내용으로 작품완성에서 오는 성취감을 경험하도록 하였다. 또한 회화 표현에서의 두려움 등을 줄이기 위해 배경에 대한 표현이 필요 없는 촉각형의 소조, 상자 등의 입체작품으로 해방감과 자유로움을 줄 수 있는 활동으로 구성하였다.

개인작품에서는 점차 높은 에너지 수준과 문제해결능력이 요구되는 활동으로 구성하였다. 집단작품에서는 단순히 함께하는 활동에서 만화 이어그리기와 전신상 그려 주기 등과 같이 점차 긴밀한 상호작용이 요구되는 활동으로 구성하였다.

셋째, 회기 내의 진행은 도입부에서는 긴장과 불안 및 저항을 완화시키는 물감불기, 만다라 색칠하기, 데칼코마니 등과 같은 단순미술활동을 하였다. 이는 다양한 매체가 틀에 박힌 개인을 변화시킬 수 있다는 Wadeson(1980)의 주장에 기초하였다. 작품제작 후에는 표현력 향상과 내용과 의도의 명료화를 위해 작품에 대한 설명을 하도록 하였다. 상세한 집단미술치료 프로그램은 다음의 〈표 6-2〉와 같다.

5) 집단미술치료 프로그램 진행과정

집단미술치료 프로그램은 보호관찰소 청소년상담실에서 실시하였으며, 총 10회에 걸쳐 구조화된 단기적 집단미술치료 프로그램을 주 1회 내지 2회 2시간씩 진행하였다. 집단은 8명씩 초범, 재범 여부와 상관없이 보호관찰 사무원이 무선으로 두 그룹으로 나누었다. 그림분석과 행동관찰에서는 미술치료에 관한 지식이 있는 관찰자 2명의 회기별 관찰기록을 참고하였다.

집단미술치료의 효과가 약물남용을 중단하는 데 영향을 주는지 알아보기 위하여 프로그램 종료 6개월 후에 컴퓨터 조회를 통해 유해화학 재범 여부를 조사하였다.

표 6-2 집단미술치료 프로그램

구분	회기	주 제	활 동 내 용	기 대 효 과
초기	면접	• 프로그램에 대한 소개 • 초기면접 • 사전검사	• 개별적인 면담을 통하여 프로그램의 취지를 설명 • 초기면접지(자신, 가족, 친구 관계와 약물경험 등)를 작성 • K-YSR 질문지 작성	• 프로그램에 대한 이해 및 참여동기 유발 • 자신, 가족, 친구 및 약물과 관련하여 개인별 정보를 수집하면서 라포 형성 • 문제행동 사전검사
	1	• 규칙정하기 • 이름표 만들기 • 내 맘대로 • 나의 가족 (KFD)	• 집단원이 의논하여 집단활동의 규칙을 정함 • 원하는 직업인으로 이름표를 만들고 돌아가며 자기소개 • 원하는 매체로 낙서를 하고 제목을 붙임 • KFD를 그리고 가족에 대해 이야기함	• 집단활동에 대한 자세 정립 • 집단원 간의 친밀감 형성 및 자신에 대한 인식과 자기표현 • 긴장과 불안을 완화, 자유로운 연상 경험 • 자신과 가족에 대한 인식과 표현으로 약물남용의 환경적 원인을 알아보고 가족에 대한 긍정적, 부정적 감정을 경험
중기	2	• 내 맘대로 • 감정 표현하기 • 가족 (집단그림)	• 자유롭게 낙서를 하고 제목을 붙임 • 파스텔로 감정을 그려 봄 • 4명씩 그룹을 지어 집단그림을 제작	• 매체 탐색과 연상능력 및 표현력을 향상, 집단활동 및 치료자에 대한 불안과 저항 감소 • 이완과 감정 표현 연습 • 가족에 대한 감정표출과 억제된 정서표현 및 집단원의 대인관계 진단
	3	• 나의 힘 • 나의 모습 • 나의 인생	• 물감을 떨어뜨린 후 마음대로 불어서 작품 제작 • 찰흙으로 나 만들기 • 화지에 자신의 인생과 관련된 것들로 콜라주를 완성하고 자소상을 그 위에 위치시키고 제목 정함	• 구강기적 퇴행경험, 입으로 불면서 공격성 배출, 약물 후유증 실감 • 찰흙을 주무르고 누르고 치면서 공격성을 표출하고 촉각적인 만족과 함께 자신을 표현 • 자신의 긍정적인 과거를 회상하고 현재의 자신에 대한 이해
	4	• 여러 감정 • 나를 닮은 것 • 내가 좋아하는 것과 싫어하는 것	• 파스텔, 물감 등으로 느낌을 표현하고 설명 • 나를 상징하는 것을 하나 그리고 설명 • 내가 좋아하는 것과 싫어하는 것을 사진, 그림 등으로 콜라주	• 통제가 적은 매체를 통해 이완 및 안전함을 경험하고 여러 가지 느낌을 알고 명명함으로써 분노, 불안 등을 감소 • 나에 대한 인식을 표현, 이에 대한 집단원의 피드백을 통해 자신에 대한 긍정적 인식 • 나에 대한 탐색과 환경에 대한 갈등 및 반사회적 감정을 표출시켜 불안과 공격성 감소

구분	회기	주 제	활 동 내 용	기 대 효 과
중기(계속)	5	• 나의 안과 밖 • 나에게 필요한 것	• 상자의 안에는 내가 보는 나를, 밖에는 남이 보는 나를 표현하여 만듦 • 내가 살아가는 데 필요한 것들을 상자에 넣어서 만듦	• 나에 대한 긍정적, 부정적 인식과 나에 대한 통합적인 인식 • 욕구를 충족하고 자신, 가족, 사회에 대한 불만을 표출, 현실감 있는 사고와 문제해결 능력 향상
	6	• 내 안의 힘 • 아기처럼 • 내얼굴	• 만다라를 선택하여 원하는 매체로 색칠하고 연상하여 제목 정함 • 핑거페인팅으로 개인작품과 협동작품 제작 • 신문지 녹인 것으로 풍선을 이용하여 탈을 만듦	• 선택과 결정능력 향상, 약물과 유사한 몰두와 만족 경험 • 촉각적인 매체로 감각을 발달시키고 감정표출, 퇴행과 느낌의 공유 및 타인과의 상호작용 • 난이도 높은 작업을 통해 현실적인 문제해결능력을 향상시킴
	7	• 내 안의 힘 • 나와 너, 우리 • 나와 너, 우리	• 만다라를 선택하여 원하는 매체로 색칠 • 3명씩 짝을 지어 서로 돌아가면서 자기구역에서는 안전하게 이야기를 이어서 그림 • 찰흙으로 자유로이 개인작품을 만들고 이를 모아서 협동작품 제작	• 약물과 유사한 몰두와 만족을 경험하고 개인차 인식, 자아통합 • 불안, 분노와 공격성 표출, 의사결정 및 주장 능력 향상, 집단의 공감과 개인차 경험, 독립적인 또래관계 연습 • 촉각적인 매체로 해방감 경험, 부정적인 감정을 승화시키고 협동작품 구성으로 공감 및 타인과의 조화 경험
	8	• 나도 유능한 사회인 • 사랑 나누기	• 장애아와 짝을 지어 자유화를 그리고 그림 내용을 찰흙으로 함께 만듦 • 활동한 후 소감을 말함	• 장애아를 돕는 과정에서 자신의 역할과 문제해결 능력을 경험하여 무력감과 상실감을 해소함 대인관계 변화를 경험 • 자신의 변화를 인식하고 승화를 체험
후기	9	• 나의 얼굴 • 너의 모습 • 사랑하는 나에게	• 6회기에 만든 탈 색칠 후 완성 • 서로 전신상을 본 떠 주고 자신의 전신상을 완성함 • 자신의 전신상 앞에서 자신에게 편지를 씀	• 성취감 경험과 현실감 및 문제해결 능력 향상 • 높은 수준의 에너지를 요구하는 활동과 긴밀한 상호작용 및 상호 간 지지를 통해 대인관계 개선 • 긍정적인 모습을 되찾으려는 다짐과 미래계획, 변화를 미래까지 연장
	종결	• 사후검사 • 우리의 변화 • 새로운 출발(집단그림) • 이별	• K-YSR과 KFD를 실시함 • 수료증을 돌려가며 꾸며 줌 • 모든 작품을 전시하고 감상함 • 집단이 함께 그림	• 사후검사 • 상호 간 기대, 격려, 칭찬 등으로 집단적 의지 확인 • 작품전시를 통해 성취감 경험, 자신과 타인의 변화를 인식 • 사후검사를 통해 대인관계에서의 변화를 측정하고 희망찬 미래를 약속

(1) 초기면접(프로그램 소개, 초기면접, 사전 검사)

초기면접 결과 대체로 가정이 해체되었거나 제 기능을 못하는 상태였으며, 특히 부와의 관계가 좋지 않았고 가족과의 대화는 매우 부족했다. 약물에 대한 의존을 보였으며 약물의 폐해는 이해하고 있었다. 그러나 약물사용에 대해서는 수용적이었으며 친구의 권유를 거절하는 데 자신이 없다는 경우도 많았다. 약물을 하는 형태는 혼자서 하는 경우와 친구들과 하는 경우가 비슷했다.

주로 사용한 약물은 가스, 본드, 니스 등이었으며 러미나 등의 사용자도 있었다. 결과적으로 가족에게서 인정받지 못하고 친구들이 떠나가는 경험도 하였다. 약물의 영향으로는 기억력 저하, 말더듬, 소화불량, 두통, 타박상, 화상, 추락 등을 경험했다. 약물의 효과로는 폭력, 용감한 행동, 환상적인 싸움, 장풍, 건물붕괴, 귀신 등을 경험했다. 면접의 장소가 보호관찰소 내에 있는 상담실이었으므로 대부분 긴장과 불안을 보였으며 경계심을 풀지 않고 지시에 잘 따랐다.

(2) 1회기(규칙 정하기, 이름표 만들기, 내 맘대로, 나의 가족)

치료사가 서로에 대한 비방금지를 제안하고 지각(20분 이상), 결석 시 추가로 보충할 것을 집단원이 스스로 정하였다. 치료사는 안전감을 주기 위해 집단 내에서의 대화에 대해 기관 측에 비밀을 지킬 것을 약속하였다. 이완을 위해 난화기법을 적용하여 명상시간을 주고 떠오르는 것을 그대로 느껴 보도록 하였다. 대부분 사인펜을 선택하였는데 통제가 강한 매체로 활동함으로써 불안을 감소시키고자 하려는 의도로 보였다. 그림은 Springham(1998)이 언급한 대로 약물남용집단의 과잉동일시와 치료자에 대한 거부와 불안을 의미하듯 서로 유사한 그림들이 많았다. 약물을 한 상태의 환각을 의미하는 듯 뱅글뱅글 도는 원과 별모양 등을 7~8명이 비슷하게 그렸다([그림 6-1] 참조). 자유로운 낙서보다는 정형화된 도형이 등장하여 심리적인 긴장과 정서적인 어려움을 드러냈다. 한 집단원의 그림에서는 Dickman(1996)이 제시한 약물회복환자에게서 보이는 계단이 등장했다. 일부는 분노의 표현인 듯 예각의 낙서가 많이 나타났다. 심장소리를 그린 집단원은 벼랑으로 연결되는 계단을 그린 뒤 심장소리를 도형으로 표현하고 종이를 작게 접어서 조각조각으로 찢으면서 심한 불안을 보

[그림 6-1] 머리핑핑

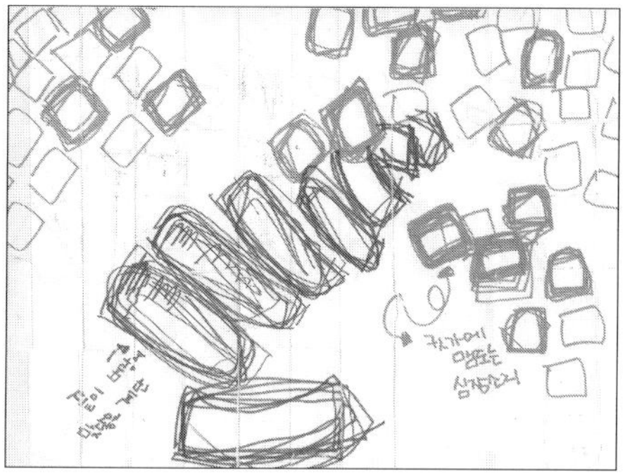

[그림 6-2] 심장소리

였다([그림 6-2] 참조).

가족을 그리라는 지시에 대부분 강한 거부감을 보였다. 가족에 대한 언어적 표현을 꺼렸으나 분노감과 실망감 등을 표현하기 시작하면서 점차 표현이 자연스러워지고 짧지만 자기표현을 시도했다. 특히 아버지에 대해 '그 남자', '그거' 등 극단적인 부정적 표현에서는 모두가 공감을 하면서 얼굴을 쳐다보고 웃기도 하였다.

그림양식에서는 면의 활용이 적고 묘사가 적으며 선이 혼란하고 덜 통제된 모습이었다. 대부분 아버지나 어머니와의 거리가 멀었으며 신체표현에서도 손, 발의 생략 등 불완전한 묘사가 많았다. 자신, 아버지, 엄마 등에 대한 포위가 많고 인물상 간에 장애물도 많았다. 그림내용에서는 비활동적이고 엄마는 누워 있고 자신은 화난 얼굴로 밥상을 차려 오는 등의 역할혼동 등도 보였다([그림 6-3] 참조).

[그림 6-3] 텔레비전 보기

(3) 2회기(내 맘대로, 감정 표현하기, 가족)

지난 회기의 매체경험 때문인지 매체에 대한 적응이 쉽게 이루어졌다.

감정표현에서는 혼합하기 쉽고 지우는 것이 가능하며 생생한 색채가 있는 넓고 부드러운 느낌의 파스텔을 제시하여 이미지 창조와 이완을 촉진하였다(Wadeson,

1980).

사전검사로서 집단그림을 실시하면서 4명을 한 조로 하여 함께 그림, 콜라주 등으로 언어를 제약하지 않고 자유롭게 작품을 완성하도록 하였다. 처음에는 큰 화지를 매우 부담스러워하고 집단원들이 앉은 자리에서 서로의 눈치만 보면서 아무도 시작을 못했다.

한참을 기다린 후 치료사가 가족을 주제로 해보겠느냐고 하자 모두가 수동적으로 동의하였고, 치료사는 예를 들어 활동을 설명하거나 격려하고 매체를 권유하는 등 적극적으로 개입하였다.

대부분 그림을 하나 오려 화지의 가장자리에 붙이고는 가만히 앉아 있었다. 계부와 갈등이 심한 집단원은 두 명의 아빠 그림을 가족과 떨어진 가장자리에 붙였다. 구석에 있는 아버지 그림 밑에 "내가 너무 내 생각만 내세웠구나. 이제부터는 너를 이해하려고 노력하겠다."라는 메시지를 썼다. 계부에게 바라는 것은 이 말을 한번 들어보는 것뿐이라고 말하며 기대와 분노를 동시에 드러냈다.

또한 아버지를 넋 나간 사람이라고 표현하는가 하면 방황하는 자신과 형을 술과 함께 배치하고, 매우 양육적인 어머니를 붙여 엄마에 대한 실망과 기대를 드러내었다.

제목은 '이상한 가족', '짬뽕가족', '괴짜가족' 등으로 부정적인 가족인식과 가족구성원에 대한 강한 불만을 표출하였다. 집단원 간 언어적 교류나 상호작용은 활발하지 않았으나 가족에 대한 서운함이나 불만에는 공감하였다.

(4) 3회기(나의 힘, 나의 모습, 나의 인생)

집단원들은 이전보다 덜 긴장된 모습으로 경계심이 약화됨을 보였다. 이번 회기부터 치료사는 집단원 간의 상호작용 촉진을 위해 서로의 작품에 대한 느낌과 소감을 순서대로 말하도록 하였다.

이번 회기는 감정을 이완시키고 통제력을 향상시키는 물성분이 많은 수채물감을 이용하여 구강기적 만족과 공격성 배출을 위하여 물감불기를 실시하였다. 일부에서는 서로 이야기를 나누기 시작하였으며 담배와 약물의 영향으로 폐활량에 문제가 있음을 토로하고 서로 공감하였다. 불기가 안 되는 경우 화지를 이리저리 돌리면서 예상치 못한 그림이 나오는 것에 재미를 느꼈다.

우연히 생기는 그림에 불안을 보이는 집단원도 있었으나 그림물감에 더욱 익숙해지면서 통제력에서도 향상을 보였다. 언어적 표현에서도 '전쟁', '모임', '화려함' 등 긍정적인 연상과 자기표현에 자신감을 보이기 시작했다.

자기표현과 자신에 대한 탐색을 돕기 위하여 자신의 얼굴을 거울로 본 후 찰흙으로 자소상을 만들었다. 대체로 자신의 얼굴을 보지 않으려고 시선을 아래로 내렸으며 자기와의 눈 맞추기를 회피했다. 집단원 중에는 "보고 싶지 않아요."라고 강하게 거부하고는 결국 추상적인 형상의 '파도'를 만들어 파도치는 불안과 분노에 찬 자신을 표현했다. 이는 부정적인 자아상과 자신감의 결여, 열등감 등으로 자신과의 직면을 어려워하는 것이라 해석되었다. 한 집단원은 큰 탱크 두 대를 자신에게 향하게 만들고는 큰 소리로 웃으며 자신에 대한 부정적 감정을 표출하였다([그림 6-4] 참조). 치료사가 찰흙을 세게 다루며 소리나게 내리치는 활동을 시범으로 보여 주자 모두가 찰흙을 두드리고 때리고 굴리고 매만지면서 억압된 공격적 에너지가 표출되고 분위기도 활발해졌다. Lowenfeld의 주장대로 소조활동이 주는 해방감을 느끼는 듯했다(서울교육대학교 미술교육연구회, 1998).

대부분의 자소상은 매우 작고 상반신만 있거나 누워 있는 모습이었다. 현실감이 떨어지거나 형태가 제대로 갖추어지지 않은 작품도 있었다. 자신에 대한 부정적인 인식을 드러내거나 무력하고 능력 없는 모습이 대부분이었으며 전신상을 만든 경우는 바닥에 얇게 만들어 문제해결 능력의 결여를 보였다.

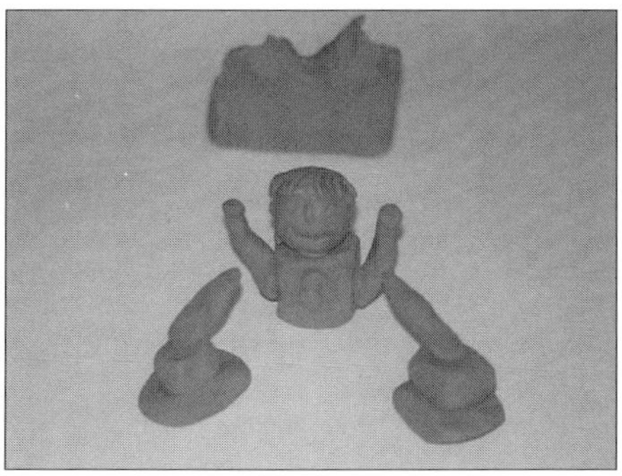

[그림 6-4] 탱크와 나

[그림 6-5] 담배

(5) 4회기(여러 감정, 나를 닮은 것, 내가 좋아하는 것과 싫어하는 것)

치료사가 수채물감을 이용하여 감정을 표현해 보자고 하였으나, 감정을 드러내는 것을 두려워하였다. 그래서 감정을 색으로 표현해 보기로 하였다. 슬프다, 기쁘다, 화난다, 심심하다, 외롭다, 죽고 싶다 등등 감정의 종류를 정하고 자신의 기분에 따라 색칠했다. 물감이 번지지 않게 하기 위하여 참고 기다리며 행동을 통제하는 경험을 하였다. 대부분 조용히 활동에 몰두하였고 자유롭게 매체를 다룰 수 있다는 것에 만족하였다.

자신에 대해 더 깊이 생각해 보기 위해 나를 상징하는 것을 그리도록 하였다. 한 집단원은 자신은 피울 때만 찾다가 피우고는 던져버리는 '담배' 라고 표현하였다. 친구들이 자신을 그렇게 대할 때 화가 난다고 거부당한 경험을 토로하였다. 무의식중에 자신을 약물과 관련지어서 부정적으로 표현한 것으로 보였다([그림 6-5] 참조).

이리저리 채이는 '축구공' 을 그린 집단원은 축구를 잘할 때의 자신과 어디로 튈지 모르는 자신의 마음, 가정에서 안정을 찾지 못하고 이리저리 굴러다니는 자신의 모습이라고 하였다. 자신에 대한 상반된 인식과 통합에 대한 욕구로 해석되었다.

좋아하는 것과 싫어하는 것을 콜라주로 표현하기로 하자 대부분 자신감을 보였다. 싫어하는 것은 대부분은 대통령, 담배, 술, 정치인, 범죄, 무릎 꿇고 있는 사람들, 싸우는 장면 등으로 다양하게 사회에 대한 불만을 토로함으로써 반사회적인 에너지를 표출하였다. 또한 갇혀 있는 모습, 묶인 모습 등을 통해 보호관찰을 받고 있는 자신에 대해 매우 불만족스럽게 생각하고 있음을 드러내었다. 술, 담배의 등장은 약물에 대한 부정적인 감정과 단약의지를 보여 주는 것으로서 약물 회복단계 중 갈등(양가감정)과 실천(행동) 단계에 있는 것으로 해석되었다.

좋아하는 것에서는 대부분 화목한 가정과 자동차, 음식, 웃는 아이들 등으로 행복한 가정과 웃는 얼굴에 대한 바람을 나타냈다. 작품제작에서는 3회기에 비하여 전체적으로 선택한 그림의 숫자가 많아졌으며 그림도 커졌다. 그림의 배치도 면을 고르게 활용하였고 여백도 감소하여 에너지 수준과 문제해결 및 선택, 자기표현 능력에서 향상을 보였다.

(6) 5회기(나의 안과 밖, 나에게 필요한 것)

나 상자(self box)는 내담자들에게 성격의 양극성을 통합하도록 하는 기회를 제공하고, 갈등적인 욕구와 역설, 적대적인 것들, 의문과 답, 강점과 약점들을 표현하는 데 사용된다(Farrell & Raquel, 2001). 이번 회기에서는 자신에 대한 통합적인 인식을 통해 불안을 감소시키고 계획성 있는 활동과 문제해결 능력의 향상을 위하여 상자를 이용한 활동을 하였다.

안에는 내가 보는 나를, 밖에는 남이 보는 나를 꾸미도록 하였다. 대부분 과제를 이해하지 못하였으나 몇몇 집단원이 설명을 해 주면서 집단을 이끌었다. 집단원 간의 협동과 상호작용이 활발하게 일어났다. 남이 보는 나는 범죄자와 술이나 화나거나 나쁜 사람으로 표현하고, 내가 보는 나는 웃거나 좋은 사람, 사랑이 있는 사람으로 표현함으로써 자신에 대한 긍정적인 면과 부정적인 면의 통합을 시도하였다. 회기를 거듭할수록 협동성과 타인의 의견을 따르는 행동 등 대인관계도 세련되고, 자신에 대한 표현도 구체적이고 언어적 표현도 활발해짐을 알 수 있다.

(7) 6회기(내 안의 힘, 아기처럼, 내 얼굴)

도입부에서는 자아통합을 이루는 데 효과적인 만다라를 이용하였다. 만다라는 개인의 정신을 집중하게 하고 내면의 질서를 생성시킨다. 또한 내면의 자기에게 의미를 부여하게 하는 도구로서 내면의 화해와 전체성을 지향하게 한다(Fincher, 1991). 치료사가 다양한 문양의 만다라를 제시하고, 그중 하나를 선택하여 원하는 매체로 색칠하였다.

사인펜과 색연필 등 스스로 통제할 수 있는 매체로 주의를 집중하여 창조적인 활동에 몰두하였다. 제목은 '연꽃', '연', '마술사 만다라 진', '훈장' 등으로 대부분 긍정적인 내용이었다.

그린 후 서로 보여 주면서 성취감과 뿌듯함을 공유하였다. 몰두한 상태에서 이루어진 만다라에서 경험한 자유로운 개인적인 이미지 창조는 약물의 사용과 유사한 매력이 있다고 보였다(Springham, 1998).

촉각적인 매체로 감각을 발달시키고 퇴행 경험과 감정의 공유를 위하여 더욱 상호

[그림 6-6] 혼란

작용이 강한 협동 핑거페인팅을 실시하였다. 처음에는 손가락으로 조금씩 찍어서 하다가 손바닥을 사용하기 시작하였으며 점차 큰 동작으로 바뀌어졌다. 가스 흡입을 하다가 가스 폭발을 당한 집단원은 빨강과 노랑, 검정을 이용하여 마치 가스가 폭발하는 듯한 그림을 그려 외상 후 스트레스에서 오는 두려움과 불안을 표출했다. 일부는 여러 가지 색이 섞여 알 수 없는 혼란된 감정을 표현했다. 이번 회기에는 매체의 영향으로 긴장이 완화되고 감정이 정화되는 경험을 한 듯했다. 자신이 붙이거나 서로가 붙여 준 제목은 '폭포', '뱀', '혼란', '손도장', '나' 등으로 다양했다([그림 6-6] 참조).

완성된 후의 작품은 색풀의 혼합에 지나지 않았으나 그 과정에서는 매우 강한 상호작용이 보였다. 신체적, 언어적 상호작용이 활발히 일어났으며 서로의 느낌과 생각을 공유하면서 집단이 공감하는 경험을 가졌다. 협동심, 양보, 상대방의 입장 생각하기 등 대인관계 기술이 향상되었다. 활동 후의 소감으로는 '부드럽다', '처음에는 이상했는데 기분 좋다', '손이 서로 닿으니까 따뜻하다', '재미있다' 등으로 서로에 대해 매우 긍정적인 느낌들을 공유했다. 핑거페인팅에서 얻어진 촉각적인 감각 발달을 바탕으로 신문지를 녹여서 만든 종이죽을 풍선에 붙여 탈을 만들었다. 작업의 난이도를 위해 종이죽은 묽게 제공되었다. 풍선에 종이죽이 잘 붙지 않자 서로 의견을 내놓으며 여러 가지 방법을 시도하였다. 의사소통 수준도 높아졌고 집단의 힘으로 문제해결 능력도 향상되었다.

(8) 7회기(내 안의 힘, 나와 너, 우리)

긴밀한 상호작용과 또래관계 연습을 위하여 3명씩 짝을 지어 서로 돌아가면서 순서대로 이어서 만화를 그렸다. 내용은 자유롭게 하며 다른 사람의 내용에 대해 지시하거나 평하지 않고 그대로 앞 사람의 내용에 이어서 그리는 활동이다. 치료사의 보호아래 안전하게 자기 공간에서 주장을 할 수 있는 활동으로 적극적인 상호작용과 대인관계 기술 훈련, 의사결정 능력 향상, 반사회적인 에너지 분출 등을 꾀할 수 있다.

활동에 대한 설명이 있자 이들은 매우 흥미로워했으며 활동이 시작되자 개인 간의 갈등과 자기주장, 화해, 지원, 독립, 공감 등 여러 가지 행동이 작품에서 드러났다. 이야기는 집단이 인식하는 환경을 반영하는 듯 매우 폭력적이고 파괴적이었다.

그중 한 집단을 살펴보면, 리더며 지배적인 성격의 A, A를 무조건 따르는 B, A와 B로부터 괴롭힘을 당하는 C로 구성되었다. 이들의 작품은 평범한 남녀 간의 이야기로 시작되었다. 그러나 여자가 배신을 하고 남자가 여자를 죽이고 지옥에 가서 귀신이 되고 죽이고 자살하는 절망적인 상황으로 나아갔다. 계속 자신의 이야기를 따를 것을 강요하는 A가 배신한 여자를 그린 B에 대해 분노하였다. C는 불안이 야기되는 것이 두려워 화해의 해결책으로 다른 여자를 내놓는다. A는 결코 그것을 받아들이지 않는다. C는 B를 도와 A를 공격한다. A는 무척 화가 났으며 C는 은근히 반기면서 B를 지원하여 자신들의 주장을 관철하였다.

이는 동맹관계에 변화가 생긴 것으로 볼 수 있다. 결국 3명 모두 결론은 각자 그리겠다고 하였다. B는 남녀가 지옥에서 수억 년 후에 만나서 아들을 낳고 행복하게 살았다는 내용으로 '해피 엔딩' 으로 결론지었으며, C는 '엄청 운이 안좋은 가족' 으로 결론 내렸다.

반면에 화가 난 A는 수억 년 후 그 아들이 자라서 19세(자신의 나이와 같음)가 되었을 때 부모를 죽이고 자신도 자살해버리는 '몰살가족' 으로 끝냈다([그림 6-7] 참조).

A는 작품을 통해 배반한 부모와 친구에 대한 분노와 공격성을 안전하게 표출하면서, 새로운 자신을 찾고자 하는 변화에 대한 욕구를 자살로서 표출한 것으로 보였다. 이는 자기발견에 이르게 되는 과정으로 이후에 A는 가족에 대한 인식에 변화가 있다고 스스로 보고했다. 그림에서도 초기에는 나무로 표현되던 자신이 후기에는 의젓한 청년으로 묘사되었다.

C는 연구자가 보장하는 안전한 자신의 공간에서 자기주장을 활발히 펴면서 자신감을 얻게 되었다. B는 안전하게 간접적으로 A의 지배에 대한 도전을 시도하여 A에게서 독립하여 자기주장을 펴는 훈련을 하였다. B는 독립된 자기 존재를 확인하는 경험을 하였다. 이는 B가 약물집단에 대한 의존성에서 벗어나 약물집단으로부터 분리될 수 있는 가능성을 보이는 것으로 해석되었다.

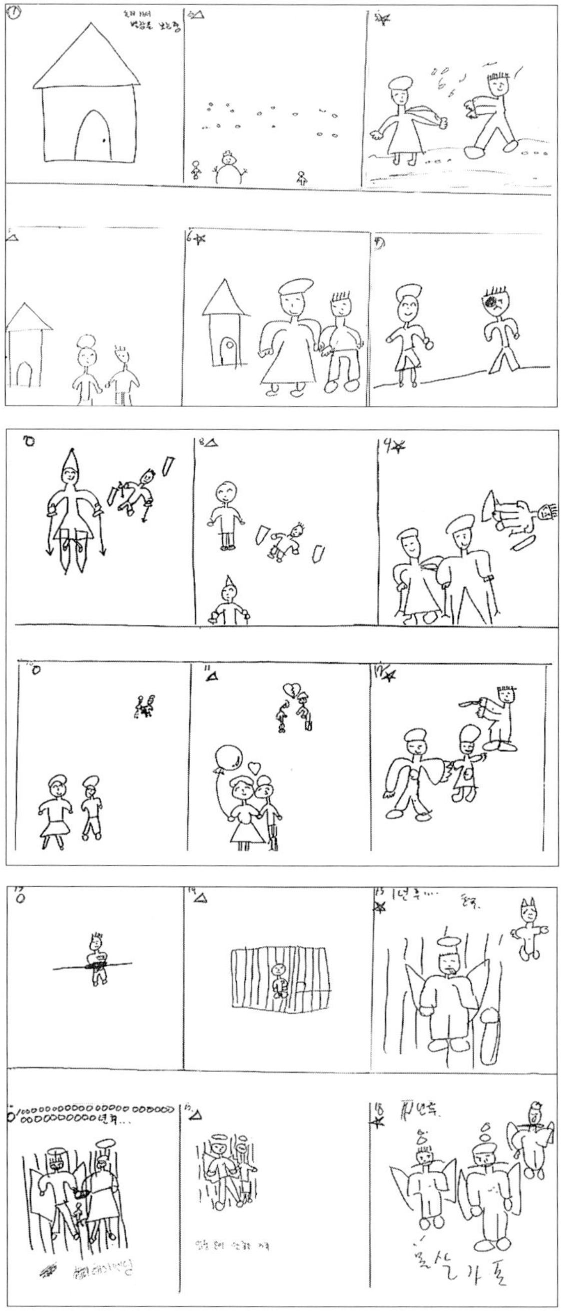

[그림 6-7] 해피앤딩, 운 나쁜 가족

만화 이어 그리기에서 표출된 분노와 적개심 등의 감정을 정화시키기 위하여 소조활동을 실시하였다.

작품은 매우 다양했고 묘사나 형태의 완성도 등에서 현저한 변화를 보이는 집단원도 있었다. 잡지나 다른 소품들도 개성있게 활용하였으며 대부분 표현이 세밀해지고 모방이 없어졌으며 찰흙의 사용량과 사용법 등에서도 향상을 보였다. 치료사가 개인작품을 모아서 집단이야기를 꾸며 보라고 하자, 꽃동산과 우리 마을 등으로 협동작품이 만들어졌다.

(9) 8회기(나도 유능한 사회인, 사랑 나누기)

사회적 효용감과 자존감 회복, 정서순화, 긍정적인 대인관계, 승화를 경험하기 위하여 장애인 시설을 방문하여 장애아와 함께 미술활동을 하였다. 스스로 아동을 돕는 방법을 찾고 도와주면서 사회적인 역할과 자기효능감을 경험하고, 치료사의 활동을 돕는 등의 성숙한 대인관계를 보였다.

프로그램이 끝난 후 그 자리에서 소감문을 작성하도록 하였더니 서툰 글 솜씨로 보람 있고 불쌍하며, 자신들이 얼마나 행복한지와 다음에 기회가 있으면 다시 오고 싶다고 하는 등 매우 긍정적인 글을 담아서 제출하였다.

(10) 9회기(나의 얼굴, 너의 모습, 사랑하는 나에게)

이번 회기에서는 성취감을 경험하고 문제해결능력을 향상시키기 위하여 청소년에게 맞도록 에너지 수준을 높여 활동하였다. 상호작용이 매우 긴밀한 전신상 그리기를 하고 자신의 전신상 앞에서 '나에게 쓰는 편지' 를 씀으로써 자신의 변화에 대한 다짐을 하였다.

전신상 그리기에서는 활동이 시작되자 넓은 공간과 큰 화지가 부담스럽게 느껴지는 듯 모두가 엄두를 내지 못하였다. 치료사가 자세히 예를 들어 설명하자 곧 새로운 시도에 대해 용기를 냈으며 서로의 완성된 전신상을 보면서 웃기도 하고 자신의 전신상과 비교도 하면서 객관적인 자기모습을 보는 계기가 되었다.

Puelo의 주장대로 미술치료 과정에서 또래 간의 즐거운 놀이를 통하여 약물 없이도 긍정적인 상호작용과 감정을 얻을 수 있다는 경험을 하였다(Springham, 1998 재인용). 활동과정에서는 서로 매체를 빌려 주거나 의견을 묻는 등의 자연스런 의사소통과 상호작용을 보였다.

완성된 내 모습 앞에서 자신에게 편지를 쓰도록 하자 모두 숙연해졌다. 대부분 긍정적이었던 어린 시절 자기 모습에 대한 추억과 애정, 부모님에 대한 미안함, 자신에 대한 후회, 염려, 미래에 대한 약속과 다짐, 자신에 대한 격려 등이 담긴 편지를 썼다. 처음에는 접어 놓고 보여 주지 않으려고 하던 다른 집단원도 모두 다른 집단원 앞에서 자신에게 쓴 편지를 읽었다.

이는 변화에 대한 공동의 욕구와 집단의 의지를 보여 주는 것으로 여겨졌다. Whitaker가 말한 대로 서로가 거울 역할을 하여 남을 통해 배우는 매우 긍정적인 상호작용을 경험하였다(Skaife et al., 1998 재인용).

(11) 종결(사후검사, 우리의 변화, 새로운 출발, 이별)

마지막 회기임을 알고 집단원은 대부분 깔끔한 복장에 시간을 잘 맞추어서 상담실에 들어섰다. 친밀하게 인사도 하고 서로의 복장이나 머리에 대해 언급하면서 적극적인 대인관계를 보였다.

사후검사로 실시한 동적가족화에서는 내용상의 변화를 보였다. 가족을 그리라는 지시에 거부하거나 망설이는 집단원은 없었다. 언어적 표현도 상세하고 내용과 구성면에서도 사전검사와 차이를 보였다. 그러나 일부 집단원의 KFD에서는 여전히 방향의 혼란과 인물의 생략 등이 보이기도 하였다.

성취감과 자신에 대한 통찰을 위해 회기 전에 치료사가 모든 작품을 색상지를 활용해 액자 속의 그림처럼 전시해 놓았다. 집단은 방에 들어서자 소중히 다루어진 자신들의 작품에 놀라움과 만족을 보였다. 수료증과 자신에게 쓴 편지가 든 선물상자를 받으면서 최초로 받아 보는 수료증이라며 기뻐했다.

사후검사와 변화된 자신들에 대한 인식과 느낌을 공유하기 위하여 집단그림을 실시하였다. 한 명씩 그림을 그려 넣기 시작했다. 초기의 집단 리더와는 상관없이 자유롭게 그림을 시작했다. 다른 사람이 무엇을 그리나 본 후에 빠진 것을 그려 넣었다. 새싹이 잘 자라서 꽃이 피는 하나의 작품을 완성하였다. 모두가 이리저리 자리를 옮기면서 여러 가지 색으로 물과 흙과 해와 비 등을 그려 넣으면서 서로 이야기하는 모습이 활기찼다. 완성된 작품에는 해, 물뿌리개, 물줄기, 나비, 구름, 풀, 꽃 등을 큰 화지를 고르게 활용하여 그렸다. 이 싹이 잘 자라서 나무가 되기를 바라면서, 미래에 대한 기대와 희망을 그림으로 나누었다.

6) 결 과

이 연구의 결과 초범집단과 재범집단 모두에서 문제행동이 감소되었고, 8개의 영역별 문제행동 중 6개 영역의 문제행동이 감소되었다. 또한 가족에 대한 인식과 감정, 친밀감, 부모자녀 결합과 상호작용 등이 개선되었고, 또래관계에서 의사소통과 문제해결 등이 협동적, 자발적, 독립적으로 개선되었다.

이에 따라 본 연구는 다음과 같은 결론을 얻게 되었다.

- 집단미술치료는 약물남용청소년의 문제행동 감소에 효과가 있다.
- 집단미술치료는 약물남용청소년의 대인관계 개선에 효과가 있다.

프로그램 종료 6개월 후에 실시한 추후조사 결과, 총 16명 중 1명을 제외하고는 약물남용이 재발하지 않은 것으로 나타났다. 이는 집단미술치료가 약물남용청소년의 문제행동과 대인관계를 개선하여 약물남용을 중단하는 데 긍정적인 영향을 준 것으로 해석할 수 있다.

약물남용이 재발한 1명과 절도를 재범한 2명은 치료효과의 지속을 위하여 사후관리가 이루어져야 함을 시사한다. 이러한 결론을 토대로 하여 약물남용 청소년에 대한 집단미술치료가 활발하게 이루어져 여러 측면에서 그 효과를 검증하고, 나아가 치료 효과를 더욱 높일 수 있는 프로그램이 개발되기를 기대한다.

이 연구의 한계는 대인관계 중 또래관계에 미치는 효과를 수량화하여 검증하지 못하였다는 점과 치료적 개입이 없는 통제집단과 비교한 검증을 실시하지 못하였다는 점에 있다.

3. 청소년 미술치료 사례 II(장혜경, 2005).

청소년기는 미래의 삶의 질에 결정적인 영향을 미치는 자아를 형성하는 중요한 시기다. 이에 청소년들이 가지고 있던 부정적 자아가치관과 부적응행동을 개선시켜 학교생활에 대한 적응력을 향상시키기 위한 효율적인 상담기법을 모색하고자 한 '게슈탈트 집단미술치료가 학교부적응 청소년의 자아가치관 향상과 부적응행동 감소에 미치는 효과' (장혜경, 2005)에 대해 살펴보고자 한다.

1) 연구대상

연구의 대상은 ㅇㅇ 시에 소재한 D 실업계 여고생으로 지각, 결석, 가출, 흡연 등 학교 부적응 특성이 두드러진 고2 여학생 8명이었다. 그중 1명은 중도에 개인 사정으로 빠져서 최종적으로 연구에 참여한 학생 수는 7명이다. 대상자의 구체적 특성은 다음과 같다.

표 6-3 대상의 특성

별칭	부적응 행동	외모 · 인지 · 행동 특성	가족관계
딸기	잦은 지각, 반항적 행동, 급우들과 다툼이 많음	외모는 강한 인상이나, 평상시에는 밝고 활기 있게 잘 지냄. 성격이 다혈질이라 하기 싫은 일은 하지 않고 말을 함부로 해서 친구들과의 다툼이 많고 잘 운다. 어려서부터 자기가 엄마를 힘들게 해서 엄마가 당뇨병에 걸렸다는 죄책감과 아버지에 대한 미움을 가지고 있다.	부모, 언니
씨리	잦은 지각,반항적 행동, 가출	하얀 얼굴이 가냘프게 보이고, 친구들이 놀려도 화를 낼 줄 모르는 자신이 싫다고 한다. 중학교 때 친구들과 가출한 적이 있다. 지금도 엄마가 새벽부터 돈 버는 것이 안타까워 학교를 그만두고 일본으로 가기를 원한다.	부모, 오빠

별칭	부적응 행동	외모 · 인지 · 행동 특성	가족관계
신동엽	잦은 지각, 음주, 가출	가정 형편이 불우하나 성격은 털털하고 의젓하고 낙천적임. 쉽게 상처받는 성격이라 친구들에게 잘 토라지지만 풀리기도 쉽게 한다. 저녁에는 혼자 술을 마시는데, 가출해서 혼자 사는 언니처럼 될까 봐 두렵다고 했다. 본인은 고등학교를 졸업하고 애견숍을 하면서 정상적인 삶을 살고 싶다고 했다.	부모 이혼, 할머니댁에서 살다가 지금은 자취
징갱이	음주, 무기력, 급우들과 다툼이 많음, 가출	상담자가 되고 싶어 하는 징갱이는 조금 뚱뚱한 체형에 어두운 얼굴 표정을 하고 있었다. 남의 말을 잘 들어주고 착한 면이 있는, 반면에 친구들에게 상처가 되는 농담을 함부로 하는 버릇이 있어 마음에 걸린다고 했다. 무기력하고 약한 자아의 모습을 계속 그림 자존감이 많이 떨어져 보였다.	부모, 동생, 할머니
오스칼	잦은 지각, 반항적 행동, 급우들과 다툼이 많음	강한 성격을 가지고 있고 외모도 반항적이며 표정이 많이 어둡다. 엄마와 단둘이 사는데, 엄마의 한숨과 흡연이 짜증스럽다고 했다. 친구들에게 강하게 보이고 싶고 학급에서 사소한 일로 시비를 걸어 싸움을 하는 경우가 많아 반 친구들이 자기를 무서워한다고 하였다. 칼 같은 커트머리 손질에 많은 정성을 들였다. 상담 정도로 자기가 변하지 않는다며 초연한 모습을 보였다.	부모 이혼, 엄마와 생활, 동생은 할머니댁에서 생활
꼴초	잦은 지각, 심한 흡연, 음주	눈이 크고 귀여우나 중학교 때부터 담배를 피우면 불안하고 초조한 마음이 안정되어 꼴초가 되었다고 했다. 다혈질로 고집이 세고 싫으면 그 마음을 그대로 드러내 친구들과 마찰이 많다. 요즘은 남자친구가 생겨 학교생활이 즐겁다고 했다.	모, 남동생
핑크	지각, 가출, 흡연	하얗고 예쁜 얼굴인데 모든 면에 무관심하게 보이는 면이 있다. 집이 학교 근처이나 학교에서 1시간이 걸리는 친구 집에서 지내고 있으나 부모는 무관심하다고 함. 가정에 대한 섭섭함과 불만이 많다.	부모

2) 치료목표

치료목표는 학교부적응 청소년들을 대상으로 게슈탈트 집단미술치료 프로그램을 실시하여, 그 프로그램이 학교부적응 청소년들의 자아가치관 향상과 학교부적응 행동 감소에 미치는 효과를 알아보는 것이다. 이 연구에서 규명하고자 하는 구체적인 문제는 다음과 같다.

첫째, 게슈탈트 집단미술치료 프로그램이 학교부적응 청소년의 자아가치관 향상에 효과가 있는가?

둘째, 게슈탈트 집단미술치료 프로그램이 학교부적응 청소년의 부적응 행동 감소에 효과가 있는가?

3) 사정도구

(1) 자아가치관 검사

자아가치관 검사는 피검자가 타인과의 관계 속에서 자신을 어떻게 생각하고 느끼는지를 알아보는 검사다. 이 연구에서는 김정규(2003)가 개발한 표준화 자아가치관 검사를 사용하였다. 이 검사는 총 100문항으로 구성되어 있다. 이 검사의 하위요인은 자기존중감, 정서안정성, 대인관계 능력, 문제해결 능력, 대인신뢰감으로 각 요인별로 각각 16~19개 문항씩인데, 5개의 하위요인들을 종합하여 전체 자아가치관을 측정하도록 구성된 척도다. 각 문항은 5점 Likert 척도로 구성되어 있으며 부정적으로 진술된 문항은 역산하였다. 따라서 점수가 높을수록 자아가치감이 높다고 해석할 수 있다.

(2) 동적 집-나무-사람 그림검사

KHTP(Kinetic House-Tree-Person)기법은 HTP의 단점을 보완하기 위해 역동성을 부여한 것으로 한 장의 종이에 집-나무-사람을 그림으로써 행동이나 생활과의 상호작용, 인간관계 혹은 발달적 에너지 수준에 대한 단서를 얻을 수 있다. KHTP그림검사는 내담자 자신이 지각하고 있는 과거, 현재 생활과 자기성장, 내면세계와 환경과의 상호작용 등 그림을 통해서 얻을 수 있는 정보의 양적 증가와 질적 향상을 가져다 준다.

KHTP를 분석할 때에는 그림에 대한 전체적인 느낌, 집, 나무, 사람의 크기, 운동, 거리와 배치, 양식, 발달 수준 등을 사전 · 사후 그림에서 각각 비교 관찰하여 집단원들의 변화를 분석하였다.

(3) 학교생활화

학교생활그림(Kinetic School Draw; KSD)은 Knoff와 Prout(1988)가 아동과 청소년들이 학교 내에서 그들과 관련성이 있는 인물, 즉 자신을 포함한 교사, 친구들이 무엇인가를 하고 있는 그림을 그리게 함으로써 학교 환경 내에서의 상호관계 및 학업 성취도, 적응 상태를 알아볼 수 있다는 판단에서 개발하였다.

KSD는 그 속에 심리학적 문제들과 관련된 행동과 역동성을 일으키는 임상적, 진단적인 면을 갖추고 있기 때문에 개인의 성격과 태도에 대한 양상을 조사할 수 있다.

(4) 부적응행동 평가

부적응 행동 평가척도는 평소 학생들의 행동 면과 수업태도, 생활면에서 문제가 되는 특성들을 수집하고, 김갑숙, 정미숙(1999)의 18가지 부적응 행동 평가 목록을 참고하여 15가지 부적응행동 목록을 구성하였다. 행동특성에 대해 '아주 그렇다' 는 5점, '전혀 그렇지 않다' 는 1점을 부여하였다. 결석이나 지각, 가출 부분은 횟수로 체크를 하고, 내면적인 부분은 대상학생들 스스로 자신의 부적응 행동 변화를 사전과 사후에 관찰하여 체크하도록 하였다.

학생들의 부적응 특성들은 학습의욕이 없고, 학습준비물을 잘 안 챙기고, 수업시간에 엎드려 자는 등 학업에 관한 것과, 동료 친구들과 잘 어울리지 못하고, 매사에 열의가 없고, 규칙이나 제한을 따르지 않고, 동료의 실수에 부정적인 반응을 보이는 등 교우관계에 관한 것과, 말이 거칠고, 어른과 선생님께 무례한 행동을 하고, 반발심이 많고, 매사에 시비조가 되는 등 행동 면에 관한 것 등이 있었다. 그리고 학교생활 면에서 지각이나 결석을 자주 하고, 흡연, 가출 등이 심각한 특성으로 나타났다.

4) 게슈탈트 집단미술치료 프로그램

학교부적응 청소년들을 위한 구조화된 게슈탈트 집단미술치료프로그램을 실시하였다. 구조화된 게슈탈트 집단미술치료 프로그램은 Zinker의 '알아차림-접촉 주기' 6단계를 재구성하여 4단계로 구성되었으며, 각 단계별 목표에 맞추어 모두 18회기의 프로그램들로 되어 있다.

각 회기별 프로그램들을 살펴보면 '감각 알아차림 행동 접촉' 단계에서는 게슈탈트 프로그램을 주로 활용하였고, '물러남 마무리' 단계에서는 행동수정 · 진로 프로그램 등을 접목시켜 학교부적응 행동을 감소시키고 학교생활에 적응할 수 있도록 프로그램을 구성하였다.

집단미술치료 프로그램은 2004년 4월 8일부터 7월 15일까지 1주일에 2회씩, 각 회기당 50분 동안 학교 상담실에서 진행되었는데, 게슈탈트 이론과 관련하여 각 단계별로 목표를 살펴보면 다음과 같다.

표 6-4 게슈탈트 집단미술치료 프로그램의 단계별 목표

단계	회기	목 표
현실과의 접촉 · 감각 단계	1~5회기	신뢰감을 형성하고, 자화상, 나무, 만다라 프로그램을 통해 자기감정 인식과 표출로 자신과의 접촉 활성화를 꾀하고, 공동화 작업을 통해 타인과의 접촉을 활성화
알아차림 단계	6~10회기	자신의 내면 탐색, 가족, 학교, 주변과의 미해결과제를 인식하고 전환하여 현재 자신에게 핵심적 영향을 미치는 미해결과제의 해결을 촉진
에너지 동원 · 행동 · 접촉 단계	11~14회기	자신의 소망과 장단점 알기, 행동수정 프로그램 등을 통해 에너지 교류를 통한 자기 지지와 타인 수용, 긍정적 자기 인식을 꾀함
물러남 · 마무리 단계	15~18회기	생애 설계 프로그램으로 미래 설계를 위한 계획을 세움 변화와 성장을 위한 욕구 탐색

이와 같은 단계로 구조화된 학교부적응 청소년을 위한 집단미술치료 프로그램의 내용은 다음과 같다.

표 6-5 학교부적응 청소년을 위한 게슈탈트 집단미술치료 프로그램의 내용

단계	회기	프로그램	내용	게슈탈트 이론 관련
사전 검사	1	오리엔테이션, 사전검사	자신 소개하기-별칭 짓기 자아가치관 검사, KHTP	
현실과의 접촉 / 감각	2	KSD	학교생활화를 그려 학교생활 실태를 파악한다.	신뢰감 형성, 자신과 타인과의 접촉활성화/현재 자신의 느낌을 인식
	3	자화상	자기 자신에 대해 가지고 있던 인식을 알아보고 자신과의 접촉 시도를 위해 자화상을 그린다.	
	4	나의 나무	〈나의 나무〉의 뿌리에는 과거에 중요했던 인물이나 사건을, 줄기에는 현재의 심정이나 상황, 잎에는 미래의 꿈을 써 보도록 한다.	
	5	만다라	〈나의 나무〉 프로그램을 마친 후에 지금의 느낌, 마음을 그림으로 표현해 보도록 한다.	
알아차림	6	환상여행	자신의 내면을 찾아 떠나는 환상여행이다.	자신의 내적, 주관적 경험을 회피하는 데서 이것을 인식하고 전환/현재 자신에게 핵심적 영향을 주는 미해결과제 촉진
	7	의미 있는 순간 그리기	고민, 반항하고 좌절했을 때의 경험을 그리고, 현재 각자가 어떻게 느끼는지 역할놀이, 느낌 나누기를 한다.	
	8	동그라미 중심 가족화 -빈의자 기법	가족과의 미해결과제 -빈 의자와의 대화는 외부로 투사된 자신의 욕구나 가치관을 자각하게 하며 진정한 자신을 찾아 통합하는 데 도움	
	9	학교생활에 대한 공동화	학교생활에서 생각나는 것을 그리고 느낌을 말한다. -선생님이나 주변과의 미해결과제	
	10	인생의 파노라마	내담자가 자신의 인생을 개관할 수 있도록 발달시킨 심리치료적 기법이다. -내담자가 자신의 인생을 회상한 분위기, 장면 혹은 자신의 삶의 요소를 발생한 순서에 따라서 그림으로 표현할 수 있다.	

<table>
<tr><th>단계</th><th>회기</th><th>프로그램</th><th>내용</th><th>게슈탈트 이론 관련</th></tr>
<tr><td rowspan="4">에너지 동원, 행동, 접촉</td><td>11</td><td>나의 소망</td><td>자신의 욕구에 대해 알아보고 삶의 방향을 설정하기 위해 여섯 가지 질문에 답해 본다.
-자신의 내재된 욕구나 희망, 관심사 등을 자각할 수 있다. 그렇게 되면 자신의 삶에서 중요한 동기가 무엇인지 명확히 지각하여 행동에 분명한 방향이 생긴다.</td><td rowspan="4">에너지 교류를 통한자기지지와 타인 수용/긍정적 자기 인식</td></tr>
<tr><td>12</td><td>나의 장단점</td><td>두 손을 본 떠 왼손에는 단점을 오른손에는 장점을 쓴다.
- 장점을 발견하고 격려해 준다.
단점은 다음 프로그램 '하자, 해 보자!' 에서 행동 수정 계획을 세워 본다.</td></tr>
<tr><td>13</td><td>하자, 해 보자</td><td>자기가 고치고 싶은 단점을 하나 골라서 대안 찾기, 실천 계획 세우기, 공언하기를 한다.</td></tr>
<tr><td>14</td><td>자아정체감의 다섯 기둥</td><td>에너지가 되는 자신의 장점과 소중한 것들을 발견하여 목표감을 높인다.
부족한 것을 보충한다.</td></tr>
<tr><td rowspan="4">물러남</td><td>15</td><td>하고 싶은 일 찾기</td><td>미래에 자기가 꼭 하고 싶은 일을 찾아본다.</td><td rowspan="4">적극적 미래설계를 위한 계획, 마무리</td></tr>
<tr><td>16</td><td>생애 설계</td><td>미래 설계를 구체적으로 해 봄으로써 미래 자신의 삶의 방향을 잡고, 열심히 생활한다.</td></tr>
<tr><td>17</td><td>나의 미래 콜라주</td><td>10년 뒤, 20년 뒤 성장한 모습을 콜라주 한다.
미래를 이미지화해서 볼 수 있다.</td></tr>
<tr><td>18</td><td>사랑의 선물</td><td>• 서로에게 해 주고 싶은 말
• 사후검사 - 자아가치관 검사
• KSD, KHTP</td></tr>
</table>

5) 미술치료 프로그램 진행과정

(1) 1회기: 오리엔테이션, 자아가치관 검사, KHTP

각자 별칭과 함께 자기소개를 하였다. 아직 마음을 열지 못해서인지 자기 별칭과 함께 짓게 된 동기만을 간단하게 말하고 구체적인 자기소개에서는 소극적이었다. 학생들이 각자 부적응 특성을 가지고 있으므로 무언가 노출될까 봐 관망하는 소극적인 분위기였다. 별칭은 오스칼, 신동엽, 씨리, 징갱이, 꼴초, 딸기, 핑크로 각자 자신의 성향에 맞추어 별칭을 지었다.

별칭 소개로 분위기가 부드러워진 다음 집단원들의 동의를 구하고 자아가치관 검사를 하고, 한 장의 종이에 집, 나무, 움직이고 있는 사람을 그리는 KHTP 그림을 그리게 하였다. KHTP 그림을 그릴 때에는 무척 진지하게 몰입하였으며, 작업 후 그림이 어떻게 해석되는지에 강한 호기심을 보였다.

(2) 2회기: 학교생활화(KSD)

이번 회기에는 학생들의 학교생활 실태를 파악하기 위하여 선생님, 친구들을 포함하여 학교생활의 경험을 그리는 학교생활화를 그리게 하였다([그림 6-8] 참조).

학교생활화에서는 수업 시간에 엎드려 자는 모습, 지각해서 벌 서는 장면, 꾸중 듣는 장면, 화장실에서 흡연 장면까지 표현되어 부적응 특성이 두드러졌다. 학교생활에 대한 불만이 많았는데, 그중 제일 힘든 것은 모두 지각해서 체벌을 받는 것이라고 했다. 지각 빈도를 물어보니, 대부분의 집단원들이 1주일에 3～4일 지각한다고 하였다.

[그림 6-8] 신동엽의 학교생활화

학교생활에서 우선 지각을 줄이고 수업 시간에 잠자지 않기의 두 가지를 함께 고쳐나가기로 하였다.

(3) 3회기: 자화상

학생들이 자기 자신에 대해 어떻게 인식하는지를 알아보고 자신과의 접촉을 시도하기 위해 자화상 그리기를 하였다.

씨리와 오스칼은 자화상을 진지하게 열심히 그리는데, 신동엽과 징갱이는 얼굴만 그리다가는 더 이상 그리지 않았다. 별로 자신에 대해 말하고 싶지 않다고 하였다. 특히 자신의 자화상을 그리면서 저항이 일어나는 것 같았다.

(4) 4회기: 나의 나무

자신과의 접촉을 활성화하기 위해 '나의 나무' 라는 작업을 하기로 하였다([그림 6-9] 참조). 나무의 뿌리 부분에는 과거의 중요한 인물이나 사건을, 줄기 부분에는 현재의 마음이나 여러 상황을, 무성한 잎 부분에는 미래에 이루어졌으면 하는 일들을 쓰고 마음에 드는 크레파스로 색칠해 보도록 하였다.

나무의 뿌리 부분은 '과거' 를 나타낸 것으로 주로 어렸을 때 아빠, 엄마가 심하게 싸우는 것, 부모의 이혼, 경제적 어려움, 친구들과의 가출 등 아픈 기억들을 담담히 표현하였다.

현재를 나타낸 나무의 줄기 부분은 답답하다, 짜증, 막막하다 등 졸업 후 미래가 없다는 생각에 힘들어했다.

[그림 6-9] 씨리의 나무

나무의 수관 부분에는 부자, 행복, 잘 살다 죽기, 심리치료사, 독립해서 잘 먹고 잘 살기, 인정받고 싶다, 기타리스트가 되기 위해 일본 가고 싶다 등 현재의 가정환경이 불우해서인지 부자, 행복하고 싶다는 희망을 많이 표현하였다.

미래에 대한 준비로 자격증을 취득하도록 방향을 정하였으며, 다른 사람들의 관심을 받지 못하다가 서로의 미래에 대해 이야기하고 손을 잡으며 따스함을 느껴 보는 시간을 가지면서 집단원들의 표정이 한결 밝아지고 힘을 많이 얻는 것 같았다.

(5) 만다라(나의 마음)

현재 자신의 지각, 느낌을 인식하기 위해 지금 나의 마음을 원 안에 그려보도록 했다. 지금까지 살아온 자기의 힘든 상황에 대한 아픔, 멋대로 친구들과 휩쓸렸던 데 대한 회한, 앞으로 미래에 대한 답답함 등으로 진지하면서도 암울한 분위기였다.

딸기는 검은 해 위에 붉은 가시 등을 그리고 '건드리지 마시오, 부러진다.' 라고 썼

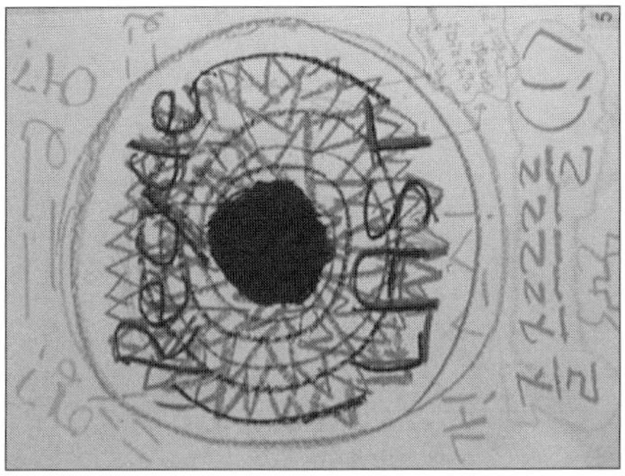

[그림 6-10] 딸기의 만다라

[그림 6-11] 징갱이의 방

고([그림 6-10] 참조), 오스칼은 상처 받기 쉬운 자기 마음을 날카로운 별로 표현하였다. 징갱이는 '내가 눈 뜬 봉사 같아서 싫다.' 씨리는 벽 구석에 쪼그리고 앉은 자신의 막막한 모습과 일본으로 도망가고 싶은 마음을 표현하였다. 핑크는 울타리에 갇혀 안절부절못하는 짜증나는 마음을 그렸다.

거의 이혼가정, 아버지가 돌아가시고 힘들게 사는 상황에서 자신들이 가출 등으로 방황해서 사회에 나갈 기반이 없다는 생각에 많이 막막해하고 답답해했다.

(6) 6회기: 환상 여행

환상여행은 자신의 내면을 들여다보고 알아차림을 촉진하기 위한 연상 프로그램으로 눈을 감고 숲 속의 동굴 속에 들어가 자신의 이름이 적힌 방문을 열었을 때의 방의 모습을 그리는 것이다. 그리고 노인이 나타나 자신에게 해 줄 것 같은 말을 써 보기로 했다.

오스칼의 마음의 방에는 가족사진, 술과 냉장고, 쓰레기처럼 보이는 보물 동산을 그렸는데 보물이 쓰레기 같은 이유는 보물이 어떤 것인지 감이 잡히지 않아서라고 했다. 노인이 나타나 보물 좀 달라고 해도 주기 싫다며 절박한 마음을 표현했다.

꼴초의 초라한 책상에는 책 한 권과 담배, 창문에는 대한항공 비행기가 보였다. 스튜어디스가 되는 것이 꿈인데, 지금 꼴초가 된 자신의 모습이 한심하다고 했다. 징갱이는 키보드, 스트레스를 풀 수 있도록 때리고 쑤실 수 있는 인형, 아이스크림, 술, 쓰레기를 그렸는데([그림 6-11] 참조), 황폐한 마음이 그대로 느껴졌다.

(7) 7회기: 의미 있는 순간 그리기

자신의 욕구와 감정에 대해 자각하게 되거나 행동패턴을 발견하는 기회를 갖기 위해 어린 시절의 장면부터 시작해서 현재까지 의미 있는 순간들을 떠올려 보면서 '의미 있는 순간 그리기' 를 하였다.

징갱이는 달과 별이 있는 밤의 해변가에 혼자 뒷모습으로 앉아 있는 모습으로 막막하고 답답하다고 했다([그림 6-12] 참조). 해변에는 쓰레기와 술병이 뒹굴고 있어 피폐하고 자존감이 낮은 자아상태를 표현하였다. 신동엽은 초등학교 2학년 때 엄마 아빠가 자기만 집에 남겨둔 채 3일 동안 어디론가 갔다가 왔는데 혼자라는 것이 너무 무서워서 울고만 있던 것이 기억에 남는다고 하였다. 꼴초는 중2 때 담배를 피워서 친구들과 함께 교무실에 불려가서 반성문 쓰고 선생님이 엄마에게 호출 전화 걸던 일이 생각난다고 했다.

의미 있는 순간에는 자신에게 에너지를 주는 장면도 있고 힘든 순간도 있는데, 집단원들은 모두 힘든 순간들을 떠올려서 안타까웠다. 가족과의 관계가 깨지면서 그나마 위안을 찾던 남자 친구와의 만남이 깨진 것도 상처로 남는 것 같았다. 모든 것의 뿌리가 가족임을 보여 주었다.

(8) 8회기: 동그라미 중심 가족화

부모-자녀 관계에 대한 개인의 인식을 알아보기 위하여 동그라미 중심 가족화를 그려 보기로 했다. 집단원들이 거의 결손가족이라 다른 친척들과 사는 경우가 있어

[그림 6-12] 징갱이의 의미 있는 순간

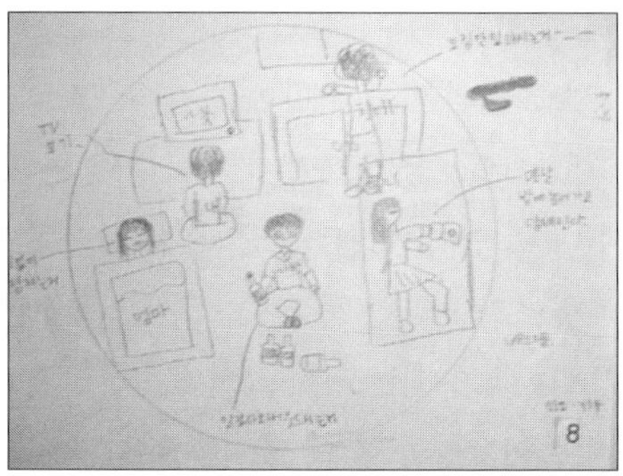

[그림 6-13] 신동엽의 가족화

동그라미 중심 가족화를 조금 변형하여 함께 사는 가족들을 자유롭게 그려 보도록 했다. 그 다음에는 부모와 자신, 다른 가족에 연상되는 상징을 원의 주위나 인물상의 주위에 그리게 하였다([그림 6-13] 참조).

그 결과 대부분은 가족 상호작용이 보이지 않았으며 구분, 포위 양식이 많이 나타났다. 각 인물의 행위를 보면, 아버지상의 경우에는 주로 술 마시기, 텔레비전 보기가 많이 나타나고, 어머니상은 주방일, 담배, 외판원 일 나가시는 피곤한 모습, 낮잠자느라고 이불로 포위된 모습 등이 나타났다. 자기상에는 공부, 텔레비전 보기, 귀찮아서 이불 덮고 누워 있는 모습, 개똥 치우는 자조적인 모습, 드럼, 컴퓨터, 텔레비전으로 둘러싸인 모습 등이 표현되었다.

그리고 빈 의자 기법을 활용하여 자기가 가족 한 사람을 초대하여 하고 싶은 말을 해 보도록 했다. 모두 어려운 상황의 가정이기 때문에 집단원들에게 아프고 힘든 시간이었다. 그러나 자기 노출들을 잘해 주었고 담담하게 자신들의 가족 이야기를 하며 눈물을 흘렸다. 무거운 주제였지만 우리가 마음에 맺힌 말을, 하고 싶은 가족에게 함으로써 마음을 정리하고 다시 이해하고 사랑해 보자는 취지를 확인시켰다.

(9) 9회기: 학교에서의 미해결과제-빈 의자 기법

학교생활에서의 좋은 점, 힘든 점 등을 자유롭게 이야기하고 난 후, 각자 크레파스를 가지고 지금 여기에서의 느낌을 그려 보게 하였다.

각자 갈등 상황에 있는 친구, 선생님을 빈 의자기법을 이용하여 마치 눈앞에 있는 것처럼 생각하고 하고 싶은 말을 해 보기로 하였다. 빈 의자에 불러 오고 싶은 대상을 말하게 했더니, 친구나 선생님은 별로 나오지 않고 가족들 중의 한 사람(아버지, 엄마, 동생 등)이 대상인 경우가 많았다. 미움, 서운함, 미안함, 가슴 아픔, 후회 등 많은 감정들을 쏟아 놓았다.

각자의 행동 패턴이나 생활양식을 돌아보게 한 다음, 학교생활에서도 자신만의 속으로 웅크리고 들어가기보다는 다른 친구들에게도 손을 뻗어 함께 교류하는 것이 바람직함을 이야기하였다. 그러나 같은 반 아이들과는 교류가 잘되지 않아 외롭다고 말했다. 그나마 밴드부 친구들이 있어 다행이라는 말에서 그들의 고립을 느낄 수 있었다. 그렇지만 중학교 때 나쁜 친구들과 어울려 가출을 한 경험들이 있어서인지 친구들과 어울리다가 또 잘못되면 어쩌나 하는 걱정도 안고 있었다.

(10) 10회기: 생의 파노라마

자신이 지나온 시간을 회고하는 것은 삶의 의미를 찾는 수단으로서 자신의 삶 속에서 자신을 이해하는 데 도움이 되고, 현재 자신에게 핵심적 영향을 미치는 미해결 과제의 알아차림을 촉진하므로 이번 회기는 '인생의 파노라마' 작업을 하였다. 집단원들에게 이완되고 편안한 자세를 취하도록 하고 현재로부터 과거로 돌아가며 기억에 남는 사건들을 떠올려 자유롭게 그리도록 하였다.

딸기는 초등학교 때 몸이 약해서 쓰러졌는데 다른 병원에 입원해 있던 엄마가 달려와 간호해 준 모습에서 자기를 향한 엄마의 깊은 사랑을 느낀다며 요즘 엄마에게 대들고 한 것이 미안해서 잘해 드리고 싶다고 했다.

오스칼은 3개의 필름으로 구성하여 아빠, 엄마가 심하게 싸우던 기억, 그리고 고 1 때 아빠 사업이 실패해서 힘들었던 기억, 지금 엄마와 함께 사는 쓸쓸한 모습으로 표현하였다([그림 6-14] 참조). 신동엽은 아빠가 술만 드시다가 돌아가신 모습이 생각난다며 꼭 성공해서 행복해지고 싶다고 했다.

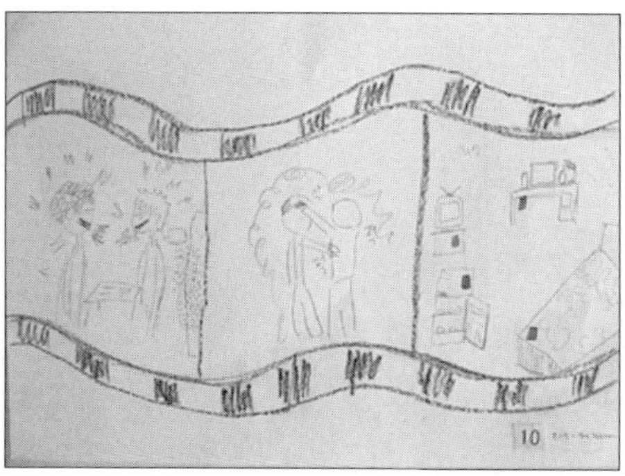

[그림 6-14] 오스칼의 생의 파노라마

집단원들은 이제는 과거의 힘들었던 기억을 내려놓고 좀 새로운 모습으로 변하고 싶다는 바람을 표현하였다.

(11) 11회기: 나의 소망

11회기부터는 에너지 동원, 행동 접촉을 시작하는 단계로 먼저 '나의 소망'을 알아보는 프로그램을 하기로 하였다. 활동지의 질문들을 읽고 얼른 떠오르는 생각을 적어 보게 하였다.

평소에 무뚝뚝하고 반항적인 오스칼은 동물로 태어난다면 주인에게 사랑받는 강아지가 되고 싶다고 했다. 세 가지 소원은 돈, 행복, 능력이라고 했다. 딸기는 귀여운

고양이나 강아지가 되고 싶고, 소원은 대기업사장이 되어 돈을 많이 벌고 싶다고 했다. 마법의 양탄자를 타고는 지금 자신이 너무 오염된 것 같아서 과거의 깨끗한 바닷가로 가고 싶다고 했다. 자신이 잘못해서 엄마를 병들게 하고 가슴 아프게 했다는 죄책감을 가지고 있었다. 신동엽은 힘들기는 했지만 가족들이 다 함께 모여 살았던 옛날로 돌아가고 싶다고 했다.

자신에게 내재된 희망, 관심사 등을 자각하고 자신의 삶에서 중요한 동기가 무엇인지 좀 더 명확히 지각하여 삶의 목표를 세우고 노력하자고 격려하였다.

(12) 12회기: 장단점 찾기

에너지 동원 단계로 대인관계를 개선하고 자존감을 향상시키기 위한 작업의 하나로 A4 용지에 손 본뜨기를 하여 오른손가락에는 장점을, 왼손가락에는 단점을 쓰도록 하였다. 거의 단점을 먼저 쓰고 장점 찾기를 힘들어했다. 남 보기에 잘하는 것만이 장점이 아니라 잘 자고 잘 먹는 것도 장점이니 편안하게 써 보라고 했다.

장점으로 가장 많이 지적한 것은 착하다는 것이었으며, 단점으로는 화를 잘 낸다, 낭비가 심하다, 고집이 세다, 말을 함부로 한다는 것 등이었다.

각자 장단점을 쓰며 킥킥거리며 재미있어 했다. 장점은 살리고, 단점 중에서 꼭 고치고 싶은 것 하나씩을 골라 다음 시간에 고칠 수 있는 계획을 세워 보기로 하였다. 장점을 각자 크게 읽으며 서로 칭찬하면서 프로그램을 마쳤다. 자신들의 장점을 적으면서는 기분이 많이 좋아지는 것 같았다.

(13) 13회기: 행동 수정 프로그램, 로켓 발사

지난주에 했던 '나의 장단점' 프로그램에서 장점을 다시 한 번 각자 들어보고 격려해 준 뒤, 단점 중 꼭 고치고 싶은 한 가지를 고르게 하였다.

그 단점을 고칠 수 있는 대안 세 가지를 생각해서 쓰게 하고, 각 대안에 대한 장단점을 생각해 본 뒤 그중 자기가 실천할 수 있는 방법 한 가지를 고른다. 그리고 실천계획까지 세워 보게 하였다.

딸기가 고치고 싶은 습관은 성질을 잘 내고 참을성 없고 짜증나면 그냥 무시한다, 친구랑 싸우다 심해지면 그냥 포기 등등인데, 대안 첫째, 낙천적이 된다, 둘째, 인내,

셋째, 말수 줄이기 중에서 '인내한다' 를 택하였다.

씨리가 고치고 싶은 습관은 화가 나도 화낼 줄 모른다는 것으로 대안 첫째, 기분 나쁘면 말로 표시하기, 둘째, 욕도 좀 해 보기, 셋째, 집에서 스트레스 풀기 중에서 '기분 나쁘면 말로 표시하기' 를 택하였다.

징갱이의 고치고 싶은 습관은 말을 함부로 하는 것으로 대안 첫째, 말할 때 생각해서 말한다, 둘째, 밝고 가벼운 농담을 한다, 셋째, 진지하게 농담하지 않기 중에서 '말할 때 생각해서 말한다' 를 택했다.

(14) 14회기: 정체감의 5기둥

자신의 모습을 돌아보면서 몸 기둥(신체의 건강 상태), 사회적 맥락(친구나 싫어하는 사람 관계), 공부, 물질적 안정, 가치관(인생철학, 종교적 신념 등)을 그림으로 표현해 본다. 대개 만점을 5점으로 보고 자신의 상태를 점수로 매겨 보고 그리라고 하였다.

학생들은 정체감의 다섯 기둥을 각각 주사기 눈금, 지폐, 별의 크기와 색, 꽃, 상자 쌓기로 표현하여 학생들에게 내재된 다양한 개성과 아기자기한 감성을 볼 수 있었다.

오스칼이 공부, 물질적 안정의 점수는 낮지만 가치관은 최고 점수를 준 부분이 인상적이었다. 모자라는 부분을 채워 넣으라고 하자 공부와 돈에 붉은 색을 칠했다. 씨리는 신체와 사회성은 4점, 공부는 2점, 물질은 1점, 가치는 3점을 주었다. 부족한 부분을 보충하라고 하자 물질을 붉게 칠하고 빛을 그려 넣었다([그림 6-15] 참조).

[그림 6-15] 씨리의 정체감

학생들이 정체감의 각 기둥을 모두 다른 상징물로 표현한 것이 놀라웠다. 대체로 돈과 공부가 가장 낮은 점수였고 보충하고 싶어 하는 부분이었다. 그래도 가치관이 높다고 한 것으로 보아 자존감은 높은 것으로 보여 안심이 되었다.

(15) 15회기: 내가 하고 싶은 일 찾기

미래 설계를 위한 계획으로 진로 선택 프로그램을 하였다. 자기가 평생 하고 싶을 만큼 좋아하는 일을 찾는 프로그램으로, 자신이 흥미 있어 하는 분야와 잘할 수 있는 분야를 고려하여 좋아하는 일을 찾아보자고 하였다.

검사지를 통해 자기가 하고 싶은 직업을 선택하였다. 검사지에 나온 직업, 자신이 어려서부터 원하던 직업, 부모님이 원하는 직업을 가치점검표에 쓰고 1～5까지 점수를 매겨 자신에게 가장 적합한 직업을 가려낸다.

현재의 생활에 암담해하던 학생들이 목표가 생기고 미래의 방향이 보이는 것 같다며 진지해지고 즐거워했다. 각자 자신에게 맞는 진로 유형을 참고하여 자신이 하고 싶은 일에서 성공할 수 있도록 열심히 해 보자고 하였다.

(16) 16회기～17회기: 나의 인생설계, 나의 미래(콜라주)

미래 설계를 구체적으로 해 봄으로써 미래 자신의 삶의 방향을 잡고 더 이상 방황하지 말고 열심히 생활하도록 하기 위한 프로그램으로 생애설계 프로그램을 하였다. 인생설계 프로그램에서 인생의 목표도 써 보고 배우자, 경제적 수준, 직업 등을 쓰며 마치 지금 이루기라도 한 것처럼 즐거워했다.

15차시의 간편 진로검사와 원하는 직업 찾기가 집단원들이 미래에 대한 목표를 정하고 생활에 활력을 가지게 하는 데 많은 도움이 된 것 같았다.

17회기에는 미래 설계 프로그램의 일환으로 10년 뒤, 20년 뒤 성장한 모습을 콜라주하게 하였다.

[그림 6-16] 딸기의 콜라주

미래에 되고 싶은 모습들은 아주 부유한 삶, 예쁜 몸매, 성공해서 행복한 가정 꾸리기, 애견숍을 열어 부자가 되고 싶다. 기타리스트가 되고 싶다. 드러머가 되고 싶다. 남을 돕는 상담자가 되고 싶다. 예쁜 아이, 자상한 남편과 그럭저럭 잘 살고 싶다. 해외여행, 최신 시스템이 있는 집, 많은 옷들, 성공한 삶 최강!!! 최고 등이 표현되었다.

모두들 미래에 되고 싶은 모습들을 붙이며 신이 나하고 즐거워했는데, 특히 돈과 부유한 삶에 대한 동경이 많이 나타났다. 딸기는 그림들을 겹쳐서 붙일 정도로 강한 욕구를 나타냈다([그림 6-16] 참조). 무엇보다 진로 프로그램을 통해 자신이 원하는 직업을 구체화한 덕분인지 자신의 미래의 모습이 현실적으로 가능하다고 느끼며 의욕을 가지게 되는 것 같았다.

6) 결 론

이 연구의 결과는 다음과 같다.

첫째, 게슈탈트 집단미술치료 프로그램의 효과를 알아보기 위해 총자아가치관과 그 하위영역인 5개 요인에 대한 효과를 검증한 결과, 총자아가치관과 하위영역 가운데 대인관계 능력과 대인신뢰감에서 유의한 차이가 나타났으며, 자기존중감, 정서안정성, 문제해결능력은 통계적으로 유의한 차이는 없었으나 점수는 향상되었다. 즉, 게슈탈트 집단미술치료 프로그램 실시 후 학교부적응 청소년들의 총자아가치관이 향상되었음을 알 수 있었다.

이 연구에서 총자아가치관의 하위 영역 가운데 특히 대인관계 능력과 대인신뢰감에서 유의한 차이가 나타난 것은 집단미술치료 과정 중에 집단원들 상호 간의 지지와 공감이 크게 영향을 미쳤기 때문으로 보인다.

이상의 결과에서 볼 때, 게슈탈트 집단미술치료 프로그램은 에너지 교류를 통한 자기 지지와 타인수용과 함께 긍정적 자기 인식을 하게 하고 학교부적응 청소년들의 부정적인 태도와 감정을 감소시키는 데 유의한 영향을 미침으로써 학교 현장에서 학교부적응 청소년의 자아가치관 향상을 위한 프로그램으로 다양하게 활용될 수 있을 것이다.

둘째, 학교부적응 청소년들은 게슈탈트 집단미술치료 프로그램을 통해 부정적 감정을 해소시키고 갈등을 표출하고 이해받음으로써 지각, 결석이 줄고 선생님, 교우들과의 부정적 상호작용도 줄어들어 학교생활 적응에 긍정적인 효과를 나타냈다. 학교부적응 행동 평가의 사전 · 사후 검사를 분석해 본 결과, 개인별 변화에서 집단원 7명 중 5명의 부적응행동 평가 점수가 감소하였으며 사전 · 사후 점수에 대한 대응표본 t-test 결과에서도 유의한 차이를 보였다. 즉, 게슈탈트 집단미술치료 프로그램은 학교부적응 청소년의 부적응 행동을 감소시키는 데 효과가 있음을 알 수 있었다.

이는 게슈탈트 미술치료적 접근이 내담자가 순간의 느낌에 솔직해져서 갈등과 고민에 정면으로 대결할 수 있는 용기를 가지게 되고, 스스로 과거의 '미해결과제' 를 현재 직접적으로 경험함으로써 자기 성격 중 몰랐던 부분과 단편적인 부분들을 통합할 수 있게 되며, 통찰을 통해 효과적인 행동을 발달시키게 하는 데 효과적이라는 연구(Corey, 2001) 등과 연관 지어 볼 때, 게슈탈트 미술치료는 과거의 실패나 문제 상황으로 인해 자신감이 없고 위축되어 있는 학교부적응 청소년의 부적응 행동 감소에 효과적이라 할 수 있다. 따라서 게슈탈트 집단미술치료는 학교 현장에서 부적응 청소년들에게 학교적응의 계기를 제공해 주는 상담프로그램으로 유용하게 쓰일 것으로 보인다.

제7장

성인 미술치료

이 장에서는 중년기와 노년기의 특성을 살펴보고, 중년기에 흔한 심리적 문제인 우울증과 노년기의 치매를 중심으로 이론과 사례를 살펴보고자 한다.

1. 중년기의 특성

Erikson(1963)의 심리사회적 발달단계이론에 따르면, 성인초기(20~40세)는 자신의 경계선을 넘어서서 타인과 깊은 관계를 맺는 시기로 친밀감을 형성한다. 이러한 친밀감은 여러 가지 문제를 타인의 입장에서 바라보고 이해하며 감정이입의 능력이 형성되어 있을 때 가능한 것이다. 중년기는 생성감 또는 자아탐닉의 단계로, 단순히 자신과 자기 세대의 이익과 번영에만 관심을 쏟는 것이 아니라 자기 자손들의 세대 및 역사적 미래를 위해 더욱 나은 세상을 만드는 데 헌신하는 시기다. 그러나 이러한 심리사회적 발달을 이루지 못하는 사람들은 오로지 자신의 이익과 편안, 당대의 쾌락만을 추구하는 자아탐닉에 빠지게 된다. 중년기의 특성은 다음과 같다(윤진, 1991).

1) 신체에 대한 민감한 반응

중년기에는 대체로 자신의 건강에 대한 과도한 반응을 보인다. 이는 특별히 아픈 데도 없는데 몸이 아프다고 불평하며, 이것이 중년기 노화과정 때문이라고 스스로 생각한다.

2) 시간 전망의 변화

인생의 마지막 순간인 죽음에 대해 어떤 개념을 가지기 시작하며, 연령은 늘어나지만 사실상 남은 생애는 나날이 짧아지는 것으로 파악하게 된다.

3) 자기이해의 수단

사람이 이 시기에는 자기이해의 수단으로 삼면경을 사용하게 된다. 즉, 젊은 시절에 건강하던 부모가 이제 노인이 된 모습, 마냥 어린아이로만 보았던 자녀가 결혼할 정도로 성인이 된 모습 그리고 현재 자신은 50대에 접어든 모습으로 세 개의 거울을 동시에 들여다보게 된다.

4) 중심성 경향

자신의 일에 전문가로서의 자신감이 넘치는 시기로 남의 지도 없이 매사를 처리할 수 있는 전문가라는 확신을 가지게 되는 경향을 말한다.

5) 내향적 경향

일상생활의 모든 사고와 행동에 있어서 내성이 중요시되고 내면화의 경향이 증가한다. 무엇인가 결정을 해야 할 때 자신의 경험에 비추어 신중하게 검토하고 조심스럽게 판단하고 행동하게 된다.

6) 폐경기에 대한 반응

폐경기에 도달한 여성은 우울성향을 나타내고 이제 늙었다는 불안감에 휩싸인다고 알려져 왔다. 이는 자신은 이제 더 이상 생식능력을 갖지 못하게 되는 생리적 변화를 통하여 노화를 실감하기 때문이다.

2. 우울증과 미술치료

우리나라 여성들은 어렸을 때부터 대답 잘하고 말 잘 듣도록 키워졌다. 아내이자 어머니인 기혼여성은 친구와 가족들의 요구와 바람을 미뤄 두고 자기 자신을 먼저 생각하는 것을 이기적이라고 여긴다. 또한 모든 사람의 바람을 들어 줄 책임이 있다고 믿으며 큰 희생을 감수하여 진정한 자기를 잃게 되고, 대가족과 핵가족의 중간세대로서 가족구조에서 오는 심리적, 정신적 갈등을 가지고 있다. 자녀를 둔 여성들은 자녀들이 조금씩 독립해 가기 시작하면서 외로움과 우울함이라는 문제에 직면한다고 할 수 있다(정지은, 2004).

직업을 가진 직장여성들은 막중한 일과 스트레스에 시달리면서도 집으로 돌아오면 '주부' 라는 전통적인 역할에 얽매이므로 남자보다 더 많은 스트레스를 받는다.

전업주부 또한 주변의 많은 여성들이 직업을 가진 탓에 예전에 주위에서 얻을 수 있었던 도움과 우정을 더 이상 구할 수 없어 힘들기는 마찬가지다(김경숙, 1996). 전업주부는 가정 내에서의 역할만을 수행하므로 사회로부터 격리되고 소외되어 대인관계 및 심리적, 정신적 건강에 심각한 폐해를 입게 된다(홍선경, 1997). 비구조적이고 비가시적인 주부역할과 비전문적이고 일상적인 가사노동의 성격으로 인해 많은 기혼여성들이 스트레스와 위기를 경험한다(한혜경, 1978).

이렇듯 전업주부들은 사회로부터 격리되어 사회적인 지지나 긍정적인 피드백을 받지 못하며, 남편 등 가까운 사람들의 관심과 배려 등 심리적인 지지를 필요로 하나 이러한 관계가 만족스럽지 못할 때, 즉 인생의 고통스러운 시련을 겪을 때 흔히 우리에게 찾아드는 것이 우울증이다.

우울증은 오래 전부터 알려진 심리적 장애의 하나로 그 특징은 일반적으로 인생과 장래에 대한 비관, 절망감 또는 자기 무력감 등이며 극단적으로는 자살과 같은 자기 파괴에 사로잡히는 것이다. 우울증은 누구나 삶의 여정 속에서 빠져들 수 있는 인생의 늪이라고 할 수 있으며 '심리적 감기'라고 할 만큼 매우 흔한 심리적 문제이지만 자살과 같은 치명적인 결과를 초래할 수 있는 심각한 심리적 장애이기도 하다(권석만, 2000).

우울에 걸리기 쉬운 사람의 특징으로는 부정적인 자기 이론, 외적 긴장상황, 특히 개인적 평가를 포함하는 상황에 대한 대처 불능, 낮은 자존감을 갖도록 하는 아동기의 성장력(life history), 과거 우울경험의 역사 및 실패의 원인을 들고 있다. 우울한 사람들은 자기 자신에게 엄격한 사람들이 많다. 그리고 타인의 단점에 대해서는 너그러우면서 자신의 단점에 대해서는 비판적이다(주리애, 2003).

1993년부터 2003까지의 한국(174편)과 미국(194편)의 미술치료 학위논문 368편을 중심으로 내담자의 주 호소내용을 분석한 최윤희(2004)의 연구결과에 따르면, 우울 및 불안, 공포의 경우가 전체의 22.8%(69편)로 가장 높은 비중을 차지하였다.

실제 신경정신과 입원환자 중에 중년기 여성의 입원비율이 가장 높게 나타났고, 우울증 환자 가운데 중년기 여성이 차지하는 비율이 28%였다(통계청, 1995). 또한 대한우울조울병학회가 서울시내 주부 1,000명을 조사한 결과 45%의 주부가 우울증상을 겪고 있고 12%는 자살충동도 경험한 것으로 나타났다(2000. 10. 28, KBS 8시 뉴스). 치료가 필요한 우울증은 30대 주부가 6.4%로 가장 많았고 50대는 5.6%, 40대는 3.2%로 나타났으며 학력이 낮을수록 우울증이 심한 것으로 밝혀졌다.

현재 국내 미술치료연구 가운데 우울에 대한 연구는 아동이나 청소년(김혜정, 김동연, 2002; 이순희, 2000; 최선남, 1995)을 대상으로 한 연구와 중년여성을 대상으로(은옥주, 2000)한 연구, 모녀의 우울수준을 감소시키기 위한 가족 미술치료 사례연구(최선남, 김갑숙, 2002) 등이 있다. 이와 같이 현재 여러 각도에서 우울과 그 해소를 위한 연구가 진행되고 있다. 그러나 성인을 대상으로 하여 우울을 효과적으로 다루기 위한 집단미술치료 프로그램은 개발된 것이 없는 실정이다. 은옥주(2000)의 중년 여성 우울증에 대한 미술치료 사례연구에서는 정신역동적 접근을 시도하여 미술치료의 효과를 밝히고 있으나 좀 더 짧은 기간 내에 일상생활에서의 변화를 가져오기 위해서는 현실적인 문제에 기반을 두고 비합리적이고 왜곡된 부분을 찾아 수정하고 행동을 변화시켜 보는 것이 더 효과적이라고 생각된다.

미술치료는 경험과 희망, 갈등을 드러내주며 여러 가지 기회를 안전하게 시도해 볼 수 있게 해 준다. 행동이나 태도, 실제 삶의 상황을 바꾸는 것보다는 그림에서의 이미지를 바꾸는 것이 더 쉽다. 그림에서 이미지를 바꾸어 보는 경험은 실제 삶에서의 변화를 만들고 스트레스를 관리하도록 하는 출발점이 된다(이윤희, 주리애, 2003). 이러한 과정에서 일어나는 것이 창조성이다. 창조성은 인생을 살아가는 데에도 반드시 필요하며, 치료적 효과를 가지고 있다. 이러한 미술활동을 통하여 믿음과 신뢰를 회복하여, 자신의 문제에 대한 해결책을 찾고 자신이 가진 잠재력을 활용할 수 있는 능력과 인간관계 능력을 향상시키는 데 도움을 줄 수 있다. 또한 자신에 대한 부정적 자기지각을 보다 깊은 자기 성찰로 자신의 참모습을 발견하게 하여 왜곡된 자기이미지를 새로이 인식하여 정서적 안정감을 되찾을 수 있도록 도우며, 자발성을 향상시켜서 자신이 느끼고 생각하는 것을 자유로이 표현할 수 있도록 하였다.

그리고 인정과 칭찬이 인색한 우리 문화에서는 사람들의 자아개념, 자기존중감은 상당히 낮을 수 있는데 칭찬을 통한 쓰다듬기를 계속함으로써 자기존중감 향상에 보탬이 될 수도 있다(박성희, 2001). 이 외에도 Beck(1979) 등은 부정적 자기 도식과 함께 대인관계 상황에서 주변의 피드백 혹은 지지에 대한 부정적 자기 지각이 우울에 영향을 주는 중요한 변인이 될 수 있다고 하였다.

1) 우울의 개념

우울증은 일차적으로 기분의 장애다. 기분(mood)은 지속적인 정서 상태를 뜻하며 일시적인 감정 상태와는 구별된다. 우울증의 핵심은 자기가치감(또는 자기존중감, 자존감)의 저하라고 할 수 있으며, 핵심정서는 슬픔이다. 슬픔은 자신의 중요한 일부를 상실했을 때 느끼는 정서다. 생의 처음 시기에 살아있는 감정을 지닌 창조적 존재로서의 '나'가 탄생하는 과정에서 절대적으로 필요한 엄마의 무조건적이고 헌신적인 사랑을 받지 못하면 그 인격은 참된 나로 태어나지 못하고 그 인격의 중심에 텅 빈 감정, 허무감, 박해의식과 이것들에 대한 방어들로 구성된 거짓자기가 형성된다(이재훈, 1997). 즉, 자신의 인간적 가치를 찾지 못하고 스스로 자신을 무가치한 존재라고 생각할 수밖에 없게 되고, 갈수록 진정한 자신에게서 멀어지게 되며, 우울증이 찾아 든다(이동식, 1993).

2) 우울 이론

(1) 정신분석 이론

우울에 관한 가장 고전적인 이론인 정신분석적 이론에서는 우울을 일으키는 잠재성은 구강기에 이미 형성된다고 보았다. 즉, 이 단계에서 벗어나지 못한 사람은 이후의 심리적인 발달과정에서 본능적으로 구강을 통하여 만족을 얻고자 하며, 자신의 자존감을 유지하기 위하여 타인에게 지나치게 의존하고자 하는 성격을 형성하게 된다. 이렇게 의존적인 사람은 사랑과 미움이 엇갈려 있는 양극성의 애정대상을 현실적으로나 상상을 통하여 상실함으로써 고통을 받게 될 경우, 먼저 애정대상을 자기자신과 동일시하는 내사화의 단계를 겪는다. 이후는 애도의 단계가 뒤따른다. 의존적인 성격의 소유자는 이 단계에서 자기비난, 자기모욕 또는 우울증으로 진전될 수 있다. 그리고 상실된 애정대상에 대한 분노가 자기 내부로 굴절되어 결국 자존심의 저하와 우울증이 초래된다. 즉, 반전의 분노가 우울증의 핵심적인 역할을 한다는 것이다. 이러한 정신분석적 입장은 우울의 형성에 있어서 감정요인, 무의식, 적대감, 죄의식 등의 역할을 강조하고 있다(이현정, 2004 재인용).

(2) 행동주의 이론

행동주의적 입장에서 가장 핵심적인 개념은 강화와 활동의 감소다. 일상적으로 받아왔던 강화가 없어졌을 때 활동이 감소하는 현상과 함께 우울증으로 나타난다는 것이다. 대표적인 학자인 Lewinsohn(1974)의 가정은 다음과 같다. 첫째, 우울한 감정과 같은 임상적 증상들은 행동에 대한 강화가 뒤따르지 않는다. 둘째, 긍정적 강화를 적게 받으면 활동이 더욱 감소되는 경향이 있으며, 그 결과 강화는 또다시 더욱 적어지게 된다. 셋째, 활용될 수 있는 긍정적 강화와 자극의 양, 그리고 스스로 행하는 조직적 활동의 양과 같은 세 가지 변인들과 함수관계에 있다. 결국 긍정적 강화의 비율이 낮을수록 보상될 수 있는 활동과 행동 표현이 더욱 적어지고 이로 인하여 유발되는 우울은 다시 사회적 참여와 보상을 감소시키는 악순환이 계속된다(이현정, 2004 재인용).

(3) 인지 이론

Beck(1976)의 우울에 관한 인지이론과 Seligman(1975)의 학습된 무기력 모형에서 우울한 사람이 자기 자신에 대한 평가의 준거가 엄격하고, 부정적 정보에 선택적으로 주의를 기울이며, 따라서 부정적으로 왜곡된 가치관을 가지고 있다고 주장한다.

Beck의 인지이론에 따르면, 우울은 인지적, 정서적, 신체적 특성으로 구분될 수 있으며 인지적 특성이 정서적, 신체적인 특성을 결정하게 된다고 할 수 있다. 우울한 사람은 자신에 대한 부정적인 개념, 생활경험의 부정적인 해석, 미래에 대한 부정적인 관점을 갖는데 이러한 부정적이고 비관적인 3요소가 자기 자신과 환경, 그리고 미래를 부정적으로 왜곡하게 되고 이러한 왜곡경향이 지속되면 긍정적인 정보를 선택적으로 차단하고, 부정적인 정보를 더욱 부정적으로 지각하게 되는 인지과정의 결과, 낮은 자존감, 슬픔, 흥미상실, 죄책감, 불안, 격노, 분노 등의 정서적 특징과 식욕상실, 성욕상실, 수면장애, 피로 등의 신체적 특성을 나타내게 된다는 것이다.

즉, 우울한 상태에 있는 사람이 현실을 지각하거나 해석하는 데 있어 쉽게 범하는 실수로는 충분한 증거가 없이 임의적 추론을 하여 결론을 내리며 선별 추출을 하여 어떤 상황을 이루는 많은 요소 중 여러 가지 요소가 아닌 단지 특정한 하나의 요소에 근거하여 결론을 내린다. 또한 과잉일반화를 시켜 사소한 사건을 근거로 하여 전반적이고 포괄적인 결론을 내리며 자신이 한 일을 지나치게 과대 및 과소 평가한다(김현순, 1993).

3) 우울 증상

우울증의 신체증상으로는 식욕이 저하되고 체중이 현저하게 감소되기도 하며, 반대로 식욕이 증가되어 살이 찌는 등의 경우가 있으며, 피곤함을 많이 느끼고 활력이 저하되며, 성적인 욕구나 성에 대한 흥미가 감소된다. 또한 두통을 나타내기도 하며 면역력이 저하되어 감기와 같은 전염성 질환에 약하다(조영희, 2002). 정신적인 증상으로는 슬픔, 무감동, 낙담, 죄의식, 외로움, 무가치감, 자존감 저하 등이 있다. 또 행동적인 양상으로는 의존심의 증대, 정신운동 지연, 위축, 사회적 고립, 약물과 알코올 의존, 자발성 결여 등을 보인다. Winoku와 Lesse는 우울을 심하게 나타내는 사람은 제한된 사회생활을 하며 지나치게 소심하고 예민하며, 강박적 성격 양상을 가진 사람이라고 하였으며, 신혜숙(1995)은 신경증적 성격을 지니고 있거나 스트레스 대처 반응이 부적절하고 자존감이 낮은 여성에게서 우울이 흔하게 나타난다고 보고하였다(이현정, 2004 재인용).

우울증 환자는 역기능적 신념이나 인지도식을 지니고 있으며, 특정한 스트레스 상황에서 역기능적 신념이 활성화되면서 우울증에 이르는 자동적 사고가 활성화되어 우울증을 유발하거나 지속시키게 된다. 이러한 역기능적인 생각들은 대부분 현저하게 왜곡되고 과장되어 있다. 역기능적 신념은 우울증의 근원적 요인으로서 개인의 적응에 부정적인 영향을 미친다. 즉, 우울한 사람들은 일상생활 속에서 부정적 사건들을 경험하면서 자기 자신에 대한 부정적 평가를 하게 되고 결국 부정적인 자기개념을 지니게 된다(권석만, 2000). 자기지각은 자기개념이며 자기에 대한 평가라 할 수 있다. 자기 개념은 개인의 행동, 태도 및 경험에 기능적 역할을 함으로써, 성격, 대처, 적응 그리고 정신건강 등 모든 심리적 측면에 중요한 매개자 역할을 수행한다(정지은, 2004 재인용).

4) 우울 감소를 위한 집단미술치료 사례(정지은, 2004)

(1) 대상의 특성

본 연구의 대상은 ○○ 광역시 심리 상담원의 기혼여성 회원들에게 '행복한 나 만들기' 라는 미술치료 프로그램의 이름으로 안내문을 발송하고 광고를 통해 스스로 희망하는 여성들을 대상으로 우울척도 검사(BDI)를 실시한 후 16~23점 이상 되는 보통 우울상태에 있는 여성 12명을 실험집단과 통제집단의 구성인원으로 선정하였다. 실험집단과 통제집단의 구성인원은 각 6명으로 하였다(〈표 7-1〉 참조).

연구대상자 중 실험집단 여성의 평균연령은 39세이고 통제집단 여성의 평균연령

표 7-1 실험집단과 통제집단의 일반적 특성

구분	실험집단			구분	통제집단		
	나이	학력	가족		나이	학력	가족
A	45	고졸	4인	G	39	대졸	4인
B	35	고졸	2인	H	35	대졸	4인
C	49	대학원 재학	5인	I	39	대졸	4인
D	38	대졸	4인	J	36	전문대졸	4인
E	32	고졸	3인	K	42	대졸	3인
F	35	대학원 박사수료	4인	L	36	대학원 재학	4인

은 37.8세였으며 가족 구성원도 실험집단 평균 3.7명이었고, 통제집단 평균 3.8명으로 나타났다. 교육수준은 고졸에서 대학원 박사학위 수료 등 다양하게 나타났다. 연구대상자 중 실험집단의 인지행동 특성을 알아보면 〈표 7-2〉와 같다.

표 7-2 실험집단의 인지-행동 특성

구분	인지 특성	행동 특성
A	자신의 욕구를 억압하고 남의 의견을 무조건 존중하였다. 자신 스스로는 나서는 것을 싫어한다고 하였으나 자신감을 가지고 싶어 하였다.	긴장을 많이 하여서 얼굴이 자주 붉어졌으며 말을 할 때 말의 속도가 빨라지며 약간 흥분한 상태로 말하였다. 긴장으로 상대의 말을 잘 알아듣지 못하였으며 손을 많이 움직이며 말을 하였다.
B	부정적인 모습은 싫고 자신의 모습이 아니기 때문에 남에게 보여 줄 수 없다. 말을 할 때 울먹이거나 얼굴에 경련이 일어나는 것은 그냥 말을 할 때의 자신의 습관이라고 생각하였다.	외모가 깔끔하고 화사하였고 고급스럽게 옷을 입었다. 말을 할 때 잘 울먹거렸고 얼굴에 경련이 자주 일어났다. 어색한 웃음을 자주 지었으며 다른 사람에게 좋은 인상을 주려고 하였다.
C	자신의 성격이 매우 열성적이며 활동적이라고 생각하였다. 그러한 성향은 가족 모두를 위하는 것이라고 생각하였다. 또한 가족을 위한 자신의 힘듦을 가족들이 몰라 준다고 생각하였다.	말이 많고 생각도 많으며 작업량도 매우 많았다. 항상 적극적이고, 열성적이었으며 사람들과 이야기하는 것을 좋아하였다. 다른 사람들의 작업에도 관심이 아주 많았다.

구분	인지 특성	행동 특성
D	다른 사람에게 도움 받는 것을 싫어하고 힘들어하였다. '나 혼자서 하고 싶다.' 라는 인식을 가지고 있었고, 그것이 매우 독립적이고 멋진 것이라고 생각하였다.	집단원 중 과제 수행에서 제일 늦었고 집단 과정 중에서도 필요한 물건이 없을 때는 물어보거나 남에게 도움을 요청하지 않고 그대로 앉아 있었다.
E	사랑과 관심을 받고 싶어 하였으나 자신은 그럴 만한 가치가 없다고 생각하였다.	늘 명랑한 듯이 보였으며 잘 웃었고 친절하였다. 사람이 많은 것을 즐거워하였다.
F	과거 어느 상황의 일이 자신의 탓이라고 생각하면서 죄책감을 가지고 있었다. 자신의 욕구보다는 남을 배려해야 한다는 생각을 가지고 있었다.	집단 초기에는 자신의 작품을 소개할 때 항상 맨 마지막에 하였다. 그러나 다른 사람의 피드백이 마음에 들지 않을 때는 끝까지 자신을 이해받고 싶어 하였다.

(2) 치료 목표

- 우울의 감소
- 부정적인 자기지각을 긍정적인 자기지각으로 변화

(3) 사정도구

① 우울척도 검사

이 연구에서는 기혼 여성의 우울을 알아보기 위하여 우울증 척도 BDI(Beck Depression Invevtory, 1979)를 사용하였다. 이 척도는 우울증의 정서적, 인지적, 동기적, 생리적 증상을 나타내는 21개의 문항으로 이루어진 자기보고식 질문지다. 점수는 각 문항당 0～3점이 할당되어 가능한 점수범위는 0～63점까지며, 점수가 높을수록 우울성향이 강한 것으로 간주된다. Beck은 BDI의 점수에 대하여 0～9점은 정상상태, 10～15점은 경한 우울상태, 16～23점은 보통 우울상태, 24～63점은 심한 우울상태로 분류하였다([부록 3] 참조).

② 자기지각 검사

자기지각 설문검사는 김정희(1987)가 제작한 것으로 총 30개의 형용사(긍정적인 것

25개 부정적인 것 5개)에 대해 5점 척도로 구성되어 있는 것을 사용하였다. 응답자는 '전혀 그렇지 않다' (1)점에서 '확실히 그렇다' (5)점까지의 항목 중에서 자신에게 해당하는 것을 표시하였고 전체문항들의 총합으로 계산하였다. 해석은 점수가 높을수록 긍정적인 자기지각을 뜻한다.

(4) 미술치료 프로그램

표 7-3 인지-행동 집단미술치료 프로그램의 내용

회기		주제	내용	기대 효과
사전		오리엔테이션	사전 그림검사(FCCD, SWT)와 질문지검사를 실시한다.	인지-행동 집단미술치료에 대한 이해를 돕기 위하여 전체 과정과 이론에 대해 간략히 설명한다.
친밀감 형성	1	그리기와 물감으로 낙서	〈별칭 소개하기〉 지금 현재 느끼는 감정을 표현하고 주제 만들어 이야기를 구성하여 본다.	지금 현재의 감정을 다루고 미술매체에 대한 부담을 줄여 편안하게 사용할 수 있게 한다.
	2	핑거페인팅	자유연상으로 만들어진 작품에 주제어 만들어 이야기를 구성하여 본다.	도구를 사용하지 않고 직접 손으로 작업하여서 개방성을 더욱 이끌어 낸다.
왜곡된 인지탐색	3	과거 현재 미래	과거에 희망하였거나 과거에 대한 생각을 알아보고 현재를 중요시 하며 현재의 모습에 대해 토론한다.	현재 자신에 대해 느끼는 모습에 대해 알아보고 현재 해야 할 일들을 점검한다.
	4	좋아하는, 싫어하는 내 모습	자기 안에 자신의 두 가지 모습이 모두 존재한다는 사실을 인식하게 한다.	긍정적인 부분을 찾고 흑백논리를 탈피한다.
	5	자기감정 알아보기	상반된 감정 두 개를 같이 표현한다.	자신의 감정을 규명하고 감정 조절을 해야 할 필요인식과 행동 바꾸기-감정 바꾸기에 대해 알아본다.

회기		주 제	내 용	기대 효과
왜곡된 인지교정·현실검증	6	스트레스를 주는 대상 총 정리	스트레스 주는 중요한 순서, 5년 뒤 중요순서, 대상에게 투자한 시간 순서 번호를 매겨 본다.	순서, 순위, 결과에 대해 이야기하고 해결할 수 없는 문제에 체크하여 본다.
왜곡된 인지교정·현실검증	7	수치심과 죄책감	아침에 일어났을 때 드는 생각과 무엇인가 잘 안 되고 있을 때 부끄럽게 느껴질 때를 알아본다.	수치심과 죄책감을 정상적인 반응으로 받아들일 수 있게 돕는다.
왜곡된 인지교정·현실검증	8	잃은 것과 찾은 것	자신이 느낀 아픔을 똑같이 느끼고 있는 누군가를 떠올리며 카드를 만들어 본다.	스스로에게 고통을 인식하게 하고, 스스로를 지지하게 하여 그것이 내 안에 같이 있음을 느끼게 한다.
왜곡된 인지교정·현실검증	9	길 만들기	건강으로 이르는 길을 상징적으로 표현하여 본다.	개인적인 능력을 구체화시킨다.
교정된 인지 유지	10	내가 받은 선물과 고통	먼저 자신의 상징을 그리고 선물과 괴롭히는 대상을 집단원들이 돌려가며 그리기를 한다.	그린 사람의 의도와 받은 사람과의 느낀 점의 차이에 대해 이야기하여, 주고받음의 차이를 알아본다.
교정된 인지 유지	11	안전한 장소 만들기	힘들 때 내가 가장 편안히 쉴 수 있는 공간을 만들어 본다.	스트레스 상황에서 정신적인 여유를 찾을 수 있는 상황을 제공한다.
교정된 인지 유지	12	나를 광고하기	자신을 광고한다면 무엇을 광고하고 싶은가? 지금의 나를 알아본다.	장단점을 다 가지고 있는 자신을 광고하여 제대로 자신을 알리고 그것이 자신의 삶의 목표나 힘으로 느끼게 한다.
사후		집단 후 달라진 점 이야기하기	사후 그림검사(FCCD, SWT)와 질문지검사를 실시한다.	자신의 변화를 확인하고 지속적으로 적용하게 한다.

(4) 미술치료 프로그램 진행과정

인지-행동 집단미술치료 프로그램 실시과정 중 집단원의 반응과 대화 내용을 간단히 기술하였다. 1단계에서는 친밀감 형성으로 회기진행에 대한 이해와 마음의 준비에 대해 이야기하였고, 2단계는 역기능적인 인지탐색, 3단계는 왜곡된 인지 교정과 현실검증작업을 하였으며, 4단계는 교정된 인지를 지속적으로 유지할 수 있도록 하여 사회적 상호작용을 원활히 할 수 있도록 하였다.

① 1단계(1~2회): 친밀감 형성

집단원 서로 간의 어색함을 줄이고 서로에게 친밀함을 느끼게 하기 위하여 1회기에는 그리는 재료로 낙서하여 이야기 꾸미기를 실시하였으며, 2회기는 도구를 사용하지 않고 손으로 하는 핑거페인팅을 실시하여 개인내적으로 좀 더 개방적이고 적극적으로 집단 활동에 참여할 수 있게 도왔다. 이러한 매체경험으로 집단원은 좀 더 활기차게 작업에 임하며, 서로 기분을 느끼고 말하며 친밀감을 증진시킨다. 또한 매체가 주는 느낌, 즐겁거나, 불편함, 재료를 사용하는 자세와 사용하는 양, 매체를 사용하며 주고받는 집단원 간의 상호작용을 관찰하고 느낄 수 있었다.

A는 매우 조심스럽게 주변을 살피면서 그리거나 매우 제한된 색을 사용하였다. B는 항상 분홍색이나 예쁘고 화려한 색이나 매체를 잘 사용하였다. 어렸을 때부터 항상 주목받고 싶었고 부정적인 자기 모습은 누구에게도 보여 주고 싶지 않다고 하였다.

C는 매우 큰 종이를 사용하였고 다양한 그리기 매체와 물감을 섞어 사용하였으며 매우 적극적이고 열성적으로 작업에 임하였으며 말을 많이 하였다. D는 첫 작품에서부터 자신을 표현하는 상징적인 이미지나 크고 강하게 보이는 하나의 나무를 주로 그렸다. E는 이러한 작업에 참여한 것을 매우 즐거워하였다. F는 표정이 무척 긴장되고 힘들어 보였다. 연필을 지속적으로 사용하였고, 핑거페인팅작업에서도 손가락 끝으로만 작업을 하였으며 작업을 하는 동안 말을 하지 않았다.

[그림 7-1] 자유화(F의 작품)

② 2단계(3~5회기): 역기능적인 인지탐색(자기 발견, 감정인식)

2단계에서는 과거를 탐색하여 그것이 지금 현재 자신에게 어떻게 작용하고 있는지, 자신 속에 있는 자신을 어떻게 바라보고 있는지 자신의 장단점을 제대로 인식하여 흑백논리에서 탈피하도록 한다. 그러한 상황에 대해 자기인식과 감정을 규명하여 자신이 가진 인식이 감정과 행동에 많은 영향을 주며, 이러한 감정을 느끼고 조절하여 자신에게 도움이 되는 행동으로 나아갈 수 있도록 돕는 데 목표를 두었다.

B는 자신 안에 있는 좋아하는 모습과 싫어하는 모습을 제대로 인식하지 못하였다가 3회기의 작품에서 매우 큰 충격을 받았으며, 자신은 사랑을 주고받기만을 하였으면 좋겠고 부정적인 자기 모습은 보이기 싫다고 하였다. 3회기에서 금색 종이에 큰 하트를 표현하였으며 그렇게 화려하고 예쁘고 사랑스럽게만 살고 싶다고 하였다. C는 매우 많은 양으로 왕성하게 작업을 하였으며 무슨 일에서든지 한꺼번에 많은 에너지를 쏟아부었고 잘하려고 하였다. 그러한 자신의 모습을 미술작업에서 처음으로 느끼게 되었다고 하였고, 항상 무엇인가에 열중하지 않으면 안 되는 자신을 알게 되었고, '반드시 최고로 잘하여야 한다.' '내가 책임져야 한다.' 라는 생각에 힘이 드는 줄도 몰랐다고 하였다. 그러한 행동이 자신에게는 많은 사람과 교류할 수 있게 한다고 생각하였고, 집에 가서는 지쳐서 가족을 위해 밖에서처럼 에너지를 쏟을 수 없다고 하였다. C는 자신의 행동이 가족에게 얼마나 도움이 되는지, 가족이 알아주지 않는 서운함에 대해 알게 되었다. D는 의존과 독립을 원하고 있는 모순된 자신을 발견하였다. 누구의 간섭도 듣기 싫지만 필요한 것의 도움을 바라는 자신의 생각

[그림 7-2] 좋아하는/싫어하는 내 모습(B의 작품)

과 행동을 확인하였다. 2단계에서 집단원은 자신의 행동을 대체로 좋고 나쁨으로 분리시켰고, 좋다고 생각하는 것에 많은 에너지를 쏟고 있었다.

③ 3단계(6~9회기): 왜곡된 인지 교정 · 현실검증(고통다루기, 감정 인식)

3단계에서는 부정적인 정서와 관련된 상황에 대해 구체적으로 탐색하고 왜곡된 인지와 행동문제를 확인하고 찾아내는 데 익숙하게 한다. 좀 더 현실적인 사고방식 개발하기와 앞으로 어떻게 처리할 것인지, 극복할 수 있는 방법에 대해 구체적으로 알아본다. 미술작품에서 반복적으로 나타나는 왜곡된 부분을 탐색하게 하고, 그러한 상황이 자신에게 도움이 되는지, 현실적으로 도움이 되는 방법을 찾는 데 목표를 두고 작품에서의 변화를 먼저 경험하게 하고 그 느낌을 충분히 나누어 본다.

B는 자신이 슬프다는 것을 인정하지 않았으나 8회기에서는 슬픔을 울음으로 많이 표현하였고 그러한 자신의 슬픈 모습을 집단 안에서 내 놓을 수 있게 되었다. D는 도움은 다른 사람의 간섭을 받아야 하며 자신과 남편의 무능으로 보여서 싫고, 남편이 폐인이 될 것 같은 두려움, 사람들이 비웃을 것 같다는 생각으로 힘들어하였다. 이에 대한 극복방법에 대해 이야기하였다. E는 자신은 힘이 없고 가치 없게 느껴지며 비참하고 슬퍼서 눈물이 났다고 하였다. 그것이 모든 사람들에게 사랑받고 싶은 욕심과 남과 비교하는 마음 때문이라는 것을 알게 되었고 모든 사람에게 사랑받을 수 있는 방법에 대해 이야기하며, 그것이 얼마나 비합리적인 신념인지에 대해 이야기하였다. 남과 비교를 할 때 어떤 부분을 비교하게 되는지, 나에게 도움이 되는 비교는 어

[그림 7-3] 수치심과 죄책감(F의 작품)

떤 것들이 있는지에 대해 알아보았다. F는 과거 어떤 부분이 자신 때문이라고 생각하였고, 죄책감을 가지고 있었다. 그것이 사실인가? 라고 물었을 때 F는 '사실이라고 생각한다.' 그 근거는 '주위 사람들이 다 그렇게 생각하고 말하였다.' 고 하였다. 그래서 그 상황을 다시 꼼꼼히 살펴보았고, 그러한 부정적인 생각이 지금 나에게나 과거 그 상황이나 대상에게 도움을 주는지 어떤지에 대해 탐색하였다. 그리고 자신이 너무도 사랑받고 싶어 하고 있다는 사실을 알았고, 그러기 위해서 내가 해야 할 일들에 대해서도 논의하였다. 이러한 과정 안에서 집단원은 자신의 진정한 욕구를 확인하였고, 그러한 욕구들이 솔직히 표현되지 못하였거나 왜곡되어 있는 모습을 확인하였다. 자신의 해결되지 않은 욕구에 대한 감정으로 많이 힘들어하였으나 좀 더 현실적으로 해결할 수 있는 방법을 찾아보았다.

④ 4단계(10~12회): 교정된 인지 유지, 지속하기(사회적 상호작용)

4단계에서는 내가 알고 있던 것이 전부가 아니며, 다른 사람과의 차이에 대해 인식하게 하고, 그것을 지속적으로 유지할 수 있도록 하는 데 목표를 두었다. 그림에서 내가 생각하며 그린 것이 다른 사람도 그렇게 생각하는지에 대해 이야기하고, 자신의 그림변화에 대한 생각과 느낌을 정리하였다.

A는 붉은색 계열이나 너무 눈에 띄는 화려한 색이나 미술매체는 사용하기 어렵다고 하였으나, 종결단계에서는 붉은 바탕종이에 금색 종이로 화분을 만들어 자신이 원하는 난을 뚜렷하게 그려 넣었다. 그리고 긴장감이 많이 줄고 여유 있게 말을 하였으며 좀 더 자신과 타인에게 집중하는 듯한 태도가 생겼다. D는 행동의 변화로서는

[그림 7-4] 나를 광고하기(A의 작품)

'나는 도움을 받고 싶다.' 라고 표현하였고 '어떻게 해야 하는지 잘 모르겠다.' 며 물어보았다. E는 지금까지 모호하였던 자신의 욕구를 구체적이고 분명하게 인식하였고 그것들을 자신에게 보내는 선물처럼 예쁜 포장지에 모두 표현하게 되었다. F는 집단초기에는 눈치를 보며 마지막에 말하였으나 집단의 중기에서는 먼저 말하겠다고 하는 적극적인 행동의 변화를 가져왔다.

(5) 결 과

대부분의 사람들은 자기감정을 억압하고 부정하면서 너무 일찍 어른이 되어 버리는 경향이 있다. 하지만 한 번 받은 마음의 상처는 사랑을 기울여 완전히 치유해 주기 전에는 아무리 어른이 되어도 가슴속에 그대로 남아 있다(김경숙, 1996).

그러므로 본 사례는 기혼여성들이 겪고 있는 우울이 인정받고 싶은 욕구, 의존성, 강한 성취의식과 타인에게 사랑받고 싶은 욕구와 자신을 주장하고 독립하려는 경향이 있음을 인식하고, 표현하고 나눌 수 있는 기회를 제공하여 기혼여성의 우울을 감소시키고 긍정적인 자기지각을 가질 수 있도록 도와주고자 하는 것이다. 연구결과는 다음과 같다.

첫째, 우울의 사전 · 사후 · 추후검사의 결과를 비교 분석해 본 결과 통제집단에서는 유의미한 차이가 없었으나, 실험집단에서는 유의미한 차이를 보였다. 즉, 인지행동미술치료는 기혼여성의 우울 감소에 효과적이라 할 수 있다.

둘째, 자기지각의 사전 · 사후 · 추후검사의 결과를 비교 분석해 본 결과 통제집단에서는 유의미한 차이가 없었으나, 실험집단의 경우 통제집단보다 자신을 좀 더 우호적으로 지각하고 있음을 나타내었다. 그러나 실험집단의 자기지각에 대한 사후 · 추후검사 결과는 통계적으로 유의하지 않았다.

이상의 결과에서 볼 때 인지-행동 집단미술치료 프로그램은 부정적인 자기지각을 가진 기혼여성에게 긍정적인 자기지각을 가지게 할 뿐만이 아니라 프로그램이 끝난 후 사후 검사에서는 높은 긍정적인 자기지각을 하였다. 비록 추후 검사에서는 사후 검사에서보다 자기지각이 많이 감소되기는 하였으나 사전 검사 때보다는 높은 긍정적인 자기지각이 유지되었다. 프로그램이 끝난 후 여성들은 남과 비교하지 않고 자신의 있는 모습 그대로 받아들이려 하였으며 개인적 능력을 성취시키는 것에 대해 관심과 자신감을 가지는 등의 행동의 변화를 가져왔다. 그러므로 인지-행동 집단미술치료 프로그램은 우울과 자기지각에 효과적이라고 여겨진다.

3. 노년기의 특성

노인이란 시대와 사회에 따라 다르지만 일반적으로 공통적인 연령과 기능상태를 기준하여 노인 여부가 결정된다. 즉, 노인이란 고령화와 더불어 신체적 · 정신적 · 사회적 퇴화현상으로 인하여 사회기능 수행에 장애가 초래됨을 경험하는 사람으로 정의된다. 노년기는 신체적 구조와 기능의 퇴화와 더불어 환경에 대한 적응능력의 상실이 표면적으로 두드러지게 나타나게 되는데, 구체적으로 살펴보면 아래와 같다(유영주 등, 1999; 윤진, 1991).

1) 노년기의 신체적 변화

노년기에 있어서 신체부위 중에서 가장 쉽게 노화의 증상을 나타내는 것은 얼굴로서, 표피는 점차 얇아지고 주름이 지며, 제2차 성징이 점차 위축되어 성별 특징이 사라지게 된다. 골격은 뼈의 경화, 철분의 퇴적, 뼈대구조의 변경이 이루어져 키가 줄며, 근육은 탄력성을 잃고 섬유소가 증가한다. 또한 감각기관의 능력이 감퇴하고 자극에 대한 반응이 둔감해지며, 뇌의 무게도 줄고 뇌공은 팽창하며 피질조직은 좁아진다. 게다가 신진대사능력과 면역능력이 감소하여 질병에 걸리기 쉽다. 그 결과 노년기에는 만성질환이 증가하게 된다.

2) 노년기의 사회적 행동 변화

노인은 신체기능의 점진적인 퇴화가 일어나면서 가정 및 사회에서의 위치변화와 직업생활에서의 은퇴 등 사회생활의 변화를 겪게 된다.

노년기가 되면 자녀들이 성장하여 독립해 감에 따라 가족부양에 대한 의무와 책임도 줄게 된다. 그리고 가족크기의 감소, 은퇴에 따른 수입의 변동, 배우자의 죽음 등에 의해 생활조건이 크게 변화한다.

일반적으로 사회는 노인에게 새로운 일자리를 제공해 주지 않는다. 이는 노인은 사회적 기술이나 능력이 떨어질 뿐만 아니라 동기도 위축되기 때문이다. 따라서 연령이 증가할수록 취업의 기회가 감소하고 대우 또한 나빠지므로 성격이나 동기도 변질되게 된다. 실직한 노인은 취업노인보다 지적으로 열등해지고 의욕상실이 나타나며 훨씬 일찍 노화하는 경향이 있다.

3) 심리적 특성의 변화

(1) 우울증 경향의 증가

연령에 따른 우울증 경향의 증가는 일반적인 현상이다. 노인은 신체적 질병, 배우자의 죽음, 경제사정의 악화, 사회와 가족들로부터의 고립, 일상생활에 대한 자기통제 불가능 그리고 지나온 세월에 대한 회환 등으로 전반적으로 우울증 경향이 증가한다(Jarvik, 1976). 그리하여 이런 노인들은 불면증, 체중감소, 감정적 무감각, 강박관념, 증오심 등의 구체적인 우울증세를 나타낸다.

(2) 내향성 및 수동성의 증가

인간은 노화와 더불어 사회적 활동이 감소하고 사물의 판단과 활동방향을 외부보다는 내부로 돌리는 행동양식을 갖게 된다. 특히 신체 및 인지기능의 감퇴와 더불어 자아에너지의 투입이 적으며, 생활상황에 감정투입을 적게 하며 자기주장을 관철함에 있어 지구력이 약할 뿐만 아니라 새로운 것에 도전하기를 꺼린다(Rosen & Neugarten, 1960).

(3) 경직성의 증가

경직성은 어떤 태도, 의견 그리고 문제해결 장면에서 그 해결방법이나 행동이 옳지 않거나 이득이 없음에도 불구하고 옛날과 마찬가지 방법을 고집하고 여전히 계속하는 행동경향을 말한다. 노인은 인지기능의 저하로 인해 학습능력이 저하되는데, 이는 지능의 쇠퇴라기보다 경직성의 증가에 따른 학습 및 문제해결 능력의 감소로 여겨진다(Schaie, 1958).

(4) 성역할의 변화

노인들은 이전과는 달리 억제되었던 성역할의 방향으로 전환되어 간다(Lowenthal, 1975; Gutman, 1977). 즉, 늙어 갈수록 남자는 유연성과 양육동기가 더 증가하고, 여자는 공격성, 자기중심성 그리고 권위적 동기가 더 증가한다는 것이다. 이러한 경향은 특히 육체적 영역에서보다 사고 · 판단 · 행동과 같은 정신적 영역에서 더욱 두드러지게 나타난다고 한다.

(5) 조심성의 증가

노인이 될수록 행동이 더욱 조심스러워진다. 그 이유로 첫째, 노인 스스로의 의지로써 정확성을 더욱 중시하기 때문이다. 둘째, 신체적, 심리적 기능의 쇠퇴로 인해 그 보완작용으로 인해 조심스러워진다. 셋째, 자신의 결정에 대한 자신감이 감퇴하기 때문에 더욱 세심한 주의를 기울인다.

(6) 유산을 남기려는 경향

노인은 사후에 이 세상에 다녀갔다는 흔적을 남기려는 욕망을 강하게 가진다. 따라서 자손을 낳고 재산과 유물, 골동품, 독특한 기술, 토지와 보석 등을 후손과 친지들에게 물려주고자 한다.

(7) 친근한 사물에 대한 애착심

노인이 될수록 사용한 물건과 대상에 대한 애착심이 증가한다. 이는 노인으로 하여금 자신이 살아 온 과거를 회상하고 마음의 안락을 찾게 해 준다.

(8) 의존성의 증가

노인은 신체적 및 경제적 능력의 쇠퇴와 더불어 의존성이 증가한다. 노인이 되어 갈수록 자녀, 가족 및 이웃으로부터의 물질적인 도움보다는 심리적으로 의존하려는 경향이 증가한다.

4. 노인 미술치료

1) 노인 미술치료의 의미

인간은 노년기에 접어들면서 생물학적 변화와 더불어 신체적 기능의 저하가 일어나게 되며, 심리적으로도 사회적으로도 많은 변화를 겪게 된다. 이와 관련하여 일어나는 노인문제로는 사회적 문제, 경제적 문제, 주거문제, 건강문제, 고독과 소외의 문제, 역할상실의 문제 등이 큰 비중을 차지한다. 이러한 상황에서 경로사상도 빠르게 변화되는 젊은 세대 중심의 사회정책과 풍조에 휘말려 퇴색되어 가고 있는 실정이다.

노인의 삶에 있어서 긍정적 측면을 개발하는 예술적, 창의적 미술치료는 노년기 삶의 질을 높여 주는 데 큰 의미가 있는 활동이다. 노인들은 미술활동을 통하여 '새로운 의사소통 가능성과 표현 가능성을 발견하여 발전시킬 수 있으며' 또한 '억제하고 있거나 회피하고 있는 의식적, 무의식적 갈등을 표현' 할 수 있게 된다(정여주, 2003a).

노인들은 미술치료를 통하여 이제까지와는 다른 방식으로 자신을 표현하는 것을 배우게 되며, 그러한 과정을 거쳐서 자신의 생활과 정신적, 심리적 상태를 변화시킬 수 있으며, 나아가 자기 존중감, 자기신뢰감을 회복하게 되고 자신의 생활에 균형과 조화를 이루는 것을 발견할 수 있다. 미술치료는 노인에게 예술적 활동을 통해서 삶의 건강한 측면을 끌어내기 위한 것이다. 미술치료는 노인들의 창의성과 자기 성취를 이루는 것을 도울 뿐만 아니라, 노년기에 빈번하게 발생하는 다양한 병의 감소 및 회복과 병으로 인한 심리적 불안감과 두려움 및 우울감을 극복하는 데 중요한 역할을 한다(정여주, 2003a).

2) 노인 미술치료의 목적

노인 미술치료의 구체적인 목적은 다음과 같다(정여주, 2003b).

- 노인의 주체적 체험을 통하여 예술적 잠재력을 개발하고 실현한다.

- 삶을 회고하며 균형 있고 조화로운 삶을 유지한다.
- 노인 미술치료, 특히 집단미술치료를 통하여 만남의 기회를 가져 참여성과 사회적 관계를 유지한다.
- 신체-감각기능의 장애와 노인성 질병을 예방하거나 완화한다.
- 시각적, 운동적, 촉각적 자극을 통하여 뇌 세포의 활동을 자극한다.
- 심리적 안정감과 자신감을 얻는다.
- 자신의 삶을 긍정적으로 수용하고 독립성과 자아실현을 이룬다.

3) 노인 미술치료의 효과

노인 미술치료의 기대효과는 치료목적에 따라 크게 네 종류로 나누어 볼 수 있다. 즉, 정서 영역, 인지 영역, 감각 및 운동 영역, 사회 영역이다. 노인의 문제점, 장애나 병에 따른 치료목표의 설정에 따라 그 치료적 효과에 대한 기대도 달라질 수 있다(정여주, 2003b).

(1) 정서 영역

- 창의성과 자기표현력이 증가한다.
- 자율성과 자기수용력을 갖는다.
- 자존감과 타인에 대한 수용력과 이해력을 가진다.
- 자연과 주변 환경에 대해 개방적이 된다.
- 심리적 긴장감을 이완하고 안정감을 얻으며 즐거운 생활을 할 수 있다.
- 자기 통제력과 결정력을 향상시킨다.

(2) 인지 영역

- 자기인식과 자기고찰의 기회를 갖는다.
- 미술재료의 사용 및 기법을 익힌다.
- 색 인지 및 색 선택과 형태감각이 증진된다.
- 다양한 자료들을 응용하여 사용할 수 있는 능력이 확대된다.

- 새로운 아이디어가 증가되며, 작업에 대한 평가 및 비판 능력이 향상된다.
- 갈등이나 문제해결 능력이 생긴다.
- 주변 환경과 사물에 대한 민감성을 지닌다.
- 기억력 저하를 막고 회상을 통한 기억력을 자극시킨다.
- 미적 감각을 향상시킨다.
- 집중력을 증가시킨다.

(3) 감각 영역과 운동 영역

- 미술재료와 활동을 통하여 오감(보기, 듣기, 맛보기, 만지기, 냄새 맡기)능력을 강화한다.
- 좌뇌 손상과 우뇌 손상에 따른 문제점을 극복하는 재활적 관점을 향상시킨다.
- 대근육 운동과 소근육 운동의 발달을 돕는다.
- 눈과 손, 손과 촉각의 협응을 돕는다.
- 미술도구나 재료사용에 대한 통제능력을 기른다.
- 언어능력을 개선한다.
- 이완을 통한 규칙적인 호흡의 리듬을 유지하게 된다.
- 색과 형태에 대한 구별능력을 유지하거나 개선한다(치매환자 경우).
- 손의 근육조직을 발전시킨다.

(4) 사회 영역

- 집단에서 자신을 표현할 수 있는 능력을 개발한다.
- 일상적인 생활에 적응할 수 있게 한다.
- 타인의 권리와 입장을 수용할 수 있게 된다.
- 개인적 삶의 경험을 함께 나눌 수 있는 기회를 가진다.
- 협동심과 공동체 의식을 높인다.
- 사회적 관계에 있어서 통합성을 함양한다.
- 예술활동의 내용과 형태의 의미를 결정하는 능동적 파트너가 된다.

4) 노인 미술치료의 주제와 재료

(1) 주 제

- 가능한 오전에 할 수 있도록 한다.
- 청각장애, 시력감퇴, 관절염 등과 같은 장애를 보살피기 위해 관심을 가져야 한다(좌석배치, 돋보기안경, 채광, 매체 등).
- 추억을 회상하고, 그들의 인생(행복했던 일, 불행했던 일 등)에 대해 이야기할 수 있는 주제라야 한다.
- 그들의 업적과 현재의 능력에 대한 주제가 좋다.
  - 유년시절, 청소년기, 성인기의 이미지
  - 중요한 사건들(결혼, 출산, 생일, 죽음, 독립 등)
  - 가장 행복했던 순간
  - 좋았던 기억, 나쁜 기억
  - 강렬한 감정(기쁨, 슬픔, 화남 등)과 관련된 기억들
  - 가족이나 친구들과 말하지 못했던 일, 해결하지 못했던 것, 말하고 싶었거나 하고 싶었던 것
  - 삶과 사건에 관한 사진앨범을 만들기 위해 오래된 가족사진을 활용

(2) 미술치료 재료

- 다양한 색상과 쉽게 효과를 낼 수 있는 완성도가 높은 재료를 제공하여 '성공적인 결과' 에 대한 만족도를 높일 수 있도록 재료를 선정하여야 한다.
- 인지 운동능력에 맞는 재료를 사용하여야 한다.
- 재료 도구에 대한 풍부한 지식을 가지고 다양한 재료를 제공한다.
- 적절한 재료의 선정과 거기에 따르는 기술적인 도움을 줄 수 있어야 한다.
- 재료의 질이 좋아야 한다.
- 안전, 위생을 생각하여 재료를 선택하여야 한다.

따라서 노인들을 대상으로 미술활동을 할 경우에는 다음에 제시하는 재료의 특성을 고려해야 한다.

- 쉽게 다룰 수 있는 단순하고 실용성 있는 재료: 크레파스, 도화지, 잡지, 색종이, 색한지, 사인펜, 신문지 등
- 과거를 회상할 수 있는 기회를 가지게 하는 재료: 밀가루 반죽, 물풀, 지점토, 점토, 종이죽, 털실, 한지, 색실, 한지끈, 수수깡, 자연물 등
- 재료의 재질감을 이용하여 감각기능을 자극하는 재료: 골판지, 솜, 스펀지, 고무찰흙, 모래, 밀가루 반죽, 물풀 등
- 창의성을 촉진시키는 변화 가능성이 높은 재료: 물풀, 종이죽, 파스텔, 한지, 석고작업 등
- 사용할 때 특별한 주의가 필요한 재료: 날카로운 조각도, 순간접착제 등 위험성이 많은 것

(3) 미술치료 진행과정

① 워밍업

작업의 주제와 재료에 맞는 준비과정으로 간단한 신체활동, 노래 등으로 근육과 심리적 이완을 도모한다.

② 도입

매체와 도구를 탐색하고 활동내용을 소개한다. 즉, 재료의 재질감과 재료를 연관지어 연상되는 것, 재료에서 느껴지는 정서적인 느낌 등을 이야기한다.

예를 들면, '이 재료의 느낌은 어떻습니까?' '이 재료를 보니 어떤 생각이 나세요?' 등이 있다.

③ 활동부분

자신의 내면을 표현하는 단계로서, 치료자는 내담자가 활동에 몰입할 수 있도록 불필요한 대화나 개입은 하지 않도록 한다. 그러나 재료사용이나 작업 진행에 문제가 있을 경우는 치료자가 기술적인 도움이나 문제해결에 도움을 줄 수 있다.

④ 나누기

자신을 객관적으로 보는 과정으로 치료자와 내담자, 내담자와 작품, 내담자들 간에 상호작용이 일어난다.

예를 들면, '그림에 대해 이야기를 좀 해 주시겠어요?' '제목을 한번 붙여 보시겠어요?' '표현한 부분 중 어떤 부분은 마음에 들고 어떤 부분은 마음에 안 드세요?' 등이 있다.

(4) 치료사의 역할과 자질

노인 미술치료를 실시하는 치료사는 다른 대상을 위한 미술치료와 마찬가지로 노인들의 특성과 상태를 잘 파악하고 있어야 한다. 이와 관련하여 미술치료사의 역할에 대해서 정리하면 다음과 같다.

- 신뢰적 관계 형성
- 격려와 자극
- 노인병과 장애에 대한 지식
- 정서적 환경 제공
- 적절한 주제와 기법 선택
- 동반자의 역할

(5) 노인 미술치료의 적용영역

노인 미술치료는 일반적으로 모든 노인을 대상으로 적용시킬 수 있다. 크게 나누면 첫째, 노인에게 건강한 노년을 위한 자기경험 및 자기성장을 위한 예술적 활동으로서의 미술치료와 둘째, 신체적, 정신적 병을 겪고 있는 노인환자를 위한 미술치료로 나눌 수 있다.

5. 치매노인과 미술치료

1) 치 매

치매는 라틴어의 '정신이 나간 상태'라는 뜻의 'dementatus'에서 유래한 것이다. 세계보건기구에서는 치매를 뇌의 기능저하로 발생하는 인지장애로 대개 만성적이고 진행성으로 나타나며 기억력, 사고력, 지남력, 이해력, 계산능력, 언어 및 판단능력 등을 포함하는 고도의 피질기능의 다발성 장애로 분류하고 있다(조남옥, 1996).

우리나라는 2000년 노인 인구가 전체 인구의 7.2%에 도달하여 고령화 사회로 진입했으며, 2020년경에는 노인인구가 전체인구의 15%에 도달하는 고령사회에 이를 것으로 예측되고 있다. 국민의 평균 수명은 2000년에 75.9세에서 2010년에는 78.8세로 증가할 것으로 추정되고 있다(통계청, 2003). 이처럼 인구고령화는 필연적으로 가족이나 사회에 대한 의존욕구를 가진 노인의 수를 증가시킨다. 이러한 의존성 노인 중에서도 가장 의존성이 높은 노인이 바로 치매노인으로, 치매는 세계보건기구가 암과 AIDS와 함께 21세기 3대 질환의 하나로 선정한 질병이다.

우리나라에서 치매에 대해 사회적 관심을 기울이게 된 것은 1990년대 초반부터다. 치매에 대한 공식적인 대책이 수립된 것은 1996년 3월에 발표된 '삶의 질 세계화를 위한 노인 장애인복지 종합대책'에서부터며, '치매노인 10년 대책'을 마련하여 추진해 오고 있는 실정이다. 약 10년 정도가 걸리는 다른 사회문제에 대한 대책수립에 비해 치매에 대한 사회적 대책이 빠르게 수립된 것은 그만큼 치매문제가 심각하고 중요한 사회문제임을 반영해 준다.

보건복지부(2004)에 따르면, 2004년 현재 65세 이상 노인의 8.3%인 34만 6,000여 명이 치매를 앓고 있는 것으로 추산되며, 이는 1990년 17만 명, 2000년 28만 명에 비해 급격한 증가추세다. 보건복지부는 치매노인이 2010년에는 노인 인구의 8.6%인 45만 6,000명, 2020년에는 9%인 57만 100여 명에 이를 것으로 추산한다. 인구의 급진적인 고령화와 평균수명의 증가를 고려해 볼 때 치매노인에 대한 문제는 심각한 문제가 아닐 수 없다.

치매의 유병률은 연령에 따라 증가하는 것이 일반적인데, Evans 등(1989)은 65~74세 인구 가운데 약 10%가 알츠하이머병이고, 75~84세 인구 중에서는 19%로 증가되고, 85세 이상 인구 군에서는 47% 이상으로 증가된다고 추정하였다. 우리나라에서는 처음으로 경북 영일군을 대상으로 치매관련 연구를 한 박종한과 고효진 등(1991)의 연구결과에서는 치매 유병률이 10.8%였고, 경기도 연천군을 대상으로 한 서국희(1999)의 연구에서는 치매 유병률이 6.83%로 나타났다. 이 같은 낮은 치매 유병률은 뇌졸중을 예방하려는 지속적인 노력이 효과가 있어 혈관성 치매의 발생률이 감소한 때문인 것으로 추측된다고 보고하였다.

2) 치매노인의 인지기능

정상적인 노화과정에서 나타나는 기억장애는 단기 기억과 장기 기억, 재인능력은 비교적 잘 보존되고 있으나 주로 지연회상이 잘 안 되는 데 반하여 치매는 새로운 것을 학습하는 능력과 지연회상의 장애가 심하고 재인능력도 감퇴되어 있는 것으로 구별이 가능하다.

치매노인의 인지기능 장애는 기억력 장애, 지남력 장애, 언어장애, 실인증, 실행증, 시공간기능 장애, 수행능력 장애를 포함하며, 치매의 단계에 따라 다른 임상 양상을 보이는데, 구체적으로 살펴보면 다음과 같다(권중돈 외, 2002: 54-64).

(1) 기억력 장애

기억장애는 모든 치매환자에게서 가장 먼저 나타나는 흔한 증상으로, 기억을 저장하는 뇌 구조물 중 특히 해마와 대뇌피질의 신경파괴에 기인하는 것으로 알려져 있다. 해마가 파괴되면 단기기억력이 감소하고, 친숙한 일을 수행하는 능력이 떨어지고, 대뇌피질이 파괴되면 언어능력과 사고능력이 감소하게 된다(National Institute of Aging Process Report on Alzheimer' s Disease, 1996). 그 결과, 물건을 두고 못 찾거나 말을 반복하고 중요한 약속을 잊어버린다든가 가스 불 끄는 것을 잊어버리는 등의 증상이 나타난다. 초기에는 과거의 일을 잘 기억하나 금방 있었던 일은 잘 기억하지 못하는 단기 기억 장애가 주로 나타나며 새로운 정보를 학습하는 능력이 감소한다.

병이 진행되면서 장기 기억도 상실하게 되어 간단한 집안일도 못하게 되며, 가족의 이름, 자신의 나이, 주소, 전화번호 등도 모르게 된다.

(2) 지남력 장애

시간의 흐름, 지금 있는 곳이 어디인지, 주변 사람들이 누구인지를 파악하는 것을 지남력이라 한다. 보통 시간에 대한 지남력이 가장 잘 손상되며 사람에 대한 지남력은 마지막까지 유지한다. 현재 있는 장소를 잘 모르고 집안에서 화장실이나 자기 방을 잘 못 찾고 외출 후 집을 못 찾아오기도 하고 병이 진행되면서 나중에는 주변 사람들을 알아보지 못한다.

(3) 주의력 장애

주의력은 외부자극에 대해 초점을 맞추고 의식을 유지하는 능력으로, 주의력 장애는 치매 초기에는 뚜렷하지 않을 수 있다. 치매환자에게 주의력 장애가 있을 때 기억장애, 언어능력, 실행능력 등 다른 인지기능의 장애가 실제보다 나쁘게 평가될 가능성이 있다.

(4) 언어장애

치매환자에게 흔히 나타나는 언어장애는 물건 이름을 올바르게 말하지 못하는 실어증, 유사한 단어를 말하는 착어증, 상대방의 말을 따라하는 반향언어증 등이며 기억력 장애와 함께 치매 초기부터 나타날 수 있다.

(5) 실인증(agnosia)

시력이나 청력의 감각기관이 정상임에도 불구하고 시각적, 청각적, 촉각적 자극을 제대로 인식하지 못하는 시각적 실인증, 촉각 실인증, 청각적 실인증, 안면 실인증, 입체감각 실인증을 나타낸다. 대개 치매가 어느 정도 진행된 후에 잘 관찰된다.

(6) 실행증(apraxia)

운동기능이나 감각기능의 장애가 없는데 어떤 일련의 행위나 정해진 운동 프로그램을 잘하지 못하는 것으로 일상생활에서 식사하기, 옷 입기, 화장실 가기 등의 행동을 잘하지 못하게 된다.

(7) 시공간기능 장애

시공간 능력은 공간 내에서 거리, 방향, 위치 등을 지각하는 것으로 그림을 보고 따라 그리거나 입체적인 모양을 표현하는 능력을 말한다. 알츠하이머병에서 비교적 초기에 나타난다.

(8) 수행능력 장애

어떤 행동양상을 파악하고 복잡한 과제를 수행하기 위한 전략수립 및 평가를 할 수 있는 추상적인 사고능력인 수행능력에 문제가 생기면 보속증, 판단력의 손상, 적절한 수행능력의 장애가 나타난다.

3) 치매노인의 우울

우울은 정상적인 기분변화로부터 병적인 상태에 이르기까지의 연속선상에 있으며, 정신적인 감기라고 불릴 만큼 흔한 감정상태로, 수면부족, 피곤, 식욕상실이나 과식, 무기력감, 주의집중력의 감소, 생산성의 부족, 사회적 철회, 기쁨과 흥미 및 동기 상실, 활동의 감소, 미래에 대한 죽음에 대한 반복적인 생각이나 자살기도, 우는 횟수가 잦아지는 것 등을 나타내는 정신병리 중의 하나다(Diagnostic and Statistical Manual of Mental Disorders-IV, DSM-IV, 1994).

우울은 주로 스트레스적 사건이나 복합적인 상실(사별, 건강상실, 직업상실, 재정적 안정 상실, 친숙한 환경의 상실)에 대한 반응과 관련이 있으며, 생물학적 원인에 의해 일어나는 내인성 우울과 스트레스적 사건에 대한 반응으로서 나타나는 외인성 우울로 나눌 수 있다. 그리고 모든 우울의 75%는 외적 사건에 대한 반응으로 발생한다(조항석 등, 1998).

특히 노년기에 발병하는 우울증은 일반적인 우울증과 달리 기억력을 비롯한 인지기능의 장애를 동반하며, 아주 점진적으로 시작되는 경향이 있고, 다른 연령층에 비하여 유전적 소인에 의한 것이 상당히 적고 질병의 진단기준에 부합되기보다 하나의 증상으로 나타나는 경우가 많다.

노년기 우울에 영향을 미치는 변인을 살펴보면, 허준수, 유수현(2002)은 연령이 높을수록, 교육수준이 낮을수록, 사별한 사람일수록, 신체적, 정신적 건강상태가 나쁠수록, 생활수준이 낮을수록 우울감이 높게 나타난다고 하였으며, 질병을 가진 노인이 건강한 노인보다 우울증상을 더 많이 보고하는 것으로 나타났다(박인옥, 1997; Birren & Schaie, 1990; Boorson et al., 1986).

한편 치매와 우울증은 공존하는 경우가 많으며, 특히 가성치매는 우울증과 관련된 인지기능 상실상태로서 적합한 치료와 함께 회복될 수 있다. 치매와 가성치매를 구별하기는 쉽지 않지만, 치매환자는 가성치매환자와는 대조적으로 서서히 발병하고, 과거에 정신과적 임상 병력이 없고, 장애를 숨기며, 틀린 대답을 하고, 인지기능의 장애가 꾸준하게 나타나며, 어떤 일을 하려고 하나 잘 되지 않는 것에 대해 별로 신경을 안 쓰며, 우울증상보다 기억장애가 먼저 나타난다(권중돈 외, 2002: 65).

우울증 환자에게서 나타나는 복합적인 우울 증상들을 감소시키고 개선시키기 위해서는 부정적인 정서와 인지과정을 동시에 변화시켜야 하며, 인지기능장애가 있는 환자에게서 우울증이 있는 경우, 우울증상을 완화시키는 치료를 해야 하는데, 이는 비록 치료가 인지기능을 향상시키지는 않더라도 우울한 감정을 회복시킬 수 있고 일상생활을 위한 수행능력을 향상시킬 수 있기 때문이다(이윤로, 2000: 68).

그러므로 치매환자들에게 적절한 프로그램이나 활동을 제시하여 인지기능을 향상시키고 상호작용을 증진시켜 정서적 지지를 경험할 수 있도록 하여 우울 수준을 감소시킬 필요가 있다.

4) 치매노인의 미술치료 개입

치매는 일단 정상적으로 성숙한 뇌가 후천적인 외상이나 질병 등 외인에 의해서 기질적으로 손상 내지는 파괴되어 전반적인 지능, 학습, 언어 등의 인지기능과 고도 정신기능이 감퇴하는 복합적인 임상증후군을 말한다. 치매의 증상은 인지기능장애와 정신증상으로 구별되며, 인지기능장애는 기억력, 지남력, 주의집중력, 언어능력,

인지능력, 시공간기능, 수행능력 등을 말하며, 정신증상은 망상과 환각 등의 정신병적인 증상, 우울과 불안 등의 정서적인 문제, 공격적인 행동이나 안절부절못하는 행동증상, 성격의 변화 등을 말한다. 특히 정서적 문제인 우울은 치매환자의 약 40~50%에서 나타나는 주요 증상으로 이는 치매에 걸리지 않은 65세 이상 노인의 우울증 유병률의 약 3배에 해당한다(대한신경정신의학회, 1998). Yasavage(1993)와 Forsell 등(1994)은 치매와 우울증은 병의 발병, 경과 및 예후에 밀접한 연관이 있음을 보고하였고, 서국희(1999)도 우울 증상은 신경인지기능과 기능적 수행능력의 저하와 밀접한 관계가 있다고 보고하였다.

치매는 특성상 비가역적이고 명확한 병인이 밝혀져 있지 않아 종합적인 치료법이 필요하다. 치매의 치료법으로는 약물치료, 작업치료, 행동치료, 미술치료, 원예치료, 음악치료, 애완동물치료 등이 있으며, 이러한 치료의 목표는 현재 상황에서 치매환자의 기능을 최대화시킴과 동시에 인지적, 비인지적 증상을 완화시키는 것이다.

지금까지 치매노인을 대상으로 미술치료를 실시한 여러 선행 연구 결과들(김동연, 신현옥, 1999; 김부영 등, 2001; 김영숙, 도복늠, 2005; 류정자, 2000; 박선민, 2005; 윤종호, 2000)은 미술치료가 인지기능이 떨어진 치매노인들에게 시지각과 손의 협응작용을 촉진시켜 두뇌활동을 촉진시킨다. 또한 현재 또는 과거의 기억을 되살리는 기회를 주어 각자의 능력에 따라 선, 색채, 형태를 표현할 수 있도록 도와주어 성취감과 편안함, 그리고 정서적 안정을 얻게 하여 인지적 수행능력을 향상시킬 수 있다고 보고하였다. 또한 노인들의 우울증상에 대해 미술치료를 시도한 연구결과들(이연희, 2004; 조회영, 2004; 최영주, 2001; 최외선, 2005)은 미술치료가 우울감소에 효과가 있음을 보고하였다.

특히 장기적이고도 지속적인 치료 및 요양과 보호를 필요로 하는 치매노인들은 신체 및 인지능력의 현저한 저하로 인하여 사회적 상호작용이 완전히 단절되어 좌절감과 우울, 고립감을 경험하며 간혹 수용하기 힘든 부적절한 행동을 나타낼 뿐만 아니라 선 가정보호 후 사회복지의 우리나라 정책방향, 사회복지 서비스 재정의 취약성, 가족에 의한 노인 부양의 전통적 가치관 등으로 인해 치매가족의 부양부담은 지옥부양이라고 불리울만큼 심각하다. 그러므로 치매환자들의 인지기능을 향상시키고 우울 수준을 감소시키는 것은 치매노인의 삶의 질을 향상시키고 치매가족의 부양부담

완화를 위해 매우 필요한 일이다.

인지기능이 저하된 노인의 심리 사회적 치료개입은 크게 감정지향적, 인지지향적, 자극지향적, 행동지향적 치료 등이 있으며, 이러한 치료의 전반적 목적은 삶의 질을 향상시키며, 현재의 상황에서 기능을 최대화시킴과 동시에 인지기능과 기분, 행동을 호전시키는 것이다. 이 중 감정지향적 치료에는 지지적 정신치료, 회상치료, 인정치료, 감각통합치료가 포함된다. 그중 회상치료는 환자의 일대기 중에 겪었던 기억과 정서를 자극하여 감정과 행동, 신경 인지적 기능을 개선시키는 데 목적이 있다.

자극지향적 치료에는 활동, 오락치료, 예술치료(그림, 음악, 춤)가 포함되며, 자극의 강화를 통하여 노인들의 인지적 자원을 활용하는 데 목표를 둔다.

회상을 통하여 의사소통을 증진시키고, 자존감이나 자아성취감을 높여 우울이나 불안 및 갈등을 극복하고 생의 의미를 발견하도록 해주어 적응에 많은 도움을 주며, 특히 회상이 희미한 기억을 더욱 명료하게 할 수 있기 때문에 기억력 손상을 예방하고 자기통합성을 유지할 수 있다.

집단미술활동으로 손 근육을 사용하고 협동적으로 참여함으로써 뇌의 자극과 사회성을 증가시켜 인지기능을 보존하고 인간관계를 유지 발전시킴으로써 우울이 감소되고 삶의 질이 증가될 수 있다.

Wald는 치매노인과 뇌졸중 환자에 대한 미술치료의 기대효과를 다음과 같이 제시하였다(제 53 · 54 미술치료연수회 전문가 초청워크숍 자료집, 2005: 51).

- 소 근육 운동과 인지적 기능을 향상시킨다.
- 무관심한 색채와 형체에서 관심과 주의력을 효과적으로 나타낼 수 있다.
- 주제에 대한 테스트를 통해 기억력을 되살린다.
- 자발적인 이야기를 할 수 있게 하여 주제를 형체화시킨다.
- 정서적 불안에서 안정적으로 변화한다.
- 상실의존에서 벗어나 성취감을 느낀다.
- 그리기 활동을 통해 신뢰와 협조적 관계로 친목도모가 향상된다.
- 시지각 능력과 시공간개념을 높인다.
- 또한 색채와 형체에 대한 개념을 높인다.

• 수에 대한 개념을 향상시키고 그리기를 통해 정신 집중력을 높인다.

5) 치매노인 미술치료 사례(최외선, 2005)

(1) 대상의 특성

이 연구의 대상은 D 시 노인전문병원 내의 주간보호센타에 의뢰된 노인 중 간이 정신상태 검사-한국판(MMSE-K)을 사용하여 점수가 19점 이하인 노인 7명으로 남자 2명과 여자 5명을 대상으로 하였다. 연구대상의 일반적 특성은 〈표 7-4〉와 같다.

연구대상자들은 의뢰당시 보호자에 의해 기본적인 일상생활수행정도(Activities of Daily Living; A. D. L)와 도구적인 일상생활수행정도(Instrumental Activities of Daily Living; I. A. D. L)가 평가되었다.

기본적인 일상생활수행정도(A. D. L)는 목욕, 옷 입기, 용변 보기, 거동하기, 대소변가리기, 식사하기 등 6항목으로 구성되어 있으며, 도구적인 일상생활수행정도(I. A. D. L)는 전화사용, 외출이나 여행, 시장보기, 식사준비, 집안일, 수공일, 빨래, 약 복용, 금전관리 등 9항목으로 되어 있다. 두 검사 모두 평가체계는 '약간의 도움이 필요하다' 와 '전혀 할 수 없다' 에 해당하는 항목수를 기입하도록 되어 있다.

A는 2개 항목(목욕하기와 약복용)에서 약간의 도움이 필요하고, B는 기본적인 일상생활은 혼자서 할 수 있고, 도구적인 일상생활수행에서는 7개 항목에서 약간의 도움이 필요하며, C는 혼자서 일상생활을 수행할 수 있으며, D는 1항목(외출, 여행)에서만 약간의 도움이 필요하고, E는 기본적인 일상생활은 혼자서 수행할 수 있으나 도구적인 일상생활 수행에서는 6개 항목(전화, 외출, 장보기, 집안일, 수공일, 빨래)에서 약간의 도움이 필요하고, 3개 항목(식사준비, 약 복용, 금전관리)은 전혀 할 수 없다. F는 기본적인 일상생활은 혼자서 수행할 수 있고, 도구적인 일상생활에서는 1개 항목(금전관리)에서 약간의 도움이 필요하고, G는 기본적인 일상생활수행에서는 2개 항목(목욕하기, 옷 입기)을 전혀 할 수 없고, 도구적 일상생활수행에서는 2개 항목(외출 및 여행, 집안일)에서 약간의 도움이 필요하고, 4개 항목(장보기, 식사준비, 수공 · 일, 빨래)은 전혀 할 수 없는 것으로 평가되었다.

표 7-4 연구대상의 특성

이름	성별	나이	학력	종교	배우자 유무	동거 형태	자녀수	증상	일상생활수행정도
A	남	86	고졸	불교	유	부부	3남 3녀	경증 치매	A.D.L.: 1개(도움) I.A.D.L.: 1개(도움)
B	남	71	초등 졸	무	무	장남	4남 2녀	경증 치매	A.D.L.: 없음 I.A.D.L.: 7개(도움)
C	여	86	무학	무	무	독거	3녀 1남	경증 치매	A.D.L.: 없음 I.A.D.L.: 없음
D	여	89	한글 독해	불교	무	장남	2남	경증 치매	A.D.L.: 없음 I.A.D.L.: 1개(도움)
E	여	80	무학	가톨릭	무	장남	1남 1녀	당뇨, 경증 치매	A.D.L.: 없음 I.A.D.L.: 6개(도움) 3개(전혀)
F	여	79	초등 졸	가톨릭	무	장남	1남 2녀	당뇨, 경증 치매	A.D.L.: 없음 I.A.D.L.: 1개(도움)
G	여	73	한글 독해	무	무	장남	2남 2녀	당뇨, 경증 치매	A.D.L.: 2개(전혀) I.A.D.L.: 2개(도움) 4개(전혀)

주: A. D. L-기본적인 일상생활 수행정도, I. A. D. L-도구적인 일상생활 수행정도

(2) 치료 목표

- 치매노인들의 인지기능 향상
- 치매노인들의 우울 감소
- 치매노인들의 행동 및 태도의 긍정적인 변화

(3) 사정도구

① 인지기능 척도

대상자의 인지기능 정도는 Folstein(1975)이 개발한 MMSE를 권용철과 박종환(1989)이 표준화 연구를 하여 개발한 MMSE-K를 사용하여 측정하였다.

MMSE-K는 12문항으로 총점이 30점으로 구성되어 있고, 하위영역으로 시간지남력(5점), 장소지남력(5점), 기억등록(3점), 기억회상(3점), 주의집중과 계산능력(5점), 언어 기능(7점), 이해와 판단능력(2점)으로, 24점 이상을 '확정적 정상', 19점 이하를 '확정적 치매'의 기준으로 정하고, 그 중간인 20~23점을 '치매 의심'으로 구분하였다. 김영숙과 도복늠(2005)의 연구에서 인지기능 척도의 신뢰도는 Cronbach's Alpha = .66이었다.

② 우울 척도

대상자의 우울정도를 알아보기 위해 Yesavage 등(1983)이 개발한 우울 측정도구인 SGDS(Short-form Geriatric Depression Scale)를 배재남(1996)이 표준화시킨 한국어판 SGDS를 이용하였다.

이 도구는 '예'는 0점, '아니요'는 1점을 주어 점수 범위는 0점에서 15점이며 부정적 문항은 역으로 환산한다. 주요우울증을 판별하는 SGDS의 절단점은 8점이고 점수가 높을수록 우울의 정도가 심한 것을 의미한다. 배재남(1996)의 연구에서 우울 척도의 신뢰도는 Cronbach's Alpha = .80이었다.

(4) 미술치료 프로그램

① 프로그램의 내용

연구에 사용된 집단미술치료 프로그램은 선행연구들(김영숙, 도복늠, 2005; 박선민, 2005; 한국미술치료학회, 2005)을 참고로 하여, 연구자가 미술치료전문가 2명과 함께 구성하였다.

치매노인들의 인지기능 저하를 고려하여 선행연구들보다 치료회기를 늘여 25회기로 구성하는 동시에 주 2~3회기로 회기간격을 짧게 구성하였다. 프로그램의 전반적인 내용은 인지기능을 활성화시키고, 심리적 긴장감을 이완하고 안정감을 얻으며, 소 근육을 비롯한 감각영역과 운동능력을 도우며, 집단에서 자신을 표현할 수 있는 능력을 개발하도록 하였다. 집단미술치료 프로그램의 구체적인 내용은 다음의 〈표 7-5〉와 같다.

표 7-5 집단미술치료 프로그램

회기	프로그램	목적	내 용	재 료
사전	사전검사	사전검사	MMSE-K, 한국노인우울척도	검사지
1	꽃 그리기	친밀감 형성	선물 받은 꽃을 보면서 그려 본다.	꽃, 도화지, 크레파스
2	한지 찢어 붙이기	색 인지 형태감각, 손 근육 운동	한지를 마음대로 찢은 후 원하는 형태대로 붙인다.	색 한지, 풀, 도화지, 가위
3	만다라 모빌	집중력과 창의력, 정서적 이완	문양 만다라에 색칠하고 모빌을 만든다.	문양, 크레파스, 기름, 모빌 틀
4	사랑하는 사람 그리기	심리적 안정, 타인에 대한 이해	사랑하는 사람이나 보고 싶은 사람을 그린다.	도화지, 크레파스
5	스티커 붙이기	창의성 개발, 소 근육 향상	모양 그림에 여러 가지 스티커를 붙여 꾸며 본다.	도화지, 스티커, 크레파스
6	숨은그림찾기	집중력 향상, 소 근육 운동	도화지에 물감 불기를 한 후에 이미지를 찾는다.	물감, 도화지, 빨대, 접시, 붓
7	자유화	기억력 향상, 소 근육 운동	콜라주기법을 통해 자유롭게 작업한다.	잡지, 가위, 풀, 도화지
8	퍼즐 맞추기	집중력 증가, 시각 촉각의 협응	퍼즐을 맞추고 단계별로 이야기를 만들어본다.	여러 가지 퍼즐
9	과일 바구니	정서적 이완, 근육 감각 기능 활성	찰흙을 이용하여 과일을 만든다.	과일, 찰흙, 신문지, 바구니
10	바다 속 풍경	성취감과 협동심, 근육운동 활성화	색종이로 물고기를 접어 바다 풍경을 만든다.	스티로폼, 풀, 색종이, 모형들
11	데칼코마니	자존감과 성취감, 연상력 향상	데칼코마니에 의해 나타난 그림을 보고 이야기한다.	도화지, 물감
12	집단 난화 (사포 그림 1)	성취감, 상호작용	개인작업을 한 후 모아서 이야기를 나눈다.	사포, 크레파스, 테이프
13	탈 만들기	자신과 타인 인식, 창의력 개발	탈 모양에 채색하고 얼굴에 써보고 이야기를 나눈다.	탈 도안, 펀치, 크레파스, 고무줄
14	이야기가 있는 만다라	인지 기능, 집중력과 성취감 향상	문양만다라에 채색하고 짧은 이야기를 만든다.	문양만다라, 크레파스
15	그릇 만들기	기억력, 집중력 향상, 소 근육 운동	자신을 닮거나 기억에 남는 그릇을 만들고 이야기한다.	칼라점토, 신문지, 우드락
16	어린시절의 기억	과거와 현재의 통합, 미적 감각 향상	유년의 기억 중에 가장 크게 떠오르는 것을 표현한다.	도화지, 크레파스

회기	프로그램	목적	내 용	재 료
17	집단 난화 (사포 그림 2)	인지기능, 성취감, 상호작용	개인작업을 한 후 모아서 이야기를 나눈다.	사포, 크레파스, 테이프
18	화투 꽃 만들기	집중력, 기억력,수리력 향상	더하기 빼기를 한 후 화투를 찾아 꽃을 표현한다.	화투, 도화지, 풀, 크레파스
19	어항 꾸미기	가족에 대한 이해	물고기 가족화를 실시한 후 가족에 대해 이야기한다.	도화지, 크레파스
20	내 얼굴 만들기	자기인식, 운동감각	지점토에 여러 가지 씨앗으로 내 얼굴을 표현한다.	지점토, 씨앗들, 물뿌리개
21	만다라 꽃밭	정서이완, 심리적 안정, 집중력, 상호작용, 협동심	만다라 문양을 채색한 후 짝을 지어 꽃밭을 꾸민다.	문양, 크레파스, 골판지, 풀, 가위, 색지
22	지우개 그림	집중력 향상, 소근육 운동	연필로 화면을 채운 후 지우개로 그림을 그린다.	연필, 도화지, 지우개
23	손 본뜨기	자존감 향상, 자기인식, 기억력 향상	석고붕대로 손 본뜨기를 한 후 손에 대해 이야기한다.	석고붕대, 접시, 신문지, 가위, 물, 바셀린 크림
24	동작 그리기	자기인식 및 이해, 형태 구별	여러 가지 동작 그림에 채색한 후 이야기한다.	동작그림, 크레파스
25	선물	관계 인식, 소 근육 운동	받고 싶은 선물과 주고 싶은 선물을 만든다.	찰흙, 철사, 우드락
사후	사후검사	사후검사	MMSE-K, 노인우울척도	검사지

② 진행절차

본 사례는 2005년 5월 9일부터 2005년 7월 29일까지 주 2～3회씩 총 25회를 실시하였다. 매회 1시간 정도의 시간이 소요되었고 집단미술치료시간은 주간보호센터에 입소한 노인 중 연구대상자를 제외한 다른 노인이 귀가한 후인 오후 3시 30분부터 4시 30분까지 실시하였다. 2005년 5월 첫째 주에 사전검사를, 2005년 8월 첫째 주에 사후검사를 실시하였다.

집단미술치료는 매 회기마다 도입단계, 활동내용, 작품소개 및 나누기, 마무리단계로 진행되었다. 도입단계에서는 자신의 이름과 날짜 그리고 지난 시간의 자기 작품 확인하기를 하고 간단한 신체활동을 하였으며, 마무리 단계에서는 노래 부르기와 정리정돈을 하였다.

집단미술치료 진행은 미술치료사가 하고 미술치료전공 박사과정 대학원생이 보조치료자로서 진행과정을 도왔으며, 프로그램에 따라 사회복지학과 재학 중인 산업연수생 자원봉사자 4명(남 1명, 여 3명)이 참석하여 도와주었다. 그리고 관찰자는 2명으로, 미술치료전공 석사과정 대학원생 1명과 주간보호센터의 사회복지사가 집단활동과정을 관찰하여 관찰기록지를 작성하였다. 매 회기가 끝난 후 간단한 평가시간을 가졌으며, 평가내용들은 그 다음 회기에 반영하였다.

(5) 미술치료프로그램 진행과정

집단미술치료가 치매노인의 행동 및 태도에 미치는 효과를 알아보기 위하여 집단미술치료과정에서 관찰자와 주간보호센터의 사회복지사가 기록한 관찰지를 토대로, 먼저 집단원의 반응과 대화내용을 회기별로 서술하면 다음과 같다.

① 1회기: 꽃 그리기

간단한 오리엔테이션을 실시한 후 치료자는 준비한 4종류의 꽃을 향기도 맡아 보고 색깔도 비교해 보고 나서 원하는 것으로 한 송이씩 가지도록 하였는데 모두들 좋아하셨다. 그러고 나서 오늘의 주제인 꽃에 대해서 간단히 설명하고 자신이 가장 좋아하는 꽃이나 선물로 주고받았거나 기억하고 있는 꽃 이름을 말하도록 한 후 선물로 받은 꽃을 그림으로 그리라고 하니 모두 못 그린다면서 난감해하셨다. 첫 시간이라서 좋은 관계를 형성하기 위해 꽃을 선물하였지만 대부분의 집단원들이 치료자를 경계하였고 질문에 거부반응을 나타냈으며, 다른 사람의 그림에 무관심하셨다. 또한 하고자 하는 의욕도 없었고 소극적이셨다. 무엇보다도 동기유발이 중요한 것 같았다.

② 2회기: 한지 찢어 붙이기

한지를 마음껏 구기고 찢는 과정을 통해 소 근육을 활성화시키고, 색과 형태에 대한 감각을 높이고 나아가 긴장을 이완시키고자 한지 찢어 붙이기 작업을 실시하였다.

치료자가 갔을 때 아는 척 인사해 주시는 분도 계셨지만 아직도 치료자에 대해 방어를 하시는 것 같았다. 한편 집단원은 모두들 자신의 고통에 대해서 이야기를 하면서 관심을 받고 싶어 하셨다. 종이를 찢을 때 스트레스나 화가 표출되어 시원하고 기분이 좋아 보였다. 그러나 한편으로 뭔가를 찢는다는 것이 낭비와 직결되어 한지를 조심스럽게 다루었고 아까워하셨다.

③ 3회기: 만다라 모빌

손과 눈의 협응력을 높이며, 대소 근육 운동의 기능을 활성화시켜 인지기능을 향상시키고자 만다라 모빌을 만들기로 하였다.

무기력하고 집중력이 떨어져서 긴 시간의 작업은 무리인 것 같았다. 문양을 고를 때는 단순하고 선명한 것을 선택하셨고, 문양을 채색할 때는 집중을 하셨다. 뇌졸중의 후유증으로 치매증상을 보이신 G는 한쪽만 채색을 하셨고, E는 결벽증 증세를 보이셨다.

④ 4회기: 사랑하는 사람 그리기

가족관계를 알고 가족과 주변 사람들의 소중함을 인지하도록 돕기 위해 사랑하는 사람을 그리기로 하였다([그림 7-5] 참조). 작업을 시작하기 전에 지남력 향상을 위해 집단원들에게 자신의 이름과 날짜 등을 말해 보도록 하였다.

C는 '이웃의 놀러 오는 사람' 이라고 자신의 그림을 설명한 후 피드백에 '놀린다, 귀신 같다, 붙이지 마라, 애 먹이지 마라' 등 지나치게 부정적이셨다. 그러다가 치료자가 잘 그리셔서 액자에 넣어 우리 집에 걸어 두고 싶다는 말에 자신의 이름을 적으셨다. 지지와 격려가 많이 필요하신 분이었다. 모두들 사람 그리는 것을 부담스러워 하셨다. 미리 얼굴 사진을 오려서 활용하는 것이 더욱 효과적일 것으로 생각되었다.

[그림 7-5] C의 '사랑하는 사람' (4회기)

[그림 7-6] B의 콜라주 작품(7회기)

⑤ 5회기: 스티커 붙이기

집중력과 성취감 향상과 시각, 촉각의 협응력을 촉진시키기 위해 스티커 붙이기를 실시하였다.

지난 시간의 작품을 보면서 자신이 그린 사람이 누구인지 물어보았다. C, F는 기억을 못하셨고, A에게 할머니께 말씀드렸는지 물었더니 잊어버렸다고 안타까운 듯 오늘 가서 이야기하겠다고 하셨다. 날짜를 물어보는데 B가 주머니에서 무언가를 꺼내 보셔서 물어보니 비밀이라며 보여 주지 않으셨다. 나중에 보니 직접 만든 작은 달력이었다. 기억하려고 노력하시는 모습에 대해 치료자가 칭찬해 드렸더니 쑥스러워하시면서도 기분이 좋으신 듯 크게 웃으셨다. G는 처음에 몸도 불편한데 이런 거 하라고 한다며 화를 내시고 말이 없으셨는데 처음으로 다른 사람 작품에 자신의 생각을 말하시는 등 상호작용을 하셨다. C는 항상 치료사의 관심을 받으려고 하시며 칭찬 듣기를 바라셨다.

⑥ 6회기: 숨은그림찾기

눈, 손 등의 감각을 발달시키고 소 근육 운동을 돕기 위해 숨은그림찾기를 실시하였다.

물감을 부는 것이 힘에 부치는 듯하였고 이미지 찾는 것을 어려워하였다. 싫다고 하시면서도 조금씩 활동에 참여하시고 집단원 간에 상호 작용하는 모습도 볼 수 있었다. 앞으로는 작업과정을 좀 더 세분하여 천천히 따라 할 수 있도록 구성해야 할 것 같았다.

⑦ 7회기: 자유화

회상을 통해 기억력을 자극시키고 인지기능 향상과 소 근육 활성화를 위해 잡지 그림을 이용한 콜라주 작업을 하였다([그림 7-6] 참조).

지난 시간에 비도 오고 활동하는 것을 귀찮아하셔서 '비 오는 날 먹었던 음식이랑 놀이'에 대해서 이야기만 하였다. 그것이 미안하셨는지 아니면 매체가 잡지를 오려 붙이는 것으로 손쉽게 할 수 있어서인지는 모르지만 집단원은 열심히 참여하셨다. 지나온 삶에서 관련 있는 그림들을 골라서 이야기들을 하셨고 작업이 힘들지 않았다고 하셨다.

⑧ 8회기: 퍼즐 맞추기

집중력과 사고력을 향상시키고, 눈과 손의 협응 작용을 촉진하기 위해 퍼즐 맞추기를 하였다.

지난 시간의 작품 중에서 A의 것을 보면서 "라이벌인데 할머니가 아시느냐."는 등 이야기를 나누시며 웃었다. 퍼즐을 보시고 호기심을 나타냈고 조각을 만져 보셨다. 예상했던 것보다 조각수가 많은 것은 어려워하여, 다음에는 10개 미만의 조각으로 된 퍼즐을 사용해야 할 것으로 생각되었다.

⑨ 9회기: 과일 만들기

집중력과 사물에 대한 민감성을 향상시키고, 소 근육 운동과 촉각의 활성화를 위해 찰흙을 사용하여 과일 만들기를 하였다. 먼저 찰흙을 적당량 잘라 나누어 드리고 만져 보게 하였다. 귀찮아하실 때 참여하고자 하는 동기부여가 중요한 것 같다. 그냥 권유하기보다 하면 왜 좋은지를 인식시켜야만 적극적으로 참여할 수 있을 것 같았다. 찰흙의 촉감을 즐기시는 분도 계셨고 손에 묻고 씻어야 하기 때문에 귀찮아하시는 분도 계셨다.

⑩ 10회기: 바다 속 풍경

근육운동과 촉각기능을 향상시키고, 상호작용을 통해 협동심과 공동체 의식을 높이기 위해 협동작업을 실시하였다([그림 7-7] 참조). 손으로 반듯하게 접는 것이 약간 힘들었지만 열심히 하셨다. 완성된 물고기를 보면서 하는데, 대부분의 노인들이 중간과정을 생략하셔서 여러 번의 설명이 필요하였다. 그러나 함께 완성했다는 데에

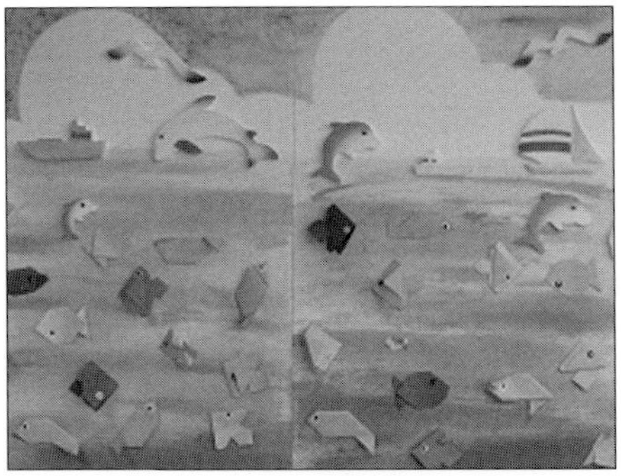

[그림 7-7] 바다 속 풍경(10회기)

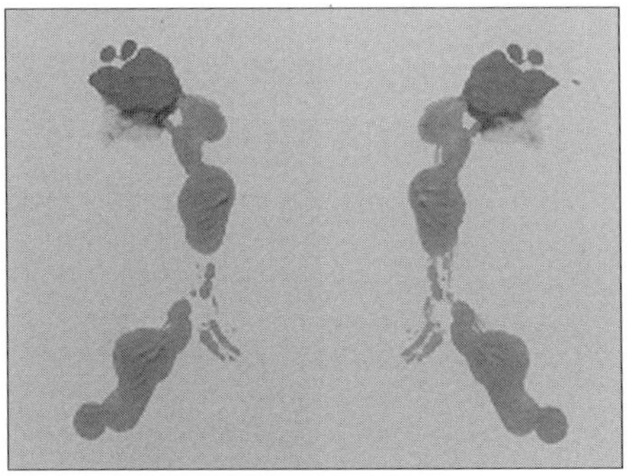

[그림 7-8] A의 장미(11회기)

성취감을 느끼고 뿌듯해하셨다.

집단미술치료를 시작하기 전에는 하루에도 몇 번씩 우셨고, 치료사가 사전 검사 및 관찰하러 왔을 때도 자주 우셨던 G는 근래에는 잘 안 우셔서 치료사가 칭찬을 했더니 "요새는 눈물이 잘 안 나." 하시며 웃으시더니 "난 이 시간이 재밌어." 하셨다. 처음에는 불편한 사람 고생시킨다면서 짜증을 내셨는데 너무도 달라진 모습이셨다.

⑪ 11회기: 데칼코마니

우연하게 발생하는 효과를 기대하며 성취감과 창의력을 개발시키기 위해 데칼코마니를 하였다([그림 7-8] 참조). 집단원은 지난 시간에 만든 '바다 속 풍경' 을 보면서 다시 한 번 뿌듯해하셨다.

치료사가 먼저 데칼코마니 하는 방법을 시범을 보이고 실시하였지만 B는 뭘 그려야하는지 말해 달라고 하시더니 물감으로 그리셨다. D는 화지 전체에 물감을 짜서 다시 설명을 하였다.

마음대로 물감을 짜 보라고 하니 뭘 그려야 하는지 구체적인 것을 말해 달라고 하셔서 세부적인 지시가 필요함을 알 수 있었다. 도화지를 펼쳤을 때 대부분이 의외의 그림이라면서 환성을 지르시면서 좋아하셨고 성취감을 느끼시는 것 같았다. 그러나 형상을 찾는 것은 어려워하셨다. [그림 7-8]은 A가 만든 작품이다. F는 개인상담을 하였는데, 당뇨 합병증으로 눈이 점점 나빠지는 것을 걱정하고 계셨다. 더 나빠지지 않으려면 운동과 활동을 많이 하셔야 한다고 설명해 드렸더니 미술치료의 필요성을 인식하신 듯 먼저 자리에 앉으셔서 적극적으로 참여하셨다.

⑫ 12회기: 집단 난화

자존감과 성취감을 향상시키고, 상호작용을 통해 협동심과 공동체 의식을 높이기 위해 집단 난화를 실시하였다([그림 7-9] 참조).

사포를 보여 주면서 무엇인지 물었더니 B가 '빼빠지' 하셨다. 하는 방법을 설명하였는데 뭘 그려야 할지 망설이셨다. 완성된 그림들을 모아서 하나의 작품으로 만들어 벽에 붙였더니 노인들이 놀라고 신기해하시며 한마디씩 하셨다. "물고기구나." "큰 물고기 배 속에 작은 물고기가 있구나." "합쳐 놓으니까 큰 작품이 되었네!" "합작품이네!" 하셨다. B는 "내 그림은 거꾸로 돼서 어쩌지? 놔두지 뭐." 하시

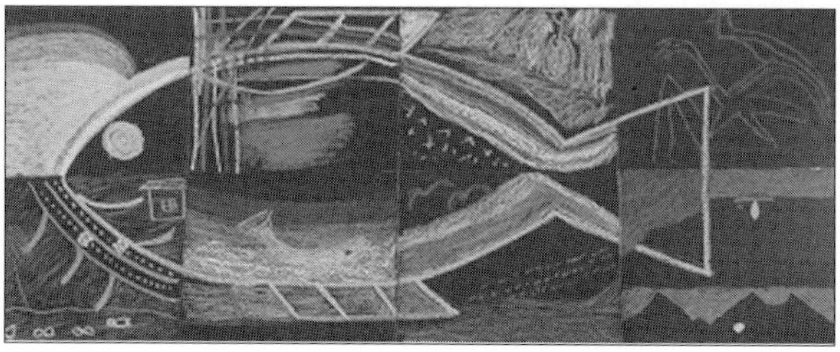

[그림 7-9] 집단 난화(12회기)

[그림 7-10] E의 탈 작품(13회기)

며 아쉬워하셨고, C는 "내 것은 시원찮다. 지워 버려." 하셨다. 크레파스를 정리하고 마쳤다. 집단원들은 신기해하시며 성취감을 느끼셨다.

사포는 질감이 느껴지고 크레파스가 선명하게 칠해져서 자존감이 높아지는 매체로 필압이 약한 노인에게 매우 적합하다. 자신감이 생기셨는지 피드백도 활발한 편이어서 상호작용 및 협동심을 높이는 데 도움이 되었다.

⑬ 13회기: 탈 만들기

창의성과 자기 표현력을 증가시키고, 자신의 다른 면들을 인식할 수 있도록 탈 만들기를 하였다([그림 7-10] 참조).

탈에 대한 경험이 많지는 않았지만 채색을 하자 독특한 모습에 재미있어 하셨다. B는 남자이기 때문에 대감 탈을 고르는 것이 당연하다고 하셨다. 할머니들은 탈을 얼굴에 써 보는 것을 쑥스러워하시면서도 신기해하셨다. 탈의 웃는 모습에 노인들도 덩달아 많이 웃으신 것 같다.

⑭ 14회기: 이야기가 있는 만다라

집단원은 탈을 보면서 어느 탈이 제일 예쁜지 멋있는지 의견이 오고갔다. 치료사가 하나하나마다 예쁜 것과 멋있는 부위를 말씀드리자, D는 "맞다. 다 좋다." 하시며 크게 웃으셨다.

집중력과 창의력을 향상시키고, 마음의 안정을 얻을 수 있도록 만다라 작업을 실시하였다. 여러 문양을 보여 주면서 문양 속에 어떤 동물들이 있는지 설명하고 원하는 문양을 선택하도록 하였다.

채색을 할 때 E, G는 힘들다고 하셨지만 D는 즐거운 듯 콧노래를 부르며 칠하셨다. 두 자녀의 죽음으로 항상 가슴 답답해하셨는데 조금은 해소가 된 것처럼 보였다.

⑮ 15회기: 그릇 만들기

신체기능의 퇴화방지를 위해 부드러운 칼라 점토를 이용하여 그릇을 만들었다. 점토를 적당량 잘라서 만들기 시작하였다. 사각기둥 만드는 것을 어려워하셨고, 공과 기둥 만든 것을 합쳐서 뭉치라고 하니 아깝다며 주저하셨다. 오늘 주제인 그릇에 대해 이야기를 하자 할머니들이 많은 이야기를 하셨다. 옛날 얘기를 하시며 즐거워하셨고 상호작용도 활발하였고 긍정적인 피드백도 많이 오갔다. 일반 찰흙보다 색상이 화려해서 집단원 모두 좋아했다.

⑯ 16회기: 어린시절의 기억

어린 시절의 기억을 떠올려 봄으로써 과거와 현재를 통합하여 심리적 균형감각을 찾도록 하기 위해 어린 시절의 기억을 그림으로 표현하도록 하였다([그림 7-11] 참조). 주제가 어린 시절에 관해서인지 모든 집단원이 활발하게 이야기를 하셨다.

집단원들은 어릴 때는 행복하고 아무 걱정이 없었다고 회상하시며 즐거워하셨다. F는 이제까지와 다르게 적극적으로 어린 시절 추억을 많이 이야기하셨고 그림도 제일 먼저 그리기 시작하셨다. C는 못 그리겠다고 투덜거리면서도 선생님이 우리를 위해서 와 주셔서 고맙다는 말씀까지 하셔서 모두를 놀라게 하셨다. 또한 날짜에 대해서도 대답을 잘해 주셨다. D는 앵두나무 이야기를 하시며 큰 소리로 밝게 웃으셨다. 작업이 끝나고 A가 노래를 하자 D도 한 곡 부르시는 등 모두 행복해하셨다. 대부분 치매 초기라서 옛날 일들은 잊지 않고 기억하고 계셨다.

⑰ 17회기: 집단 난화

자존감과 성취감을 향상시키고, 상호작용을 통해 협동심과 공동체 의식을 높이기 위해 집단 난화를 실시하였다.

사포 그림을 이전에도 했다는 것을 G를 제외한 대부분의 집단원이 기억하지 못했기 때문에 하는 방법을 다시 설명한 후 활동에 들어갔다. 모두들 쉽게 그리셨고 재미

[그림 7-11] F의 어린 시절의 기억(16회기)

[그림 7-12] B의 화투꽃(18회기)

있다고 하시면서, 다른 사람들의 그림에 대해 자신의 생각을 활발하게 이야기하셨다. 특히 F는 다른 사람들과 활발하게 상호 작용하면서 자신의 이야기를 많이 하셨고, A도 자신의 그림과 다른 사람들의 그림에 대해 많은 이야기를 해 주셨다.

⑱ 18회기: 화투 꽃 만들기

덧셈을 이용하여 인지기능을 향상시키기 위해 화투를 가지고 꽃 만들기를 하였다([그림 7-12] 참조). 화투를 보고 옛날에 민화투를 쳤던 경험들을 나누며 좋아하셨다. 집단원들은 익숙한 화투를 이용하여 간단한 덧셈과 뺄셈을 하는 것을 재미있어 하셨다. 계산한 후에 빨리 찾으려고 노력하셨고, 손으로 화투를 뒤적이며 찾다가 보이지 않자 화투가 부족하다면서 투덜거리시다가 찾고 나서는 멋쩍게 웃으셨다. 수 개념을 익히고 눈과 손의 협응력을 향상시키는 데 크게 도움이 되었다.

⑲ 19회기: 어항꾸미기

가족에 대한 인지도를 알아보고, 사물에 대한 인지능력을 향상시키기 위해 물고기 가족화를 실시하였다([그림 7-13] 참조).

배우자의 죽음을 보는 시각이 조금씩 달랐다. B는 작년에 돌아가신 할머니 생각에 아쉬움을, 30~40대에 혼자 되셔서 어려움을 많이 겪으신 할머니들은 원망과 미움을 많이 얘기하셨다. 또한 돌아가실 때까지 건강했으면 하는 희망이 많으셨다. 무기력하신 노인을 위해서는 동기유발이 가장 중요한 것임을 다시 한 번 확인하였다.

⑳ 20회기: 내 얼굴 만들기

자신의 얼굴을 표현해 봄으로써 인지능력을 향상시키고, 자연의 경험과 일상생활의 상호관계를 확인할 수 있도록 다양한 곡류를 가지고 자신의 얼굴을 만들어 보도록 하였다([그림 7-14] 참조).

곡물이랑 씨앗에 대해 이야기할 때 모두 자신의 경험과 알고 계시는 이야기를 하시느라 즐거워하셨다. 자신들이 알고 있는 곡물과 씨앗을 보며 좋아하셨고 이름을 맞출 때는 서로 대답을 하려고 경쟁도 하셨다. 팥으로 뭘 해 먹는지 모르겠다는 치료자의 말에 팥죽도 해 먹고 떡고물도 하고 밥에도 넣어 먹는다며 열심히 가르쳐 주시며 자신감을 보이셨다. 감각이 떨어져서인지 콩, 옥수수 같은 큰 것을 주로 사용하였고 차조 같은 작은 것은 그다지 사용하지 않았다.

㉑ 21회기: 만다라 꽃밭

정서적 이완과 집중력을 돕고, 성취감과 상호작용을 통해 참여의식을 함양시키려고 만다라를 이용하여 꽃밭을 만들도록 하였다([그림 7-15] 참조).

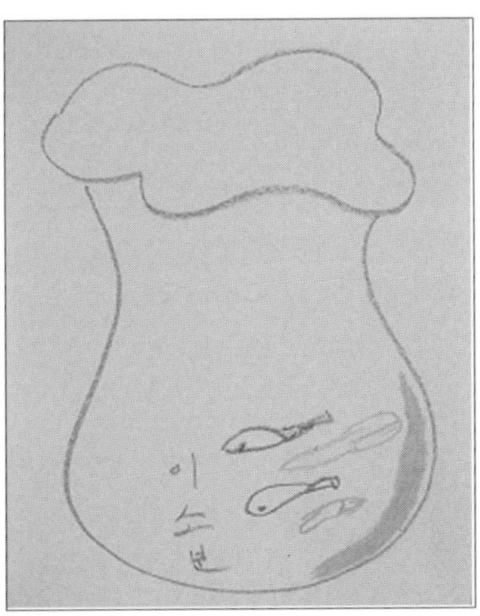

[그림 7-13] G의 물고기 가족화(19회기)

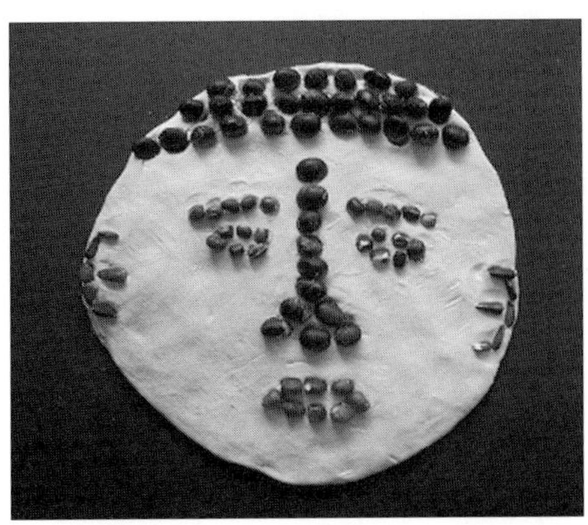

[그림 7-14] D의 내 얼굴 만들기(20회기)

만다라 문양을 골라서 채색을 하라고 하니까 D는 "제일 쉬운 거 할래." 하시며 하나 골라서 노래를 흥얼거리며 제일 열심히 진하게 색칠하셨다.

작품을 모아 큰 꽃밭을 만들고 나서 모두 만족해하셨다. 또한 색칠을 도와주기도 하고 잎을 붙여 주는 등 상호작용도 많이 일어났다. 시간 가는 줄 몰랐다며 고맙다고 치료자에게 술을 사 주고 싶다고 하시는 등 즐거워하셨다.

㉒ 22회기: 지우개그림 그리기

팔의 힘과 집중력을 높이고 새로운 경험과 인지능력을 향상시키고자 지우개로 그림을 그리기로 하였다([그림 7-16] 참조). 지난 시간 작품을 보면서 자신의 것을 찾아보라고 했을 때, D는 채색하지 않은 하얀 꽃을 찾으셨고, A는 잘 모르겠다고 하셨다.

연필로 색도화지에 마음대로 칠하라고 하였더니 처음에는 조심스럽게 하시다가 점점 신나게 칠하셨다. 지우개로 그림을 그린다는 것이 신기한 듯 조금씩 지우면서 그리셨다.

연필로 그림을 그리는 것에 호기심을 보였다. 그리는 것은 쉬웠지만 힘이 없어 지우는 것이 원하는 대로 되지 않자 힘들어하셨다. F는 눈이 밝으면 더 이상 바라는 바가 없다고 항상 그러시던 분이셨는데, 쥐의 눈을 강조하셨다. C는 다른 사람의 칭찬에 민감하게 반응하시고 늘 칭찬과 지지받기를 원하셨다. 노인에게는 무엇보다도 사랑과 관심이 제일 중요함을 알 수 있었다.

[그림 7-15] C와 D의 만다라 꽃밭(21회기)

[그림 7-16] F의 지우개 그림(22회기)

㉓ 23회기: 손 본뜨기

자신에게 애착심을 갖도록 하기 위해 석고붕대로 손 본뜨기를 하였다([그림 7-17] 참조). 모두들 호기심 가득한 얼굴로 조용히 기다리셨고 집중해서 설명도 잘 들으셨다. 노인 두 분에 자원봉사자 한 명씩 조를 이루어 본뜨기를 실시하였다.

어떤 손 모양을 할 것인지 이리저리 손을 움직여 보며 의견을 주고받았다. 결벽증이 있으신 E도 자원봉사자가 이렇게 하면 더 예쁘겠다며 만들어 준 손 모양이 마음에 드신 듯 웃으셨다. 잘라 놓은 석고붕대를 물에 적셔 올려 주면 정성껏 문지르고 모양을 잡으셨다. G는 불편한 손에 본뜨기를 하여 힘들어도 재미있다며 웃으셨고, F는 손이 크다며 걱정을 하셨고, D는 연신 아이처럼 웃으셨다. A는 아직 덜 했는데 다 한 줄 알았다며 쇼파에 앉으셔서 자원봉사자를 난감하게 하셨지만 모두 재미있어 하셨다.

마르기 전에 얼른 분리해서 모양을 보고 싶어서 모두 조바심을 내셨다. 본 뜬 모양을 보고 신기해하며 이리저리 돌려 보기도 하며 행여 잘못될까 조심조심하셨다. 아크릴 판에 손 본뜬 것을 모아서 보며 그 손이 평생 동안 어떤 일을 하였는지 이야기하였다.

집단원들이 석고붕대를 힘들고 어렵다면서 안 하시려고 하면 어떡하나 걱정을 했는데, 의외로 모두들 좋아하셨고, E가 시원하고 기분이 좋았다고 하셔서 다행스러웠다.

손녀 같은 자원봉사자들의 도움에 흐뭇해하셨고, 평생 동안 자신을 위해 열심히

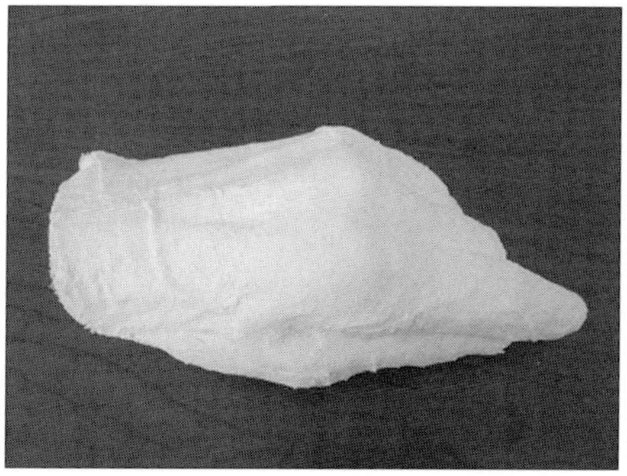

[그림 7-17] E의 손 본뜨기(23회기)

[그림 7-18] A의 자화상(25회기)

일한 손에 대해 생각해 볼 수 있어 좋았다.

치료사가 "손아, 고맙다."라고 해 보라고 했더니 모두들 웃으면서 자신의 손을 어루만지며 고맙다고 말하셨다. 끝나고 돌아가실 때에 자신의 손을 확인해 보셨다. 쉽게 접할 수 없는 매체로 완성도가 높아 성취감을 느끼셨고, 인생을 돌아 볼 수 있어서 도움이 되었다.

㉔ 24회: 여러 가지 동작 그리기

사람들의 다양한 동작을 인지하도록 하기 위해 여러 가지 동작을 해 보며 근육운동을 한 후 여러 가지 동작그림에 채색을 하도록 하였다. 동작그림을 보면서 여러 가지 동작을 해 보는데, 남자 노인은 잘하셨지만 여자 노인은 하지 않으려고 하셨다. 여러 동작 중에서 마음에 드는 그림을 한 장씩 골라서 채색을 하도록 하였다. G는 항상 그러하듯이 오른쪽만 채색하셔서 치료자가 전체를 다 채색하도록 권하였더니 왼쪽까지 모두 칠하셨다. A는 대충 칠하셨는데 한 번 더 채색하도록 권하였더니 채색하시고 나서 목덜미가 선명해졌다며 좋아하셨다. 대부분 이목구비를 그려 넣는다는 생각을 하지 못하셨다.

㉕ 25회: 선물

사랑과 애정의 마음이 우러나고 관계의 중요성을 느낄 수 있도록 찰흙을 가지고 선물을 만들었다([그림 7-18] 참조). 손에 찰흙이 묻는 것이 싫으신 E는 허리가 아프다는 핑계로, F는 감기기운이 있어서 참여하지 않으셨다. 다른 분들은 찰흙을 만지고 주무르고 하시다가 선물을 만들기 시작하셨다.

할머니들은 선물 받은 기억이 별로 없다고 하시다가 자식들이 옷 같은 것을 사다 주었다고 회상하셨고, 자식 생각에 우시기도 하셨다. 할아버지들은 직장에서, 자식들로부터 선물 받았던 이야기를 하셨고, 아내에게 고마워하시면서 정성스럽게 만드셨다. 그러나 선물을 준다는 생각보다 내가 받아야 한다는 말씀을 많이 하셨으며, 모두들 작품을 소중하게 다루셨다.

집단미술치료과정을 통해 집단원의 행동과 태도를 살펴보면, 집단 초기에는 대부분의 집단원이 거부적인 태도로 치료자의 질문에 제대로 대답을 하지 않았으며, 불평과 짜증을 많이 냈고, 미술활동에는 별로 흥미를 가지지 못하여 소극적으로 참여하였다. 그리고 타인에 대한 관심과 배려가 없어 집단 상호작용이 제대로 이루어지지 않았다.

회기가 진행됨에 따라 집단 상호작용이 증가하여 집단 후기에는 자기표현을 많이 하게 되고, 타인에 대한 정서적 지지를 하게 됨으로써 편안하고 즐거운 집단분위기를 형성하게 되어 자주 웃음바다를 이루었다. 그리고 대부분의 집단원이 적극적으로 미술작업에 참여했으며, 높은 작품완성도로 인해 성취감과 만족감을 느끼게 되었다. 특히 집단토론 시간에는 다른 사람의 이야기에 귀를 기울이고, 서로를 배려함으로써 공감대를 이루어 나갔고, 작품을 소중하게 다루었고, 모두가 협동해서 뒷정리를 깔끔하게 하였다.

(6) 결 과

이 사례는 치매환자의 삶의 질을 향상시키고 치매가족의 부양부담을 완화시키기 위해 D 시 ○○ 전문병원 내의 주간보호센터에 의뢰된 경증치매노인 7명을 대상으로 25회기의 집단미술치료를 실시한 결과는 다음과 같다.

① 집단미술치료가 치매노인들의 인지기능 향상에 미치는 효과

집단미술치료를 실시하기 전후에 MMSE-K 검사를 실시한 결과, 사전점수는 13.43점이었으나 사후에는 19.14점으로 6점이 증가하였으며, 집단원 모두가 인지기능이 향상되었다.

인지기능을 하위영역별로 살펴보면, 집단원 모두가 지남력과 기억회상능력이 크게 향상하였다. 기억등록과 언어기능은 전체적으로 높은 점수를 나타냈으며, 7명 중 3명이 약간 향상되었고, 집중 및 계산능력에서는 전혀 변화를 나타내지 않았다. 이해 및 판단능력에서는 7명 중 2명이 약간 향상하였다.

이 같은 연구결과는 집단미술치료가 다른 사람을 의식할 필요 없이 먼저 미술재료에 그들의 감정을 표현하도록 하기 때문에 제한적인 의사소통 기술을 가진 치매환자들에게 의사소통할 수 있는 기회를 제공해 주고 회상과정을 통해 기억을 되살리도록 도와줄 뿐만 아니라 미술매체를 이용한 창작활동으로 소 근육 운동능력과 시지각 능력을 향상시키도록 해 주었기 때문이다.

특히 치매노인의 인지기능 중 지남력과 기억회상능력이 크게 향상된 것은 매 회기 시작 전에 집단원에게 이름과 날짜를 확인하고 박수치기와 손 마사지 등 간단한 신체운동을 함으로써 손의 소 근육 운동 능력을 자극시켜 두뇌활동을 활성화시킨 것이 크게 도움이 된 것 같았다. 더욱이 1주일에 2~3회기를 진행함으로써 기억을 되살리는 기회를 자주 제공하고, 매 회기마다 지난 시간의 작품을 관찰하고 회고하도록 반복학습을 하였으며, 치료자의 긍정적인 지지가 25회기동안 지속적으로 주어졌기 때문에 크게 영향을 미쳤을 것으로 생각된다.

② 집단미술치료가 치매노인들의 우울 감소에 미치는 효과

집단미술치료 실시 전후에 한국노인 우울 척도인 SGDS검사를 실시한 결과, 전체 우울 수준의 평균이 사전검사에서는 15점 만점에 10.0점이던 것이 사후검사에서는 6.28점으로 3.71점의 감소를 보여, 집단원 모두가 우울 수준이 감소한 것으로 나타났다. 그리고 사전에는 주요우울증을 판별하는 절단점인 8점 이상의 집단원이 6명이었으나 사후에는 3명으로 감소하였다.

집단미술치료 실시 전의 우울 수준이 10.0점으로 조금 높게 나타난 것은 집단원의 평균연령이 80세 이상이고, 대체로 학력이 낮고(무학 2명, 한글해독 2명, 초졸 2명, 고졸 1명), 부부가 함께 생활하는 1명을 제외한 6명은 모두 사별한 경증치매노인들이라는 점에서 자연스러운 결과라고 여겨진다.

이 사례에서 집단원 모두가 우울수준이 크게 낮아진 것은 매 회기마다 옛날 노래를 들려주거나 마무리 부분에서 함께 노래 부르기, 공동작업, 창의성 개발을 위한 다양한 매체 사용, 일상생활과 관련성이 많은 주제인 과일 만들기, 그릇 만들기, 바다 속 풍경, 어린 시절의 기억, 화투 꽃 만들기, 어항 꾸미기 등과 같은 미술활동이 집단원 간에 깊은 공감을 불러 일으켜 소속감과 유대감을 강화시켜 준 결과라고 여겨진다. 또한 찰흙, 밀가루, 점토, 꽃, 곡물, 사포, 석고, 잡지 등 다양한 매체를 통해 손쉽게 자신의 감정을 표현함으로써 긴장해소와 더불어 정서적 안정감을 느끼게 되고, 미술작품을 완성함으로써 성취감을 얻게 되고, 집단토론을 통해 정서적 지지를 받으면서 고립감에서 벗어나 자신감을 가지게 되어 우울 수준이 낮아지게 된 것이라고 본다.

③ 집단미술치료가 치매노인들의 행동 및 태도에 미치는 효과

초기에는 대부분의 집단원이 치료자를 경계하였고, 질문에 대해 거부반응을 나타냈다. 그리고 미술활동을 하고자 하는 의욕이 없었고, 다른 사람들의 그림에 대해서는 무관심하였다.

5회기부터 집단상호작용이 활발해지고 집단원은 미술활동에 대한 흥미도가 높아지고 자기표현을 많이 하게 되고 다른 사람들과의 의사소통이 눈에 띄게 증가하면서 웃음이 많아지기 시작하였다. B는 직접 달력을 만들어 날짜를 기억하려는 노력을 하였고(5회기), 초기에는 무기력하고 짜증을 많이 내면서 참여에 소극적이던 C, F도 적극적으로 작업에 참여하였다(6회기). 초기에는 하루에도 몇 번이나 우시던 G가 요즘엔 눈물이 줄어들었다며 잘 울지 않고 웃음이 많아졌다(10회기). 그리고 일생생활과 관련이 많은 주제들, 즉 과일 만들기(9회기), 바다 속 풍경(10회기), 탈 만들기(13회기), 그릇 만들기(15회기), 어린 시절의 기억(16회기), 화투 꽃 만들기(18회기), 어항 꾸미기(19호기), 내 얼굴 꾸미기(20회기) 등을 통해 생활경험을 재경험하도록 함으로써 잔존기억을 되살리고 연대감을 더욱 강화시키는 계기가 되었다.

16회기에서 집단원은 아무 걱정이 없었던 어린 시절의 회상으로 웃음꽃을 피웠고 행복감을 재경험하였으며, 집단상호작용이 더욱 활발해져 자기표현을 많이 했을 뿐만 아니라 집단원 상호 간에 긍정적인 지지가 증가하였다.

후기에는 집단원 모두가 미술작업에 열중했고 작품 완성하기까지 시간이 단축되었으며 완성도가 높아졌다. 그리고 가족에 대한 사랑을 재인식하고 집단원들에 대한 배려와 관심이 많아져 편안하고 즐거운 분위기에서 진행되었으며, 작업과정에서 노래를 흥얼거리거나 익살스러운 집단원 때문에 집단 전체가 자주 웃음바다를 이루었다. 집단토론 시간에는 다른 사람의 이야기에 귀를 기울이며 각자 자신의 생각이나 느낌을 표현하면서 공감대를 이루어 나갔고, 작품을 소중하게 다루는 등 모두가 협동해서 뒷정리를 깔끔하게 하였다.

결론적으로 집단미술치료는 기억력 장애와 제한적인 언어기술을 가진 치매환자들에게 상호작용의 기회를 제공하여 정서적 지지 역할을 할 뿐만 아니라 다양한 미

술매체를 통해 색채와 형체, 수에 대한 개념을 향상시키고, 미술작업을 통해 주의력과 집중력을 증진시킨다. 또한 미술작품의 완성을 통해 즐거움과 성취감을 가지게 하여 작품에 대해 자발적으로 이야기할 수 있게 함으로써 우울 수준을 감소시키고, 나아가 지속적인 반복학습과 다양한 미술매체와 기법들이 두뇌활동을 자극시켜 인지기능향상을 가져올 수 있었음을 보여 주었다.

부 록

부록 1 또래관계 검사지(한종혜, 1996)

자신을 가장 잘 설명하고 있다고 생각되는 항목에 ○를 표시해 주십시오.

번호	문 항	아주 적게	적게	보통	많이	아주 많이
1	나는 친구들과 함께 얼마나 시간을 보냅니까?					
2	나와 친구들이 의견이 달라 맞서는 때가 얼마나 있습니까?					
3	친구들은 내가 모르는 것을 어떻게 해야 하는지 얼마만큼 가르쳐 줍니까?					
4	나는 친구들과의 관계를 얼마나 만족스러워합니까?					
5	나는 친구들과 얼마나 나의 일을 말합니까?					
6	나는 친구들이 도움이 필요한 일이 있을 경우 얼마나 도와줍니까?					
7	친구들은 나를 얼마나 좋아하고 사랑합니까?					
8	친구들은 나를 얼마만큼이나 벌을 줍니까?					
9	친구들은 나를 얼마나 존중하여 대합니까?					
10	친구들은 내게 무엇을 해야 한다고 얼마나 말합니까?					
11	무슨 일이 생긴다 하여도 나와 친구들과의 관계가 잘 계속될 것이라고 얼마만큼 확신합니까?					
12	나는 친구들과 같이 놀거나 재미있을 때가 얼마나 있습니까?					
13	나와 친구들은 얼마나 생각이나 의견이 다릅니까?					
14	친구들은 내가 어떠한 상황을 이해하도록 얼마나 도와줍니까?					
15	나와 친구들 사이의 일이 처리되는 방식이 행복하다고 느껴지는 때가 얼마나 있습니까?					

번호	문 항	아주 적게	적게	보통	많이	아주 많이
16	나는 친구들과 내 비밀이나 개인적인 느낌을 얼마만큼 서로 얘기합니까?					
17	나는 얼마만큼 친구들을 보호하고 지킵니까?					
18	친구들은 나에 대해 얼마나 관심을 기울입니까?					
19	내가 친구들 말을 듣지 않을 때 친구들은 나를 어느 정도 벌을 줍니까?					
20	친구들은 내가 여러 가지 일을 잘한다고 얼마만큼 인정해 줍니까?					
21	친구들은 나보다 얼마만큼 더 지배적입니까?					
22	내가 친구들과 서로 의견이 다를지라도 서로의 관계가 계속될 것이라고 얼마만큼 확신합니까?					
23	내가 친구들과 이곳저곳에 가서 재미난 일을 하는 경우가 얼마나 있습니까?					
24	나는 친구들과 얼마나 서로 논쟁을 합니까?					
25	내가 어떤 일을 끝냈으면 하는 때에 친구들은 나를 얼마나 도와줍니까?					
26	나와 친구들과의 관계는 얼마나 좋습니까?					
27	나는 다른 사람에게 알리고 싶지 않은 일을 친구들에게 얼마나 이야기합니까?					
28	나는 친구들을 얼마나 돌보아 줍니까?					
29	친구들은 나에 대해 사랑이나 좋아하는 느낌을 얼마나 가지고 있습니까?					
30	내가 해선 안 되는 일을 했을 때 친구들은 나를 얼마나 꾸짖습니까?					
31	친구들은 내가 하는 일을 얼마나 좋아하거나 찬성해 줍니까?					
32	나와 친구들 사이의 일에서 무엇을 해야 할지에 대해 친구들이 얼마나 결정을 합니까?					
33	앞으로도 나와 친구들과의 관계가 계속 좋을 것이라고 얼마나 확신합니까?					

부록 2

사회성 검사지(양창호, 1994)

다음 두 가지의 대답 중에서 나의 행동과 가장 가까운 것에 ○를 표시해 주십시오.

번호	항 목	그렇다	아니다
1	나는 당번이 되면 당번 활동을 최선을 다하여 열심히 한다.		
2	나는 여럿이 공부할 때 다른 사람이 놀면 나도 같이 논다.		
3	나는 공부나 일을 혼자서 하는 것보다 여러 친구와 하는 것이 좋다.		
4	나는 복도를 걸어갈 때 정해진 규칙을 잘 지킨다.		
5	나는 공부 계획을 내 스스로 세운다.		
6	나는 부모님이 시키지 않아도 내 할일을 스스로 찾아서 한다.		
7	나는 집에 일이 있으면 학교 청소당번을 하지 않고 돌아와도 좋다고 생각한다.		
8	나는 어린이회에서 정한 '봉사활동' 이나 '불우이웃돕기' 에 자발적으로 열심히 참가한다.		
9	나는 가끔 휴지를 운동장이나 복도에 버린다.		
10	나는 집안일 중 내 스스로 할 수 있는 일은 자진해서 한다.		
11	나는 그림 그리기나 공작할 때 손이 많이 드는 귀찮은 일도 끝까지 한다.		
12	밤늦게까지 해야 할 일이 있어도 잠이 오면 곧 자 버린다.		
13	나는 학교에서 여러 사람들과 같이 하는 일들은 더욱더 열심히 참여한다.		
14	나는 학급에서 정한 일이나 학교규칙을 조금은 지키지 않아도 된다고 생각하고 어길 경우가 있다.		
15	나는 교실에서 아침자습을 할 때 옆 친구와 같이 놀거나 장난치는 일이 많다.		
16	나는 몸이 조금 불편하면 해야 할 일도 게으름을 피운다.		
17	나는 급히 해야 할 일이 있어도 잠이 오면 잔다.		
18	나는 나의 뜻에 맞지 않는 일이라도 전체 의견이면 따른다.		
19	학급에서 정한 일은 내가 싫더라도 지킨다.		
20	나는 어디서나 내 생각을 잘 말한다.		

번호	항 목	그렇다	아니다
21	나는 선생님께서 시키신 일은 열심히 한다.		
22	나는 친구와 약속한 것을 잊어버리고 지키지 못한 경우가 가끔 있다.		
23	나는 내가 만든 작품을 다른 사람이 고쳐 주면 아주 싫다.		
24	선생님이 내준 숙제는 꼭 해 간다.		
25	나는 대부분의 일을 친구가 하는 대로 따라가는 경우가 많다.		
26	나는 그림 그리기나 공작을 할 때 싫증이 나서 다 만들기 전에 그만둘 때가 많다.		
27	나는 학급 문고나 도서실의 책을 정해진 기간 내에 반납하지 못하는 경우가 가끔 있다.		
28	나는 나에게 주의를 주는 사람이 있으면 그 사람에게 말대꾸를 한다.		
29	나는 규칙이라도 다른 사람이 보지 않을 때는 지키지 않을 때가 있다.		
30	나는 부모님이나 선생님이 말씀하시지 않으면 공부를 잘 하지 않는다.		
31	나는 집안 식구가 일을 시키면 이유를 붙여서 피하려고 한다.		
32	나는 나보다 공부를 못하는 아이하고는 별로 말을 하지 않는다.		
33	나는 여럿이 있을 때 내 마음에 들지 않는 일이 있으면 주위에 있는 누구에게나 화풀이를 하는 일이 있다.		
34	나는 예쁜 꽃이 있으면 다른 사람의 것이라도 따 온다.		
35	나는 집안 식구들이 허락하지 않으면 내가 하고 싶은 일일지라도 아무것도 못한다.		
36	나는 몸차림을 깨끗하게 하고 우리 집에서 부지런하다.		
37	나는 어떤 급한 일이 생겼을 때는 약속을 지키지 못하는 것이 당연하다고 생각한다.		
38	나는 한 분단이 되어서 공부나 일을 할 때 싫은 사람이 있으면 전혀 의욕이 생기지 않는다.		
39	나는 교통 규칙을 잘 지켜서 길을 건넌다.		
40	선생님이 나에게 '공부를 열심히 해라.' 고 말하지 않도록 스스로 알아서 한다.		

부록 3 Beck의 우울 척도

다음 글을 잘 읽어 보고, 4개의 문항 중에서 현재 자신에게 가장 적합하다고 생각되는 문항 1개를 골라 그 문항의 번호에 V를 표시해 주십시오(단, V를 표시하기 전에 문제의 4문항을 전부 읽어 보고 1문항을 골라 주십시오).

1 ⓪ 나는 슬픔을 느끼지 않는다.
① 나는 슬픔을 느낀다.
② 나는 항상 슬프고, 그것을 떨쳐 버릴 수가 없다.
③ 나는 너무나도 슬프고 불행해서 도저히 견딜 수 없다.

2 ⓪ 나는 내 앞날에 대해 특별히 실망하지 않는다.
① 나는 내 앞날에 대해 실망감을 느낀다.
② 나는 내 앞날이 희망이 없다.
③ 나는 내 앞날이 희망이 없고 나아질 것이 하나도 없다고 생각한다.

3 ⓪ 나는 실패감 같은 것을 느끼지 않는다.
① 나는 내가 다른 사람들 보다 더 많이 실패했다고 생각한다.
② 나의 살아온 과거를 돌아보건대 모든 것이 실패의 연속이었다.
③ 나는 한 인간으로서 완전히 실패했다고 생각한다.

4 ⓪ 나는 전과 다름없이 일상생활에 만족감을 갖는다.
① 나는 전처럼 일상생활을 잘해 낼 수 없다.
② 나는 요즈음에는 그 어느 것도 실제적 만족을 느끼지 못한다.
③ 나는 모든 것이 다 불만스럽고 지겹다.

5 ⓪ 나는 특별히 죄의식을 느끼지 않는다.
① 나는 약간의 죄의식을 느낀다.
② 나는 상당히 죄의식을 느낀다.

③ 나는 항상 죄의식을 느낀다.

6 ⓪ 나는 내가 벌을 받고 있다고 생각하지 않는다.
① 나는 내가 벌을 받을 것이라는 생각이 든다.
② 나는 벌을 받아야 한다.
③ 나는 벌을 받고 있다고 생각한다.

7 ⓪ 나는 나 자신에 실망하지 않는다.
① 나는 나 자신에 실망하고 있다.
② 나는 나 자신을 역겨워한다.
③ 나는 나 자신을 증오한다.

8 ⓪ 나는 내가 다른 사람보다 못하다고 생각하지 않는다.
① 나는 나의 약점이나 실수에 대해서 나 자신을 비난한다.
② 나는 나의 과오에 대해서 나 자신을 비난한다.
③ 나와 관계된 모든 일이 다 잘못되었다고 생각하고 나 자신을 비난한다.

9 ⓪ 나는 자살할 생각을 하지 않는다.
① 나는 자살에 대한 생각을 하기는 하나, 실제 시행할 생각은 없다.
② 나는 자살하고 싶다.
③ 나는 기회만 있으면 자살하겠다.

10 ⓪ 나는 전보다 덜 운다.
① 나는 요즈음 전보다 더 자주 운다.
② 나는 요즈음 항상 울고 있다.
③ 나는 전에는 자주 울었으나 이제는 울래야 울 기력조차 없다.

11 ⓪ 나는 요즈음 전보다 더 초조하지 않다.
① 나는 요즈음 전보다 더 쉽게 초조해지고 고민한다.
② 나는 요즈음 항상 초조하다.

③ 전에는 초조하게 했던 일들에 대해 요즈음은 지쳐서 관심조차 없다.

12 ⓪ 나는 다른 사람에게 관심이 있다.
① 나는 전보다 다른 사람에게 흥미를 덜 느낀다.
② 나는 다른 사람에 대한 흥미를 거의 다 잃었다.
③ 나는 다른 사람에 대한 흥미를 모두 다 잃었다.

13 ⓪ 나는 전과 다름없이 결정하는 일을 잘해 낸다.
① 나는 결정하는 일을 전보다 지연한다.
② 나는 결정하는 일이 전보다 무척 어렵다.
③ 나는 요즈음 아무 결정도 내릴 수가 없다.

14 ⓪ 내가 전보다 못생기게 보인다고 생각하지 않는다.
① 내가 늙어 보이거나 매력이 없어 보일까 봐 걱정을 한다.
② 나의 용모가 이제는 매력적으로 보이지 않는다고 생각한다.
③ 나는 내가 아주 추해졌다고 믿는다.

15 ⓪ 나는 전과 다름없이 일을 해낼 수 있다.
① 나는 어떤 일을 시작할 때에 힘이 든다.
② 나는 어떤 일을 해내기가 무척 어렵다.
③ 나는 무슨 일이든 전혀 할 수가 없다.

16 ⓪ 나는 전과 다름없이 잠을 잘 수 있다.
① 나는 전과 달리 잠을 잘 자지 못한다.
② 나는 전보다 1～2시간 더 일찍 깨고 다시 잠들기가 힘들다.
③ 나는 전보다 훨씬 일찍 깨고, 다시 잠을 이룰 수가 없다.

17 ⓪ 나는 전보다 더 피곤하지 않다.
① 나는 전보다 더 쉽게 피곤해진다.
② 나는 항상 피곤하다.

③ 나는 너무나 피곤해서 아무것도 못하겠다.

18 ⓪ 식욕이 전과 다름없다.
① 식욕이 전처럼 좋지는 않다.
② 요즈음에는 식욕이 아주 나쁘다.
③ 요즈음에는 식욕이 전혀 없다.

19 ⓪ 요즈음 나는 몸무게가 줄지 않았다.
① 나는 전보다 몸무게가 3kg 줄었다.
② 나는 전보다 몸무게가 5kg 줄었다.
③ 나는 전보다 몸무게가 7kg 줄었다.

20 ⓪ 나는 나의 건강에 대해 그리 걱정하지 않는다.
① 나는 통증, 소화불량, 변비와 같은 신체증상으로 걱정을 한다.
② 나는 신체증상에 대한 걱정 때문에 제대로 일을 해내기가 힘들다.
③ 나는 신체증상에 대한 걱정으로 인해 다른 아무 것도 생각할 수가 없다.

21 ⓪ 요즈음 성에 대한 흥미는 전과 변함이 없다.
① 나는 전보다 성에 대한 흥미가 없어졌다.
② 나는 요즈음 성에 상당히 흥미를 잃었다.
③ 나는 성에 완전히 흥미를 잃었다.

부록 4 치매노인의 인지기능, 우울과 삶의 질 향상을 위한 집단미술치료 사례(김영숙, 도복늠, 2005)

회상을 적용한 집단미술치료 프로그램

회기		주제 및 활동	기대효과	작업매체
초기탐색단계	1	오리엔테이션-미술치료란? 프로그램에 대한 이해와 참여 동기 부여하기 K-HTP 실시	집단간의 친밀감 형성	A4용지, 크레파스
	2	어디가 아픈가요? Body Outline	신체적, 정신적 건강사정, 불편감 표현	전신상 그려진 종이, 크레파스
	3	자기소개(자기 명함 만들기) 자신을 표현할 수 있는 무엇인가를 그려 보기	자신에 대한 자신감 표현력 증가, 언어력 증진	도화지, 크레파스, 사인펜, 그림사진, 풀
	4	나의 띠는?(연세, 생신, 무슨띠?) 12가지 동물 중 자신의 띠를 상징하는 동물 만들기	인지기능, 기억력, 지남력 증진	점토, 칼라믹스
	5	나의 가족들 어항 꾸미기	현재 주위의 가족이나 자신을 통하여 삶의 가치를 찾고 자신의 정체감을 형성	어항 본 뜬 도화지, 색종이, 풀, 칼라믹스
실행단계	6	유년시절의 기억 어린 시절 가장 즐거웠던 시간 표현하여 나타내기-콜라주	즐거운 과거회상을 통한 심리적 안정감	도화지, 물감
	7	명절 추억회상 설날, 추석을 회상하며 만들기	과거회상을 이완, 소 근육 운동, 인지기능강화	밀가루 반죽
	8	고향의 기억 - 고향의 봄 봄 동산 꾸미기	흥미유발과 회상, 자아통합, 소 근육 운동, 창조적 자극	점토, 생화
	9	나의 젊은 시절, 그때 그 시절-신랑각시 꾸미기	자존감 향상, 회상, 자아통합, 심리적 지지, 감성개발	옛날 사진, 도화지, 크레파스, 인물사진
	10	어렵던 시절-내가 겪은 전쟁이야기, 피난시절의 경험-집단 콜라주	전쟁시 고통스런 경험과 어려움을 서로 나눔으로써 상호 위로와 지지	전쟁관련 신문, 잡지, 가위, 풀, 4절지
	11	생업과 자손들-조상 차례상이나 생일상 차리기	과거회상을 통한 정서적 지지, 자신감 향상	각종 음식, 과일그림, 가위, 사인펜
	12	인생에서 가장 후회한 일-한지 구기기	과거 미해결된 과제와 자신의 부족한 부분 수용기회 제공	화선지, 한지, 신문지, 풀
	13	보고 싶고 만나고 싶고 소중한 사람에게 선물 만들기	과거회상과 정서적 지지, 소 근육 운동, 사회성 기르기	종이접시, 크레파스, 잡곡, 풀, 한지
종결단계	14	멋진 여생을 꿈꾸며-화분에 자신의 꽃 피우기	감정표출, 불안감 감소, 환희감 자기인식, 자아통합	사포, 크레파스, 화분 그려진 종이
	15	나의 소망, 나의 인생-연 만들기	자아통합, 희망고취	색지, 크레파스, 색종이, 풀
	16	전시회-집단미술치료과정 경험 나누기 K-HTP 실시	자신감 향상, 정서적 지지, 단기기억력 향상, 사회성	A4용지, 사인펜

부록 5 노인성 치매환자의 인지기능 개선을 위한 집단미술치료 사례(박선민, 2005)

집단미술치료 프로그램

회기	주제	작업기법 및 기대효과	작업매체
사전 검사	K-MMSE 검사 K-HTP 검사	의료진 및 연구자 공동 검사	A4용지, 연필, 지우개, K-MMSE 검사지
1	잎을 보고 나무를 그리기	치료자가 여러 종류의 나뭇잎과 꽃을 가져와서 집단원들에게 보여드리고 손으로도 만져 보도록 하여서 차례대로 "이 잎의 나무 이름을 적어 보세요."라고 말하며 차례대로 나뭇잎을 보여 주었다. 싱싱한 나무 잎을 보고 나무 이름과 나무를 그린다. 이러한 활동을 통하여 감각자극을 촉진시켜 이를 통한 인지기능을 개선시키려 함.	솔잎, 아카시아잎, 은행잎, 도화지, 색연필, 연필, 지우개
2	퍼즐 맞추기, 숫자 퍼즐, 과일퍼즐	퍼즐 놀이를 통하여 문제해결력을 향상시키며, 사고력과 시지각을 향상시켜 노인성 질환자들에게 흥미롭고 용이하게 인지기능을 향상시키고자 함. 또 눈과 손의 협응작용을 활발하게 시켜줌으로써 두뇌활동을 촉진시키는 작용을 함.	숫자, 과일퍼즐, A4용지, 연필, 지우개
3	그림판으로 숫자놀이	치료자가 미술작업을 통한 숫자놀이 규칙을 설명해 줌으로써 이를 통한 사칙연산놀이를 하므로 수 개념을 향상시키고 연산능력의 향상을 통한 인지기능의 개선을 촉진시킴.	숫자 그림판
4	시계 만들기	먼저 치료자가 년, 월, 일, 현재시간, 날씨(어제, 오늘, 내일)를 이야기 한다. 그 후 시계를 만들어 시간 맞추기 놀이를 한다. 이러한 작업으로 인해 시간에 관한 감각을 향상시켜 인지능력을 개선하고, 생활적응을 높이려 함.	원형을 그린 마분지, 숫자스티커, 날씨스티커, 색연필 등
5	지도에서 사는 곳 표시하기	지도에서 현재 본인이 있는 곳을 표시하고, 또한 어린시절, 중년시절에 가 보았던 곳을 표시함. 그리고 본인 주소와 현재 있는 곳이 어떤 곳인지를 말하여 이러한 작업과정을 통하여 공간지각력을 향상시켜 인지기능을 개선하고자 함.	마분지, 공작용 시침분침, 색종이, 가위, 풀
6	사물이름 알아맞히기	그림판을 보고 이름 말하기를 하고 10분 후에 다시 기억하여 재생하고 난 후 이름을 거꾸로 말하는 작업과정을 통하여 사물에 대한 개념을 명확히 하고 범주화하는 능력과 언어능력의 향상을 통한 인지기능의 개선시키고자 함.	야채와 과일 그림판 준비, A4용지

회기	주제	작업기법 및 기대효과	작업매체
7	숫자놀이	숫자가 적혀 있는 만큼 색칠하게 하여 숫자놀이 작업을 함. 수리능력의 향상을 통하여 사고력을 증진시킴.	A4용지, 연필, 색연필
8	파트너 생일상 차려 주기	옆자리 파트너에게 지점토로 파트너가 받고 싶다는 것을 만들어 생일상을 차려서 주면 된다고 함. 지점토 작업을 통하여 촉각을 향상시키고 파트너에게 선물을 줌으로써 삶의 기쁨을 느끼고 사회적인 관계를 향상시켜 주고자 함.	레드지점토, 화이트지점토, 도화지
9	도형 그리고 색칠하기	치료자가 종이를 나누어 주고 다양한 도형에 대해 제시해 주고 그 안에 자신이 원하는 색을 칠하도록 함. 이 작업은 시지각 능력을 향상시키고 집중력을 높여 인지기능을 개선시킴.	A4용지, 색연필
10	생활용품에 대한 감각 익히기	그림판을 통해 다양한 생활용품을 보여 주고 사물명을 학습시킨 후 10분 후에 다시 말하게 함. 생활에서 사용하는 다양한 물품을 학습시켜 생활적응력을 향상시키고 반복학습을 통한 기억력 증진과 인지기능 개선에 주안점을 둠.	탈것, 과일 등의 그림판 준비
11	우체통 놀이	우체통에 넣을 수 있는 것들을 얘기하고 자신에게 의미 있는 사람에게 편지를 쓰고, 전해 주고 싶은 것을 편지에 붙여 우체통에 넣게 하는 것으로 편지는 여러 사람에게 발표하도록 함. 이러한 작업으로 문장력과 발표력을 향상시켜 인지기능을 향상시킴. 이런 작업을 통하여 자신의 삶을 정리하며 좀 더 의욕적인 삶을 살 수 있도록 격려하도록 함. 즉, 프로그램의 종결이 끝이 아니라 새로운 시작이 될 수 있도록 집단원들에게 얘기하고 자신의 삶을 좀 더 의미 있고 긍정적이 되도록 자극시킴.	색종이, 낙엽, 우체통, 편지지, 연필, 지우개
사후 검사	K-MMSE 검사 KHTP 검사	의료진 및 연구자 공동 검사	A4용지, 연필, 지우개, K-MMSE 검사지

참고문헌

강위영, 이상복, 이근매(2003). 발달장애아동을 위한 언어 · 행동치료의 실제. 서울: 교육과학사.

고바야시 시게오, 김동연, 이근매, 이천세(1995). 자폐성아동의 언어지도. 대구: 동아문화사.

공마리아 외(2004). 미술치료개론. 대구: 동아문화사.

공세권, 조애조, 김승권(1992). 가족계획사업의 개편방향에 대한 소고. 한국인구학, 15(2), 1-14.

공인숙 외 역(2000). 부모교육. 서울: 창지사.

권기덕, 김동연, 최외선 편저(1997). 가족 미술치료. 대구: 동아문화사.

권기덕, 김동연, 최외선(1993). 가족미술치료의 이론과 실제. 서울: 도서출판 특수교육.

권석만(2000). 우울증. 서울: 학지사.

권영미(1999). 부모의 이혼이 자녀의 자아 존중감과 사회성에 미치는 영향, 중앙대학교 석사학위논문.

권용철, 박종환(1989). 노인용 한국판 Mini-Mental State Examination(MMSE-K)의 표준화 연구 제1편: MMSE-K개발. 신경정신의학, 28(1), 125-135.

권중돈, 고효진, 이성희, 임송은, 장우심, 이유진(2002). 치매와 가족. 서울: 학지사.

김갑숙, 정미숙(1999). 학교부적응 학생의 집단미술치료 사례연구, 미술치료연구, 6(2), 167-188.

김경숙 역(1996). 화성에서 온 남자 금성에서 온 여자. 서울: 친구미디어.

김동연(2000). 9분할통합회화법과 가족화. 한국미술치료학회 제27회 미술치료연수회자료집.

김동연, 공마리아, 권복순(1994). TMR아동의 부적응 행동에 미치는 미술치료 프로그램의 효과. 한국미술치료학회지, 1(1), 85-96.

김동연, 공마리아, 최외선(2002). HTP와 KHTP의 심리진단법. 대구: 동아문화사.

김동연, 신현옥(1999). 치매노인의 미술치료 사례연구. 제6회 한국미술치료학회 국제학술대회 자료집, 141-160.

김동연, 이재연, 홍은주 역(2001). 아동미술심리이해. 서울:학지사.

김동연, 정현희(1997). 동그라미 중심 가족화에 의한 심리진단과 치료. 대구대학교 출판부.

김동연, 최외선(2002). 아동미술치료. 대구: 중문

김부영, 김주희, 이경희, 박석근(2001). 치매간호 중재로 실시한 원예, 음악, 미술요법의 효과 비교연구. 제4회 한국원예치료학회 학술 심포지엄.

김소영(1999). 미술활동이 자폐성 아동의 사회성 발달에 미치는 영향. 공주대학교 대학원 미간행 석사학위논문.

김수석 역(1990). 조형심리학 입문. 서울:지구문화사

김수진(2001). 우울증에 대한 인지행동적 집단상담 효과 메타분석. 숙명여자대학교 석사학위논문.

김숙경(1995). Kandinsky. 서울: 재원.

김순혜(2001). 아동상담. 서울: 학지사.

김승국(1990). 적응행동검사 지침서. 서울: 중앙적성출판사.

김영숙, 도복늠(2005). 회상을 적용한 집단미술치료 프로그램이 치매노인의 인지기능, 우울과 삶의 질 향상에 미치는 효과. 미술치료연구, 12(2), 483-500.

김은영(2003). 집단미술치료가 이혼가정 아동의 자아존중감과 사회성에 미치는 효과. 가톨릭대학교 사회복지대학원 석사학위논문.

김인환, 김일권(1996). 서양화의 재료와 기법. 서울: 미술공로사.

김재은(1992). 아동의 심리치료. 서울: 배영사.

김재은(1993). 그림에 의한 아동의 심리진단. 서울: 교육과학사.

김재은(2000). 유아문제행동의 특성과 지도. 서울: 국민서관.

김정(1979). 아동미술의 세계. 서울: 열화당

김정규(1995). 게슈탈트 심리치료. 서울: 학지사.

김정규(2003). 자아가치관 검사 실시 요강. 한국 가이던스.

김정규, 윤인, 이영미 역(2006). 아이들에게로 열린 창: 아동 및 청소년을 위한 게슈탈트 예술치료. 서울: 학지사.

김정미(2003). 미술치료에서 상징적 의사소통에 관한 연구. 고려대학교 석사학위논문.

김정희(1987). 지각된 스트레스, 인지세트 및 대처방식의 우울에 대한 작용. 서울대학교 박사학위논문.

김종현, 윤치연, 이근매, 이성현, 이은림(2003). 특수아동교육. 서울: 형설출판사.

김진숙(1998). 만다라를 통한 미술치료. 서울: 학지사.

김진숙 역(2006). 미술치료학 개론. 서울: 학지사.

김진한(2002). 색채의 원리. 서울:시공사.

김춘경, 정여주(2002) 상호작용놀이를 통해 집단 상단 이론과 실제. 서울: 학지사.

김태련, 박랑규(1992). 아동기 자폐증 평정척도 지침서. 서울: 도서출판 특수교육.

김태진(2002). 허버트 Read의 예술심리학에 의한 인체조각의 연구. 원광대학교 석사학위논문.

김현순(1993). 중년 여성의 자아정체감과 우울성향과의 관계. 서울 여자대학교 교육대학원 석사학위논문.

김혜정, 김동연(2002). 미술치료가 우울증 청소년의 우울과 학교생활 적응 및 태도에 미치는 효과. 미술치료연구, 9(3), 71-90.

대한신경정신의학회(1998). 한국형 치매평가검사. 서울: 학지사.

류정자(2000). 집단미술치료가 노인의 학습된 무기력 및 우울정서에 미치는 효과. 경성대학교 박사학위논문.

박상저 편(1997). 색채계획. 서울: 효성.

박선민(2005). 집단미술치료가 노인성 치매환자의 인지기능 개선에 미치는 효과. 영남대학교 환경보건대학원 석사학위논문.

박성희(2001). 동화로 열어가는 상담이야기. 서울: 학지사.

박신희(2002). 협동작업중심의 집단미술치료가 결손가정 아동의 또래관계와 사회성에 미치는 효과. 대구대학교 석사학위논문.

박인옥(1997). 한국노인의 우울요인. 고려대학교 석사학위논문.

박종한, 고효진, 하재창, 박영남, 정철호(1991). 경북 영일군 어느 한 면 지역 노인들에서 치매의 유병률. 신경정신의학, 30, 1121-1129.

박필임 역(2001). 색채심리. 서울: 예경.

배상아(2002). 초현실주의 회화에 있어 '무의식' 의 경향과 심리적 요인에 관한 고찰: 프로이트 정신분석학을 중심으로. 한남대학교 석사학위논문.

배재남(1996). DSM-III-R 주요 우울증에 대한 geriatric depression scale(GDS)의 정확 진단도. 서울대학교 석사학위논문.

보건복지부(2004). 2004년도 전국노인복지시설 현황.

서국희(1999). 노년기 치매와 우울증의 유병률 및 위험인자. 서울대학교 박사학위논문.

서울교육대학교 미술교육연구회 역(1998). 인간을 위한 미술교육. 서울: 미진사.

서울대미술교육연구회(2002). 인간을 위한 미술교육. 서울: 미진사.

송명자(2003). 발달심리학. 서울: 학지사.

송성자(1997). 한국문화와 가족치료: 해결중심가족치료의 적용. 한국사회복지학 통권 제32호, 한국사회복지학회.

송성자(2001). 한국가족문화와 가족치료접근. 한국가족치료학회지, 9(1), 1-20.

신기은(1998). 협동작업을 활용한 집단미술치료가 아동의 교우관계 증진에 미치는 효과. 계명대학교 석사학위논문.

심상철(2000). 미술재료와 표현. 서울: 미진사.

양창호(1994). 역할놀이 수업이 아동의 사회성 및 학습태도에 미치는 효과. 한국 교원대학교 교육대학원 석사학위논문.

여광응 편역(1989). 시지각 발달검사(DTVP). 서울: 도서출판 특수교육.

영남대학교 평생교육원(2000). 교원자율연수교재: 아동 및 청소년 상담의 이론 및 실습. 미간행.

오경자, 이혜련, 홍강의, 하은혜(2001). 청소년 자기행동 평가척도(K-YSR). 서울: 중앙적성연구소.

오순이(2001). 기초조형 중심의 미술치료프로그램이 EMR아동의 시지각 발달에 미치는 효과. 대구대학교 재활과학대학원 미간행 석사학위 청구논문.

오춘란(2003). 조형예술원론. 부산: 동아대학교 출판부.

오희선, 김숙희(2003). 재미있는 색 이야기. 서울: 교학연구사.

원희랑(2005). 약물남용청소년의 문제행동 감소와 대인관계 개선을 위한 집단미술치료의 효과. 미술치료연구, 12(1), 179-208.

유미숙(1997). 놀이치료 이론과 실제. 서울: 도서출판 상조사.

유수진(2004). 노인미술치료에서 치매 · 뇌졸중 환자 작품의 조형심리학적 고찰. 원광대학교 보건환경대학원 석사학위논문.

유영주, 김경신, 김순옥(1995). 가족관계학. 서울: 교문사.

윤종호(2000). 집단미술치료가 치매노인의 문제행동에 미치는 효과. 대구대학교 석사학위논문.

윤진(1991). 성인 · 노인 심리학. 서울: 중앙적성출판사.

윤치연(2003). 발달장애의 이해. 서울: 형설출판사.

은옥주(2000). 중년여성 우울증에 대한 미술치료 사례연구. 연세대학교 석사학위논문.

이근매(1995). 언어훈련을 병행한 미술치료가 유아의 언어발달 및 사회성 향상에 미치는 효과. 미술치료연구, 2(1), 95-110.

이근매(2003). 정서 · 행동장애 아동을 위한 미술치료의 실제. 서울: 교육과학사.

이근매, 김소영(2001). 언어지도를 병행한 미술치료 프로그램을 통한 학습장애아동의 부적응행동 사례연구. 미술치료연구, 8(2), 197-214.

이근매, 김향지, 조진식(2003). 미술치료가 경도정신지체 학생의 부적응 행동에 미치는 효과. 한국정신지체아교육학회 정신지체연구, 5, 135-149.

이근매, 박영애, 김소영(2002). 학습부진 아동의 문제행동 개선을 위한 미술치료 사례연구. 미술치료연구, 9(1), 57-75.

이근매, 오순이(2004). 기초조형 중심의 미술활동 프로그램이 정신지체아동의 시지각발달에 미치는 효과. 특수교육저널: 이론과 실천.

이근매, 이상희(2003). 미술치료를 병행한 언어치료가 조음장애 아동의 문제행동 및 조음정확도에 미치는 효과. 제12회 한국언어치료학회 학술발표대회 자료집, 281-304.

이근매, 임희정(2003). 언어치료와 미술치료를 병행한 프로그램이 언어발달지체유아의 언어발달 및 문제행동 개선에 미치는 효과. 미술치료연구, 10(1), 55-73.

이근매, 최외선(2003). 유 · 아동의 발달을 돕는 미술치료의 실제. 서울: 교육과학사.

이근매, 최은영(2000). 언어지도와 병행한 미술치료가 자폐성 아동의 의사소통에 미치는 효과. 정서 · 학습장애연구, 16(1), 117-138.

이근매. (2000). 자유화를 통한 미술치료가 학습장애아동의 학교부적응행동에 미치는 영향. 한국재활심리학회, 7(1), 233-250.

이동식(1993). 현대인과 노이로제. 한강수.

이상복, 이상훈(1998). 정서 · 행동장애아 치료와 교육. 대구: 대구대학교 출판부.

이상복, 이효신, 김정일(2002). 유 · 아동기 행동관리. 대구: 대구대학교출판부.

이성진(2002). 행동수정. 서울: 교육과학사.

이순희(2000). 우울을 지닌 결손가정 아동의 미술치료 효과. 한국미술치료학회 제27회 미술치료연수회 자료집, 293-314.

이연희(2004). 집단미술치료가 요양시설 여성노인의 우울감소에 미치는 영향. 원광대학교 석사학위논문.

이윤로(2000). 노인과 치매예방. 서울: 문음사.

이윤희, 주리애 역(2003). 상처 입은 마음의 성형. 서울: KATC.

이은주, 최외선(2005). 미술치료가 가정폭력피해 여성의 자아존중감과 사회성에 미치는 효과. 미술치료연구, 12(1), 255-279.

이장호(2001). 상담심리학. 서울: 박영사

이재훈(1997). 한(恨)의 심리치료와 현대정신분석학. 한국 심리치료연구소.

이현정(2004). 소조활동 중심의 미술치료가 우울증 환자의 우울 감소에 미치는 효과. 영남대학교 환경보건대학원 석사학위논문.

이현진(2006). 협동작업중심의 집단미술치료가 저소득층 아동의 또래관계 및 사회성에 미치는 효과. 영남대학교 환경보건대학원 석사학위논문.

장연집 역(1994). 아동이 그린 가족화 분석. 서울: 교문사.

장혜경(2005). 게슈탈트 집단미술치료가 학교부적응 청소년의 자아가치관 향상과 부적응행동 감소에 미치는 효과. 영남대학교 환경보건대학원 석사학위논문.

전영숙, 김갑숙(2004). 여고생의 학교생활화 반응특성과 인성과의 관계: 역동성 영역을 중심으로. 미술치료연구 11(2), 169-184.

전영탁, 전창림(1996). 알고 쓰는 미술재료. 서울: 미술문화.

전종국, 최선남(2001). 집단미술치료가 자아수용에 미치는 효과. 미술치료연구, 8(2), 25-35.

전태옥(2002). 난화게임에 의한 유아심리진단, 제37회 미술치료연수회 자료집, 58-68.

정명주, 전현주, 안태희(2003). 표현에서 치유로 아동미술치료, 이렇게 하세요. 서울: 형설출판사.

정문자(2001). 연구와 임상에서 살펴본 한국가족문제와 관련변인. 한국가족치료학회지, 9(2), 1-34.

정문자, 김연희(2000). 가족생활주기별 내담자의 문제와 가족치료기법분석. 한국가족치료학회지, 8(1), 3-29.

정여주(2001). 만다라와 미술치료. 서울: 학지사.

정여주(2003a). 노인미술치료의 이론과 실제. 서울: 학지사.

정여주(2003b). 제1회 노인미술치료워크숍 자료집. 대교연구센터.

정여주(2005). 미술치료의 이해: 이론과 실제. 서울: 학지사.

정익현(2001). 결손가정 아동의 자아존중감 향상을 위한 집단미술치료 사례연구. 숙명여자대학교 교육대학원 석사학위논문.

정지연(2001). 협동미술활동을 통한 시설아동의 친 사회성 증진 효과에 대한 연구. 이화여자대학교 교육대학원 석사학위논문.

정지은(2004). 인지-행동 집단미술치료가 기혼여성의 우울증과 자기지각에 미치는 효과. 영남대학교 환경보건대학원 석사학위논문.

조남옥(1996). 치매환자가족의 경험과 간호요구에 관한 연구. 서울대학교 박사학위논문.

조동제, 김주야, 신소영 편(2001). 색의 이론과 실제. 서울: 학문사.

조영희 역(2002). 공격적이지 않으면서 단호하게 나를 표현하는 대화의 기술. 서울: 푸른숲.

조항석, 오병훈, 양성희, 이혜리, 유계준(1998). 한 지역사회 노인의 우울과 관련된 요인. 노인병, 2(1), 89-102.

조현춘, 조현재 역(2001). 심리상담과 치료의 이론과 실제. 서울: 시그마프레스.

조회영(2004). 만성질환 노인환자의 우울경감을 위한 집단미술치료 프로그램의 사례 연구. 숭실대학교 석사학위논문.

주리애 역(2001). 이구동성미술치료. 서울: 학지사.

주리애(2003). 미술치료 요리책. 경기도: 아트북스.

천성문 외 9인 역(2001). 아동상담의 이론과 실제. 서울: 시그마프레스.

최선남(1995a). 청소년 우울성향과 동적가족화에 나타난 반응 특성과의 관계. 미술치료연구, 2(1), 19-35.

최선남(1995b). 아동우울에 영향을 미치는 가족 변인과 동적가족화에 의한 우울판별 연구. 영남대학교 박사학위논문.

최선남, 김갑숙(2002). 모녀의 우울수준 감소를 위한 가족미술치료 사례연구. 미술치료연구, 9(2), 93-110.

최선남, 전종국, 박혜숙(2005). 체험중심 집단미술치료가 알코올 중독자의 삶의 의미와 금주자기효능감에 미치는 효과. 미술치료연구, 12(4), 931-949.

최영주(2001). 만다라 미술치료가 뇌졸중 노인의 우울과 자기표현에 미치는 효과. 대구대학교 석사학위논문.

최외선(2005). 집단미술치료가 치매노인의 인지기능과 우울에 미치는 효과. 미술치료연구, 12(4), 951-985.

최외선, 정현희(2004). 동적가족화와 심리진단. 대구: 중문출판사.

최윤희(2004). 한국 · 미국의 미술치료연구 동향. 영남대학교 환경보건대학원 석사학위논문.

최종인(1988). 아동미술지도. 서울: 형설출판사.

통계청(1995). 디에스엠(DSM-Ⅲ,1989) 정신장애의 진단 및 통계 편람, 제3판.

한국미술치료학회 편(2001). 미술치료의 이론과 실제. 대구: 동아문화사.

한국미술치료학회(2005a). 54회 미술치료연수회 전문가 초청 워크숍 자료집, 57-74.

한국미술치료학회(2005b). 제52회 한국미술치료학회 연수회 자료집.

한상철(2004). 청소년학-청소년 이해와 지도. 서울: 학지사.

한종혜(1996). 아동의 사회적 관계망에 따른 역량지각 및 자아존중감. 경희대학교 대학원 박사학위논문.

한혜경(1978). 한국도시 주부의 정신적 갈등 및 사회적 요인에 관한 연구. 이화여대 석사학위논문.

허준수, 유수현(2002). 노인의 우울에 영향을 미치는 요인에 관한 연구. 정신보건과 사회사업, 13, 7-35.

홍선경(1997). 중년기 여성의 성역할 태도와 우울간의 관계. 가톨릭대학교 석사학위논문.

홍윤식(1996). 만다라. 서울: 대원사.

황수무 편(2003). 교사를 위한 유아미술교육. 서울: 형설출판사.

황유경(2001). 집단미술치료 프로그램이 아동의 학교부적응 행동에 미치는 효과. 동아대학교 대학원 박사학위논문.

KBS 8시뉴스.(2003/10/28) http://news.kbs. co.kr/news8/2003102811.htm

山中康裕編輯(1988). 風景構成法. 東京: 岩崎學術出版社.

杉浦京子(1994). コラージュ 療法. 東京: 川島書店.

田中勝博(1995). 卵畵は 洞窟畵. 臨床描畵硏究, 10, 151-168.

American Psychiatric Association(1994). *Diagnostic and Statistical Manuals of Mental Disorder*, 4th ed. washington. D.C.: American Psychiatric Association.

American Psychiatric Association(2000). *Diagnostic and Statistical Manuals of Mental Disorder*, 4ed-TR. washington. D. C.: American Psychiatric Association.

Bardley, R. A., Grodzinsky, G., & DuPaul, G. J. (1992). Frontal lobe functions in attention disorder with and without hyperactivity: A review and research report. *Journal of Abnormal Child Psychology, 20*, 163-188

Beck, A. T. (1976). *Cognitive therapy and the emotional disorder*. New York: International University Press.

Beck, A. T., Rush, A. J., Shaw, B. F., & Emery, G. (1979). *Cognitive therapy of depression*. New York: Guilford.

Berg, I, K., & Miller, S, D. (1992). *Working with the problem drinker*. New York, NI: Norton.

Birren, J, E., & Schaie, K. W.(1990). *Handbook of the psychology of aging*, 3rd ed. San Diego: Academic Press, Inc.

Boorson, S., Barnes, R. A., Kukall, W. A., Okimoto, J. T., Veith, R. C., Inui, T. S., Carter, W., & Raskind, M.(1986). Symptomatic depression in elderly medical outpatients. *Journal of the American Geriatrics society, 34*(5), 341-347.

Brenner, C. (1976). *Psychoanalytic technique and psychic conflict*. New York: International Universities Press.

Buck, J. N. (1948). The H-T-P. *Journal of clinical child psychology 4*, 151-159.

Buck, J. N. (1966). *The House-Tree-Person technique: Revised manual*. Los Angles: Western psychological services.

Buck, R. E., & Provancher, M. A. (1992). Magazine picture collage as an evaluative technique. *The American Journal of Occupational Therapy, 26*(1), 36-39.

Buck. J. N., & Hammer, E. F. (1969). *Advances in The House-Tree-Person technique: Variation and applications*. Los Angles: Western psychology, 28, 259-264.

Buhler, C. (1971). Basic theoretical concepts of humanistic psychology. *American Psychologist, 24*, 378-386,

Burns, R. C., & Kaufman, S. H. (1970). *Kinetic family drawing: An introduction to understanding children through kinetic family drawing.* NY: Brunner/Mazel.

Burns, R. C., & Kaufman, S. H. (1972). *Actions, styles and symbols in kinetic family drawing.* NY: Brunner/Mazel.

Burt, C. (1921). *Mental and scholastic tests.* London: P.S. King & Son.

Burt, C. (1947). *Creative and mental growth.* New York: Macmillan.

Bychowski, G. (1947). The rebirth of a woman. *Psychoanalytic Review, 34*, 32-57.

Cirlot, J. E. (1962). *A dictionary of symbols.* NY: Philosophical Library.

Claman, L. (1980). The squiggle drawing game in child psychotherapy. *Journal of Psychotherapy, 34*(33), 414-425.

De Shazer, S. (1988). *Clues: Investigation solutions in brief therapy.* New York; Norton.

Dickman, S. B. (1996). The Use of Art Therapy as a Predictor of Relapse in Chemical Dependency Treatment. *Journal of American Art Therapy Association, 13*(4), 232-237.

Elkind, D. (1978). Understanding the Young adolescent. *Adolescence, 13*, 127-134.

Elkins, D. E., & Stovall, K. (2000). American Art Therapy Association, Inc. 1998-1999 Mem report. *Art Therapy: Journal of the American Art Therapy Association, 17*, 41-46.

Evans, D. A., Funckenstein, H. H., Albert, M. S., Scherr, P. A., Cook, N. R., Chown, M. J., Herbert, I. E., Hennenkens, C. H., & Taylor, J. O. (1989). Prevalence of Alzhemer' s disease in a community population of older persons higher than previously reported. *Journal of the American Medical Association, 262*, 2552-2556.

Farrell, K. & Raquel, F. (2001). Secrets, Symbols, Synyhesis, And Safety: The Role Of Boxes In Art Therapy. *American Journal of Art Therapy, Feb 2001. Vol. 39*, Issue 3, 88.

Ferguson, G. (1961). *Signs and symbols in christian art.* London: Oxford University Press.

Fincher, S. (1991). *Creative mandala.* Boston.

Folstein, M. F., Folstein, S. E., & McHugh, P. H. (1975). Mini-Mental Scale: a practical method for grading the cognitive state of patients for the clinician. *Journal Psychiatry Research, 12*, 189–198.

Forsell, Y., Jorm, A. F., Winblad, B. (1994). Outcome of depression in demented and non-demented elderly. *International Journal Geriatric Psychiatry, 9*, 5–10.

Freud, A. (1927). The method of child analysis. In '*Four lectures on child analysis*'. *The writing of Anna Freud, Vol. 1*. New York: International Universities Press, 19–35.

Freud, S. (1916~1917). *Introductory lectures on psycho-analysis. Standard edition, Vol. 12*. London: Hogarth Press.

Garai, J. E. (1976). New vistas in the exploration of inner and outer space through art therapy. *Art Psychotherapy, 3*, 157–167.

George, G., & Cristiani, T. (1995) *Counseling: Theory and Practice*(4th ed.). Boston: Allyn and Bacon.

Gutman, D. (1977). The Cross-Cultural Perspective: Notes Toward a Compartive Psychology of Aging. In J. E. Birren, & K. W. Schaie (Eds.). *Handbook of the Psychology of Aging*. New York: Van Nostrand Reinhold.

Hammer, E. (1968). *Use of interpretation in treatment: Technique and art*. New York: Grune & Stratton.

Harris, J., & Joseph, C. (1973). *Murals of the mind: Image of a psychiatric community*. New York: International Universities Press.

Jaffe, M. L. (1998). *Adolescence*. N. Y.: John Wiley.

Jarvik, L. F. (1976). Aging and depression: Some unanswered questions. *Journal of Gerontology, 31*, 324–326.

Jongsma, A. E., Mark Peterson, Jr. L., & McInnis, W. P. (2000). *The Child and adolescent Psychotherapy treatment planner*. Second edition. New York: John Wiley & Sons.

Jung. C. G. (1973). *Mandara symbolism*. Princeton, NY: Princeton University Press.

Jung. C. G. (1976). Psychological commentary on kundalini Yoga. Spring. *An Annual of Archetypal Psychology and Jungian Thought*, 1–34.

Jung. C. G. (1979). *World and image*. Bollingen series XCVII. Princeton, NY: Princeton University Press.

Kalish, R. A. (1969). The dependencies of old people. Occasional Papers in Gerontology, No. 6, *Ann Arbor: Institute of Gerontology*, Michigan-Wayne

State University.

Kazdin, A. E. (1978). *History of behavior modification: Experimental foundation or contemporary research.* Baltimore: University Park Press.

Kazdin, A. E. (2001). *Behavior modification in applied settings.* united states: Wadsworth.

Knoff, H., & Prout, H. T. (1988). *Kinetic drawing system for family and school: A Handbook.* California Western psychological services.

Koplewicz, H. S., & Goodman, R. H. (1999). *Childhood Revealed.* New York: Harry, N. Abrams, Incorporated.

Kramer, E. (1971). *Art as Therapy with children.* N.Y.: Schocken Books.

Kramer, E. (1991). *Kunst als Therapie mit Kindern.* Muchen. Reinhardt.

Kwiatkowska, H. Y. (1978). *Family Therapy & evaluation through art.* Springfield, IL: Charles C. Thomas.

Landgarten, H. B. (1987). *Family Art Psychotherapy.* N. Y.: Brunner/ Mazel.

Layton, M. C. (1984). *Specific features in the Kinetic family drawings of children.* Doctoral dissertation. Temple University. University Microfilms Internation 300N. Zeeb Road, Ann Arbor, MI 48106.

Lewinsohn, P. H. (1974). *A behavioral approach to depression.* Washington. D. C.: Winston-Wiley.

Liebmann, M. (1986). *Art therapy for groups.* Brookline Books. Cambridge, Massachusetts.

Lovaas, O. Z. (1993). The development of streatment-research project for developmentally disabled and antistic children. *Journal of Applied Behavior Analysis. 26*, 617-630.

Lowenfeld, V. (1947). *Creative and mental growth.* New York: Macmillan.

Lowenthal, M. F.(1975). Psychosocial variation across the adult life course : Frontiers for research and policy. *The Grontoloist, 15*(1), 6-12.

MacGregor, J. (1989). *The discovery of the art of the Insane.* Lawrenceville, NJ: Princeton University Press.

Machiodi, C. A. (1999). Inclusive or exclusive. *Art Therapy: Journal of the American Art Therapy Association 13*(4), 150-151.

Machover, K. (1949). *Personality projection in the drawing of the human figure.* Springfield, JL: Charles C Thomas.

Malchiodi, C. A. (2003). *Handbook of art therapy.* New York: Guilford Press.

Malchioke, C. A., & Riley, S. (1996). *Supervision & related issues.* Chicago: Magnolia Street Publishers.

Maslow, A. H. (1954). *Motivation and personality.* NY: Harper and Row.

Metzner, R. (1981). *The tree as a symbol of self unfoldment.* The American Theosophist, fall.

National Institute of Aging Process Report on Alzheimer's Disease(1996). cais.com/adear/pr96text.html

Naumburg, M. (1966). *Dynamically oriented art therapy: Its principles and practices.* NY: Grune and Stratton.

Neugarten, B. L. et al. (1968). Personality and patterns of aging. In B. L. Neugarten (Eds.). *Middle age and aging*, 173-177. Chicago: university of Chicago Press.

Oaklander, V. (1978) *Windows to our children.* Lafayette, CA: Real People Press.

Perls, F. S. (1969). *Ego, hunger and aggression.* New York: Vintage Books.

Pestrak, V. A., & Martin, D. (1985). Cognitive development and aspects of adolescent sexuality. *Adolescence, 20*(80), 981-987.

Prinzhorn, H. (1922). *Artistry of the mentally ill.* New York: Springer.

Rhyne, J. (1980). Gestalt psychology/Gestalt Therapy: Forms/contexts. In *A Festschrift for Laura Perls-The Gestalt Journal, 8*(1), 77-78.

Rhyne, J. (1995) *The gestalt art experience.* (2nd ed.). Chicago: Magnolia street Publishes.

Richter, H. G. (1984). *Padagogische Kunsttherapie.* Dusseldorf. Schwann.

Riley, S., & Malchiodi, C. (1994). *Integrative approaches to family art psychotherapy.* Chicago: Magnolia Street Publishers.

Robin, J. A. (1987). *Approach to Art Therapy.* New York: Brunner Mazzel, Publishers.

Rosen, J., & Neugarten, B. (1960). Ego function in middle and later years: a TAT study of normal adults. *Journal of Gerontology, 15*, 62-65.

Rosers, C. (1942). *Counseling and psychotherapy.* Boston: Houghton Miffin.

Rosers, C. (1977). *Rosers on personal power: Inner strength and its revolutionary impact.* New York: Delacorte Press.

Roth, E.(2001). Behavioral art therapy, Rubin. J. A (2001). *Approaches to art therapy-theory & technique.* New York: Brunner-Routledge.

Roth, E., & Barlrett (1980). Parallels in art and play therapy with a disturbed retarded child. *The Arts in psychotherapy, 7*, 19-26.

Rubin, J. (1973). A diagnostic art interview. *Art Psychotherapy, 1*. 31-43.

Rubin, J. (1999). *Art therapy An Introduction*. Taylor & Francis.

Rubin, J. A. (2001). *Approaches to art therapy: Theory & Technique*. New York: Great Britain.

Schaie, K. W. (1958). Rigidity-flexibility and intelligence: A cross-sectional study of the adult life span from 20 to 70 years. *Psychological Monographs: General and Applied, 72*(9), (whole No. 462), 1-26.

Seligman, M. E. P. (1975). *Helplessness: On depression, development and death*. San Francisco: Freeman.

Seligman, M. E. P., Peterson, C., Kaslow, N. J., Tanenbaum, R. L., Alloy, L. B., & Abramson, L. Y. (1984). Attributional style and depressive symptoms ampng children. *Journal of Abnormal Psychology, 93*, 235-238.

Skaife, S., & Huet, V. (1998). Dissonance and groups: Theoretical issues in art paychotherapy groups. In Sally Skaife (ed.). *Art Psychotherapy Groups*(17-43). London, New York: Routledge.

Silver, R. A. (2002). *Three Art Assessments*. New York: Brunner-Routledge.

Spiegler, M. D., & Guevermont, D. C. (2003). *Contemporary behavior Therapy*. The U.S.A.: Wadsworth/Thomson Learning.

Springham, N. (1998). Patiens' resistance in art therapy group for drug and alcohol patients. In Sally Skaife (ed.). *Art Psycho-therapy Groups* (133-155). London, New York: Routledge.

Thompson, C. L., & Rudolph, L. B. (2000). *Counseling children* (5th ed.). Wadsworth, a division of Thomson Learning.

Thompson-Taupin, C. (1976) Where do your lines lead? Gestalt art groups. In J. Downing (Ed.). *Gestalt awareness*. New York: Harper and Row.

Treamblay, G. C., & Drabman, R. S. (1997). An intervention for childhood stealing. *child & family behavior therapy, 19*, 33-40.

Turetsky, C. J., & Hays, R. E. (2003). Development of on Art Psychotherapy Model for the Prevention and Treatment of Unsolved Grief During Midlife. *Art Therapy: Jouranl of the american Art Therapy Association, 20*(3), 148-156.

Wadeson, H. (1980). *Art Psychotherapy*. Canada: John Willey & Sons, Inc.

Winnicott, D. W. (1971). *Therapeutic consultations in child psychiatry*. NY: Basic

Books.

Woberg, L. R. (1997). *The technique of psychotherapy* (3rd). New York: Grune Stratton.

Woller, D. (1993). *Group interactive art therapy*. New York: Routledge

Yasavage, J. A. (1993). Differential diagnosis between depression and dementia. *American Journal Medicine*, 23s-28s.

Yontef, G., M., & Simkin, J. S. (1989). Gestalt therapy. In R. Corsini (Ed.), *Current Psychotherapies*(4th ed.). Itasca, IL: F. E. Peacock.

Young, J. E., Beck, A. T., & Weinberger, A. (1993). *Clinical handbook of psychological disorders* (2nd ed.). pp. 240-277. New York: Guilford.

Zinker, J. (1977). *Creative process in Gestalt therapy*. New York: Brunner/ Mazel.

* 이 책에 삽입된 사례 내용은 해당 연구자의 허락을 얻어 발췌 수정한 것임.

찾아보기

인 명

내 용

저/자/소/개

최외선

영남대학교 환경보건대학원 미술치료학과 학과장
한국미술치료학회 수련감독 전문가

이근매

평택대학교 재활복지학과 교수
평택대학교 사회복지대학원 미술치료 전공교수
한국미술치료학회 수련감독 전문가

김갑숙

영남대학교 환경보건대학원 미술치료학과 교수
한국미술치료학회 수련감독 전문가

최선남

영남이공대학교 아동복지학과 교수
한국미술치료학회 수련감독 전문가

이미옥

영남대학교 환경보건대학원 미술치료학과 교책객원교수
한국미술치료학회 수련감독 전문가

마음을 나누는 미술치료

2006년 3월 20일 1판 1쇄 발행
2024년 7월 25일 1판 28쇄 발행

지은이 • 최외선 · 이근매 · 김갑숙 · 최선남 · 이미옥
펴낸이 • 김 진 환
펴낸곳 • (주) 학지사
04031 서울특별시 마포구 양화로 15길 20 마인드월드빌딩 5층
대표전화 • 02) 330-5114 팩스 • 02) 324-2345
등록번호 • 제313-2006-000265호
홈페이지 • http://www.hakjisa.co.kr
인스타그램 • https://www.instagram.com/hakjisabook

ISBN 978-89-5891-284-2 93180

정가 16,000원

저자와의 협약으로 인지는 생략합니다.
파본은 구입처에서 교환하여 드립니다.